DESAFIOS DA DEMOCRACIA

MERVAL PEREIRA

DESAFIOS DA DEMOCRACIA

2003-2020

Apresentação
Celso Lafer

Copyright © 2021 Merval Pereira

EDITOR
José Mario Pereira

EDITORA ASSISTENTE
Christine Ajuz

REVISÃO
Luciana Messeder

PRODUÇÃO
Mariângela Felix

CAPA
Miriam Lerner | Equatorium Design

DIAGRAMAÇÃO
Arte das Letras

Dados Internacionais de Catalogação na Publicação (CIP)
(Câmara Brasileira do Livro, SP, Brasil)

Pereira, Merval
  Desafios da democracia: 2003-2020 / Merval Pereira. – Rio de Janeiro: Topbooks Editora, 2021.

  ISBN: 978-65-5897-007-1

  1. Brasil – Cultura 2. Brasil – Política e governo 3. Cultura popular 4. Democracia – Brasil 5. Democracia – Brasil – História 6. Movimentos sociais 7. Política e governo I. Título.

21-78069   CDD-303.48481

TODOS OS DIREITOS RESERVADOS POR
Topbooks Editora e Distribuidora de Livros Ltda.
Rua Visconde de Inhaúma, 58 / gr. 203 – Centro
Rio de Janeiro – CEP: 20091-007
Tels: (21) 2233-8718 e 2283-1039
topbooks@topbooks.com.br/www.topbooks.com.br
Estamos também no Facebook e Instagram.

SUMÁRIO

Apresentação – *Celso Lafer*..13
Nota do autor 17

Eles não usam fraque 19
O bom combate 22
Espelho, espelho meu...25
A língua do poder..28
O líder Lula...31
O estilo ineficaz...34
O companheiro 37
Palavras, palavras...40
Boatos cibernéticos 43
Freud explica...46
AL e a educação 49
Visão humanista 52
Afinal, o que é esquerda?..55
Torre de Babel 58
A força do inglês..61
Farsa vira história 64
Que país é esse?...67
O vil metal 70
O que fazer?..73
Última instância...76
A imprensa e o poder...79
Democracia adjetivada 82
Baudrillard e as dores do mundo 85

O presidente eficaz 88
Realidade e sonho na AL 91
O mal-estar na AL 94
Educação e informação 97
Democracia profunda 100
Democracia reinventada 103
Vulnerável e medíocre 106
Foco no assistencialismo 109
Palavras 112
O que é, o que é? 115
O fenômeno Obama 118
As tartarugas democráticas 121
A imprensa e a sociedade 124
Justiça x Política 127
Teoria e prática 130
A urgência do diálogo 133
A mídia e a mensagem 136
A favor da informação 139
Censura é defeito 142
Conceitos distorcidos 145
Um presidente negro? 148
O novo mundo de Obama 151
Máquina do tempo quebrada 154
Crises cíclicas 157
Visão oficial 160
Em busca do símbolo 163
A busca do acordo 166
A força dos ideais 169
Ainda os símbolos 172
Poder inteligente 175
Ainda a polêmica maconha 178
Os índios e a soberania nacional 181
Virtudes do capitalismo 184
Uma outra Amazônia 187
Humanizar o capitalismo 190
A nova classe média 193

Força e fraqueza da classe média 196
Direitos humanos 199
A busca do diálogo 202
Mundo, vasto mundo 205
Democracia consolidada 208
Múltiplas visões 211
Valores universais 214
Capitão Nascimento 217
Ainda *Tropa de Elite* 220
Mundo novo 223
Novas relações de poder 227
A busca da verdade 230
Primeira página 234
A travessia 237
A moral do dinheiro 240
De herege a profeta 243
Sonho tunisiano 247
Sinais de alerta 250
Disciplina e fé 253
Democracia e riscos 256
Uma história de conflitos 259
Pela liberdade de expressão 263
Modelo chinês 267
Otimismo e cautela na China 270
A vez da cultura 274
Li Xing 276
A independência do STF 279
Destruição criadora 282
Novo contrato social 285
As etapas 288
Discutindo a relação 291
Partidos e representação 294
Visões camonianas 297
Os políticos em xeque 299
Negri e Chávez, tudo a ver 301
Pisa, (poucos) avanços 304

Alfabetização atrasada 306
Razão e emoção 308
Espírito público... 311
João 'Bicho-Papão' Santana 313
Violência x liberdade 315
O impedimento na democracia.. 317
O papel econômico da educação 319
À luz da história 322
História recente na ABL 325
Moreno, um jornalista especial 328
Lula joga com a morte 330
Shakespeare e nós 333
A pequena política 336
Crime contra a democracia... 338
O poder suave do futebol 341
De Gorbachev a Putin.. 344
Ópio do povo? Melhor seria o de Nelson... 347
Uma cautela com raízes no passado.. 349
Noites brancas na terra de Putin 351
O futebol como metáfora 354
As novas limusines... 356
E se o Brasil for campeão?... 359
Lênin, uma ausência presente.. 362
A globalização da emoção 364
A tensão do pênalti.. 367
Acabou a brincadeira 369
Os dilemas da democracia 371
O individualismo do voto.. 374
Visão de um intelectual público 377
Manual da pequena política 380
Voto, modos de usar.. 383
A favor da democracia 386
Virando a página 388
#Elanão 391
Complexo de vira-lata... 394
50 anos depois.. 397

Brasil, terra dos presidentes improváveis 400
O papel da imprensa 404
Identidade nacional 407
O bardo e nossa realidade 410
Lula e Bolsonaro em Shakespeare 413
Inimigos cordiais 416
A atualidade dos clássicos 419
O papel do advogado 422
Já visto 425
O negro na ABL 428
Em defesa da cultura 431
O guarda da esquina 434

Índice Onomástico 439

APRESENTAÇÃO

Celso Lafer

Uma das tarefas do jornalismo é o da ordenação dos acontecimentos. Um jornal de qualidade não escolhe os temas da sua pauta. Organiza os eventos e assuntos na cadência do tempo e das suas circunstâncias, na periodicidade de sua publicação. Informa, ou seja, dá forma e organização ao que se passa, comunicando-a ao leitor. Torna esta informação compartilhável para um amplo público. Alberto Dines, que refletiu com conhecimento e experiência sobre o papel do jornal, considera a informação jornalística como a informação organizada, periodicamente sistematizada na cadência do tempo.

Uma das virtudes das informações comunicadas pela imprensa escrita é a exigência de sua organização e a qualidade dos critérios que a presidem – critérios que são uma responsabilidade profissional dos que dirigem um jornal. Neste sentido, o jornal impresso, pela sua natureza institucional, contrasta com o fragmentário disperso das novas mídias da era digital que, no seu fluxo contínuo, não transitam pelos critérios sistematizados de sua organização.

Faço estas considerações preliminares para poder encaminhar apropriadamente esta Nota de apresentação ao conjunto de artigos publicados por Merval Pereira em *O Globo* e por ele selecionados, num arco de tempo que começa em 2003 – quando se iniciou no colunismo político diário – e que se estende até o fim do ano passado.

Num jornal com a dimensão de *O Globo,* o colunismo político diário, como o praticado por Merval Pereira tem relevância na organização da informação. Como o leitor verificará desde o início, pelo índice de leitura de seu livro, é vasto e abrangente o conjunto de temas de que tratou no exercício desta função de informar. Discute, *inter alia*, na dinâmica do dia a dia, as instituições e o seu funcionamento, a judicialização da política, capitalismo e democracia, a educação, a política e a cultura, a corrupção, o choque das civilizações, o terrorismo, problemas e desafios internacionais, personalidades da vida brasileira. Tem na sua ordem cronológica, como aponta, um fio condutor que os permeia: a defesa da liberdade de imprensa e de opinião contra os "arroubos da retórica autoritária não só no Brasil, mas em países onde vivi ou visitei profissionalmente." Anima-os "a defesa da ordem liberal contra as demandas do autoritarismo e do populismo mesclado com a corrupção."

A abrangência dos temas é fruto dos interesses intelectuais de Merval no trato dos eventos, mas o modo como vem exercendo o seu colunismo político diário tem a sua base na abertura pluralista do espaço público brasileiro trazido pela redemocratização e pelos valores positivados pela Constituição de 1988.

Esta abrangência contrasta, e não apenas por uma questão de temperamento, com o colunismo político de Carlos Castello Branco, outro admirável jornalista que, como Merval, integrou a Academia Brasileira de Letras. Com efeito as atribuladas circunstâncias políticas da periodicidade dos decênios da "Coluna do Castello" impuseram limites institucionais que Castellinho soube superar, com enorme talento, na nesga de espaço em que exerceu a sua missão: a de informar com segurança, credibilidade e sutileza, por meio das suas cotidianas avaliações, a dinâmica do funcionamento da vida política brasileira.

Raymond Aron foi um notável professor e pensador do século XX que também exerceu com grande presença o jornalismo de opinião e avaliação na França da segunda metade do século passado. Escreveu um esclarecedor texto sobre o editorialista e as modalidades de editoriais. Destacou os que se caracterizam pela natureza polêmica de uma tomada de posição e os analíticos. Estes dão ênfase ao explicar no empenho em julgar os acontecimentos.

O talento exigido do colunista político diário de qualidade, segundo Aron, passa tanto por um amplo repertório de conhecimentos quanto pela capacidade de deles poder valer-se para explicar, avaliar e julgar, sob a pressão do tempo, um evento, uma situação, uma conjuntura. A rapidez e a agilidade do pensamento é a marca do talento do jornalista.

É uma agilidade que contrasta com as usuais dificuldades de um professor – observo com base na minha própria experiência – cujas cadências de tempo são *ex-officio*, usualmente mais longas. Por isso, como aponta Aron, o mérito do jornalista é ser sério sem ter tido o tempo mais longo do estudo e da reflexão acadêmica. Além do mais, para ser eficaz, precisa escrever bem e com clareza para captar a atenção do leitor, ou seja, ter um bom texto dotado de um estilo que combina a ordem e movimento, elaborado na urgência do tempo que não dá espaço para a pacienciosa revisão de um escritor ou de um professor.

As reflexões de Aron são, ao modo de um professor, a decantação de um "tipo ideal", de cariz weberiano, sobre o jornalista como editorialista, mas estão lastreadas na sua experiência da prática regular do jornalismo. Por isso, começa dizendo que para um artigo de jornal, o essencial é a primeira sentença e a última. A primeira deve instigar o leitor a ler o artigo até o seu fecho. A última deve reter a memória do seu leitor em relação ao que foi exposto.

Faço estas considerações porque os artigos reunidos neste livro de Merval estão em sintonia com os méritos do jornalismo apontados por Aron. É o que assegura a permanência do interesse dos seus múltiplos e diversificados textos que não se circunscrevem ao dia a dia e ao tom de uma nota só.

É o que me permite ir arrematando esta nota de apresentação evocando Alceu Amoroso Lima, um dos grandes nomes da Academia Brasileira de Letras, que também escreveu com regularidade para jornais, e que refletiu, como grande crítico literário sobre "O jornalismo como gênero literário" em livro com este título.

Para Mestre Alceu, o jornalismo no território da literatura insere-se no gênero da prosa de apreciação dos acontecimentos. É um modo de expressão que lida com a trama do cotidiano, da própria vida individual e coletiva. Discute e avalia os acontecimentos enquanto fatos provenientes da ação, que leva ao conhecimento público dos seus leitores. Por isso tem que estar a par das coisas e bem informado e viver no meio do fluxo dos acontecimentos, – como é, observo, o caso de Merval.

É o tempo presente, aponta Mestre Alceu, e não a eternidade o que caracteriza o jornalismo como prosa de apreciação dos acontecimentos, pois vive do contato com a pauta dos eventos. As antenas em relação ao que se passa na realidade é a condição de sua permanência. O seu estilo como modo de ser tem as suas fontes de inspiração no contato com os fatos. O que requer a clareza e a concisão imposta pelas limitações de espaço disponível num jornal diário.

    A arte do jornalismo orienta-se, como é o caso de Merval, pela qualidade do seu espírito de comunicação. É o que me permite dizer, ao concluir, que este livro de Merval, como verificará o seu leitor, é um excelente exemplo de prosa de avaliação dos acontecimentos.

| São Paulo, março 2020 |

NOTA DO AUTOR

A primeira vez em que encontrei Moacyr Scliar, fui surpreendido por um gesto caloroso de um desconhecido. Estava na Academia Brasileira de Letras, numa homenagem ao historiador José Murilo de Carvalho, quando o avistei de longe, fazendo sinais para mim.

Achei que era um engano, mas ele se aproximou, gestos largos, para dizer: "Sou seu fã". O espanto não impediu que respondesse de pronto: "Há um engano aqui. Eu é que sou seu fã". A partir desse diálogo inicial, criamos uma relação que, se não era de intimidade, era de admiração de minha parte e proveitosa sempre que nos encontrávamos.

Conversávamos sobre política, ele tinha sempre um comentário a fazer sobre minhas colunas – dizia, generoso, que eu era o Thomas Friedman brasileiro –, me cobrava um livro com textos sobre temas além do cotidiano político: democracia, ética, liberdade, direitos humanos, comunicações.

Quando ainda pensava em me candidatar à ABL, contava na minha imaginação poder contar com o voto de Scliar. Se pudesse, diria a ele o que disse a Carlos Heitor Cony. Estávamos no velório do Armando Nogueira no São João Batista, uma sol escaldante, e Cony de repente desabou.

Pegamos uma cadeira para ele sentar, um copo d'agua, e Cony foi se restabelecendo. Com seu humor ácido, disse para um amigo comum: "Você quase acaba de ver a abertura da vaga do Merval". Eu fui rápido, graças a Deus: "Não quero sua vaga, Cony, quero o seu voto".

Tive oportunidade de conviver ainda alguns anos com Cony na ABL, e gostaria de ter feito o mesmo com Scliar. Sabedor dessa historia, que contei no meu discurso de posse na Academia Brasileira de Letras, por esses caminhos inexplicáveis do destino justamente na vaga de Scliar, a quem sucedi mas não substitui, o editor José Mario Pereira me incentivou a colocar mãos à obra.

Pois bem. Nos intervalos da escrita diária da coluna em *O Globo*, dos programas de rádio e televisão, e das palestras que pronuncio Brasil afora, me pus a reler tudo o que escrevi desde 2003, ano em que me iniciei no colunismo político diário, com o intuito de desentranhar dos mais de 3000 artigos que assinei até aqui, e que já deram ensejo à publicação de duas antologias tratando do dia-a-dia da política nacional.

Queria selecionar um pouco do que escrevi sobre questões que dizem respeito à cultura, aos valores democráticos, à cobertura das eleições americanas, ao futebol como expressão do diálogo entre culturas e países, ao debate sobre o papel da mídia e da tecnologia no mundo moderno, e a temas urgentes da pauta contemporânea sobre os quais a ABL tem procurado refletir com a colaboração de importantes pensadores do Brasil e do exterior.

O Brasil atravessa um momento sui generis em sua vida política e cultural. Temos assistido, quase diariamente, a ataques à cultura e à liberdade de expressão, seja da parte do próprio presidente da República, ou de pessoas nomeadas com esse fim, ou de vaidosos e irresponsáveis gurus digitais.

Espero que a leitura de pelo menos alguns dos artigos aqui reunidos em ordem cronológica certifiquem a quem se dispuser a examiná-los que a minha obsessão permanente tem sido a defesa da ordem liberal contra os desmandos do autoritarismo e do populismo mesclado com a corrupção, e a defesa da liberdade de imprensa e opinião contra os arroubos da retórica autoritária não só no Brasil, mas em países onde vivi ou visitei profissionalmente.

ELES NÃO USAM FRAQUE

O dramaturgo petista Gianfrancesco Guarnieri não poderia nunca imaginar que, 45 anos depois de ter estreado no Teatro de Arena, o título metafórico de sua peça *Eles não usam black-tie* traduzisse tão literalmente os acontecimentos políticos atuais. Lula, operário metalúrgico como os personagens centrais da peça, se adaptou aos rituais da Presidência da República, mas só até um certo limite.

Na campanha eleitoral passou a usar ternos bem cortados, de preferência Armani, por orientação de seu marqueteiro particular, Duda Mendonça. E chegou a cobrar de assessores próximos mais elegância no trajar. Mas, na posse, cancelou o tradicional jantar de gala no Itamaraty, alegando que queria uma festa popular. Agora, cria embaraços ao cerimonial do Itamaraty ao se recusar a vestir fraque numa cerimônia em que será recebido pelos reis da Espanha.

Há quem diga que a recusa de Lula nada tem a ver com questões políticas, mas sim físicas. Ele consideraria o traje inadequado ao seu biotipo. Um outro nordestino, o jornalista Assis Chateaubriand, não se recusava a usar trajes a rigor quando foi representar o Brasil na coroação da rainha Elizabeth II ou quando, anos depois, foi embaixador do Brasil em Londres. Mas sempre arranjava um jeito de relembrar o Brasil, condecorando autoridades estrangeiras com a "Ordem do Jagunço", inventada por ele. O primeiro-ministro Winston Churchill foi uma de suas vítimas, e teve que envergar um chapéu de couro nordestino e usar uma malcheiroso gibão de couro.

Como se vê, não são de hoje, nem características de presidente de origem popular, as dificuldades que os políticos brasileiros têm com as pompas dos cerimoniais. Na República Velha, os reis da Bélgica em visita ao Brasil ficaram hospedados no Palácio Guanabara, relata a historiadora Isabel Lustosa, pesquisadora da Casa de Rui Barbosa, no Rio: "No dia do grande banquete, à tarde, receberam as figuras mais ilustres da sociedade. Conta Rodrigo Otávio que se fez uma fila para cumprimentar o rei e a rainha. A cada um dos convidados, suas majestades davam um embrulhinho de presente. Eram condecorações. Um grave problema para Velha República. Ninguém usava condecorações. Elas passavam por símbolos da monarquia, e tudo que lhe dizia respeito tinha sido banido junto com o velho imperador. O secretário de Alberto I, ao tomar conhecimento deste fato, comunica a Rodrigo Otávio que o rei ficará profundamente decepcionado se os condecorados da manhã não compa recerem ao banquete da noite com as insígnias. Rodrigo Otávio comunica o terrível fato a Epitácio Pessoa. O presidente, que já inaugurara o uso de condecorações na República, voltando da Europa com o peito coalhado delas, baniu de vez os pruridos republicanos dos convidados, ordenando, com a autoridade que lhe era peculiar: Que venham com as condecorações!".

Outra história da República Velha relatada por Isabel Lustosa envolve Delfim Moreira, que assumiu a Presidência mentalmente desequilibrado. Certa vez, apareceu no gabinete trajando casaca. Com delicadeza, o chefe do cerimonial lembrou-lhe que não estava prevista nenhuma solenidade, não havendo portanto necessidade do uso da casaca. Mas Delfim só queria ir à cidade fazer compras.

As atribulações dos políticos brasileiros com trajes a rigor fazem parte de nossa história recente, como a foto de Jean Manzon, na revista *O Cruzeiro*, em 1946, do deputado Barreto Pinto de fraque e cuecas samba-canção. Mesmo alegando que fora enganado pelo repórter David Nasser, que prometera só publicar a foto da cintura para cima, Barreto Pinto perdeu o mandato por quebra de decoro. O fraque também faz parte da História na foto oficial de Getúlio Vargas morto. A família, para compô-lo melhor, vestiu um fraque por cima do pijama.

A recusa a usar fraque também criou embaraços ao Itamaraty quando o ex-presidente Itamar Franco foi apresentar suas credenciais como embaixador em Portugal. O primeiro-ministro Mário Soares teve que abrir uma exceção para o brasileiro, que se recusava a usar o traje –

embora o tenha levado do Brasil emprestado de outro ex-presidente, José Sarney – e a desfilar em carro aberto até o Mosteiro dos Jeronimos, como rezava o cerimonial.

O antropólogo Roberto da Matta acha que, apesar dos exemplos de Lula e Itamar, nosso formalismo histórico "faz com que o brasileiro adore um fraque". E, à moda de Nelson Rodrigues, diz que, às vezes, pensa que alguns políticos "dormem de fraque escondido". Quanto ao presidente, Da Matta preferiria que ele "desengravatasse a Presidência, coisa que não está conseguindo fazer".

| 15.06.2003 |

O BOM COMBATE

As divergências políticas entre o PT e o PSDB, que esta semana ficaram exacerbadas, não impedem que os dois continuem tendo muitos pontos em comum. O choque da realidade com o sonho, por exemplo, vem provocando atritos na relação entre o governo petista e a classe intelectual, situação inimaginável tempos atrás, a mesma já vivida pelo governo do PSDB.

Depois da denúncia do cineasta Cacá Diegues de tentativa de dirigismo, com a exigência de "contrapartida social" para os financiamentos da área cultural, vem agora um grupo de intelectuais historicamente ligados ao PT fazer as mesmas críticas que faziam ao governo Fernando Henrique, um sociólogo saído do meio universitário paulista para os meandros do poder político.

A tentativa de usar a cultura em benefício de um projeto político, como parece ter sido o abortado dirigismo cultural gestado no Palácio do Planalto, não é novidade entre nós. O projeto cultural do Estado Novo tinha a intenção de construir "o sentido de nacionalidade e forjar a unidade nacional", escreve Denis Rolland, pesquisador francês especialista em Brasil, no livro "Intelectuais: sociedade e política" recentemente lançado pela editora Cortez. O próprio Getúlio Vargas, eleito em 1943 para a Academia Brasileira de Letras, ressaltou em seu discurso "o caráter indissociável do intelectual e do político", defendendo "a simbiose entre os homens de ideia e os de ação". Almir de Andrade, um intelectual que dirigia a revista *Cultura política*, editada pelo Departamento de Imprensa e Propaganda do Estado Novo, dizia que "a política empresta à cultura uma organização com conteúdo socialmente útil, um sentido de orientação para o bem".

Outras tentativas de institucionalizar uma política cultural oficial foram feitas em diversos momentos de nossa História, como durante o governo Médici. No sentido oposto, os Centros Populares de Cultura (CPC) da UNE organizaram um projeto popular de cultura que tinha a visão de esquerda de seus membros e marcou o cenário nacional em vários campos, especialmente o teatro.

O embate entre a cultura e a política é permanente, e a falta de senso prático dos intelectuais sempre foi questionada pelo políticos tradicionais. É famosa a frase de Frederico II, o Grande, Rei da Prússia, sobre a punição a uma província dissidente: "Se quisesse punir uma província, deixaria que fosse governada por um filósofo".

O sociólogo Francisco de Oliveira, que já havia classificado o presidente Fernando Henrique de "tirano" em 98, em artigo da revista do Centro Brasileiro de Análise e Planejamento (Cebrap) – fundado pelo sociólogo Fernando Henrique – agora acha que o governo petista capitulou diante da globalização financeira. Para ele, a "surpresa do milênio" é que a social-democracia periférica – grupo em que inclui o PT, as formações de esquerda e o PSDB – aceita a preponderância do capital em escala global sem a redução das desigualdades. Francisco de Oliveira estaria encarnando o papel de "intelectual orgânico" tal como definido por Antonio Gramsci, que teria a função de levantar questões embaraçosas e confrontar a ortodoxia.

O ex-presidente Fernando Henrique deixa de lado a polêmica política que vem mantendo com os petistas para defender o PT, não sem um toque de mordacidade: "O Chico de Oliveira tem uns sonhos antigos, uma visão de ruptura e, do ponto de vista do PT, isso foi alimentado por muitos anos. Antes mesmo de chegar ao governo, no entanto, eles perceberam que esse era um não-caminho". Fernando Henrique acha que os intelectuais que o criticaram e hoje criticam Lula "são viúvas da revolução". A globalização, explica, está prevista nos últimos capítulos de *O capital*, de Karl Marx. "Mas o que o Marx imaginava é que isso ia suscitar a unificação dos trabalhadores, que a miséria ia crescer, e que haveria a revolução. No fundo são viúvas da revolução que achavam que o PT faria", interpreta o ex-presidente.

Quando o intelectual não tem a noção efetiva do que seja o processo político, diz Fernando Henrique, "fica propondo valores, e não os caminhos. O intelectual que conhece o processo político deve propor os caminhos para se atingir os valores. Eu sempre tive a visão muito mais ligada ao processo real".

Parafraseando Lula, Fernando Henrique admite que mudou: "Evidentemente eu mudei, como todo mundo mudou. Mas não foi no governo que eu mudei. Se forem pegar meus discursos no Senado sobre o FMI, sobre competição internacional, já era muito diferente dessa visão nacional-estatizante da esquerda", conclui. A decisão de entrar em um partido político mostra que "eu estava disposto à ação, e não à especulação", completa.

O presidente Lula, um político intuitivo que se jacta de não ter diploma e nem falar inglês, enfrenta a empáfia dos intelectuais convencido de que as reformas, que trarão justiça social, estão na raiz das críticas.

| 19.06.2003 |

ESPELHO, ESPELHO MEU

Ainda mal saída da tempestade que levou à demissão a cúpula de seu maior ícone, o jornal *The New York Times*, a imprensa americana, um exemplo para a brasileira há pelo menos meio século, ainda debate-se no que parece ser sua maior crise nos últimos anos. Semana passada, outro símbolo, o *Washington Post*, se encarregou de colocar a pá de cal num dos mitos criados pela própria imprensa durante a guerra do Iraque.

A soldado Jessica Lynch, transformada em heroína pelos meios de comunicação, agora tem sua história devassada e demolida por reportagens que mostram que seu resgate pelas forças americanas e sua atuação antes de ser capturada nada tiveram de heróico.

Na verdade, a imprensa americana tem estado mergulhada ha vários anos numa crise de identidade sobre suas funções, suas responsabilidades sociais e suas ligações com a comunidade, analisa o jornalista brasileiro Rosental Calmon Alves, professor da Universidade de Austin, no Texas, e diretor do Centro de Jornalismo para as Américas. Ele diz que essas crises são cíclicas na historia do jornalismo americano e sempre acabam num movimento reformista, uma auto-reflexão que ajuda os jornalistas a reencontrarem o caminho ou a revitalizarem o jornalismo. Em vários momentos, durante o século passado, houve essa auto-análise, esta auto-avaliação do jornalismo, lembra Rosental, para dar o exemplo do estudo feito pela AP, que em 1908 mandou um grupo andar pelo país perguntando o que estava havendo com o jornalismo. E outro, ainda mais importante, foi a Comissão Hutchins, dirigida pelo ex-diretor da Faculdade de Direito de Yale Robert Hutchins, criada graças a uma doação do Henry Luce, fundador da revista *Time*, que estava muito preocupado com os rumos do jornalismo.

Atualmente, há jornalistas que procuram mostrar que o excesso de "corporatização" da imprensa americana está causando um declínio da qualidade. O professor Phil Meyer, da Universidade da Carolina do Sul, por exemplo, está levando adiante um projeto de três anos para tentar quantificar a qualidade de um jornal de modo que o pessoal de Wall Street entenda, partindo do princípio de que números e dinheiro são as únicas coisas que eles entendem.

A partir de 1997, um grupo de jornalistas, liderado por Bill Kovach e Tom Rosenstiel, organizou seminários, entrevistas e pesquisas pelo país para fazer uma análise da imprensa americana. O trabalho resultou no livro *Os elementos do jornalismo – O que os jornalistas devem saber e o público exigir*, que acaba de ser lançado no Brasil. As questões sobre o papel da imprensa já eram, então, tema de um grupo de jornalistas americanos que criou o Movimento de Jornalistas Preocupados. O objetivo seria redefinir os valores básicos do jornalismo, diante dos desafios criados por novos aspectos tecnológicos e empresariais da mídia. Assim como no Brasil, as pesquisas de opinião já registravam vertiginosa queda do prestígio da imprensa. A maioria dos americanos considerava que o noticiário político é preconceituoso ou muito preconceituoso.

Há quem identifique na mais recente crise de credibilidade da imprensa americana, provocada pelo excesso de patriotismo das coberturas, a pressão por lucros, que estaria prejudicando a liberdade de expressão nos EUA. Principalmente na TV com o chamado "efeito Fox" – televisão do magnata Rupert Murdoch, que assumiu um noticiário claramente favorável ao governo Bush. O noticiário ideologicamente carregado nas tintas da Fox estaria influenciando outras redes. Há quem, como o economista Paul Krugman, veja também na mudança das leis das telecomunicações, permitindo a propriedade por um mesmo grupo de vários veículos num mesmo estado, uma pressão da Casa Branca sobre a imprensa. O presidente da comissão que autorizou a flexibilização é filho do secretário de Estado, Colin Powell, e os grupos de mídia interessados em ampliar seus domínios teriam tido mais boa vontade com o governo durante a guerra do Iraque.

Na verdade, a flexibilização da lei veio para referendar os avanços tecnológicos que hoje permitem uma sinergia de meios antes não existente. Para Rosental, os meios de comunicação aceitaram pressões da Casa Branca por causa do clima patriótico causado pelos ataques de 11 de setembro. O fato é que o noticiário ficou nitidamente mais oficialista, as fontes passaram a ser citadas pelo *New York Times*, por exemplo, de forma anônima muito mais amplamente do que antes. No Livro de Kovach e Rosenstiel há a definição de quais seriam os nove princípios do bom jornalismo. Além de coisas óbvias e indefinidas como cobrir assuntos "de forma interessante e relevante» ou dar espaço «abrangente e proporcional" aos diversos assuntos, há a reafirmação da necessidade de o jornalista ter compromisso com a verdade e ser independente, além de trabalhar "livre com sua consciência». A lealdade com os cidadãos e a necessidade de ser "monitor independente do poder" são também ressaltados. Vários desses aspectos estão agora em xeque nos Estados Unidos. A imprensa brasileira, que há pelo menos meio século se espelha na americana e é afetada hoje por séria crise econômica, tem oportunidade agora, com o livro de Kovach e Rosenstiel, de participar do debate.

| 22.06.2003 |

A LÍNGUA DO PODER

Os problemas que o presidente Lula vem enfrentando com seus discursos têm antecedentes na história política brasileira, e nem os presidentes que limitavam seus pronunciamentos a discursos escritos com antecedência evitaram as gafes. Até mesmo os erros de português, que já fazem parte do folclore do presidente, têm antecedentes na História do Brasil. Ao final de uma sessão da Câmara dos Deputados, Cincinato Braga justificou o fato de não apoiar a candidatura do marechal Hermes da Fonseca afirmando: "Fazer presidente da República um homem que diz 'hão de verem'".

Benedito Valadares, ao ler um discurso encomendado, na inauguração de uma estância hidromineral, em pleno Estado Novo, trocou a expressão "quiçá do Brasil" por "Cuíca do Brasil", e entrou para o anedotário nacional. Mas nem só os erros fazem a história dos discursos. Frases mal formuladas entram para a história, para desespero de seus autores. O presidente José Sarney, ao anunciar pela televisão a moratória da dívida brasileira em 1986, leu um discurso onde Saulo Ramos, seu amigo e que foi consultor-geral da República e ministro da Justiça de seu governo, introduzira uma frase afirmando que seria uma traição à pátria não declarar a moratória.

Sarney diz que até hoje tem essa frase na cabeça. Quando a leu no teleprompter, sentiu que estava demasiada, mas não dava mais para cortar. Tancredo Neves, que preferia sempre ter seus discursos por escrito, eleito presidente fez uma viagem à Europa. Na Universidade de Coimbra, ao receber o título de doutor honoris causa, leu um discurso cujo original lhe fora entregue pelo neto Aécio Neves, que era seu secretário particular. Mas faltava a última folha e Tancredo terminou o discurso sem um fecho, em um tom decrescente. Ao passar pelo neto, xingou-o baixinho. O hoje governador de Minas diz que não se esqueceu nunca mais da figura do avô, com o traje de gala de Coimbra e o capelo torto na cabeça, fuzilando-o com o olhar.

Nessa mesma viagem, Tancredo recebeu do Itamaraty um discurso pronto, para a cerimônia na Assembleia Nacional de Lisboa. Não gostou, decidiu deixá-lo de lado e discursou de improviso. Mas, ao contrário dos de Lula, os improvisos de Tancredo eram geralmente preparados. Ele os escrevia e decorava. Ficava repetindo em voz alta, com as entonações necessárias. Mesmo quando ia conversar com alguém, ele imaginava todas as possibilidades e treinava em voz alta os possíveis diálogos. "Se ele me disser isso, eu respondo aquilo", ficava treinando, recordam-se seus assessores.

Cauteloso, Tancredo repetia sempre que não descia um meio-fio sem olhar para o chão. Quando ia fazer um pronunciamento importante Tancredo o trazia por escrito, "para não deixar dúvidas" Dizia que um político tem que "saber o que vai falar, para quem vai falar e como vai falar".

O próprio ex-presidente Fernando Henrique Cardoso, que, com a tarimba de professor, gostava de falar de improviso, não escapou de uma gafe que lhe valeu muitas críticas políticas e entrou para a História. No dia 11 de maio de 1998, na sede do BNDES no Rio, ele fazia uma palestra sobre a reforma da Previdência quando se empolgou e proferiu a frase célebre onde classificava de vagabundos os servidores aposentados prematuramente: "O valor médio dos benefícios da Previdência cresceu e tem que ser mantido. Para isso é preciso fazer a reforma, para que aqueles que se locupletam da Previdência não se locupletem mais, não se aposentem com menos de 50 anos, não sejam vagabundos num país de pobres e miseráveis. Precisamos que os que podem trabalhem mais. Contribuam, para termos recursos para atendermos aos mais pobres", afirmou. A frase foi usada pelo PT na campanha daquele ano, e se não custou a reeleição a Fernando Henrique, marcou-o para o resto da vida.

Abreu Sodré, quando era Ministro das Relações Exteriores, leu como se fosse seu a tradução do discurso de um visitante estrangeiro. O general João Figueiredo, que não gostava de discursar, tinha como ghott-writer o chefe do Gabinete Civil, professor Leitão de Abreu, um homem erudito cujos termos não combinavam com o jeito rude do então presidente. Certa vez Figueiredo foi visto em um palanque, com um discurso todo amarrotado na mão, durante uma solenidade, resmungando: "Vou ter que ler essa merda que o doutor Leitão preparou para mim".

É convencionado que o homem de Estado tem que ter um ghost writer. A tal ponto que o primeiro-ministro inglês Winston Churchill, excelente escritor que ganhou o Prêmio Nobel de Literatura em 1953, para criticar seu adversário trabalhista Clement Atlee, que também foi primeiro-ministro, dizia com ironia: "É um politico tão medíocre que escreve seus próprios discursos".

| 29.06.2003 |

O LÍDER LULA

Na síntese final do livro *O líder sem Estado-Maior*, o economista chileno Carlos Matus, especialista em planejamento público que foi ministro do governo Allende, descreve o que seriam os principais defeitos de um governante, a partir de sua experiência pessoal e de estudos da máquina burocrática governamental, especialmente as de países latino-americanos.

Fala de maneira geral, e suas observações certamente cabem em vários governantes, latino-americanos ou não, de hoje ou do passado. Muitas partes dessa síntese, porém, parecem se referir a momentos atuais no Brasil, e podemos tirar de sua leitura alguns ensinamentos. No prólogo, Matus adverte que o livro é irreverente e dedicado aos políticos sérios, "uma bofetada calculada que se dá no amigo para despertá-lo da letargia, para abrir os seus olhos e vê-lo reagir".

O líder sem Estado-Maior foi escrito no Chile, em Isla Negra, em agosto de 1996, e editado no Brasil em 2000 pela Fundap, do governo de São Paulo. Começa descrevendo o líder em sua jaula de cristal, isolado, prisioneiro da corte complacente "que controla os acessos à sua importante personalidade". Matus descreve o governante como "um homem sem vida privada, sempre na vitrine da opinião pública, obrigado a representar um papel que não tem horário. Não pode aparecer ante os cidadãos que representa e dirige como realmente é, nem transparecer seu estado de ânimo."

Matus cita Marx: os homens fazem a história, porém não elegem as circunstâncias. O presidente Lula, que fez sua história como ninguém, bem que tenta manter sua rotina pessoal, se protege nos fins de semana por determinação de dona Marisa e, sempre que pode, bate sua bolinha no campo da sua jaula de cristal. Mas as circunstâncias em que governa não são nada fáceis.

Ele começa falando de um governante que se "compromete com metas ambiciosas de diferenciação política para competir com seus rivais. Tais metas não são proporcionais à sua capacidade pessoal para dirigir, às capacidades da equipe de governo – que o governante reúne; à cultura institucional da massa de servidores públicos – que o governante herda e que serão os operadores de seu governo; e à baixa capacidade e qualidade de gestão do aparato organizacional público – que o governante comanda e conserva. Juntos, harmonizam-se por suas carências, mas em proporções abissais se comparadas com a magnitude e complexidade das metas visadas. As promessas sintonizam-se com os desejos, as capacidades, distantes das promessas. O governante enfrenta fortes restrições para cumprir os compromissos assumidos, em razão da baixa qualidade de seu gabinete".

Matus parece estar falando da falta de experiência administrativa do presidente Lula, das muitas promessas que fez durante a campanha eleitoral e da baixa qualidade de seu ministério, formado para compor facções políticas as mais diversas, inclusive dentro do PT.

"Apesar da aparência imponente, o gabinete do governante trabalha com métodos medíocres: não sabe o que é governar. No entanto, o governante sente-se satisfeito com seu gabinete: nem sente que precisaria melhorá-lo, nem saberia como fazê-lo porque o desacerto está no comando."

Segundo Matus, na tentativa de realizar o impossível, o governante não cumpre o prometido "e, por essa via, deteriora a governabilidade do sistema e não aprende, porque não sabe que não sabe. Encontra-se entorpecido por uma prática que acredita dominar, mas que na realidade o domina. Acumula experiência mas não adquire perícia; tem o direito de governar, sem ter a capacidade para governar. Nesse caso, pode ser que seu período eficaz de governo resulte nulo, pela impossibilidade de combinar, ao mesmo tempo, o poder para fazer e a capacidade cognitiva para fazer".

As falhas essenciais de um governante podem ser encontradas, segundo Carlos Matus, "pelo cálculo intuitivo da prática política. As limitações da formação do governante independem da graduação universitária e são mais fortes que sua inteligência, honestidade e vontade de servir". Este trecho serve como uma luva ao presidente Lula, que fez do fato de não ter curso superior uma bandeira, se vangloria de sua intuição e sempre acreditou que vontade política é suficiente para levar adiante seus projetos.

Outra falha catalogada por Matus traduz-se perfeitamente na formação da equipe do governo Lula: "A tradição de reunir, em vez de criar, uma equipe de governo, mediante à qual o governante reproduz, em sua equipe, suas próprias carências. Para evitar, intuitivamente, o intenso conflito cognitivo que surge nos gabinetes cuja formação não seja homogênea, elimina-se o trabalho em equipe. Desse modo, aumenta-se a descoordenação e reduz-se o conflito cognitivo."

Essa prática leva à centralização do poder nas mãos de uns poucos, e é do que se acusa a chamada "troika palaciana" formada pelos ministros José Dirceu, da Casa Civil; Antonio Palocci, da Fazenda; e Luis Gushiken, da Estratégia e Comunicação. Carlos Matus, a certa altura do texto, afirma: "Uma coisa é fazer economia no gasto público; outra, bem diferente, é aumentar a capacidade de produção, a produtividade e a qualidade de gestão da máquina pública." Exatamente o dilema da equipe do Ministério da Fazenda.

| 31.06.2003 |

O ESTILO INEFICAZ

O texto da síntese final do livro *O líder sem Estado-Maior*, editado no Brasil em 2000 pela Fundação de Desenvolvimento Administrativo (Fundap), do governo de São Paulo, do qual voltamos a tratar hoje pelas semelhanças com a situação política atual, é considerado antológico, muito conhecido na alta burocracia e entre os técnicos de planejamento do setor público, mas pouco considerado pelos políticos.

O professor Carlos Matus, um dos poucos especialistas em teoria do planejamento estratégico público reconhecido nos meios acadêmicos e governamentais, foi, além de ministro, presidente do Banco Central do governo Allende por um curto período. O prefeito Cesar Maia, assim que assumiu o cargo em 2001, distribuiu ao secretariado outro texto de Matus, extraído do livro *Adeus, senhor presidente*, que tratava do planejamento estratégico de governo.

Segundo Matus, um dos sinais de que um governo começa a ter problemas é quando "as atividades-meio consomem o tempo das atividades-fim. Predominam ou o julgamento intuitivo ou tecnocrático e não há espaço para o julgamento tecnopolítico; a fricção burocrática tem poder maior que a energia aplicada. E como ninguém cobra nem presta contas por desempenho, de modo sistemático, sobre produtos e resultados, a prática política e administrativa gira em um círculo vicioso que reforça e estabiliza o estilo ineficiente de governo".

As diversas instâncias de comando do governo Lula, dividido em muitos conselhos e fóruns que na verdade não têm poder de decisão, e a falta de coordenação dos diversos ministérios, muitos deles superpostos, parecem dar razão à análise de Maltus. Essa situação provoca, em contrapartida, o excesso de centralização em torno da figura de um ministro – no caso do governo Lula, José Dirceu, chefe da Casa Civil –, o que impede um controle eficaz dos resultados das políticas pretendidas.

Segundo Matus, "o desnível entre as metas a que se propôs o governante e sua capacidade de executá-las é crescente, porque seu capital cognitivo estancou. Em contrapartida, a complexidade dos problemas sociais que deve enfrentar para alcançá-las aumenta com o desenvolvimento da interação social apoiada no avanço das ciências. A universidade latino-americana volta as costas a esse desafio; não há escolas de governo, só de administração de empresas".

Além da burocracia ineficiente, o economista chileno vê também problemas na representação política: "Os partidos políticos, imersos na micropolítica, reproduzem seu estilo inoperante e parecem anestesiados ante o jogo que declara como parte da paisagem social os problemas mais importantes sofridos pelo cidadão comum." Também os meios de comunicação são criticados por Matus: "Para os meios de comunicação existem somente falhas e escândalos; a capacidade de governo pessoal e institucional não é um problema nem produz notícias." A soma desse quadro, leva a que "o cidadão comum observe incrédulo o espetáculo do jogo político, apartando-se dele e, dia após dia, desvaloriza a importância da democracia e exige efetividade".

O governante que se deixa enredar nessa trama, segundo Matus, "acredita que tudo depende do jogo da micropolítica ou do modelo econômico em voga, dos acordos de bastidores, das leis não aprovadas pelo Congresso Nacional, do apoio de determinados grupos, da repressão a outros, da incompreensão do cidadão médio e da oposição cega que tudo critica. Sente-se autoconformado e governa auto-satisfeito não com os resultados obtidos mas, sim, com o esforço despendido para alcançá-los. A relação esforço-resultado é medíocre, mas tampouco sabe como melhorá-la. Assim, sucedem-se os dirigentes enquanto os problemas crescem e permanecem, junto com as frustrações. O cidadão comum suprime a informação negativa e esquece a política, que permanece concentrada em grupelhos".

A famosa intuição política do presidente Lula está presente no texto. Embora não esteja no estágio de conformismo denunciado pelo autor, e, ao contrário, reclame da lentidão da máquina do estado, Lula usou intuitivamente – se é que não conhecia o texto – a mesma metáfora da bicicleta ergométrica para criticar a burocracia da máquina estatal: "O ciclista continua a pedalar ativamente com a bicicleta quase parada. Já não se trata de fazer política, mas de se exercitar, num esporte aeróbico, para queimar calorias. A finalidade é viver do meio: muito suor e poucos resultados. Concentrado em seu intenso trabalho de atleta inoperante, o dirigente não escuta nem percebe que se inclina perigosamente em direção ao solo e, ao cair, ainda sonha com as glórias pessoais que a maioria ignora ou despreza. A droga do poder tem universo próprio."

Para Carlos Matus, "viver para mudar a política ou mudar para viver da política: esta é a opção do líder". Segundo ele, o governante tem três alternativas: "produzir fatos e atingir metas dentro do espaço da capacidade prévia para governar, fortalecer tal capacidade renovando a organização que comanda ou mudar, ou revolucionar as regras do jogo, para ampliar seu espaço de possibilidades". Fora disso, seria a mediocridade estável, escreve Carlos Matus, para encerrar com uma pergunta pessimista, certamente inspirada pela sua amarga experiência política pessoal: "Qual é a expectativa de vida dessa democracia sem resultados?"

| 01.08.2003 |

O COMPANHEIRO

Quando cheguei ao *Globo*, em 1968, o jornal tinha o hábito de identificar Roberto Marinho como "nosso companheiro diretor-redator-chefe". Todo dia 3 de dezembro havia uma solenidade onde os funcionários reunidos cumprimentavam o doutor Roberto por seu aniversário, com direito a discurso do representante mais velho.

E, no dia do aniversário do *Globo*, os funcionários recebiam uma semana de salário.

Todas essas tradições tinham um cunho paternalista que eu, nos meus 18 anos, criticava intimamente. Eram paternalistas mesmo, mas com a convivência na redação fui descobrindo que elas representavam verdades enraizadas no conceito de relacionamento do doutor Roberto com seus funcionários, dos quais se sentia mesmo companheiro.

Anos mais tarde, já em cargo de chefia no jornal, quantas vezes, depois de discussões sobre os caminhos editoriais a seguir, eu me resignava, dizendo: "O senhor é o dono, o senhor decide". E ele recusava sempre ganhar a discussão assim, querendo, "numa conversa de companheiros", vencer por estar com a razão.

Não era sempre assim, claro. Ele comandava com mão-de-ferro as edições e era capaz de ser cortante nas reclamações, embora geralmente educado. Cioso de sua autoridade, não raro dispensava maiores debates quando tinha certeza do que queria. Como no dia em que mandou um artigo enorme para ser publicado na primeira página, coisa que sempre mexia com os nossos pruridos estéticos.

Como sempre fazia, ligava no fim da noite para checar como estava a edição, quais os destaques da primeira página. Nesse dia, perguntou minha opinião sobre o artigo. Eu, cauteloso, perguntei: "Com sinceridade?". Depois de um breve silêncio, veio a resposta, com um tom irônico: "Mais ou menos". Nós dois rimos, e eu me dispensei de comentar.

Mesmo depois que a modernização da linguagem aboliu a denominação "nosso companheiro" antes de seu nome, ele continuava querendo que o espírito de companheirismo imperasse. Nas poucas vezes em que saí do jornal para outras experiências profissionais, ele sempre tentou me demover com a certeza de que "companheiro que entra e sai não é bom não. O bom é ficar". Instintivamente, adotava o método japonês de administração de empresas.

Assim como, com a semana de gratificação no aniversário do jornal, ele antecipava a participação dos empregados nos lucros da empresa, moderno método de gerenciamento que *O Globo* aplicou com pioneirismo nas empresas jornalísticas. Apesar do sucesso da televisão, era do jornal que o doutor Roberto gostava mesmo, e sempre estava pronto a apoiar uma iniciativa jornalística, por mais ousada ou imprudente que fosse.

Foi assim que, em 1979, na véspera da divulgação da lei de anistia política, no início do governo Figueiredo, dois repórteres da sucursal de Brasília que eu chefiava (Etevaldo Dias e Orlando Brito) roubaram o texto original de um sofá no gabinete do ministro da Justiça, Petrônio Portella.

Foi um escândalo em Brasília, a Polícia Federal pôs-se atrás dos ladrões. Na sucursal do *Globo*, montamos um esquema para burlar uma quase certa escuta telefônica e transmitimos para a redação no Rio o texto original, que seria aprovado no dia seguinte de manhã pelo Conselho de Segurança Nacional.

Por orientação expressa do doutor Roberto, que acompanhou toda a operação, telefonei de madrugada para Petrônio para lhe dizer oficialmente, "em nome do doutor Roberto Marinho", que o jornal recebera de madrugada um envelope com o texto do decreto e o estava publicando na primeira página daquele dia. Embora irritadíssimo com a desculpa esfarrapada, o ministro da Justiça teve que engoli-la, e *O Globo* circulou naquele dia com um de seus grandes furos jornalísticos tomando toda a primeira página, para prazer do jornalista Roberto Marinho.

Tinha o prazer de ser jornalista, era atento aos mínimos detalhes: um dia, mandou aumentar o tamanho das letras do jornal e depois todos os demais acompanharam a decisão, que tornou mais confortável a leitura, embora gastasse mais papel. E quando, em 1995, o redesenho do *Globo*, feito por uma firma de design americana considerada a melhor do mundo, trouxe uma letra muito pequena, como a dos jornais americanos, a primeira reclamação foi dele, na noite do lançamento. No dia seguinte, os leitores reclamaram tanto que abrasileiramos o projeto do Milton Glaser.

Tinha instintivamente o dom de entender o que o leitor do jornal queria, e fazia questão de que o seu jornal refletisse a cidade em que atuava, fosse um porta-voz das comunidades. Foi assim que nasceram várias campanhas do *Globo*, como o Dia dos Pais. E foi para estar mais perto do leitor que doutor Roberto criou os Jornais de Bairro, há mais de 20 anos.

Gostava tanto do Rio que nunca perdoou Juscelino Kubitscheck por ter transferido a capital para Brasília. E até recentemente ainda tentava convencer políticos, na impossibilidade de anular Brasília, de que a Barra da Tijuca era o local adequado para ser a sede administrativa do governo federal.

Gostava tanto do Rio que se irritou quando o então governador Leonel Brizola foi visitá-lo em seu gabinete, no décimo andar da TV *Globo*, e não fez um único comentário sobre a bela paisagem que dali se descortinava. Não era um homem de rancores, embora fosse um guerreiro quando se apegava a uma ideia ou a um projeto.

Muito já se falou da proteção que deu aos jornalistas perseguidos pela ditadura militar. Mas Roberto Marinho também empregou jornalistas que o criticaram com veemência, como Paulo Francis, e nunca deixou que suas disputas políticas impedissem de trabalhar em suas empresas pessoas ligadas a seus eventuais adversários. Samuca, o filho de Samuel Wainer, foi repórter da TV Globo. E hoje, no *Globo*, o diretor da sucursal de Brasília é Dácio Malta, filho de Octávio Malta, da velha *Última Hora* de Samuel Wainer; e o diretor de redação é Rodolfo Fernandes, filho de Hélio Fernandes, dono da *Tribuna da Imprensa*".

| 08.08.2003 |

PALAVRAS, PALAVRAS

A famosa frase atribuída pelos adversários – especialmente petistas – ao ex-presidente Fernando Henrique Cardoso – "esqueçam o que escrevi" – mesmo que não seja verdadeira, como ele alega, está hoje no folclore político brasileiro e de lá não sairá. Ficará para sempre relacionada naquelas enciclopédias de citações que são uma mania dos americanos, fazem a alegria de quem as folheia e agora estão espalhadas, sem limitações de espaço, em vários sites da internet.

Tudo o que foi dito ou escrito, mesmo que renegado por seus autores, está implacavelmente lá, para a História, em diversas línguas. A prática petista no governo de esquecer tudo o que foi dito nas últimas décadas, a começar pelo presidente Lula, volta e meia é sacudida pela lembrança de uma frase ou um ato que contraria a realidade atual. Como dizia Henry Brook Adams, "a prática política consiste em ignorar fatos".

E, não por acaso, algumas raras exceções que mantêm a coerência política, como a senadora Heloísa Helena ou o deputado Babá, são considerados dissidentes e enfrentam um processo de expulsão do partido.

Eles podem achar, como Voltaire, que "é perigoso estar certo quando o governo está errado". Mas não está aqui em questão quem tem razão, ou que motivos levaram este ou aquele político a mudar de posição ou a mantê-la. Mesmo porque alguém já disse que "a coerência é o refúgio dos burros". (Não consegui achar o autor nos sites de citações.)

O jogo da política desde sempre foi controverso e é evidente que não são exclusividade do PT essas mudanças abruptas de posição. Mas as surpresas diárias que o novo governo nos oferece no campo político são, pelo menos numericamente, assombrosas.

O caso do recém-nomeado presidente da Funai, por exemplo, abre um novo capítulo todo especial nessa saga petista, que havia sido inaugurada pela cândida confissão do presidente da Câmara, João Paulo Cunha, quando revelou que o PT sempre fora contrário às reformas que agora apresentava ao Congresso apenas "por uma questão de luta de poder".

Já o antropólogo Mércio Pereira Gomes, que classificou, por escrito, o PT como um partido "enganador dos anseios do povo, corrupto e totalitário", para aceitar o cargo no governo saiu-se com essa explicação: "Em uma campanha, fala-se muita coisa." Para ele, agora, o governo Lula "é iluminado".

Essas alterações de comportamento dos políticos podem ser definidas de várias maneiras. O ex-presidente americano Ronald Reagan, que não é dos meus autores preferidos, tem uma frase cínica o suficiente para definir a política: "Dizem que é a segunda profissão mais antiga do mundo, mas frequentemente constato que tem muitas semelhanças com a mais antiga."

Já o filósofo comunista G. V. Plekhanov, ativista político russo morto em 1918, logo depois de ver vitoriosa a Revolução Russa, era um pragmático: "Política necessita uma mente flexível, por isso não existem regras imutáveis ou eternas. Elas levam a derrotas inevitáveis."

O PT no poder é de um pragmatismo que pode se encaixar em qualquer das definições, e tem regras flexíveis para quem ainda não entrou no clube, mas rígidas para os que nele estão e discordam de alguma coisa. O deputado Chico Alencar, por exemplo, mesmo dissidente punido por uma suspensão, quando sondado para ir para o PSB alegou que não se sentiria bem fora do PT. E argumentava: "Um partido que aceita o Garotinho não tem critério político."

O que estará pensando hoje o jovem deputado vendo a pompa com que a mulher de Zito, prefeito de Caxias, a também prefeita de Magé, Narriman Zito, está sendo recebida pelo presidente do PT, José Genoino, com direito a presença no programa de TV oficial do partido?

Além das punições aos dissidentes, há também uma verdadeira caça às bruxas dentro do governo, da qual o relato feito pelo economista Maurício Dias David é apenas uma mostra.

Assessor da presidência da BNDES, o economista, que é ligado ao ministro Ciro Gomes – assim como o novo presidente da Funai – fez críticas em um programa de televisão ao novo Orçamento do governo e foi chamado a atenção por seus superiores por ter "irritado" Brasília.

Há outros relatos, como o de um diretor da Brasilprev, instituição de previdência privada do Banco do Brasil, que durante uma palestra fez críticas à reforma da Previdência e foi chamado a atenção logo em seguida, também por ter "irritado" Brasília. E há o caso do diretor da Radiobrás que se deu ao luxo de ligar para um jornal carioca para transmitir à direção a insatisfação que causara "em Brasília" um determinado artigo.

Pode ser excesso de zelo de um funcionário mais realista que o rei, mas o fato é que a entidade "Brasília" voltou a estar presente, disciplinando os funcionários do governo que porventura saiam dos trilhos.

O ministro Ciro Gomes, por exemplo, apesar de assessores seus estarem envolvidos nessas polêmicas, parece bem acomodado na nova ordem. Deixou para trás os tempos de língua ferina – quando disse muita coisa sobre Lula – e se mantém como o grande mudo, à espera de novas tarefas na reforma ministerial.

Lula vai surfando uma onda de popularidade que resiste às intempéries da economia, que só agora vão amainando, e às contradições cotidianas.

Esse pragmatismo petista, que vai aumentando à medida que se aproximam as eleições municipais, corre o risco de deixar no caminho a impressão de que o jornalista e escritor americano J. L. Mencken, com sua veia irônica exacerbada, estava certo quando escreveu: "Toda eleição é uma espécie de venda antecipada de um leilão de coisas roubadas."

| 10.09.2003 |

BOATOS CIBERNÉTICOS

Todos, ou quase todos que usam a internet com frequência, já estão acostumados com os hoaxes (boatos) que nela circulam com a desenvoltura que só um meio tão livre de controles pode ter. Essa característica transforma a internet, uma ferramenta de pesquisa insuperável, também no maior instrumento propagador de boatos em nível planetário.

E não são apenas as "lendas urbanas" que se espalham pela rede, como aquela história do sujeito que acorda em uma banheira cheia de gelo e descobre que, depois de uma noitada de farra, lhe roubaram um rim.

Ou os textos literários atribuídos a Gabriel García Márquez (quem não se lembra do suposto texto de despedida atribuído a ele?), ou ao Verissimo, ao Jabor, ou ao Zuenir.

Existem circulando pela rede inúmeros boatos políticos, teorias conspiratórias rocambolescas e até mesmo previsões de Nostradamus a respeito da chegada de Lula ao poder.

Há uma mensagem circulando pela internet que pretende provar que a derrubada das torres do World Trade Center, em 11 de setembro de 2001, foi obra dos próprios americanos.

Aponta algumas "evidências", tais como: os atentados aconteceram antes das 9h, hora local, quando a maioria dos funcionários nem tinha chegado ainda, já que nos EUA a hora de trabalho começa por volta das 10h. (O que não é verdade, já que o trabalho lá normalmente obedece ao horário das 9h às 17h).

Há uma outra "evidência" listada que não explica nada, embora pareça importante. Como as datas, em inglês, são escritas com o mês na frente do dia, o 11/9 é escrito como 9/11. Este número coincide com o número 911, o número de telefone para chamadas de emergência nos Estados Unidos. O que isso quereria dizer exatamente, não está explicado na mensagem.

A última teoria diz respeito à área das torres que, segundo a mensagem, "desde há muitos anos já era deficitária economicamente". Pois não apenas derrubaram as duas torres com uma implosão, garante a mensagem anônima, como também o terceiro prédio da área que "simplesmente estava atrapalhando a área física do terreno das torres". Portanto, tudo não teria passado de um grande golpe imobiliário.

Outra denúncia "gravíssima" que circula na internet é quanto à cobiça norte-americana em relação à Amazônia. Uma mensagem reproduz a página de um livro didático, com um mapa da América do Sul onde aparece a região amazônica desligada do Brasil, descrita como área sob a responsabilidade dos Estados Unidos.

"É só conferir na página 76 do livro didático norte-americano *Introdução à geografia*, do autor David Norman, utilizado na Junior High School", afirma a mensagem.

Uma rápida busca no Google, ou no site da Amazon, a maior livraria virtual do planeta, e encontramos dezenas de David Norman: cientistas, técnicos de futebol, artistas, escritores. Mas não é possível descobrir essa "Introdução à geografia", título tão comum quanto o nome de seu autor. E nunca ninguém conseguiu colocar a mão num exemplar desses.

O comentarista político Franklin Martins, da TV Globo e da CBN, pena há anos com um artigo que circula na rede atribuindo a ele críticas severíssimas ao deputado federal Jutahy Junior, líder do PFL, que estaria tentando aprovar um projeto para impedir o Ministério Público de investigar o Executivo.

O texto parece um panfleto que teria sido lido por Franklin na CBN, onde ele conclama seus leitores a espalhar a acusação por toda a rede "para acabar com mais essa maracutaia". Nem Franklin escreveu isso, nem Jutahy propôs tal lei.

O mais recente boato a circular na internet dá conta de que foram encontrados em escavações em Dublin, na Irlanda, vários manuscritos de ninguém menos que Nostradamus. E sobre quem já falava ele? Sobre a chegada de Lula ao poder. Vejam esse trecho: ... "e o próximo do terceiro ano do terceiro milênio uma besta barbuda descerá triunfante sobre um condado do hemisfério sul espalhando a desgraça e a miséria. Será reconhecido por não possuir seus membros superiores totalmente completos. Trará com ele uma horda que dominará e exterminará as aves bicudas de bem e implantará a barbárie por muitas datas sobre um povo tolo e leviano"...

E a mensagem diz que quem quiser conferir a veracidade pode consultar o livro: *Visão das trevas, grandes catástrofes da Humanidade*, página 102, da Editora Record.

Pois bem: pedi a minha amiga Cecília Costa, editora do *Prosa & Verso*, para checar, e ela achou 11 títulos com a palavra "visão" no catálogo da editora, e nenhum deles é de Nostradamus. E nenhuma nova descoberta de seus escritos foi feita em Dublin recentemente. Se fosse verdade, pelo texto Nostradamus seria um tucano empedernido.

Para quem se interessar por esses hoaxes na internet, o site www.e-farsas.com tem uma boa coleção deles.

E o pessoal do Informáticaetc sugere os seguintes sites internacionais: para informações sobre a origem das lendas urbanas, vale ir até o *Urban Legends Reference Pages* www.snopes. com> e o *Urban Legends Archive* www.urbanlegends.com>. Já o *Ring of Folklore & Urban Legends* www.geocities.com/Athens/1401/urbanlegends.html> oferece uma abrangente lista de sites sobre hoaxes.

| 12.10.2003 |

FREUD EXPLICA

Psicanálise e guerra são temas que andam juntos há muito tempo. Não foi à toa que o encontro internacional dos Estados Gerais da Psicanálise, que se encerra hoje no Rio, teve como convidado especial o filósofo italiano Antonio Negri, de 71 anos, que passou 25 preso e no exílio devido à sua militância política, acusado de pertencer às Brigadas Vermelhas.

Ele é co-autor, com o americano Michael Hardt, de *Império*, lançado em 2000, antes, portanto, dos atentados terroristas e a consequente invasão do Iraque pelos Estados Unidos. Mas que já tratava das implicações da influência americana, numa economia globalizada, para a convivência internacional.

Segundo o psicanalista Joel Birman, um dos coordenadores dos Estados Gerais, a filosofia política de Negri ajuda a "repensar as estratégias de poder" num mundo dominado por uma potência hegemônica como os Estados Unidos.

Negri prepara agora, para o próximo ano, a continuação de *Império*, e diz que "é impossível não ser um pouco pessimista". Segundo ele, o 11 de setembro abriu uma nova fase na constituição do império. "Os americanos tentam fazer da guerra o fundamento do império. Mas é preciso evitar que a guerra se torne o elemento de legitimação do império."

Assim como filósofos e psicanalistas discutem hoje a guerra e suas consequências para a humanidade, em 1932 era o próprio Sigmund Freud, o pai da psicanálise, que era chamado a opinar sobre a guerra, e por ninguém menos que Einstein, sob o patrocínio da Liga das Nações, a precursora da ONU.

A troca de cartas não chegou a entusiasmar Freud, que a classificou de "discussão enfadonha e estéril". Mas os temas são assustadoramente atuais. Einstein, em julho de 32, escreve a Freud perguntando: "Existe alguma forma de livrar a humanidade da ameaça da guerra?"

Ele propõe "a instituição, por meio de acordo internacional, de um organismo legislativo e judiciário para arbitrar todo conflito que surja entre as nações. Cada nação submeter-se-ia às ordens emanadas desse organismo legislativo, a aceitar irrestritamente suas decisões".

Einstein concede, porém, que "o intenso desejo de poder, que caracteriza a classe governante em cada nação, é hostil a qualquer limitação de sua soberania nacional". Arrisca uma análise psicológica sobre a razão de o homem aceitar ir para a guerra, a ponto de sacrificar a vida: "O homem encerra dentro de si um desejo de ódio e destruição. Em tempos normais, essa paixão existe em estado latente, emerge apenas em circunstanciais anormais".

Freud começa sua resposta dizendo que o ponto de partida é a relação entre o direito e o poder, que ele prefere chamar de violência. "Atualmente, direito e poder se nos afiguram como antíteses. No entanto, é fácil mostrar que uma se desenvolveu da outra", diz Freud, para fazer uma análise da evolução do uso da violência para resolver os conflitos no reino animal "do qual o homem não tem motivos por que se excluir".

Conclui sua análise dizendo que inicialmente houve "a dominação por parte de qualquer um que tivesse poder maior – a dominação pela violência bruta ou pela violência apoiada pelo intelecto".

Essa violência, segundo Freud, acabou sendo contraposta pela descoberta de que a união faz a força. No entanto, "a justiça da comunidade passa a exprimir graus desiguais de poder nela vigentes. As leis são feitas por e para os membros governantes".

Ao mesmo tempo em que detentores do poder querem estar acima das leis, os membros oprimidos fazem pressão para passar da justiça desigual para a justiça igual para todos.

Freud concorda com Einstein em que "as guerras só serão evitadas se a humanidade se unir para estabelecer uma autoridade central a que será conferida o direito de arbitrar todos os conflitos de interesse".

Freud acha, e com razão, que a Liga das Nações só terá poder próprio "se os membros da nova união, os diferentes estados, se dispuserem a cedê-lo. E, no momento, parecem escassas as perspectivas nesse sentido", diz ele. E poderia dizer hoje, diante do que se viu na guerra do Iraque.

Freud admite o debate em torno de alguns aspectos da guerra, e chega a fazer um raciocínio que parece sob medida para Bush : "Nem todas as guerras são passíveis de condenação em igual medida, de vez que existem países e nações que estão preparados para a destruição impiedosa de outros, esses outros devem ser armados para a guerra".

Depois de dizer que "de nada vale tentar eliminar as inclinações agressivas dos homens", Freud diz que é "uma ilusão" dos bolcheviques achar que vão fazer desaparecer a agressividade humana mediante a garantia de satisfação de todas as necessidade materiais, e o estabelecimento da igualdade entre todos os membros da comunidade.

Freud descreve para Einstein, então, sucintamente, a "teoria dos instintos", que acabara de ser formulada. Os instintos humanos seriam de dois tipos: os eróticos, que tendem a preservar e unir, e os destrutivos, que tendem à destruição e a matar.

"Nenhum desses instintos é menos essencial que o outro", ressalta Freud. "Se o desejo de aderir à guerra é um efeito do instinto destrutivo, a recomendação mais evidente será contrapor-lhe seu antagonista, Eros. Tudo o que favorece o estreitamento dos vínculos emocionais entre os homens deve atuar contra a guerra".

Freud descreve então a civilização como um processo e conclui dizendo que "a guerra se constitui na mais óbvia oposição à atitude psíquica que nos foi incutida pelo processo de civilização, e por esse motivo não podemos evitar de nos rebelar contra ela". Palavras e temores que valem até hoje.

| 02.11.2003 |

AL E A EDUCAÇÃO

Se houve um consenso entre os participantes do IV Fórum Iberoamérica, foi o de que a desigualdade na América Latina tem que ser combatida, e o melhor meio de fazê-lo é através da educação. A face bárbara da desigualdade foi apresentada aos participantes através da última pesquisa do Banco Mundial sobre o tema, que ainda não está nem mesmo tabulada em definitivo.

O economista Guillermo de la Dehesa, ex-participante de várias administrações do governo na Espanha e atualmente vice-presidente da Goldman Sachs na Europa, apresentou os novos números da desigualdade na América Latina.

Os 10% mais ricos da região ficam com 48% da renda, enquanto os 10% mais pobres detêm apenas 1,6%. Essa relação, nos Estados Unidos e na Europa, é de 29% para os mais ricos e 2,5% para os mais pobres.

A Guatemala é o país mais desigual do continente, ficando os 10% mais ricos com nada menos que 58% da renda nacional. A boa notícia é que, nos últimos dez anos, o Brasil conseguiu reduzir sua desigualdade. Mas mesmo com toda melhora, só agora, depois de todo esforço feito, estamos nos aproximando da média da América Latina.

Aqui, os 10% mais ricos ficam com 49% da renda nacional. Medido de 0 a 1, o índice Gini, usado para avaliar o bem-estar da população e cujo melhor resultado é o mais próximo do zero, mostra o avanço no campo social do Brasil nos últimos anos. Mas mesmo assim estamos também nesse caso abaixo da média latino-americana.

Em 1990, a nossa nota era 0,60. No meio dos anos 90 caiu para 0,58 e em 2001 atingiu 0,56. O índice Gini da América Latina é de 0,52, e o da Guatemala hoje é 0,60. Esse mesmo índice nos Estados Unidos é de 0,46 e o da Europa 0,35.

Assim como Brasil e México conseguiram melhorar a performance nos últimos anos, países que eram mais igualitários, como a Costa Rica, o Uruguai, a Argentina e a Venezuela pioraram.

Guillermo de la Dehesa ressaltou que embora as privatizações tenham dado mais acesso aos serviços públicos, elas não lograram reduzir as desigualdades.

Mais recentemente, as crises econômicas, com as desvalorizações das moedas nacionais frente ao dólar e ao euro, atingiram fortemente as classes médias desses países, aumentando a desigualdade.

Ele citou a recente pesquisa Latinobarômetro – um instituto chileno que mede as percepções e os valores dos povos da América Latina em relação à política e à economia – em que 89% dos entrevistados disseram que a distribuição de renda é injusta.

A desigualdade na educação na América Latina, que provoca a desigualdade na distribuição de renda, é gritante, segundo a pesquisa do Banco Mundial.

Os 10% mais ricos, que detém 48% da renda nacional, têm em média 12 anos de estudo. Já os 30% mais pobres têm apenas 2 anos. Isso faz com que a diferença na América Latina entre o maior e o menor salário chegue a 160 vezes, enquanto nos Estados Unidos é de 60 vezes e na Europa de 45 vezes.

Todos os debatedores nesse painel concordaram que a educação é o ativo mais importante para a mobilidade social, é fator de melhoria de produtividade e de redução de desigualdade.

Sendo a redistribuição de renda uma demanda crescente na América Latina, a falta de resultados faz com que o eleitor médio seja presa fácil dos políticos populistas. Existe o perigo de que a democracia seja afetada na região caso essa injustiça social não seja revertida.

Quando a pobreza perde a perspectiva de um futuro melhor, vem a marginalidade. Essa frase, dita por um dos debatedores, pode resumir o pensamento coletivo. O empresário mexicano Carlos Slim, líder das telecomunicações na região, disse que a desigualdade é produto de 20 anos de crescimento medíocre da América Latina, que provocou a concentração de rendas. Ele ressaltou que existe no continente uma fadiga social e uma nostalgia do populismo.

O ex-ministro da Economia da Argentina Domingo Cavallo destacou que o grande erro dos anos 90 foi não investir na estabilidade institucional. Tanto no Mercosul quanto no Nafta, segundo Cavallo, não nos demos conta de que o êxito da União Europeia foi ter um projeto não apenas de integração comercial, mas também monetária e financeira.

Os benefícios dessa integração completa foram evidentes para países mais pobres, como Portugal e Grécia, lembrou Cavallo, pois eles tiveram ajuda externa sem repentinas interrupções.

O ex-chefe de governo espanhol Felipe González foi enfático ao afirmar que "não há exemplo no mundo de crescimento sustentável sem redistribuição de renda".

Houve concordância também em que a redistribuição de rendas é mais eficaz através do gasto público do que com impostos progressivos, que aumentam a corrupção, a evasão fiscal e a evasão de divisas.

Gastos públicos de longo prazo, como na saúde, na infraestrutura, no saneamento, geram mais empregos e melhoram o índice de bem-estar das populações.

Ficou claro pelas exposições que quanto maior o nível de pobreza, mais difícil é reduzi-la através apenas do crescimento econômico. Os mercados financeiros não dão acesso aos investimentos, aos seguros e aos créditos aos pobres e aos que estão na economia informal, uma grave realidade na América Latina.

Com isso, o crescimento fica limitado aos investimentos dos ricos e os pobres não têm como ascender socialmente. Não podem melhorar sua educação, e portanto não melhoram sua produtividade. Isso gera mais violência, mais crimes, mais fragmentação política.

| 13.11.2003 |

VISÃO HUMANISTA

A semana foi marcada pela aproximação dos países da América Latina e da Europa, em diversos fóruns internacionais. Na reunião de Bruxelas, Mercosul e União Europeia se aproximaram na questão agrícola. Em Miami, os países da América começam a encontrar pontos em comum para dar início à Área de Livre Comércio das Américas (Alca), mesmo que, a princípio, menos ambiciosa.

E, no plano iberoamericano, duas importantes reuniões aconteceram: o IV Foro, realizado este ano em Campos do Jordão, e a cúpula de presidentes iberoamericanos, na Bolívia, onde se encontra o presidente Lula.

Todos esses movimentos são indicativos de uma aproximação cada vez mais forte dos países da região, em busca de apoio comum para avanços políticos e comerciais no mundo globalizado.

Além dessas questões, porém, o Foro Iberoamérica tratou da identidade cultural e sua relação com o desenvolvimento da região, base para que essa aproximação seja sólida e razão original da criação do Foro.

O celebrado escritor mexicano Carlos Fuentes, um dos fundadores do Foro, chamou a atenção para o fato de que, na primeira reunião, realizada no México no final do ano 2000, comemorara-se a promessa de uma nova ordem internacional.

Hoje, apenas três anos depois, deploramos a proximidade da nova desordem internacional. Dentro desse panorama, diante da necessidade, ressaltada em um dos painéis, de democratização do ensino e das tecnologias, Carlos Fuentes lembrou que a América Latina tem apenas 1% dos cientistas do mundo, o que coloca o continente praticamente fora da disputa globalizada.

"É preciso haver o reconhecimento social dos homens da ciência por parte dos homens da política", afirmou Fuentes, lembrando que, caso contrário, os latino-americanos morrerão metaforicamente de susto diante das novas tecnologias.

Assim como aconteceu com as sociedades pré-colombianas, que, segundo o escritor, morreram literalmente de susto ao se depararem com o potencial tecnológico dos espanhóis, com seus navios e artilharia.

Ele lembrou um dado que mostra como é avassalador o desenvolvimento tecnológico hoje em dia: quando Clinton assumiu a presidência dos Estados Unidos, em 1993, só existiam 50 sites na rede de informação mundial, a internet. Quando saiu, oito anos depois, havia 350 milhões de sites.

Para Carlos Fuentes, a inclusão das populações rurais e marginalizadas da América Latina no acesso aos avanços tecnológicos, como a internet, é uma obrigação dos países que querem alcançar o desenvolvimento.

Carlos Fuentes acha que a identidade de cada povo da América Latina já está definida culturalmente, restando agora conquistarmos a diversidade.

"A cultura é avenida de mão dupla. A proximidade cultural nos identifica e enriquece mutuamente. A diversificação cultural nos abre avenidas de comunicação. Nos indica que só seremos o que somos se nos abrirmos ao que não somos. A presença e a comunicação das culturas equivale à possibilidade de diversificá-las e enriquecê-las", afirmou o mexicano Fuentes.

A relevância da diversidade cultural da região latino-americana também foi tema da escritora brasileira Nélida Piñon, que ressaltou que a cultura não é privilégio de classes: "É das coisas mais democráticas que existem. Está nos palácios e nas palafitas. A cultura não tem aristocracia nem títulos", comemorou Nélida.

Para ela, a cultura é a substância da identidade social e força criadora de novas formas de vida: "A cultura não tem início, nem meio nem fim", ressaltou Nélida, lembrando que ela ocupa "os interstícios de nossa vida mais íntima".

Seu comentário seguiu os passos de Fuentes, que havia dito anteriormente que um dos grandes avanços culturais da América Latina foi ter superado a distinção maniqueísta entre cultura popular e cultura erudita.

Segundo Fuentes, "a cultura é feita de vasos comunicantes e a educação deve propor-se a obter qualidade sem negar a ninguém o direito ao desenvolvimento de suas capacidades, de sua inteligência e de seu sentimento de dignidade pessoal".

Para Nélida Piñon, a cultura cria identidades e liga as diferenças, estabelecendo elos entre passado e futuro: "Somos filhos de utopias fracassadas, mas também construtores de novas utopias", disse ela em relação à história latino-americana.

Já o cientista social Hélio Jaguaribe fez um panorama das relações culturais em diferentes épocas, ressaltando que a História é um conjunto de encontros culturais, conflitivos ou cooperativos.

Jaguaribe destacou que atualmente vivemos um conflito, no mundo ocidental, entre a tradição cultural latino-germânica e a corrente anglo-saxã, que vem sendo predominante no mundo globalizado devido à influência dos Estados Unidos.

Para Jaguaribe, ou o império americano se generaliza e consolida sua posição, ou veremos, em meados do século XXI, outras forças surgirem. Ele citou diversas possibilidades, como a China, a Rússia, a Europa unificada e até mesmo o continente sul-americano.

"O mundo ou será multipolar, ou será unipolar", avaliou Jaguaribe, para quem há, neste conflito entre duas tendências da cultura ocidental, a disputa entre uma visão predominantemente tecnológica do mundo – representada pelos Estados Unidos – e uma visão humanista que persiste na Europa unificada.

| 16.11.2003 |

AFINAL, O QUE É ESQUERDA?

Paris. A proposta da cientista política americana Susan Buck-Morss, da Universidade de Cornell, de que a esquerda busque uma maneira de atuar globalmente, provocou grandes debates durante a conferência realizada em Alexandria, no Egito, para discutir o choque das civilizações.

A começar pela possibilidade real de haver um espaço político comum em que o pensamento de esquerda possa trabalhar em conjunto, em nível mundial, e chegando até mesmo à definição do que seja esquerda no mundo atual.

O filósofo italiano Norberto Bobbio, numa definição famosa sobre esquerda e direita, escolheu como parâmetro a questão da igualdade. A direita daria prioridade à liberdade, enquanto a esquerda poria mais ênfase no combate à desigualdade social. Essa definição tornou-se uma boia de salvação para a esquerda mundial num momento de crise de identidade, e ganhou várias versões.

No debate de Alexandria, ficou claro que a definição de esquerda varia. O sociólogo francês Alain Tourraine colocou em dúvida a viabilidade da proposta de Buck-Morss sobre a atuação da esquerda em nível mundial. Segundo ele, o individualismo está crescendo nas sociedades e "o que se observa no mundo é que você não mobiliza mais forças sociais, mas Estados, religiões. As fronteiras entre a sociedade civil, ou a sociedade dominada pelos interesses civis e o Estado, especialmente o religioso, estão se alargando".

Tourraine lembrou que, "há quinze anos, tínhamos no mundo o marxismo, o nacionalismo. E as diferenças entre as diversas partes do mundo não eram tão grandes quanto agora. Acho que estamos muito longe, hoje, de termos movimentos de esquerda fora do mundo ocidental", disse ele.

Susan Buck-Morss explicou que, do seu ponto de vista, o governo americano, "o meu governo, que fala em meu nome", é o mais perigoso regime político no mundo de hoje. "E eu preciso de aliados. E a questão é como vamos descobrir esse terreno em que possamos falar conjuntamente, não meramente o inimigo de meu inimigo é meu amigo, mas realmente articular um espaço político onde possamos compartilhar os mesmos princípios e exercer a solidariedade".

Touraine concorda que, hoje, nos Estados Unidos, ser de esquerda é ser contra a hegemonia americana: "Em países como o Brasil, defender os direitos sociais, a distribuição de renda, é ser de esquerda. Nos países islâmicos, e outros parecidos, a noção de esquerda não quer dizer nada, porque as pessoas têm uma lógica que é dependente do exterior, que provocou o nacionalismo e movimentos religiosos autoritários. Nos Estados Unidos, a política hegemônica é mais importante do que os problemas internos. Hoje, nos Estados Unidos e na Europa, ser de esquerda consiste essencialmente em se opor à hegemonia dos Estados Unidos", diz ele.

Touraine acha, no entanto, bastante difícil transformar essa definição política em ação, já que, para ele, "o partido democrata dos Estados Unidos não tem nada a dizer. Eles têm um candidato, mas não assumem uma posição contra a guerra". De qualquer maneira, a esquerda americana tem "uma visão do mundo que não é hegemônica", ressalta Touraine.

Para ele, no caso europeu, "a esquerda são os milhões de pessoas que foram à rua em Londres, em Madri, em Roma, em Milão, contra a guerra. Agrada-me que o governo francês tenha tido, não um pensamento de esquerda, mas uma ação de esquerda. Que foi a expressão da opinião pública européia. Para nós no Ocidente, hoje, o teste é a atitude diante do sistema mundial".

Buck-Morss, em sua resposta a Touraine, citou "raízes marxistas comuns", e essa citação chamou a atenção de Enrique Rodriguez Larreta, diretor do Instituto de Pluralismo Cultural da Universidade Cândido Mendes: "Temos todas as condições hoje para um discurso de crítica social, porque estamos observando um mundo completamente desigual, conflitos de todos os tipos, e razões para protestos existem. Mas o problema é saber se temos uma teoria para explicar essa situação", ressalta Larreta.

Ele tem dúvidas sobre "se essa teoria pode ser o marxismo, que tem um significado muito específico: luta de classes, mudar o modo de produção; significa revolução, luta política para levar ao poder o proletariado, um projeto antiparlamentar. Se você não aceita esse corpo de conceitos, não é marxista".

Larreta concorda com Bobbio em que "ser de esquerda hoje é dar mais atenção à questão da igualdade". Mas, ao contrário do filósofo italiano, acha que a temática da liberdade "é o conceito mais importante", ao qual a esquerda deveria prestar mais atenção. Ele chama a atenção, dentro desse debate, para o papel do Islã. "Ele pode ter um projeto de igualdade até mais radical que o do marxismo, mas é religioso". E os dois, tanto o marxismo quanto o islamismo, tolhem a liberdade.

Já o cientista político e filósofo Sérgio Paulo Rouanet, discordando de Tourraine, acha que "a relutância em transpor para países do Terceiro Mundo e para o Islã, o conceito de esquerda e direita, que vem do fato de que muita gente acha que essas são criações européias que só funcionam dentro da Europa".

Embora em termos estritamente históricos isso seja verdade, já que o conceito de esquerda e direita nasceu no contexto de uma democracia parlamentar, Rouanet acha possível adotar-se os conceitos em nível mundial "se definirmos esquerda e direita pela necessidade de fazer duas críticas, uma interna, da própria sociedade, e outra do exterior, dirigida para atitudes e políticas que venham de fora", como propõe Susan Buck-Morss.

Nesse caso, diz Rouanet, "um homem é de esquerda, um movimento é de esquerda, um político é de esquerda quando é capaz de fazer essa dupla crítica. Quando ele se limita a criticar o Ocidente, a demonizá-lo, mas deixa intactas as estruturas internas de opressão que existem em países islâmicos, estruturas teocráticas, quando aceita tudo isso como uma coisa intocável, não é de esquerda".

E, inversamente, "quando uma pessoa critica as questões internas mas não contesta, não problematiza determinados conceitos ocidentais", como a hegemonia americana, também não é de esquerda, ressalta Rouanet.

| 23.04.2004 |

TORRE DE BABEL

Para um governo que tem como ministro da Coordenação Política o deputado federal pelo PCdoB Aldo Rebelo, autor de um projeto de lei que pretende proibir o uso de termos em inglês em propagandas e documentos, substituindo-os por expressões similares em português, nada mais natural. Alegando a necessidade de democratização das oportunidades, e para combater um elitismo que estaria implantado no Itamaraty, a partir deste ano o Instituto Rio Branco, que seleciona os candidatos a diplomatas brasileiros, não colocará mais o idioma inglês como prova eliminatória em seu concurso.

Portaria assinada pelo ministro das Relações Exteriores, Celso Amorim, no início de dezembro, diz que "serão realizadas provas escritas de história do Brasil, de geografia, de política internacional, de noções de direito e direito internacional público, de noções de economia, de inglês, e de francês ou espanhol", sendo estabelecida uma nota mínima "para o conjunto das provas" dessa terceira fase do concurso.

Fora o português ruim, já que não fica claro no texto da portaria – por ignorância ou má-fé – se a prova será apenas de "noções" de inglês, o fato é que para ser diplomata brasileiro a partir de agora não é mais preciso falar inglês, o único idioma realmente universal hoje em dia.

Enquanto isso, no Chile do socialista Ricardo Lagos, o governo comanda uma campanha intitulada "O inglês abre as portas", com o objetivo oficial de transformar os cidadãos chilenos em bilíngues no espaço de uma geração. Em vez de combater um suposto elitismo ligado a um idioma estrangeiro, o governo chileno entendeu que num mundo interdependente como o nosso, o sucesso de um país se baseia na capacidade de se comunicar de seu povo.

Mesmo que o espanhol seja um idioma mais falado que o inglês – existem 358 milhões de pessoas no mundo que têm o espanhol como primeira língua, inclusive nos Estados Unidos, contra 341 milhões de pessoas cuja língua nativa é o inglês – o governo chileno sabe que é o inglês que domina hoje em dia os negócios internacionais, as pesquisas, os estudos.

A língua mais falada no mundo é o mandarim, com mais de 800 milhões de pessoas, mas mesmo com a China transformando-se em grande potência econômica, ninguém pensa na possibilidade, pelo menos a curto prazo, de que o mandarim possa se transformar na língua dos negócios internacionais.

Mais razão ainda para falar inglês temos nós, brasileiros, que, mesmo com a comunidade de língua portuguesa com as ex-colônias de Portugal, somos apenas a sexta língua mais falada do mundo, atrás ainda do hindi, da Índia, e do árabe.

O Chile toma como exemplos os países nórdicos e os da Ásia, que têm o inglês como segunda língua ensinada nas escolas, exatamente para superar as barreiras do idioma nas relações internacionais.

O cientista político Clóvis Brigagão, do Centro de Estudos das Américas da Faculdade Candido Mendes, diz que essa alteração é um retrocesso para os padrões profissionais do Itamaraty, reconhecido internacionalmente pela qualidade de seus quadros: "Temos que saber falar todas as línguas, árabe, chinês, japonês. Tem que abrir mais, e não fechar", diz Brigagão.

Celso Lafer, ex-ministro das Relações Exteriores, lembra o tema da incomunicabilidade na metáfora bíblica da Torre de Babel: "A superação disso pressupõe traduzir, pressupõe se comunicar com os outros. A função primeira da diplomacia era ir além do espaço nacional e buscar interagir com os próximos. O domínio do código das línguas é algo fundamental para o exercício da função diplomática", ressalta Lafer.

A decisão do Instituto Rio Branco é apenas mais um sintoma da esquizofrenia do governo petista, que se divide entre a necessidade de maior inserção internacional no comércio exterior, e a participação ativa dos diplomatas nesse processo, e um antiamericanismo quase doentio de certos setores, especialmente no Itamaraty. Já o governo socialista chileno atribui importância vital à abertura do país para o mundo, com vistas à expansão do seu comércio exterior, e por isso é das economias mais abertas do mundo. E por isso estimula o estudo do inglês.

No famoso texto "Subdesenvolvimento e Cultura", o secretário-geral do Itamaraty, Samuel Pinheiro Guimarães, ponta de lança de posições antiamericanas no Itamaraty, acusa as elites intelectuais e dirigentes do país de procurarem ver sempre em modelos estrangeiros as soluções para seus problemas. Ele atribui esse comportamento a uma suposta "vulnerabilidade ideológica" a que estaríamos sujeitos.

Fazer a população falar inglês, no entanto, faz parte de um projeto de autonomia do Chile, e não de uma submissão ao império americano, como supõem alguns membros do governo, e não é uma demonstração de subserviência à hegemonia cultural americana. Fazer com que o inglês seja obrigatório nas escolas do Chile faz parte de um projeto de levar a todos os cidadãos os meios para que possam competir no mundo globalizado, onde falar inglês é condição prioritária.

Cálculos aproximados indicam que existem mais de oito milhões de pessoas estudando inglês pelo Brasil afora, a maioria em cursos particulares, em busca de condições melhores de trabalho e competição.

Em vez de afrouxar as exigências para entrar no Itamaraty, na vã esperança de que com isso estaremos democratizando o acesso à carreira diplomática, o governo deveria estimular o estudo de línguas, especialmente o inglês, no ensino básico, e assim preparar as condições para que os futuros diplomatas venham de todas as classes sociais.

| 11.01.2005 |

A FORÇA DO INGLÊS

Paris. Em uma era crescentemente dominada por migrações e comunicação instantânea entre os países, a questão da identidade nacional está em debate, e em Davos o tema foi discutido sob vários aspectos, desde o multiculturalismo até mesmo a discussão, curiosamente atual no Brasil, sobre se o monopólio do idioma inglês pode vir a ser quebrado nas relações internacionais. Apesar da maior integração do mundo atual, a assimilação de culturas diferentes nunca vai tão longe quanto teoricamente se prevê.

Jagdish Bhagwati, professor da Universidade de Columbia, em Nova York, diz que, hoje em dia, o fato de um imigrante querer preservar sua própria cultura já é mais bem aceito. Apesar de reações como a do professor Samuel Huntington, que atualmente está em uma cruzada contra os hispânicos nos Estados Unidos que querem manter sua cultura, acusando-os de usufruírem do "americanwayoflife" sem se integrarem à cultura americana.

A circulação de pessoas pelo mundo, especialmente depois da União Europeia, é cada vez maior, o que facilita a conservação de culturas originais, mas paradoxalmente as barreiras de segurança atrapalham essa circulação, que deveria ser mais livre. Por outro lado, essa mistura de culturas estaria gerando o surgimento de uma "cultura internacional", na qual se misturariam várias culturas diferentes.

Dentro desse debate, foi organizada uma mesa-redonda para discutir o predomínio da língua inglesa no mundo atual, sob o título geral "Pode o monopólio da língua inglesa ser quebrado?". Para pesar da atual gestão do Itamaraty, que decidiu que saber inglês não é condição fundamental para alguém ser aceito na carreira diplomática, o consenso foi de que por muito tempo o inglês será a língua dos negócios e da diplomacia internacionais.

O mesmo Itamaraty que, ao levar ao pé da letra o auto-elogio do governo que se quer "republicano", retira de suas salas retratos e bustos de antigos diplomatas e autoridades do Império, e até mesmo de Dom Pedro II. Diz-se que alguns permanecerão em Brasília em salas secundárias, e outros virão para o Rio. Um dos retratos que saiu é o do chamado Dandi (Amaro Guedes Pinto, pintado por Antônio Manuel da Fonseca, pintor do Rei de Portugal em 1830), que trabalhava na legação junto à Santa Sé, retratado em uniforme de botões dourados com as iniciais P II, sob a coroa imperial.

À propósito, diplomatas estão lembrando passagem da vida de Machado de Assis, quando, proclamada a República, quiseram retirar da sua repartição o retrato do Imperador. Machado retrucou: "O retrato do imperador entrou aqui por decreto, e só sai por decreto." No caso do Itamaraty, os retratos saíram sem decreto, mas o inglês deixou de ser eliminatório no exame do Instituto Rio Branco por decreto do chanceler Celso Amorim.

Em Davos, a importância crescente do inglês foi analisada, especialmente depois que a globalização abriu os mercados mundiais e criou novas oportunidades para empresas, tanto nos países desenvolvidos como nos em desenvolvimento. Nesse mundo crescentemente interligado, a habilidade de se comunicar superando a barreira da linguagem ficou mais importante do que nunca. Houve um consenso de que, no presente momento, o inglês é o que há de mais próximo de uma língua global dos negócios.

De acordo com levantamentos do British Council, a estimativa é de que mais de um bilhão de pessoas estão aprendendo inglês pelo mundo, 375 milhões têm o inglês como língua nativa, e 750 milhões de pessoas já falam inglês como segunda língua. Segundo os especialistas, o domínio do inglês é baseado em inúmeros fatores, a começar pela importância histórica, em termos econômicos, dos países de língua inglesa, primeiro o Império Britânico, depois os Estados Unidos e sua influência econômica no mundo.

Os comentaristas também consideraram que o inglês se mantém como o idioma dominante no mundo dos negócios porque responde rapidamente às forças do mercado, é maleável a adaptações e mudanças. Algumas nações são mais protetoras de seus idiomas, algumas até aprovaram leis insistindo para que em certas situações, especialmente em negócios, a língua nativa seja protegida, como quer no Brasil o projeto do ministro da Coordenação Política, Aldo Rebelo.

Aqui na França, por exemplo, os anúncios, quando escritos em inglês, têm obrigatoriamente que conter a tradução para o francês, mesmo que em tipo menor. Alguns países – como a própria França, a Alemanha e a Espanha – têm academias e institutos bastante influentes para preservar e regular as normas gramaticais.

Com o avanço da globalização e a redução do predomínio das economias ocidentais – os países asiáticos, especialmente a China, estão surgindo como futuras potências emergentes – alguns comentaristas acham que a prevalência da língua inglesa poderá decair, embora uma piada indique que existem mais pessoas na China aprendendo a falar inglês do que nos Estados Unidos.

O inglês não é o idioma mais falado no mundo, cabendo esse título ao mandarim, que é o primeiro idioma de 800 milhões de pessoas, sendo que outras 200 milhões o falam. Porém, mesmo com a possibilidade de que a China supere os Estados Unidos como potência econômica, é pouco provável que o mandarim vire o idioma internacional dos negócios.

Mesmo agora, o governo chinês está tomando providências para que o inglês seja ensinado para todos os alunos, à exemplo do que já faz o Chile e do que está prometendo fazer o provável futuro primeiro-ministro de Portugal, José Sócrates, do Partido Socialista.

| 10.02.2005 |

FARSA VIRA HISTÓRIA

O filósofo Jean Baudrillard é hoje um dos intelectuais franceses mais importantes e respeitados, e certamente o que tem mais destaque na mídia internacional, logo ele, um crítico do que chama de "sociedade espetáculo", onde todos sofreriam com a vontade de aparecer. Suas análises sobre a cultura de massa que produz realidades virtuais o tornaram uma estrela dessa sociedade, a ponto de seu livro *Simulacros e Simulação* aparecer no primeiro filme da trilogia Matrix, na cabeceira do hacker Neo.

Em Istambul, foi a grande estrela do simpósio organizado pela Academia da Latinidade no início do mês passado, fazendo uma análise aprofundada da sociedade moderna, especialmente sobre a presença hegemônica dos Estados Unidos e sua relação de dominação com o restante do mundo. Este texto de Baudrillard, que ele apresentou de surpresa em substituição ao que estava previamente combinado, é o mais político dele nos últimos tempos, e por isso merece ser revisitado, embora eu já tenha me referido a ele em colunas anteriores.

Para Baudrillard, a hegemonia é o estado supremo da dominação, e ao mesmo tempo sua fase terminal. Ele diz que se pode caracterizar a dominação pela relação mestre/escravo, uma relação com um potencial de alienação, de relação de força e de revolução, e também simbólica. Tudo muda com a emancipação do escravo e a interiorização do senhor pelo escravo emancipado, diz Baudrillard, que vê nesse ponto o começo da hegemonia.

Cultor das palavras, ele lembra que "Hegemon" significa aquele que comanda, que ordena, e não aquele que domina e que explora. "Nesse sentido, podemos dizer que a hegemonia põe fim à dominação", diz Baudrillard. "Nós, escravos ou trabalhadores emancipados, interiorizamos a ordem mundial e seu dispositivo operacional, de maneira que somos seus reféns, além de seus escravos".

Baudrillard diz que se a dominação clássica passava pela substituição autoritária de um sistema de valores positivos, e sua ostentação e defesa, a hegemonia contemporânea passa, ao contrário, por uma liquidação simbólica de todos os valores. Para ele, o que separa a dominação da hegemonia é a falência da realidade, a irrupção ultra-rápida de um princípio mundial de simulação, de virtualidade. Baudrillard está convencido de que o que chama de "hipocrisia ocidental" repousa sobre "a canibalização da realidade pelos signos".

A canibalização é uma das metáforas recorrentes de Baudrillard, e ele já havia se utilizado dela ao se referir à sociedade brasileira, no lançamento de um livro de seu amigo Candido Mendes, o secretário-geral da Academia da Latinidade. Uma sociedade, segundo Baudrillard, "capaz, através da música, da dança, de absorver e até mesmo de, finalmente, devorar os mestres". Ironicamente, ele diz que "o canibalismo é a forma última e mais sutil da hospitalidade".

Na conferência de Istambul ele utilizou o termo negativamente, no sentido de desmontar um automóvel e vender suas peças separadamente, que é o que acontece hoje, segundo ele, com as culturas hoje: são desmontadas e joga-se com seus valores como peças separadas. Para Baudrillard, face à hegemonia, todo pensamento crítico, toda tentativa de reação à opressão, à alienação, é virtualmente extinta. "Por uma gigantesca síndrome de Estocolmo, os alienados, os oprimidos, os colonizados se ajeitam ao lado do sistema do qual são reféns. Eles são anexados, no sentido literal, prisioneiros do 'nexus', da rede, conectados para o melhor e para o pior".

Quando o escravo emancipado interioriza o Mestre, a dominação se faz hegemonia, define Baudrillard, para ressaltar que, "ao mesmo tempo em que o escravo interioriza o Mestre, ele o devora, o canibaliza. Ao mesmo tempo em que a força absorve o negativo, ela é devorada por aquilo que absorveu". Quando a dominação se torna hegemônica, diz Baudrillard, a negatividade se faz terrorismo. Assim, a vitória da hegemonia é apenas aparente, e a absorção do negativo anuncia sua própria dissolução. Baudrillard chama isso de "a agonia da força, a agonia do poder".

Jean Baudrillard acha que com a eleição de Arnold Schwarzenegger para governador da Califórnia, estamos vivendo em plena farsa, onde a política não é mais que um jogo de ídolos e de fãs, um imenso passo na direção do fim do sistema representativo. Esta é a fatalidade da política atual, diz Baudrillard: aquele que participa do espetáculo morrerá para o espetáculo. E isso vale para o cidadão comum e para os políticos, adverte o filósofo.

Mas Baudrillard adverte também que não é possível concluir tão rapidamente que a degradação dos hábitos políticos americanos significa o declínio de sua força. Para ele, há por trás dessa farsa "uma estratégia política de grande envergadura".

Elegendo Schwarzenegger, ou ainda na eleição fabricada de Bush em 2000, "com uma paródia alucinante de todos os sistemas de representação, a América se vinga à sua maneira do desprezo simbólico de que é alvo".

Baudrillard diz que essa "forma extrema de profanação de valores", e a "obscenidade radical" é o que fascina todo mundo. Ele diz que a situação política americana, de "vulgaridade fenomenal, um universo político televisual, enfim atingindo o grau zero da cultura", é também o segredo da hegemonia mundial dos Estados Unidos.

O desafio da América, para Baudrillard, "é o de uma simulação desesperada, de uma farsa que ela impõe ao resto do mundo, com o simulacro desesperado da força militar. A carnavalização da força", define. E Baudrillard, com o pessimismo que lhe é peculiar, decreta: se a história que se repete se torna farsa, a farsa que se repete acaba virando História.

| 01.05.2005 |

QUE PAÍS É ESSE?

Pacotes de dinheiro, secretárias e motoristas já fazem parte do imaginário nacional. O embaixador Marcos Azambuja, conhecido por sua mordacidade, anda dizendo que tem mais medo de secretárias e motoristas do que de colesterol alto. Três pacotes de dinheiro marcaram nossa história política recente, e pelo menos dois ganharam lugar definitivo nela, sendo o mais famoso o dos maços de notas perfazendo R$1,3 milhão achados pela Polícia Federal no escritório de uma empresa da atual senadora Roseana Sarney durante a campanha eleitoral de 2002, o que lhe valeu a desistência da candidatura à Presidência.

E os R$3 mil embolsados pelo ex-chefe dos Correios Maurício Marinho em nome de um esquema de corrupção chefiado pelo deputado Roberto Jefferson, o que provocou a atual crise política em que estamos envolvidos.

Um terceiro pacote de dinheiro ainda não se sabe que papel terá no episódio, mas pelo inusitado da situação já merece destaque: um dirigente do PT do Ceará, ainda por cima assessor de um deputado irmão do presidente do PT, José Genoino, foi preso com R$ 200 mil em uma bolsa e US$100 mil na cueca.

Não se encontrou ainda o famoso "batom na cueca", como ironicamente denomina-se uma prova irrefutável do malfeito, mas temos agora "dólares na cueca", uma das muitas contribuições petistas à modernização da corrupção no país.

Quem se dispuser a acompanhar as sessões da CPI dos Correios vai ter uma boa visão de que país é esse. Uma dúzia de deputados(as) e senadores(as) exerce seu ofício com seriedade e dedicação, demonstram que fizeram o dever de casa, estudaram os depoimentos, perguntam de maneira pertinente e objetiva, em busca da verdade, e não de uma posição política.

A maioria, porém, enche a boca com discursos vazios diante das câmeras de TV. Outros repetem perguntas já feitas, tentam mostrar uma esperteza que não têm. O clima de Escolinha do Professor Raimundo prevalece, é permanente. A falta de respeito às regras é constante, a tentativa de dissimulação das reais intenções chega às vezes a ser patética.

Como a daquele deputado petista que perguntou à secretária Karina Somaggio, com o objetivo de desacreditá-la, se não considerava estranho que, em Belo Horizonte, o lobista (ele chamava sempre de empresário) Marcos Valério não utilizasse um carro-forte em vez de transportar tanto dinheiro por motoboys. Como se desconhecesse que carros-fortes exigem identificação da mercadoria transportada. Ou não soubesse que o dinheiro de que se trata na CPI é ilegal, por isso transportado em maletas.

Uma temporada desse folhetim inacreditável basta para que entendamos que nossos políticos realmente representam o Brasil em todas as suas nuances, em todas as suas carências e mesquinharias. E também em sua grandeza, quando se vê que as instituições estão funcionando normalmente, apesar dos sustos nossos de cada dia.

Pode ser ignorância minha, mas quem, a não ser os envolvidos, sabia que as licitações dos órgãos públicos são disputadas por "empresários" que não fabricam nada, meros atravessadores, que intermedeiam desde botas do Exército até capas de chuvas dos carteiros, e brigam de morte entre si, corrompem toda a cadeia gerencial, envolvendo arapongas e propinas a funcionários de terceiro escalão? Pequenos cafetões do dinheiro público, tudo muito rastaquera para os milhões que estão em jogo.

E quem diria que a nossa temida Agência Brasileira de Informações, a Abin, sucessora do monstro SNI, transformou-se em um centro de baixa arapongagem, do tipo que monta pacientemente a maleta de espionagem com que filma escondido com acessórios comprados na feira do Paraguai de Brasília? É como se terroristas internacionais montassem uma bomba atômica com peças compradas em camelôs.

Outro dia o Zuenir Ventura lembrou uma frase de nosso filósofo popular Tim Maia, que dizia que no Brasil as coisas não podem dar certo por que aqui "traficante se vicia, cafetão se apaixona e puta goza". Agora temos um araponga que se considera um jornalista investigativo, e sonha em ganhar o Prêmio Esso de Jornalismo pelo "furo" de reportagem que sua maleta paraguaia proporcionou.

Foi preciso que um especialista em utilização de "restos de campanha" abrisse o jogo, depois de uma desavença com seus cúmplices, para que um facho de luz fosse jogado nesse mundo subterrâneo. Verdadeiro pedagogo da contravenção eleitoral, o deputado Roberto Jefferson se auto-enlameia para poder enlamear os outros, na exata medida da orientação de seus advogados. Incrimina-se cuidadosamente, se movimenta dentro dos limites que as brechas da lei determinam, e cria uma confusão dos diabos quando se manifesta.

Com toda a sinceridade que suas más intenções permitem, Roberto Jefferson esclarece nossas dúvidas: por que um político tem interesse em nomear um diretor de estatal, ou o secretário da Receita Federal em um estado, ou o chefe da Alfândega do aeroporto internacional? Pura demonstração de prestígio? Nada disso. Os nomeados, está implícito, se encarregam de arranjar "doadores" para as campanhas políticas dos partidos que os indicou. Além de outros favores menores.

Malas de dinheiro, empréstimos milionários, repasse de verbas publicitárias, tudo vai para o mesmo destino: o financiamento das campanhas eleitorais. Tudo pela causa. E, como se está vendo, quase sempre a causa própria acaba recebendo umas rebarbas, e aí você tem procuradores milionários, cunhados que se beneficiam, mecenas que descobrem novos Bill Gates no centro do poder, empresários que dão avais milionários e companheiros com dólares na cueca. Que país é esse?

| 10.07.2005 |

O VIL METAL

Estamos vivendo realmente tempos fantásticos, de realismo mágico à la Gabriel García Márquez, quando as metáforas se materializam e a realidade beira a ficção. Ou os "tempos interessantes" da maldição atribuída a Confúcio, tempos em que os riscos e os sofrimentos não cessam, impedindo a tranquilidade. As malas de dinheiro, até pouco tempo ingênuas metáforas de corrupção, agora surgem coloridas, em diversos formatos, trafegando em motos anônimas pelas ruas das grandes capitais, ou em jatinhos executivos supermodernos como o Citation-10 do deputado-pastor detido ontem.

Ou não é roteiro de uma perfeita chanchada da Atlântida o assessor preso com dólares na cueca? Um roteiro sem a malícia inocente das antigas chanchadas, atualizado pela violência da política dos nossos dias, conformada a golpes de dinheiro. Pode ser que o ex-assessor do irmão de Genoino tenha ligações com outros tráficos, que não o de influências, disseminado no Campo Majoritário petista.

Pode ser também que o pastor-deputado João Batista Ramos da Silva, do PFL de São Paulo, detido pela Polícia Federal no aeroporto de Brasília com sete malas de dinheiro, não tenha nada a ver com o dízimo petista ou com o mensalão, e que seus reais tenham mesmo como origem o dízimo de gente humilde enganada em todos os quadrantes do país pela Igreja Universal do Reino de Deus. Mas os dois casos são exemplares da situação em que nos metemos.

Os pastores evangélicos, personagens cada vez mais influentes de nossa política moderna, surgiram na década de 70, com tribuna, capilaridade, e sem precisar de financiamento para as campanhas eleitorais.

O presidente do Supremo Tribunal Federal, ministro Nelson Jobim, um estudioso do sistema eleitoral, garante: os partidos foram atrás deles, e não o contrário. A formação do quociente eleitoral – a soma dos votos dividida pelo número de vagas – obriga a que o partido político procure os candidatos que tenham mais votos, e não os de maior qualidade.

No Brasil, o eleitor vota em candidatos, e não na legenda. Como o partido político tem direito a ter 150% de candidatos em relação ao número de vagas em disputa, o burocrata do partido sai à cata de candidatos que tenham capacidade para produzir um bom número de votos. No início, se a "capilaridade" do pastor – isto é, sua capacidade de atingir o maior número de fiéis que, com o voto obrigatório, são todos eleitores potenciais – passava em cima da zona eleitoral de um cacique do partido, aquele pastor não servia, porque ia roubar votos do político já estabelecido.

Com o tempo, os pastores descobriram que não precisavam dos políticos para se candidatar e ganharam força própria, acabando por tomar conta de uma legenda, o Partido Liberal do vice-presidente José Alencar, um dos partidos acusados de receber o mensalão para apoiar o governo. Antes de o esquema do mensalão ser estourado pelas denúncias do deputado Roberto Jefferson, já havia uma movimentação crescente no Congresso no sentido de mudar a organização partidária, e especialmente o sistema eleitoral, devido ao novo esquema de poder estabelecido pelo PT, que atuava como um trator em cima das estruturas partidárias, buscando formar sua maioria no Congresso.

Essa estratégia de inchar pequenas legendas com a atração de deputados, e um fenômeno mais ou menos recente que atinge a todos igualmente, o altíssimo custo de uma campanha eleitoral, distorceram a vontade das urnas. Se não houver uma mudança na legislação, só serão eleitos os representantes das igrejas, especialmente a Universal, ou quem tiver dinheiro.

O financiamento público de campanha, que serviria para cortar esse mal pela raiz, só é possível se for feito aos partidos, e não aos indivíduos, por isso surgiu a ideia do voto em lista fechada, que hoje encontra grandes resistências no meio político. Ao custo de sete reais por voto, o Orçamento da União teria que dispor de cerca de R$800 milhões para dividir entre os 15 partidos oficiais para as campanhas federais, estaduais e municipais.

Previsivelmente, a Igreja Universal se posiciona contra a medida, pois assim o voto perderia a influência individual. Como eles têm o controle do PL, e têm candidatos em vários outros partidos – o deputado das malas é do PFL – não querem perder essa capacidade de manipular os resultados das eleições. O alto custo das campanhas eleitorais e o poder crescente nelas dos magos da publicidade fizeram com que o sentido das eleições fosse deturpado.

São poucos hoje os deputados que conseguem ganhar votos suficientes para se eleger à base da defesa de seus pontos, suas opiniões. Os chamados "candidatos de opinião" são atropelados pelas campanhas milionárias e pela pressão do marketing político, que privilegia a imagem do candidato em detrimento do conteúdo de suas propostas.

O próprio Lula aderiu ao conceito com sucesso ao contratar para sua campanha presidencial o publicitário Duda Mendonça, que fora responsável pelas campanhas eleitorais de ninguém menos que Maluf. A campanha eleitoral, por sinal, foi o primeiro passo para uma atitude pragmática de ação política que ganhou desenvoltura no governo, e teria justificado a montagem desse imenso esquema de cooptação parlamentar à base de golpes de maletas de dinheiro.

Mesmo que não tenham nenhuma ligação direta com os esquemas de corrupção que estão sendo investigados pelas diversas CPIs, esses dinheiros encontrados em cuecas de um suposto agricultor, ou nas entranhas de um Citation-10, têm a mesma motivação: o vil metal compra eleições e consciências, à direita ou à esquerda.

| 12.07.2005 |

O QUE FAZER?

O fracasso da experiência sindicalista-petista no governo, a cada dia mais flagrante, pode ser simbolizado no Land Rover que o dirigente sindical Sílvio Pereira recebeu de presente do diretor de uma empreiteira que tem negócios com a Petrobras. O governo de um ícone do novo sindicalismo brasileiro, que já teve quase um terço de seus ministros saídos das lutas sindicais, e inúmeros cargos da estrutura estatal de poder ocupados por sindicalistas, vai entrar para a história da esquerda como mais uma experiência prática a ser discutida à luz do famoso livro de Lênin *O que fazer?*, escrito em 1902 para o 2º Congresso do Partido Social Democrata Russo e adotado como fórmula para a organização partidária dos socialistas revolucionários.

Nele, Lênin chamava a atenção para os riscos da incorporação pura e simples de lideres sindicais à política, sem uma preparação para serem líderes socialistas. Diz Lênin em *O que fazer?*: "Na maioria dos casos, concebe-se o militante ideal muito mais semelhante a um secretário de sindicato do que a um chefe político socialista. Por que o secretário de qualquer sindicato inglês, por exemplo, ajuda sempre os trabalhadores a sustentar a luta econômica, organiza a denúncia dos abusos nas fábricas, explica a injustiça das leis e disposições que restringem a liberdade de greve e a liberdade de colocar piquetes perto das fábricas (para avisar a todos que tal fábrica está em greve), explica a parcialidade dos juízes pertencentes às classes burguesas. Em resumo, todo secretário sindical sustenta e mantém a luta econômica contra os patrões e o governo".

Mas Lênin ressalta que "nunca será bastante insistir em que este não é um social-democrata, que o ideal do social-democrata não deve ser o secretário sindical, mas o tribuno popular, que sabe reagir a toda manifestação de arbitrariedade de opressão, onde quer que se produza e qualquer que seja o setor ou a classe social que afete; que sabe sintetizar todas estas manifestações em um quadro único da brutalidade policial e da exploração capitalista; que sabe aproveitar o menor acontecimento para expor ante todos suas convicções socialistas e suas reivindicações democráticas, para explicar a todos e a cada um a importância histórica universal da luta emancipadora do proletariado".

É uma antiga discussão se os trabalhadores não podem chegar aos ideais socialistas sem a ajuda dos intelectuais burgueses, e esse texto de Lênin leva a essa conclusão, embora a tese não apareça em nenhum outro texto seu. O PT, nascido da união de sindicalistas com intelectuais paulistas, sempre viveu essa dicotomia interna, espelhada nas diversas facções em que se divide. Na época em que escreveu *O que fazer?*, Lênin combatia a tese, difundida entre os socialistas, de que bastavam as reivindicações econômicas para dar aos trabalhadores consciência de classe.

O sociólogo Francisco Oliveira, professor da USP e um dos fundadores do PT, hoje um dissidente fervoroso do governo Lula, foi o primeiro a registrar que a elite do sindicalismo passou a constituir uma nova classe social no Brasil ao ocupar posições nos conselhos de administração dos principais fundos de pensão das estatais e do BNDES. Só a Previ tem mais de 200 cargos nos conselhos das maiores empresas do país. Os sindicalistas ocupam vários cargos importantes nos Estados, como as Delegacias Regionais do Trabalho. O presidente do Serviço Brasileiro de Apoio à Micro e Pequena Empresa (Sebrae) é Paulo Okamoto, que foi diretor do Sindicato dos Metalúrgicos do ABC e é tão amigo de Lula que é quem faz seu imposto de renda.

Jair Meneguelli, que presidiu o sindicato, é desde o início do governo Lula, presidente do Serviço Social da Indústria (Sesi), que tem orçamento anual de cerca de R$900 milhões. O cargo é tão bom que Meneguelli abriu mão de seu mandato de deputado federal – que deveria ter assumido como suplente – para continuar nele, com um salário estimado em R$30 mil. Na república petista, o festival de nomeações de sindicalistas para diretorias e conselhos de estatais, como Banco do Brasil, Petrobras, Itaipu, Chesf, tem o mesmo teor das nomeações fisiológicas em outras administrações, tão denunciadas pelo próprio PT. Com os escândalos, muitos desses empregos foram desativados.

Essa verdadeira "república sindicalista" foi sendo moldada à medida que decisões ampliaram o espaço de atuação e revitalizaram as finanças do sistema sindical brasileiro. O governo autorizou, por exemplo, os sindicatos a criar cooperativas de créditos que poderão funcionar como bancos. Além disso, permitiu-lhes instituir, na reforma da Previdência, planos de previdência complementar. Como as regras só permitem planos de previdência fechados, os sindicatos não terão muita concorrência privada. Uma medida em especial reforçou o poder de fogo das centrais sindicais: a autorização para que empréstimos sejam dados com desconto na folha de pagamento, com a intermediação dos sindicatos, o famoso crédito consignado que está no centro das acusações de beneficiamento do banco BMG, um dos que financiou a farra do lobista Marcos Valério.

Não apenas o Land Rover de Silvinho Pereira, mas os ternos bem cortados de Delúbio Soares e os charutos Cohiba, que passaram a ser símbolo de status na "república sindicalista" de Lula, da mesma maneira que o uísque Logan ou a gravata Hermès identificavam os componentes da "República de Alagoas" de Collor, têm uma explicação histórica de Lênin: "É comum a crença de que a classe trabalhadora tende ao socialismo. E isso pode ser verdade no sentido em que a teoria socialista revela as causas da miséria dos trabalhadores. No entanto, a força com que a ideologia burguesa se impõe sobre a classe é ainda maior".

| 24.07.2005 |

ÚLTIMA INSTÂNCIA

No recém-lançado livro de Bob Woodward *O homem secreto*, sobre a verdadeira identidade do informante Deep Throat que o ajudou e a Carl Bernstein, repórteres iniciantes do *Washington Post* a desvendarem o caso Watergate que levou o presidente Nixon à renúncia, Bernstein conta uma passagem exemplar que até hoje estava inédita.

Certo dia, quando os dois checavam as informações que haviam conseguido, chegaram à conclusão de que tinham elementos suficientes para identificar John Mitchell, que fora, entre outros cargos, advogado-geral da União, como uma das cinco pessoas que controlavam um fundo secreto do comitê de reeleição de Nixon.

Esse fundo financiava ações ilegais como a invasão do escritório do Partido Democrata no prédio Watergate, em Washington, que deu início à maior crise da história política recente americana. Quando se viram diante do fato de que estavam prestes a acusar o figurão Mitchell de criminoso, Bernstein e Woodward ficaram chocados: "Meu Deus. Este presidente vai ser impichado", exclamou Bernstein. "Jesus, acho que você está certo", replicou um atônito Woodward. Naquele momento, os dois combinaram que jamais diriam "aquela palavra" nas conversas na redação do *Washington Post*, para que ninguém pudesse colocar em dúvida a veracidade das informações que conseguissem.

"Qualquer sugestão sobre o futuro do mandato de Nixon poderia minar nosso trabalho, ou o esforço do 'Post' de ser verdadeiro", escreve Bernstein. Essa conversa eles tiveram um ano antes que o Congresso dos Estados Unidos iniciasse o processo de impeachment, e 22 meses antes de Nixon renunciar.

A discussão sobre a possibilidade de a atual crise política vir a desaguar num processo de impeachment do presidente Lula, que frequentava as conversas em voz baixa de políticos no Congresso, tomou corpo esta semana depois da atuação do presidente do Supremo Tribunal Federal, ministro Nelson Jobim, junto a políticos de vários partidos. Ele assumiu informalmente uma articulação política para neutralizar qualquer iniciativa que possa levar a um processo de impeachment.

Segundo os relatos, Jobim alertou para o perigo de o país ficar ingovernável nos próximos dez anos caso a política se radicalize com o impedimento do presidente Lula. O ministro Jobim, que é um dos poucos remanescentes na vida pública dos "cardeais" que faziam alta política no Congresso – ele foi relator da Constituinte de 1988 – deve ter tomado a iniciativa ao sentir a falta de rumo dos atuais líderes políticos.

Mas, assumindo uma ação ostensivamente política, se expôs a críticas como as do presidente da OAB, Roberto Busato, que lembrou que o Judiciário "não pode se misturar com a crise pois poderá ser chamado a desempenhar o seu papel constitucional nela", referindo-se ao fato de que, caso o processo de impeachment aconteça, quem preside a sessão do Senado é o presidente do STF. Busato, no entanto, já foi criticado severamente pelo ministro da Justiça, Márcio Thomaz Bastos, quando, no início da crise política, deu uma entrevista no exterior já falando sobre a possibilidade do impeachment.

Banalizar o impeachment, que o historiador americano Arthur Schlesinger classifica de "instrumento de última instância", é um dano para a democracia brasileira que foi muito cultivado pelo PT, que agora se fere com a maneira radical de fazer política que sempre adotou. Desde o movimento exitoso de destituição do presidente Fernando Collor de Mello, iniciado em 1991, o PT adotou a tática de acirrar os ânimos oposicionistas, e passou os oito anos dos governos de Fernando Henrique pedindo o impeachment do presidente, pelas razões mais diversas.

Arthur Schlesinger diz que um país deve ter um impeachment de 50 em 50 anos, para os governantes ficarem atentos, para o presidente não abusar dos seus poderes, não querer prevalecer sobre os demais poderes. Mas ele ressalta que o custo para o sistema político é gigantesco, lembra o cientista político Amaury de Souza, que escreveu um trabalho intitulado "O impeachment de Collor e a reforma institucional no

Brasil", publicado no livro organizado por Keith S. Rosenn e Richard Downes, *Corrupção e reforma política no Brasil: o impacto do impeachment de Collor*, editado pela Fundação Getulio Vargas em 2000.

Amaury de Souza diz que "dificilmente vai aparecer alguma coisa que possa ligar Lula diretamente a esse esquema de corrupção". Para ele, "é preciso que apareçam pelo menos indícios veementes, senão provas irrefutáveis, do envolvimento do José Dirceu". Dependendo do que ocorrer com o Dirceu, "pode ficar igualmente difícil negar que Lula pelo menos sabia. Chefe da Casa Civil não é um ministro qualquer, é da copa e cozinha do presidente". As investigações chegando ao José Dirceu "vai ser necessário muita negociação para que se consiga manter a versão, que hoje é consenso entre os principais atores políticos e econômicos, de que Lula não está envolvido".

O cientista político Amaury de Souza tem uma tese para a existência de um consenso tão forte sobre a necessidade de preservar Lula. Segundo ele, há duas datas históricas que explicam isso: a primeira é 29 de setembro de 1992, o dia em que o Senado fez o julgamento do Collor, e o povo foi para as ruas comemorar. A outra é 24 de agosto de 1954. Getulio se suicidou de madrugada e houve um quebra-quebra nas ruas. "O custo político e social de um impeachment pode ser gigantesco, não dá para arriscar", adverte ele. "No caso do Collor, era todo mundo de um lado só, contra ele, mas na época do Vargas todos estavam contra ele e a situação mudou, com o choque da notícia", ressalta Souza.

| 30.07.2005 |

A IMPRENSA E O PODER

A condenação do sociólogo e jornalista Emir Sader por crime de injúria, por um artigo que escreveu em agosto passado no site Carta Maior, é um ótimo pretexto para retomarmos a discussão sobre liberdade de imprensa. O professor Sader acusou o senador Jorge Bornhausen, presidente do PFL, de ser racista por ter dito que o país precisa "se ver livre dessa raça por 30 anos", referindo-se aos petistas.

No referido artigo, além racista, Sader chamou Bornhausen de "fascista", "direitista", "adepto das ditaduras militares", "repulsivo", "pessoa abjeta", "roubador", "explorador e assassino de trabalhadores". O senador Jorge Bornhausen, sentindo-se ofendido pelo autor do artigo, procurou na Justiça defender seus direitos de cidadão.

Alega que usou "esta raça" com o sentido de grupo de indivíduos da mesma categoria, uma das definições de raça dos dicionários. Sader foi condenado por injúria pelo juiz Rodrigo Cesar Muller Valente, da 11ª Vara Criminal de São Paulo, à pena de um ano de detenção, substituída por prestação de serviços à comunidade ou entidade pública. O juiz aplicou uma pena adicional de perda do cargo ou função pública – professor da Universidade do Estado do Rio de Janeiro – por Emir Sader ter se utilizado do cargo para difundir suas injúrias. Há um movimento em defesa do sociólogo, militante petista de longa data, e vários manifestos a seu favor alegam que a pena é um ataque à "livre-manifestação".

Até a CUT entrou na discussão, alegando que vários jornalistas caluniaram e injuriaram o presidente da República e membros do governo. Aí está a diferença entre uma tentativa de cerceamento da liberdade de imprensa, que foi o que a Polícia Federal fez ao convocar jornalistas da revista *Veja* para um depoimento, e a ação da Justiça contra jornalistas que se utilizam dos meios de comunicação para caluniar ou injuriar alguém.

O senador Bornhausen pode ser criticado – e já o fiz aqui na coluna – pela agressividade política de sua frase, mas se alguém se sentisse caluniado por ela, deveria procurar a Justiça, e não tentar transformar uma frase infeliz ou mesmo agressiva, em um crime de racismo. As opiniões políticas do sociólogo sobre o senador não foram condenadas pela Justiça.

Qualquer jornalista está sujeito às mesmas leis do país e deveria ser processado sempre que alguém se julgasse caluniado ou injuriado por um artigo ou uma reportagem. Nada impede a "livre-expressão", mas os autores devem ser responsáveis pelas consequências de suas opiniões. Há, inclusive, uma Lei de Imprensa, resquício da ditadura militar, que está em vigor, quando as leis comuns deveriam ser suficientes.

O diretor-geral da Polícia Federal, Paulo Lacerda, reconduzido ao cargo pelo presidente eleito, reagiu com uma insuspeitada arrogância às críticas ao delegado que constrangeu os jornalistas de *Veja*. "A PF deve ser censurada em seus questionamentos? Isso pode perguntar, aquilo não pode perguntar?", perguntou ele, como se fosse impensável alguém tentar pôr limites na ação policial.

Pois na democracia é assim mesmo, um delegado de polícia não tem o direito de perguntar qualquer coisa a uma pessoa, muito menos quando essa pessoa não está sendo acusada de nada oficialmente, nem responde a processo. Só nas ditaduras o poder policial é ilimitado. Na democracia é a sociedade que dá os limites dos poderes públicos.

Aproveitando o tema, um leitor enviou um texto do jornalista norte-americano Jack Anderson, no prólogo do livro *Os Arquivos de Anderson* (*The Anderson Files*), por Jack Anderson e George Clifford, editado pela Livraria José Olympio Editora, Rio de Janeiro, 1974. Jack Anderson tinha uma coluna publicada em cerca de mil jornais no seu auge.

Considerado o pai do jornalismo investigativo nos Estados Unidos, ganhou o Prêmio Pulitzer em 1972 por revelar ações secretas do governo Nixon a favor do Paquistão na guerra contra a Índia, e também publicou as transcrições secretas do grande júri sobre o caso Watergate. Era considerado por Kissinger como "o homem mais perigoso dos Estados Unidos" e membros do governo Nixon confessaram que houve um complô na CIA para assassiná-lo.

No prólogo, Jack Anderson nos dá lições sobre o poder e a imprensa: "(...) Um número enorme de jornalistas credenciados [em Washington] considera ser sua função cortejar os fortes, e não condená-los; louvar os homens públicos, e não desmascará-los. (...) A necessidade de a imprensa ocupar um lugar antagônico foi percebida com clareza pelos fundadores da América. Por isso, tornaram a liberdade de imprensa a primeira garantia da Carta de Direitos. Sem liberdade de imprensa, sabiam, as outras liberdades desmoronariam. Porque o governo, devido à sua própria natureza, tende à opressão. E o governo, sem um cão de guarda, logo passa a oprimir o povo a que deve servir.

(...) Thomas Jefferson entendeu que a imprensa, tal como o cão de guarda, deve ter liberdade para criticar e condenar, desmascarar e antagonizar. 'Se me coubesse decidir se deveríamos ter um governo sem jornais, ou jornais sem um governo, não hesitaria um momento em preferir a última solução', escreveu ele. (...) Tampouco se desdisse depois que, como presidente, foi destratado por jornais irresponsáveis. Ao invés disso, ao aproximar-se o fim de sua primeira gestão, escreveu a um amigo: 'Nenhuma experiência pode ser mais interessante do que esta que estamos agora tentando, e que confiamos acabará por comprovar que os homens podem ser governados pela razão e pela verdade. Nosso objetivo primordial deve ser, por conseguinte, manter-lhes abertos todos os caminhos da verdade. O caminho mais eficiente até hoje encontrado é a liberdade da imprensa. Por isso, é o primeiro a ser fechado por aqueles que receiam a investigação de suas ações'".

| 03.11.2006 |

DEMOCRACIA ADJETIVADA

A **democracia representativa** está em crise no mundo todo, e a democracia direta, que surge aqui na nossa América do Sul como uma solução manipuladora de esquerda, é apoiada por uma instituição direitista britânica como maneira de ampliar a participação popular e aumentar o interesse dos eleitores nos processos decisórios. O Centro para Estudos Políticos de Londres sugeriu semana passada que todo cidadão deveria ter direito de iniciar uma legislação através de referendos, o que já acontece em 24 estados americanos e em alguns países europeus, sendo o mais citado a Suíça. Apesar de ter sido apresentada por um thinktank direitista, a sugestão foi apoiada pelo líder trabalhista David Cameron, e o provável futuro primeiro-ministro, Gordon Brown, também não quis ficar contra.

Aqui no Brasil, com o apoio da Ordem dos Advogados do Brasil e do jurista Fabio Konder Comparato, o ministro Tarso Genro montou uma proposta de reforma política que abriga uma antiga tese sua, que defende em seu livro *A esquerda em progresso*, já analisado aqui por diversas vezes: a democracia direta à la Hugo Chávez, com a "exacerbação da consulta, do referendo, do plebiscito e de outras formas de participação". O que nasceu como uma proposta do governo, e gerou muitas críticas, acabou sendo transformado em uma sugestão que será levada aos partidos políticos, na esperança de que algum deles adote as sugestões.

No Congresso, um grupo de deputados petistas, entre eles José Mentor, envolvido no escândalo do mensalão, apresentou uma proposta para que o presidente da República possa propor um plebiscito sem a intermediação do Congresso. Ele, que teoricamente é um congressista, acha que se o presidente da República pode editar medidas provisórias, por que não poderia também convocar plebiscitos?

Dificilmente o Congresso assumirá propostas tão polêmicas, que já levam certos setores políticos a temer que esteja em marcha uma manobra para tentar aprovar, através de plebiscito, maiores poderes para o governo Lula, ou até mesmo a possibilidade de disputar um terceiro mandato presidencial.

O fato é que a crise em que o Congresso brasileiro está afundado favorece o questionamento da democracia representativa, que já está em curso em alguns países da América do Sul, como na Venezuela e na Bolívia. Há, por outro lado, a insatisfação dos liberais com a democracia de massa, que seria passível de manipulação por políticos populistas, e por isso cresce o movimento para que o voto deixe de ser obrigatório, na suposição de que, com o voto opcional, somente os que estivessem interessados realmente nas questões políticas se empenhariam em votar, reduzindo a possibilidade de manipulação.

Nessa tentativa de superar as deficiências do modelo de representação em vigor, a utilização de instrumentos de consultas populares, como os plebiscitos, une esquerda e direita, uns se inspirando na experiência de Chávez na Venezuela, outros no modelo dos Estados Unidos. Na Suíça, desde 1849, já foram realizados cerca de 150 referendos e plebiscitos nacionais, diversos outros nos 26 cantões e muito mais nas cerca de três mil comunas do país.

Nos Estados Unidos, os referendos e plebiscitos são apenas locais, nos estados e municípios, tratando desde despesas ou impostos, até sobre a pena de morte ou casamento entre homossexuais. Quanto maior o país, menor a possibilidade de haver plebiscitos ou referendos nacionais. Geralmente os temas são locais, e na Inglaterra a proposta de ampliação dos referendos está sendo criticada exatamente pela tendência centralizadora do governo.

O cientista político Bolívar Lamounier, que desconfia das intenções dos que propõem essa democracia direta no país, afirma que essa utopia tem muito pouco de "direta": "A possibilidade de manipulação é inerente ao instrumento, pois a autoridade incumbida de propor os quesitos pode ficar muito aquém da neutralidade". Ele ressalta que "desde que começaram a serem realizados, há cerca de dois séculos, plebiscitos e referendos foram quase sempre um jogo de cartas marcadas, com o objetivo de legitimar decisões autoritárias, ratificar ocupações de território alheio, e assim por diante". É no que tem se transformado esse instrumento nos países vizinhos, com plebiscitos dando poderes quase totais aos governantes, chegando na Venezuela a dar a Hugo Chávez um mandato de autonomia completa em relação aos demais poderes.

Em diversos textos, o provável futuro ministro da Justiça do segundo mandato de Lula, e atual articulador político, aborda a falência da democracia representativa e defende a organização de um novo Estado com "outras formas de participação direta, por meio de instituições conselhistas, que emergem da democracia direta". Entre esses, ele cita especificamente o controle dos meios de comunicação através de "conselhos de Estado". O ministro culpa "o ritualismo democrático-formal" como uma das causas da decadência do modelo representativo atual.

Com a reforma política na pauta da Câmara por decisão voluntarista do novo presidente, Arlindo Chinaglia, temas mais próximos dos deputados estarão em discussão, como o voto em lista e o financiamento público de campanha eleitoral. Antes de afoitamente dar por encerrada a experiência da democracia representativa, é preciso organizar nosso sistema político-partidário. A volta das cláusulas de barreira, proposta pelo senador Marco Maciel, e a fidelidade partidária, seriam um bom início de conversa.

| 25.02.2007 |

BAUDRILLARD E AS DORES DO MUNDO

A última vez em que estive com o filósofo francês Jean Baudrillard, morto na terça-feira, foi há quase um ano, na conferência da Academia da Latinidade em Baku, capital do Azerbaijão. Ele já estava com a saúde seriamente abalada pelo câncer, e foi com enorme sacrifício físico que compareceu pela última vez ao seminário, do qual era participante ativo há anos. Tinha duas razões para tanto: prestigiar seu amigo, o também filósofo brasileiro Candido Mendes, secretário-geral da Academia, e visitar Samarkand, no Uzbesquistão, cidade central da antiga rota da seda, um velho desejo.

O programa oficial da reunião tinha como ilustração a reprodução de uma cabeça de perfil, esculpida em madeira, do poeta do Azerbaijão Aliagha Vahid. Em volta de sua orelha direita, nos cabelos e no pescoço, há várias figuras entalhadas, representando personagens de sua obra. Aquela orelha em primeiro plano pareceu a Baudrillard um sinal, já que o câncer havia atingido seu aparelho auditivo, causando-lhe grandes dores e desconforto.

A palestra de Baudrillard teve características especiais, além de seu pessimismo diante da inutilidade do ser humano no mundo moderno. Parecia que estava se despedindo, com um texto, mais cáustico que o habitual, sobre as doenças do mundo moderno. Num país assolado pela gripe aviária e por uma epidemia de Aids, comparou as doenças globalizadas a atos terroristas, e a cataclismos naturais como o tsunami ou o Katrina.

Esses "acontecimentos-bandidos" provocarão, segundo ele, uma "revolução impossível" no mundo, que Baudrillard via contaminado por um vírus letal que o corrói. O terrorismo teria um impacto sutil e radical, "de uma forma viral e insaciável". Depois dos atentados de 11 de setembro nos EUA, a comunidade internacional entrou em pânico "sob o signo do vírus do terror e do terror do vírus", brincou com as palavras Baudrillard.

Usando metáforas médicas, ele disse que as medidas de segurança matam as liberdades individuais, criando "efeitos perversos auto-imunes: o anticorpo se volta contra o corpo e provoca mais estragos que o próprio vírus". Na ausência de solidariedade entre as nações, Baudrillard dizia que é preciso criar um Mal Absoluto, que gera uma autodefesa delirante, conseqüência de uma "perda de imunidade do imaginário".

O vírus seria um produto da mente, "e se o contágio pode ser assim tão fulminante, é por que as imunidades mentais, as defesas simbólicas estão perdidas há muito tempo". Na sua visão catastrófica, ele perguntava se a espécie humana, "portadora de inúmeros germes", não deveria ser "eutanasiada" com urgência.

Para o filósofo, seria preciso interrogar-se sobre as razões do aparecimento do vírus e a fonte dessas patologias novas, não apenas no reino animal, mas nas sociedades humanas: "Se pode imaginar que elas são conseqüência do confinamento, da promiscuidade, de uma concentração e uma superexploração monstruosas, seqüelas inevitáveis do processo industrial". Para ele, não havia diferença entre o ambiente animal e o humano, pois "as mesmas condições produzem as mesmas anomalias virais e infectuosas".

A espécie humana, levada a engolir "uma louca farinha animal", seria o reflexo dessa vaca louca: "Todas essas mensagens pulverizadas; essa farinha publicitária e midiática; esses dejetos da atualidade com que nos empanturramos – equivalente a essa farinha de ossos, de cadáveres e de carcaças que empanturra os bois – tudo isso aproxima nossa espécie da encefalite esponjosa".

Diante do mundo globalizado e virtual, Baudrillard via o Brasil como possível alternativa de resistência cultural. Em sua palestra na Biblioteca de Alexandria, na reunião da Academia da Latinidade de 2004, ele retomou o tema, desenvolvido antes, quando do lançamento, em Paris, do livro *Uma esquerda que desperta*, de Candido Mendes, sobre a campanha de Lula à Presidência.

Baudrillard, mestre da interpretação dos símbolos, via a magia brasileira como "uma espécie de utopia realizada sobre a Terra", mas acrescentava, cético, que "a utopia, quando já realizada, é um pouco perigosa". Ele, desde que fora ao Brasil pela primeira vez, há 20 ou 25 anos, tivera a impressão de que o país constituía "uma espécie de variação, de desvio" em relação ao modelo internacional, um desvio "não revolucionário" singular.

Dois termos o interessavam com relação ao Brasil: o canibalismo e a carnavalização. Para ele, o Brasil era "uma sociedade incomparável, pela mistura, pela relação mestre/escravo, por toda esta cena punitiva, onde se teceram, entre mestres e escravos, um sistema de obrigações, de simbiose", que considerava "a profunda originalidade deste país". Uma de suas metáforas prediletas era a canibalização dos bispos portugueses nas praias brasileiras no século XVI, "onde eles os amavam tanto que os devoraram". E dizia que "o canibalismo é a forma última e mais sutil da hospitalidade".

Para ele, "a sedução é um sistema simbólico de canibalismo, de absorção, um metabolismo diferente do enfrentamento". Ele imaginava que o Brasil poderia constituir "uma espécie de santuário, uma bolsa de resistência contra estes modelos de civilização, por tudo aquilo que devia ser jogo, teatro, carnaval", mesmo admitindo que estava falando "quase de estereótipos".

| 08.03.2007 |

O PRESIDENTE EFICAZ

O **professor de política** da Universidade de Princeton, nos Estados Unidos, e diretor do programa de estudos de liderança da Woodrow Wilson School, Fred I. Greenstein, escreveu um estudo intitulado "As qualidades dos presidentes eficientes" onde analisa a atuação de 11 presidentes americanos, de Franklin Roosevelt a Bill Clinton. Ele definiu seis características que determinariam se um presidente é ou não eficaz em seu cargo: comunicação com o público; capacidade organizacional; habilidade política; visão programática, estilo cognitivo e inteligência emocional. Segundo ele, a natureza altamente personalizada do que é chamada de "moderna presidência" americana – que teria tido início no governo de Franklin D. Roosevelt, a partir de 1933 – faz com que os pontos fracos e fortes do eleito ganhem relevância especial.

Aqui no Brasil também o papel do presidente da República é crucial e, juntamente com o cientista político Octavio Amorim Neto, da Fundação Getulio Vargas do Rio, vou analisar hoje e amanhã os atributos do presidente Lula para ser um "presidente eficaz", de acordo com as características identificadas pelo estudioso americano.

A primeira delas, a comunicação com o público, é de longe a grande capacitação de Lula. Octavio Amorim Neto conta esse como "um dos pontos fortes de Lula", cotando-o como "excelente" no quesito. O professor Fred Greenstein diz que, nesse ponto, existem poucos presidentes americanos que conseguiram se aproveitar da exposição tão especial que o "púlpito presidencial" dos Estados Unidos oferece. Ele cita Roosevelt, Kennedy e Reagan como as "brilhantes exceções", e coloca Clinton na lista, mas somente quando ele estava "no seu melhor".

Quanto à capacidade organizacional, Lula "é um desastre", classifica Octavio Amorim Neto: "Ele delega muito, e até aí tudo bem, o Reagan delegou muito. Mas você tem que acompanhar e, sobretudo, cobrar. O estilo dele de organizar a agenda não favorece a boa organização. Ele passa o tempo todo viajando, fora de Brasília, em campanha permanente".

O que poderia ser identificado como um "estilo sindicalista" de governar leva a constantes embates das diversas facções dentro do governo, o que dificulta a unidade da equipe presidencial e retarda as decisões. Na definição de Greenstein, a capacidade de um presidente como organizador "inclui sua habilidade de formar um time e tirar o máximo possível do grupo, minimizando a tendência dos subordinados de dizerem ao chefe o que eles acham que o chefe quer ouvir".

Pelos relatos, Lula prefere os assessores que concordam com ele. Talvez sua presença carismática impeça uma relação mais honesta com os assessores, da mesma forma que acontece com Lyndon Johnson, texano de personalidade forte que tinha um efeito paralisante em seus assessores.

O professor Fred Greenstein conta que o membro do Conselho de Segurança Nacional Chester Cooper tinha fantasias recorrentes de encarar o presidente durante discussões sobre a Guerra do Vietnã e dizer "Eu definitivamente não concordo", mas quando chegava a hora e Johnson lhe perguntava: "O senhor concorda?", ele se via respondendo: "Concordo, senhor presidente".

Embora seja conhecido como um comandante que não gosta de ouvir críticas, o que prejudica sua capacidade de decidir, o presidente Lula tem curiosamente uma maneira de tomar decisões semelhante à de Eisenhower, que o professor americano considera o presidente da era moderna com a maior experiência de organização de governo.

Segundo Eisenhower, o único meio de estar seguro de ter tomado uma decisão correta "é colocar todos os responsáveis com diferentes pontos de vista em frente a você e deixá-los debater. Você tem que ter homens corajosos com fortes pontos de vista e deixá-los debater entre si".

É sabido que o presidente Lula prefere, para tomar uma decisão, ouvir as exposições de seus ministros a ler extensos relatórios. Quanto à habilidade política, a capacidade de sedução de Lula é reconhecida por todos, e ele foi capaz de fazer alianças políticas que ampliaram sua penetração no eleitorado para vencer em 2002.

O professor Octavio Amorim Neto comenta que Lula, embora seja "um político nato", tem um problema de falta de disciplina: "Ele exerce a habilidade quando quer, se desinteressa das questões e aí não decide, delega demais, não acompanha. Ele tem boa habilidade política, mas, como é desorganizado e indisciplinado, não aplica isso sempre", analisa o professor.

Eu lembro que, nos acordos políticos, sempre delegou muito, especialmente ao ex-ministro José Dirceu, porque não tem paciência para essas conversas políticas. Foi um bom negociador sindical, mas não gosta de política parlamentar.

O professor Amorim Neto admite que, "com uma coalizão tão ampla como se tem hoje, com dez, 11 partidos, tendo que conciliar esse saco de gatos, se você tiver uma visão muito clara até atrapalha".

Ele cita um estudo da consultoria Archo-Advice mostrando que, nominalmente, Lula tem o apoio de mais de 70% do Congresso, mas, em 27 votações de interesse do governo, o apoio médio do Executivo é de 52%.

"Esse é um governo que no primeiro mandato foi minoritário e no atual é quase minoritário. Faz um esforço muito grande para ficar um pouco acima da linha d'água. Existe um problema de Lula com o Congresso, e volta a questão sobre se ele é um político com habilidades".

No estudo do professor americano Fred Greenstein, um exemplo da necessidade de os presidentes serem operadores políticos habilidosos é a capacidade que o presidente Jimmy Carter teve para chegar à Casa Branca, mas, quando chegou lá, mostrou-se inapto.

| 04.08.2007 |

REALIDADE E SONHO NA AL

A América Latina é uma região onde a democracia se encontra fragilizada, embora a maioria das pessoas a considere a melhor forma de governo. Essa preferência não está associada, no entanto, a um apoio claro aos direitos individuais, e vem acompanhada de uma grande desconfiança em relação às instituições políticas e governamentais. Apesar de tudo, os latino-americanos são felizes, uma felicidade que não está relacionada a condições reais de bem estar, mas a experiências passadas e, sobretudo, a expectativas sobre o futuro. Esse pode ser o resumo de uma ampla pesquisa sobre coesão social na América Latina, a EcosociAL, que integra o projeto "Bases para uma Agenda de Coesão Social em Democracia na América Latina", financiado com recursos da União Europeia.

A pesquisa foi realizada pelo Instituto Fernando Henrique Cardoso, em conjunto com a Universidade Católica do Chile e a Corporación de Estudios para Latinoamérica, também daquele país, com amostra de dez mil pessoas, abrangendo sete países da América Latina: Argentina, Guatemala, Brasil, Chile, México, Colômbia e Peru. No Brasil, fizeram parte da amostra as cidades de São Paulo, Rio de Janeiro, Salvador e Porto Alegre.

Para o sociólogo Simon Schwartzman, presidente do Instituto de Estudo do Trabalho e Sociedade (IETS), que atuou no projeto, a lição da pesquisa é clara: "Existe um grande desafio para os países latino-americanos: dar maior substância aos seus regimes democráticos. E isso passa por aumentar a credibilidade de suas instituições, reduzir as incertezas e a insegurança nas grandes cidades, oferecer mais condições e oportunidades de trabalho e fazer da educação um meio efetivo de qualificação das pessoas e mobilidade social".

A pesquisa detectou que os países mais felizes são a Guatemala, onde paradoxalmente os índices de condição de vida são piores, e o Brasil. O país mais infeliz é o Peru, "talvez pela experiência recente de crises políticas e falta de perspectivas". Segundo Schwartzman, é possível especular, de muitas maneiras, sobre as causas dessa felicidade, "mas não há dúvida de que, combinada com as grandes expectativas de mobilidade, ela pode estar dando sustentação à frágil democracia e à débil coesão social latino-americana. É importante que as oportunidades reais de vida não continuem tão distanciadas, por muito tempo, das aspirações".

Segundo a pesquisa, quase metade dos entrevistados acredita que se justifica fazer uso da força para conquistar seus direitos. A pesquisa mostra que a grande maioria dos latino-americanos confia pouco ou nada nas instituições políticas de seus países, sendo que a maior desconfiança é em relação aos partidos políticos.

Em geral, existe menos desconfiança em relação ao governo nacional do que em relação às demais instituições, falta de confiança que influencia a preferência por governos fortes, embora a maioria dos que não confiem nas instituições continue preferindo a democracia. A grande maioria, 61,3% dos entrevistados em todos os países, não sente afinidade ou simpatia pelos respectivos governos.

O distanciamento maior é na Guatemala, com 73,5% das pessoas sem nenhuma afinidade ou simpatia, e o menor é na Argentina, com 50,9%, seguida de perto por Brasil e Colômbia. Chile e Colômbia são os países politicamente mais polarizados, com poucas pessoas indiferentes em relação ao governo, enquanto e o Brasil é o país com maior percentagem de pessoas indiferentes: 21,6%.

Se a afinidade com os governos é baixa, a afinidade com os partidos e coalizões políticas no poder é ainda menor: somente 11% em toda a América Latina. A pesquisa mostra que ela é um pouco maior no Chile e no México, e extremamente baixa na Argentina, Brasil e Peru. Na análise de Simon Schwartzman, parte da desconfiança em relação às instituições e autoridades "pode estar associada à má qualidade dos serviços públicos que as pessoas recebem".

Essa descrença e desconfiança se explicam, em grande parte, pela situação de insegurança e medo em que vivem as pessoas na região. Quase 80% se dizem inseguros ao andar à noite no centro das cidades. Mais de 50% se sentem inseguros dentro da própria casa. Apesar de tudo, as pessoas acreditam que o futuro será melhor para todos e vêem na educação dos filhos o principal caminho para isso.

O sociólogo Simon Schwartzman ressalta que a pesquisa mostra principalmente "uma situação em que a população desiste da esfera pública – dos governantes, das instituições, da sociedade como um todo – e se refugia no mundo da família, do bairro e dos amigos. A pesquisa não identifica, nem no Brasil nem em outros países, com as exceções do Chile e da Guatemala, situações de polarização e conflito, mas também não identifica os elementos de coesão social e confiança na sociedade que existem nas sociedades mais desenvolvidas e dinâmicas, como as da Europa e Extremo Oriente".

Apesar de existirem diferenças importantes em relação a esses valores e percepções, o que mais chama a atenção para Schwartzman é que eles "são bastante semelhantes entre países e classes sociais".

A Comissão Econômica para a América Latina e o Caribe (Cepal) já havia detectado esse ambiente na região em um livro sobre coesão social na América Latina, com a visão de vários autores que se apresentaram em seminário realizado no Panamá. A preocupação crescente com a coesão social recomenda que as políticas públicas atuem "sobre os obstáculos que impedem o avanço de uma cidadania efetiva", com os altos índices de pobreza e a persistente concentração de renda.

"Diferenças raciais, de gênero, étnicas e culturais recriam hierarquias e discriminações que se expressam em desigualdades e exclusão de oportunidades econômicas", diz o estudo da Cepal.

| 13.10.2007 |

O MAL-ESTAR NA AL

Apesar de ter apontado a democracia como a melhor forma de governo, uma ampla pesquisa sobre coesão social na América Latina, que integra o projeto "Bases para uma Agenda de Coesão Social em Democracia na América Latina", financiado com recursos da União Europeia, mostra que há diferenças entre concepções e valores. A pesquisa foi realizada pelo Instituto Fernando Henrique Cardoso, em conjunto com a Universidade Católica do Chile e a Corporación de Estudios para Latinoamérica, também chileno, com amostra de dez mil pessoas, em seis países da América Latina: Argentina, Guatemala, Brasil, Chile, México, Colômbia e Peru. Os valores democráticos são mais fortes na Argentina e Brasil, e menores na Colômbia, Chile e Guatemala. O que as pessoas entendem por democracia, no entanto, pode variar muito de pessoa a pessoa e de país a país.

Muitas pessoas valorizam a democracia, mas não entendem que ela supõe a garantia dos direitos individuais de todas as pessoas que fazem parte dela, ressalta o sociólogo Simon Schwartzman, presidente do Instituto de Estudos do Trabalho e Sociedade (Iets), que atuou na pesquisa.

No Brasil e no Chile, metade dos entrevistados não crê que os criminosos têm os mesmos direitos que as pessoas honestas. A principal queixa é em relação à polícia, considerada ruim ou péssima por 30 a 40% da população, exceto no Chile. No Brasil, a maior queixa em relação à polícia ocorre no Rio de Janeiro, enquanto que em São Paulo a queixa maior é em relação às escolas públicas.

A população dos países pesquisados vive insegura. Nas casas, durante o dia, 16% das pessoas se sentem inseguras; o centro das cidades é praticamente inacessível, com uma sensação de insegurança próxima de 80%. Os níveis de vitimização, ou seja, roubos e assaltos efetivamente sofridos, chegam a ser surpreendentemente altos em países como a Argentina e Chile, cujas capitais têm uma longa tradição de segurança. A pesquisa mostra que os bairros estão deteriorados, com a propriedade privada ameaçada e riscos de violência, roubos, assaltos e a presença de tráfico de drogas. No Brasil, a cidade que aparece como mais insegura é Porto Alegre, acima dos níveis do Rio de Janeiro, São Paulo e Salvador. Um número significativo de respondentes, 15%, acredita que se justifica ter arma de fogo em casa para se defender.

Comparado com outros países, o Brasil, e mais especialmente a cidade de São Paulo, é onde as pessoas são menos favoráveis às armas de fogo; Porto Alegre, por outro lado, se aproxima dos demais países da região, aonde a aprovação da posse de arma de fogo varia entre 30 e 40%.

O ex-presidente Fernando Henrique Cardoso identifica, em entrevista recente à rede de televisão inglesa BBC, que existe um mal-estar difuso na sociedade devido aos péssimos serviços prestados pelo governo, à violência e à tensão política – o que impediria um novo consenso nacional que proporcione maior coesão social.

Alguns trechos de um artigo de Joaquim Villalobos, consultor para conflitos internacionais e ex-comandante guerrilheiro em El Salvador, publicado no jornal *Clarín*, da Argentina, ajudam a entender esse "mal-estar" na região.

Na América Latina, escreve ele, "enfrentamos o que alguns qualificam como guerra civil continental contra o crime organizado, as quadrilhas urbanas, a delinquência comum e a violência social. A produção e o tráfico de drogas estão ligados à globalização cosmopolita, mas, em nossos países, geram fragmentação social. Esse fenômeno supera em extensão as rebeliões políticas que existiram durante a Guerra Fria, e, em proporções diferentes, afeta todos os países".

Com o cenário descrito, numa crítica à atuação de certos setores da esquerda na América Latina, Villalobos diz que "incentivar sistematicamente a violência de rua e deslegitimar as instituições das democracias emergentes é multiplicar a impunidade e a insegurança. A generalização da desordem ajuda os grupos criminosos e coloca a demanda por segurança acima das demandas sociais. Isto abre caminho para os autoritarismos".

Como a popularidade de Lula continua alta, e a pesquisa reafirma o desprestígio das instituições junto à população, o sociólogo Simon Schwartzman crê que temos aí um problema para a democracia "porque é essa combinação, exatamente, que dá margem ao surgimento de governos unipessoais e autoritários, que passam por cima das instituições em nome de seu prestígio junto às massas".

A fraqueza dos partidos políticos e do Congresso, como atualmente no Brasil, facilitaria o surgimento de líderes populistas, como já ocorre na América Latina. Schwartzman lembra que "um Congresso fraco e desprestigiado é uma presa fácil de políticos que possam propor seu fechamento, ou sua substituição por uma assembleia constituinte, por exemplo, que possa criar as bases para um regime centralizado e autoritário".

Como explicar o sentimento de esperanças no futuro e desânimo no presente, em especial no Brasil, onde a redução da desigualdade está acontecendo e o nível de vida das populações mais pobres está melhorando? Schwartzman tem uma visão nada otimista dessa realidade constatada pela EcosociAL: "As esperanças se dão no nível da vida quotidiana das pessoas, enquanto o desânimo é sobretudo em relação ao contexto mais amplo, os governos e as instituições públicas. Vale a pena notar que essas esperanças, na verdade, são bastante irrealistas, porque, mesmo nos melhores cenários, dificilmente a população brasileira terá tanta mobilidade educacional e econômica quanto as pessoas esperam".

| 14.10.2007 |

EDUCAÇÃO E INFORMAÇÃO

A interpretação equivocada do governador Sérgio Cabral da tese do economista Steven Levitt, que o levou a defender a liberação do aborto como parte de uma política oficial de segurança pública, serviu pelo menos para pôr em evidência a discussão sobre quais as mais eficazes políticas de redução da criminalidade. O próprio Levitt, em entrevista ao mesmo portal de notícias G1 que divulgara a entrevista do governador, reafirma que "tanto a teoria como os fatos continuam a sugerir que a legalização do aborto reduziu o crime nos EUA", mas ressalva que "há melhores formas do que o aborto para evitar o nascimento de uma criança indesejada, como o acesso a políticas de controle de natalidade".

Steven Levitt, o economista autor do best-seller mundial *Freakonomics*, é um dos autores mais citados pelos economistas, mas também é muito contestado por acadêmicos mais ligados às áreas humanas. Ele adverte que a ligação entre pobreza e crime é muito mais tênue do que a maioria das pessoas acredita, e cita a desigualdade de renda como fator mais importante que pobreza no aumento de crimes.

Todas essas causas sociais não o impedem de dar um diagnóstico cru de nossa situação: as penas de prisão no Brasil "são muito baixas e desiguais". Controlar a polícia e prisões não é fácil, admite, mas é a chave para baixar a criminalidade.

Outro estudo de Levitt, tão polêmico quanto, mas muito mais apropriado para nossa situação de insegurança do que a defesa do aborto, mostra que a criminalidade juvenil antes do 18 anos diminui nos estados onde a legislação é mais rigorosa. Nos estados lenientes, os de

17 anos cometem crimes na mesma proporção dos de 18 anos, enquanto nos estados mais rigorosos, onde a diferença de idade não importa, os de 17 anos cometem 20% menos crimes do que os de 18 anos.

No caso específico da cidade do Rio, onde está a maioria das favelas sobre as quais falou o governador Sérgio Cabral como "fábrica de marginais", um trabalho de José Eustáquio Diniz Alves, professor da Escola Nacional de Ciências Estatística (Ence), do IBGE, e Suzana Cavenaghi, pesquisadora do Núcleo de Estudos de População (Nepo) da Universidade Estadual de Campinas (Unicamp), mostra que, para a totalidade do município, a taxa de fecundidade em 2000 era de 1,9 filho por mulher. No entanto, as moradoras em favelas tinham 2,6 filhos em média.

Analisando por grau de instrução, o estudo revela contudo que a fecundidade é mais alta para mulheres que completaram no máximo o ensino fundamental, sendo 2,8 filhos na cidade e 3 na favela. Acima de nove anos de estudo a fecundidade, em 2000, era igual nas duas áreas (1,6 filho) e já estava abaixo do nível de reposição.

A taxa de fecundidade, em 2000, foi de 3,4 filhos na cidade e de 4,2 filhos nas favelas para mulheres que residiam em lares com renda domiciliar per capita menor do que meio salário mínimo.

As mulheres de domicílios com renda per capita entre meio e um salário mínimo tinham taxas de fecundidade de 2,7 filhos, tanto na cidade quanto na favela. Acima de um salário mínimo per capita, todas as mulheres cariocas já tinham fecundidade abaixo do nível de reposição, independentemente do local de moradia.

Os dados do estudo mostram que, quando consideramos educação e renda, a diferença da fecundidade das mulheres que moram em favelas e a daquelas que moram no restante da cidade é mínima. A diferença média de quase um filho a mais na favela se deve ao maior percentual de mulheres com baixos níveis de instrução e renda residentes nas favelas.

Para os autores do estudo, a fecundidade mais alta ocorre principalmente diante das carências de educação e emprego, acrescidas das dificuldades de acesso aos serviços públicos de saúde sexual e reprodutiva. Estudos mostram que tanto as mulheres da cidade quanto as moradoras das favelas querem ter menos filhos, mas frequentemente acabam por ter gravidezes não planejadas, decorrentes da falta de meios anticoncepcionais.

Essas evidências do trabalho de José Eustáquio Diniz Alves, do IBGE, e Suzana Cavenaghi, da Unicamp, são confirmadas por um outro estudo, do Banco Mundial, que coloca o planejamento familiar como uma das medidas mais importantes para prevenção da criminalidade. Segundo pesquisa sobre o estado atual da população mundial, realizada em 2005 pela ONU, cerca de 200 milhões de mulheres casadas têm uma necessidade não atendida de orientação sobre planejamento familiar.

A maioria das mulheres que não usa contraceptivos vem de famílias pobres. No Brasil, quase 60% das mulheres que têm quatro filhos e 70% das que têm cinco filhos declaram que gostariam de ter tido menos filhos.

Para constatar como o aborto tem menos relação com o controle da criminalidade do que a educação e a informação, basta ver um estudo de Cristian Pop-Eleches, da Universidade Columbia, em Nova York, que analisa os efeitos de uma lei de 1966 do ditador Nicolae Ceausescu, da Romênia, proibindo o aborto no país. A taxa de nascimentos cresceu de 1,9 para 3,7 crianças por mulher no espaço de um ano.

O estudo mostra que, na média, crianças nascidas depois da proibição tiveram mais anos de estudo e maior sucesso no mercado de trabalho. A razão é que as mulheres mais educadas passaram a ter mais filhos.

Mas, quando se desdobra a pesquisa pelas variáveis de renda e educação, as crianças de famílias mais pobres tiveram problemas tanto no estudo como no trabalho, havendo evidências de que estavam mais sujeitas a um ambiente marginal do que as do mesmo estrato social que nasceram antes da proibição, quando o aborto era o método de planejamento familiar mais usado na Romênia.

| 31.10.2007 |

DEMOCRACIA PROFUNDA

Lima. A **expressão** "democracia profunda", que serviu de base para este seminário da Academia da Latinidade que discutiu o estado atual da democracia na América Latina, referia-se ao surgimento de governos populares em países como o Brasil, a Bolívia, a Venezuela, o Equador, a Argentina, mesmo que a convergência entre eles, ou pelo menos entre alguns deles, venha se mostrando menos forte do que parecia a princípio. Coube ao cientista politico Candido Mendes, secretário-geral da Academia e organizador do encontro, definir mais amplamente a "democracia profunda", com o propósito explícito de exigir compromissos democráticos pluralistas a diversos palestrantes, que vêem o exemplo chavista e seus satélites na região como um exemplo de uma nova democracia.

A "democracia profunda" então, segundo Candido Mendes, em vez de simplesmente ser um governo popular que se contrapõe às elites opressoras locais, e já por isso estaria legitimado em nome dos excluídos, necessitaria ser um governo que respeite os direitos humanos, aí incluída a liberdade de expressão e de manifestação, o pluralismo de ideias e as minorias.

O governo de Hugo Chávez, por exemplo, embora possa ter nascido de uma eleição democrática e permanecer sustentado por plebiscitos populares e assembleia constituinte formalmente eleita, não passaria nesse teste de democracia.

A tentativa de controle dos meios de comunicação, a repressão às minorias que protestam contra seu absurdo controle dos mecanismos formais de poder, levam o "chavismo" cada vez mais longe da democracia representativa, que ele e seus seguidores pretendem relativa.

O filósofo italiano Gianni Vattimo, professor da Universidade de Turim, por exemplo, declarou-se um fã do chavismo e cansado do modelo da democracia europeia. Para ele, "democracia profunda" é uma alusão à crise que vê atualmente dominar a democracia representativa no Ocidente.

Para Vattimo, os sistemas democráticos hoje na maioria dos países são apenas formais e dependem do poderio econômico, o mesmo tipo de abordagem que havia feito na véspera o representante do governo brasileiro, o secretário-geral do Itamaraty, Samuel Pinheiro Guimarães.

Também o padre jesuíta espanhol Xavier Albó, que se naturalizou boliviano e é um antropólogo atuante da causa indígena, arrancou aplausos da plateia estudantil da Universidade Ricardo Palma quando, referindo-se a um subtema da conferência, disse que se havia "subjetividades emergentes" na região latino-americana é porque durante muitos anos elas haviam sido sufocadas pelas classes dominantes, que não deixavam as minorias, que agora estão no poder, se manifestar.

Essa ideia de que na América Latina estaria sendo gestada uma nova ordem democrática, principalmente nos países em que governos que representam minorias excluídas promovem alterações nas relações institucionais formais, foi defendida também por outro sul-americano, o professor argentino Walter Mignolo, da Universidade de Duke, nos Estados Unidos.

Ele chegou a afirmar, de maneira irônica, que parcela da população brasileira já podia desfrutar do ócio, antes uma prerrogativa das elites, em um aparte sobre possíveis problemas que a Bolsa Família estaria provocando no Brasil devido a que, em certas regiões, já era possível deixar de trabalhar para viver apenas com o dinheiro do governo.

As simplificações sobre as possibilidades que estão se abrindo para os países que experimentam essa "democracia profunda" foram rechaçadas por outros dois palestrantes, um de viva voz, o diretor do Instituto de Pluralismo Cultural da Universidade Candido Mendes, Enrique Larreta, e outro, Alain Touraine, através do texto que mandou para a conferência.

O sociólogo francês, que faria a abertura da conferência, não pôde comparecer, mas mandou um texto onde analisa a democracia na América Latina.

O professor Larreta propôs uma outra leitura que não apenas a de que a "democracia profunda" representaria "a capacidade de mobilizar energias mais saudáveis, provenientes das entranhas da sociedade que hoje saem à luz".

Para Larreta, a metáfora de "profundidade" deve ser entendida no sentido de "complexidade". "A democracia não é simplesmente um problema de extensão de cima (democracia cosmopolita global) ou debaixo (democracia profunda)".

No mundo contemporâneo, ressalta Larreta, não é possível pensar-se em democracia sem levar-se em conta "outras estruturas complexas que possuem sua própria dinâmica".

Ele relaciona: os movimentos altamente variáveis da economia globalizada, "com seus elevados graus de incerteza e de destruição criadora"; a inovação tecnológica e científica "em constante processos de transformação", e a ecologia produzem uma opinião pública "sujeita a a rápidas variações atmosféricas e diversos pânicos e corridas".

Nesse ambiente, "os meios tecnológicos de obter informação são sumamente sofisticados e ameaçam constantemente os representantes do poder", analisas Enrique Larreta, para definir que "o capitalismo, ou o quase capitalismo, é o nosso presente, e a democracia pode ser nosso horizonte desde que enfrentemos essa experiência recente em toda a sua riqueza, assumindo com rigor suas incertezas e seus conflitos".

Para Enrique Larreta, a democracia hoje na América Latina "é um projeto em construção e um desafio intelectual".

| 09.11.2007 |

DEMOCRACIA REINVENTADA

Lima. O sociólogo francês Alain Touraine, no texto que enviou à reunião da Academia da Latinidade sobre a democracia na América Latina, não usa de meias palavras para deixar clara sua visão: estes novos governos na região, a exemplo da Venezuela, da Bolívia e do Equador, não podem ser considerados movimentos democráticos, mesmo que tenham se originado de eleições livres e democráticas. Para ele, não há dúvida de que Hugo Chávez pretende promover uma militarização da Venezuela análoga à que aconteceu em Cuba logo após a vitória da revolução comandada por Fidel Castro. Ele avalia que a influência do regime chavista sobre os governos de Evo Morales e Rafael Correa torna uma incógnita o desenvolvimento da democracia na Bolívia e no Equador.

Lembra que, na ocasião, a vitória de Fidel Castro contra Batista foi considerada uma vitória da democracia, mas logo "o novo regime mostrou sua característica ditatorial e de vigilância policial sobre a população". Touraine entra em uma análise mais profunda sobre a situação da Bolívia, que considera bastante frágil, e coloca em dúvida "a capacidade de um movimento de inspiração democrática de alimentar uma ação governamental também democrática".

Para Touraine, a capacidade de governabilidade da Bolívia é fraca, a coerência das decisões nem sempre existe e, sobretudo, o futuro do país não está decidido. De um lado, ele vê a ação de grande influência de Chávez, e de outro, a importância das intervenções internacionais, sobretudo do Brasil, para fazer a Bolívia participar da economia do continente, através de sua produção de gás. Quando escolher entre os dois caminhos, Morales estará demonstrando qual tipo de democracia seguirá. Por enquanto, o modelo chavista o seduz, ideologicamente e sobretudo financeiramente.

Sobre esse assunto, o sociólogo boliviano Cesar Rojas Rios admite que a influência da Venezuela traz boas e más consequências. "Para um país pequeno como o nosso, ter o apoio da Venezuela sem dúvida nos dá uma margem de manobra maior. Era previsível que mudar nosso espectro político à esquerda geraria um novo alinhamento exterior". Mas admite que ao presidente Evo Morales está sendo prejudicial esse relacionamento com Chávez, dentro da luta política interna.

Uma relação "tão paternalista, tão impositiva" é muito criticada na Bolívia, "dizem que saímos de um mal maior para um mal menor", se referindo à influência anterior dos Estados Unidos. No entanto, ressalva ele, "é preciso dizer que a Venezuela tem sido generosa com a Bolívia, nos tem tirado de muitos apuros econômicos. Essa liquidez venezuelana tem sido importante para a Bolívia, sempre que precisamos, Chávez saca o cheque".

É essa influência venezuelana que o sociólogo francês Alain Touraine vê como uma ameaça à consecução de uma política democrática na Bolívia. Ele também cita o caso argentino, onde diz que não é possível ainda definir se o processo político será democrático ou não, pois os sinais são contraditórios. "A vida política é fraca, e os esforços para reorganizar os investimentos nacionais são insuficientes", diz Touraine sobre a atualidade argentina, ressaltando ainda a forte ajuda econômica de Chávez.

A ausência de uma oposição verdadeira na eleição atual, que elegeu Cristina Kirchner no primeiro turno, seria um sinal de que "não se pode definir a Argentina como uma democracia, mas muito menos como antidemocrática".

Com relação à falta de oposição ativa como sinal de mau funcionamento da democracia, também Candido Mendes havia chamado a atenção para o fato de que, no Brasil, o governo cooptou os movimentos sociais, os sindicatos e o movimento estudantil através de financiamentos, fazendo com que não exista uma verdadeira movimentação social no país fora das ações determinadas pelo governo.

A única exceção que Touraine considera "fora do esquema geral" é o Chile. Sobre o Brasil de Lula, há uma referência passageira e desiludida sobre a falta de mobilização social no país para as grandes transformações esperadas na sociedade. Essa falta de mobilização social, aliás, é lamentada por Touraine em todas as partes do mundo.

Ele considera que não existem hoje mais "o equivalente às ações coletivas que colocaram a liberdade e a justiça na frente durante um longo período, sobretudo na Europa e nos Estados Unidos". Preocupado com a neutralização da democracia no mundo atual, o sociólogo Alain Touraine adverte que está na hora de "nos reinventarmos como seres políticos", e considera que a América Latina pode ser "um terreno favorável à tomada de consciência do novo sentido que deve ter a democracia". Ele não chega a detalhar esse "novo sentido", falando apenas em "uma sociedade livre tal como conhecemos no decorrer dos últimos quatro ou cinco séculos". Fala de uma sociedade "igualitária" e da ideia de cidadania.

O sociólogo francês considera que a Europa é ainda muito dominada por um racionalismo e um secularismo que lhe valeram grande sucesso, mas ele se diz "mais esperançoso" no continente do "não", que é a América Latina, do que no continente do "sim", que é a Europa. O continente do "não", no sentido de que ainda faltam coisas fundamentais a realizar, tem pela frente grandes desafios de onde poderão sair a nova democracia, que ele não identifica nos países sob a influência chavista.

A América Latina, analisa Touraine, está confrontada com uma desigualdade "que é inaceitável e bloqueia seu desenvolvimento". Assim como tem necessidade de reabilitar culturas destruídas e ainda de encarar o desafio de conter a difusão dos evangélicos e de novas formas de vida religiosa, cujas atuações políticas no mundo contemporâneo Touraine considera antidemocráticas.

| 10.11.2007 |

VULNERÁVEL E MEDÍOCRE

Acaba de chegar às livrarias um estudo, editado pela Contraponto, intitulado *A economia política do governo Lula*, dos economistas Luiz Filgueiras, professor da UFBA, e Reinaldo Gonçalves, professor da UFRJ, que tem uma característica marcante: vai contra a corrente. Com base em muitos dados, índices e estatísticas, mas escrito o mais próximo possível de um texto não acadêmico, o livro traz afirmações que, à primeira vista, são heresias diante do otimismo que tomou conta da economia brasileira. Por exemplo, que a vulnerabilidade externa da economia brasileira não melhorou no governo Lula. Ou que o país está andando para trás, em termos relativos, diante do crescimento econômico do mundo.

O livro é abrangente, não trata só de política econômica, mas é uma abordagem crítica do contexto internacional, da questão das políticas sociais assistencialistas, do esquema político no governo Lula, o que os autores chamam de "transformismo" do governo e a cooptação que ele fez da CUT e de seu partido, o PT.

Os autores, utilizando-se de um Índice de Desempenho Presidencial que criaram, afirmam que desde 1889, comparando com o mundo hoje, e também com a História republicana do Brasil, o primeiro governo Lula apresenta resultados medíocres. É, depois do governo de Collor, do segundo mandato de Fernando Henrique e do de José Sarney, o pior governo da História do ponto de vista de gestão macroeconômica.

O Índice de Desempenho Presidencial (IDP) mede variáveis macroeconômicas que incluem, entre outros dados, a variação da renda real, a diferença entre a variação da renda no Brasil e no mundo, acumulação de capital, inflação, relação dívida/PIB e relação dívida externa/exportação. Por esses dados, no período 1890 a 2006, a renda real do Brasil cresceu à taxa média anual de 4,5%. Durante o governo Lula, a taxa média anual de crescimento foi de 3,3%, ou seja, inferior a ` da taxa de crescimento de longo prazo.

No conjunto dos 30 mandatos da História da República, o governo Lula está na nona pior posição nesse quesito. Já o hiato de crescimento da economia brasileira no mesmo período é de 1,2% a mais do que o crescimento mundial. No período do primeiro governo Lula, essa diferença é negativa (-1,5%), pois a média do crescimento mundial foi de 4,9%. Somente outros três presidentes, Floriano Peixoto, Fernando Collor e Castelo Branco, tiveram desempenhos inferiores.

O desempenho de Lula é pior, nesse quesito, do que os dois mandatos do seu antecessor, Fernando Henrique Cardoso. Os dois pontos em que o governo Lula se destaca na comparação histórica são o controle da inflação e a redução do nível de endividamento externo. O IDP de Lula é o quarto mais baixo de toda a História, de 43,8, sendo inferior à média (57,5).

Para os economistas Luiz Filgueiras e Reinaldo Gonçalves, não há razão para sermos otimistas num horizonte de longo prazo. Segundo Gonçalves, para quem "os resultados deste governo são medíocres", os vários cenários com que trabalharam para o futuro "estão longe se serem otimistas". Isso porque o Brasil só vai atingir o crescimento de 4,5% ou 5% se as condições internacionais continuarem favoráveis, e, se isso acontecer, "o Brasil vai continuar andando para trás, com o atraso relativo se agravando".

Na análise dos autores, continuamos perdendo uma conjuntura internacional que é excepcionalmente favorável. Na questão da vulnerabilidade externa, por exemplo, uma análise comparativa mostra que os indicadores do Brasil não melhoraram quando se compara o Brasil com o resto do mundo.

O professor Reinaldo Gonçalves ressalta que, "nos últimos seis anos, o Brasil continua entre os cinco países de maior risco do mundo, não mudou a posição. O risco caiu em todo o mundo, e nós continuamos no mesmo lugar relativo onde estávamos em 2002: em quarto lugar, na frente apenas de Equador, Nigéria e Argentina".

Os autores usam o Índice de Vulnerabilidade Externa Comparada, que utiliza três indicadores: relação entre o saldo da conta corrente do balanço de pagamentos e o PIB; a relação entre as reservas internacionais brutas e o valor médio mensal das importações de bens; e o grau de abertura comercial.

Segundo Gonçalves, "na realidade, Lula não fez nada para reduzir a vulnerabilidade externa estrutural do país. Todo esse foco na abertura do mercado agrícola da política externa é uma tragédia, estruturalmente é péssimo, porque o país fica extraordinariamente dependente de commodities, que são muito voláteis, muito instáveis".

Segundo os autores, as políticas do governo Lula "reforçam o avanço das estruturas de produção e padrões de inserção internacional retrógrados, que tendem a aumentar a vulnerabilidade externa estrutural do país".

Um sinal seria a crescente participação de produtos primários no valor das exportações, com perda de posição relativa de produtos de exportação com maior intensidade tecnológica. Os ganhos relativos têm ocorrido nos produtos de baixo conteúdo tecnológico e nos produtos intensivos em recursos naturais.

"Toda evidência internacional mostra que estamos perdendo competitividade. O ranking do World Economic Forum mostra que estamos perdendo posições. O Brasil não investe, a indústria se fragiliza. Do ponto de vista sistêmico, o país está andando para trás", adverte Reinaldo Gonçalves.

O conjunto da economia está perdendo consistência, e isso converge com o Índice de Degradação Institucional do Banco Mundial, que mostra, segundo os autores, que as instituições públicas e privadas estão perdendo robustez. "E não é só questão da corrupção, da violência. É o conjunto das instituições que vai se degradando ao longo do governo Lula. É um governo que não consegue formular, não consegue implementar, é a inoperância do aparelho de Estado".

| 17.11.2007 |

FOCO NO ASSISTENCIALISMO

O governo Lula não apenas manteve a mesma política econômica do segundo governo de Fernando Henrique Cardoso, como aproveitou o momento internacional favorável para aprofundar o modelo "liberal periférico". Essa é uma das conclusões do livro dos economistas Luiz Filgueiras, professor da Universidade Federal da Bahia, e Reinaldo Gonçalves, da Universidade Federal do Rio de Janeiro, *A economia política do governo Lula*, da editora Contraponto, que está sendo lançado. O livro é uma análise cáustica da performance do governo Lula, que consideram "medíocre" e classificam, de acordo com um Índice de Desempenho Presidencial (IDP), como o quarto pior governo de nossa História republicana – só perde para o de Collor, o segundo de Fernando Henrique e o de José Sarney.

Da mesma forma, os autores criticam a política social do governo, que veem como uma consequência da política econômica liberal herdada do governo anterior, "mesmo que o discurso oficial tente dignificá-la e diferenciá-la como política articulada com medidas estruturais de combate à pobreza".

Para os autores, o Bolsa Família nada mais é do que uma compensação econômica da política liberal ortodoxa adotada, "que aumenta o abismo entre ricos e pobres". Na política social, na realidade, há um enorme fracasso, segundo os autores.

O economista Reinaldo Gonçalves lembra que, comparado com a Argentina, que tem programa semelhante, o Bolsa Família revela-se ineficiente para incluir os cidadãos no mercado de trabalho: "Basta comparar com o programa da Argentina, que foi aumentando de 2003 a 2005 e depois, com o crescimento da economia, está diminuindo".

Para os autores, a medida do sucesso seria o declínio, e não o aumento a cada ano de pessoas abrangidas pelo Bolsa Família. "É um programa escandalosamente assistencialista", acusa Gonçalves.

Os autores criticam a visão da política social, que consideram assistencialista "com grande potencial clientelista, deixando de fora as causas estruturais da desigualdade de renda e da pobreza, e desconsiderando os rendimentos do capital".

Os autores têm uma visão crítica também em relação à política de dívida pública, ressaltando que a melhora da dívida externa corresponde a uma crescente relação entre a dívida interna e o PIB, pois "tem havido a troca da dívida externa, de maior prazo e menor juro, por dívida interna, de prazo menor e taxas de juros mais elevadas".

Segundo o livro, o comportamento dos governos de Fernando Henrique e Lula é o mesmo quando se trata da dívida pública: 8% do PIB no segundo governo de Fernando Henrique e 8,2% no governo Lula. Até em relação à CPMF, o imposto que está em discussão no Congresso, os autores têm críticas ao governo Lula.

Embora considerem que a CPMF sempre foi um instrumento de desvio do orçamento da Saúde para pagamento de juros, os autores afirmam que, "durante o governo Lula, o desvio médio é superior ao do governo de FH".

Também em relação à distribuição de renda, os economistas não vêem na realidade mudança estrutural, mas o resultado, na definição de Gonçalves, "de uma compressão do salário da classe média, ao mesmo tempo em que aumenta a concentração da riqueza, que é o que importa na sociedade".

Na crítica que fazem ao caráter não inclusivo e assistencialista dos programas sociais, os autores ressaltam no livro que, entre 2000 e 2006, o aumento substancial dos investimentos em assistência social (de 9,9% para 20,7%), em grande medida por conta da criação do Programa Bolsa Família, se deu à custa de reduções significativas nos orçamentos da educação (de 23,7% para 18,7%) e da saúde (de 45,2% para 38,6%).

Em um dos capítulos do livro, os autores analisam a relação do governo Lula com as representações da sociedade, concluindo que se está desenrolando desde o primeiro mandato uma crise das instituições políticas, decorrente especialmente "da cooptação político-institucional de parcela importante das direções sindicais e partidárias".

Os economistas Luiz Filgueiras e Reinaldo Gonçalves acusam também o governo de alimentar a crise de representação, ao realizar o amálgama entre o governo, o partido e os sindicatos, "na mais pura tradição stalinista de aparelhamento do Estado e transformação das organizações de massas em 'correias de transmissão' do governo".

O comportamento subserviente da CUT, que culminou com a indicação de seu presidente para o Ministério do Trabalho, seria exemplo disso. Para os autores, "o governo Lula renovou o patrimonialismo e o empreguismo na relação do governo com as direções dos partidos que compõem sua base de apoio e com os dirigentes sindicais".

O livro identifica os instrumentos principais dessa política: as diretorias dos fundos de pensão das empresas estatais como a Previ, a Petros e a Funcef e os conselhos dos bancos oficiais. Cargos públicos são ocupados por sindicalistas e funcionários do Partido dos Trabalhadores, com poder de decisão sobre o direcionamento de vultosos recursos financeiros, acusam os economistas no livro.

| 18.11.2007 |

PALAVRAS

A classificação de "liberal periférica" dada à política econômica do atual governo, que seria um mero aprofundamento da política do antecessor Fernando Henrique Cardoso – que está no livro dos economistas Luiz Filgueiras, professor da Universidade Federal da Bahia, e Reinaldo Gonçalves, da Universidade Federal do Rio de Janeiro, *A economia política do governo Lula*, – comentada nas colunas do fim de semana, provocou reação de muitos leitores, tanto lulistas quanto tucanos. Ela traz novamente à tona a discussão sobre como as palavras são distorcidas na política brasileira, onde geralmente tudo o que se diz pode significar o contrário.

Nosso país tem produzido no setor político uma aberração: não existe um partido declaradamente de direita, e disputou-se a Presidência da República desde a redemocratização sem que nenhum dos candidatos se anunciasse representante "da direita". Desde o fim da ditadura militar, há no país uma certa vergonha de assumir claramente o que seria um ideário de direita sem que um partido de esquerda desse seu aval, e foi assim que o Partido da Frente Liberal, atual DEM, herdeiro da outrora famosa Arena, se escondeu sob as asas do PSDB para poder chegar ao poder.

É uma situação paradoxal, pois há muito tempo não se governa no Brasil sem a direita, mas a direita não se sente com legitimidade para defender abertamente seus ideais. Ao mesmo tempo, classificar os governos de Lula e Fernando Henrique de "liberais" é uma maneira de politizar o debate sem que as palavras sejam usadas nos seus devidos termos.

O governo Lula é atingido agora por seus críticos pela mesma estratégia política que o levou a tentar jogar o PSDB para a direita durante os oito anos do governo Fernando Henrique, e é classificado de "liberal". O liberalismo, no entanto, nada tem a ver com o que está em prática e o que foi praticado no governo do PSDB.

Os liberais pregam o mínimo de impostos, são contra impostos em empresas, querem o Estado mínimo, só atuando nas seguintes áreas, segundo explicação de Roberto Campos: Justiça, segurança, relações internacionais, defesa, controle monetário e, segundo alguns liberais, saúde e educação. O resto viria da iniciativa privada.

Diante dos ataques, os tucanos nunca conseguiram, nas duas campanhas em que perderam para Lula, defender as conquistas do seu governo, e já entrou no anedotário da política brasileira a dificuldade que o tucano Geraldo Alckmin teve para se defender da "acusação" de ser um defensor das privatizações. Somente agora, parece, o PSDB está conseguindo sair da defensiva nesta matéria.

O documento que vai servir de base para o congresso que vai eleger a nova direção partidária, esta semana, defende as privatizações do governo Fernando Henrique e diz que, se o governo Lula hoje está bem na economia, é porque o governo anterior preparou o terreno.

O próprio Fernando Henrique se empenha, desde que saiu do governo, em esclarecer que nunca foi "neoliberal", e, mesmo com relação às privatizações, ele ressalta que preservou a Petrobras e o Banco do Brasil. Assim como o governo do PSDB, o governo de Lula pode ser classificado como "socialdemocrata", para desgosto de petistas radicais e dos próprios tucanos. A diferença fundamental, fora das discussões de cunho moral, é a presença do estado.

Acusado de ser adepto do "Estado mínimo", Fernando Henrique diz-se a favor do "Estado eficiente", que é o lema dos tucanos na disputa sucessória. Antes de adotar instrumentos como o superávit primário, ou as metas de inflação, no segundo governo, tratou-se de reorganizar o Estado, desorganizado pelo uso político desmedido da máquina pública.

Não era possível fixar metas de inflação ou superávit sem tirar do armário os esqueletos do Banco do Brasil, ou sem acabar com os bancos estaduais, fábricas de déficits orçamentários com fins políticos.

Pois, superado o processo em que o ex-ministro da Fazenda Antonio Palocci dominava a área econômica, estamos vendo novamente o governo Lula aumentar gradativamente os gastos públicos e o tamanho da máquina estatal, ocupando todos os espaços novos com nomeações políticas.

A carga tributária elevadíssima e o aparelhamento do Estado são os pontos principais com que a oposição ataca o governo, sendo que os Democratas vai aos poucos perdendo a timidez para assumir uma postura de oposição conservadora, ou "de direita", que ainda incomoda seus dirigentes, que preferem se apresentar como "de centro".

Mas essas mesmas políticas estão na ordem do dia, não apenas aqui no Brasil como no mundo, e os Democratas se filiaram à Internacional de Centro Democrático, uma associação que, assim como a Internacional Socialista, reúne os partidos de esquerda do mundo, congrega os partidos "de centro", identificados popularmente como "de direita".

Essa tendência está bem representada por José María Aznar, do Partido Popular na Espanha (alvo de ataques do protoditador Hugo Chávez na recente reunião Ibero-Americana no Chile, quando o rei Juan Carlos mandou-o se calar); Nicolas Sarkozy, na França; Durão Barroso, do PSD em Portugal, atual presidente da União Europeia; e, principalmente, o partido republicano dos Estados Unidos.

Em todos esses países a chamada rotatividade do poder é um fato, com partidos de direita se revezando com a esquerda, variando apenas a intensidade da ação ou o estilo de governar. No mundo globalizado, o que diferencia as tendências partidárias são menos as medidas econômicas e mais a maneira de agir do Estado para atingir os objetivos de bem-estar social para os cidadãos.

| 20.11.2007 |

O QUE É, O QUE É?

A definição do que seja um regime democrático é uma das tarefas mais difíceis da ciência política na atualidade, e diversos trabalhos acadêmicos se dedicam a tentar sistematizar as características essenciais da democracia. Nos últimos dias, tivemos dois casos exemplares de como é intrincado o quadro político moderno, com duas eleições explicitando faces distintas dos governos da Venezuela e da Rússia. Como salientou ironicamente o historiador Kenneth Maxwell, diretor do Programa de Estudos Brasileiros do Centro David Rockefeller de Estudos Latino-Americanos da Universidade Harvard, o presidente da Rússia, Vladimir Putin, até recentemente considerado um aliado ocidental e um "homem confiável" para Bush, venceu as eleições com fraude, enquanto o ditador potencial Hugo Chávez perdeu o referendo que lhe daria amplos poderes, e acatou democraticamente seu resultado, apesar de alguns arroubos retóricos de baixo calão.

O presidente da Rússia tem ideias muito próprias sobre o que seja democracia. Depois da tragédia da escola de Beslam, tomada em 2004 por separatistas chechenos, quando a repressão provocou a morte de mais de 300 pessoas, a maioria crianças, Putin disse que a democracia é um regime que resulta em instabilidade.

Recentemente, ele se classificou como "o único" dirigente democrático do mundo. É sintomático que seu partido tenha vencido as eleições na Chechênia com mais de 95% dos votos, uma vitória eleitoral para ditador nenhum colocar defeito.

O hiperpresidencialismo, regime político caracterizado pelo excesso de poderes concedido pelo Congresso ao Executivo, é um fenômeno que está se alastrando e é a característica do sistema de governo tanto da Venezuela quanto da Rússia.

Octavio Amorim Neto, cientista político da Fundação Getulio Vargas do Rio, um especialista no assunto diz que o hiperpresidencialismo pode levar à deterioração da democracia, ou até mesmo destruí-la.

No caso da Rússia, o hiperpresidencialismo e o colapso da democracia estão intimamente associados, mas o problema central russo, para Amorim Neto, é a fraude completa das últimas eleições.

No caso da Venezuela, ele ressalta que, além de as eleições não serem fraudulentas, o problema do hiperpresidencialismo foi minorado com a rejeição da reeleição ilimitada no domingo passado.

No Brasil, a Presidência é fortíssima, mas não há ameaça séria à democracia, exemplifica. Octavio Amorim Neto diz que convém lembrar que nunca houve um regime realmente livre na Rússia, enquanto a Venezuela teve uma importante experiência democrática entre 1959 e 1998.

Segundo os professores de Harvard Timothy Colton e Cindy Skach, podemos aprender com o caso da Rússia que um país em processo de democratização, se não é capaz de construir maiorias legislativas legítimas e de ter seu presidente integrado a um sistema partidário institucionalizado, o Executivo pode se aproveitar dessa fragmentação para criar uma maioria circunstancial que favoreça a aprovação de sistemas autoritários.

Foi o caso da Rússia na Constituição de 1993, que deu superpoderes a Yeltsin, situação que foi exacerbada por Putin a partir de 2000, que, negociando com a Duma (Congresso), levou a Rússia a "direções autoritárias", segundo Colton e Skach. Ou o da Constituinte de Chávez em 1998, que iniciou todo o processo de concentrar no Executivo os poderes do Estado, que culminaria com o referendo para aprovação da reforma constitucional que redefinia o país como uma república socialista, dando superpoderes a Chávez. Entre outros, o de decretar estado de emergência, no qual os direitos individuais estariam suspensos, e a possibilidade de reeleições indefinidas.

São dois os mais importantes estudos acadêmicos que buscam definir o que é uma democracia. O primeiro está no livro *Democracy and Development: Political Institutions and Well-Being in the World, 1950-*

1990, de autoria de Adam Przeworski, Michael E. Alvarez, José Antonio Cheibub e Fernando Limongi.

Nesta obra, que Octavio Amorim Neto considera "impressionante pelo rigor da análise estatística empreendida", os autores propõem uma classificação minimalista de regimes políticos: só existiriam democracias e ditaduras.

O segundo estudo está no artigo de Mainwaring, Brinks e Pérez-Liñán, "Classificando regimes políticos na América Latina, 1945-1999". Os autores dividem os sistemas políticos em democracia, semidemocracia e autoritarismo.

De acordo com o primeiro estudo, o cientista político Fernando Limongi, da USP, um dos autores, define como democrático o regime venezuelano, "ainda que a classificação dependa de estar atento a detalhes que talvez estejam me escapando no momento. Crucial é saber se Chávez aceitará a sua derrota. Isto é, uma democracia é definida como aquele regime em que detentores são derrotados eleitoralmente, e, em função desta derrota, passam o poder aos vencedores. Ainda não sabemos se isto vai ou não ocorrer na Venezuela".

Pelos critérios do segundo estudo, tanto o cientista político Octavio Amorim Neto quanto um de seus autores, o professor da Universidade de Pittsburgh, nos Estados Unidos, Aníbal Perez-Linan, consideram a Venezuela de Chávez um regime semidemocrático.

Na definição de Octavio Amorim Neto, o hiperpresidencialismo na Rússia, apoiado nos petrodólares, gerou um regime autoritário, ao passo que o mesmo sistema de governo na Venezuela, também munido de petrodólares, produz, por enquanto, um regime semidemocrático em função da maior robustez da sociedade civil e das instituições venezuelanas.

| 08.12.2007 |

O FENÔMENO OBAMA

Susan Buck Morss, professora de filosofia política e teoria social da Universidade Cornell, e Walter Mignolo, diretor do Centro para Estudos Globais e Humanidades da Universidade Duke, membros proeminentes do que se pode chamar de a "esquerda americana", estão entusiasmados com o que está acontecendo nas primárias. Falam em "choque renovador" e em "inventar novas políticas" apenas diante da possibilidade de Barack Obama vir a ser o candidato democrata à sucessão de Bush, mesmo que nenhum dos dois mostre-se certo de que isso ao final acontecerá, e muito menos que, escolhido Obama, ele vencerá a eleição de novembro.

Os dois são estudiosos dos movimentos sociais da América Latina, e membros permanentes da Academia da Latinidade, uma organização internacional cujo secretário-geral é o cientista político brasileiro Candido Mendes, que pretende servir de ponte para o entendimento entre as culturas do Ocidente com o Oriente, especialmente depois dos atentados de 2001.

Mignolo, argentino de nascimento, vem se especializando nos últimos tempos em diferentes aspectos de estudo do colonialismo moderno, explorando conceitos como "colonialismo global" e "geopolítica do conhecimento".

Para Susan Buck Morss, o fenômeno Obama tem a ver com o que Lula representou em 2002, quando foi eleito pela primeira vez no Brasil, diante da ansiedade por mudanças que tomou conta do eleitorado americano: "É uma boa analogia, e os problemas potenciais que enfrentaremos se ele ganhar serão similares, com a exceção de que Obama é extremamente cosmopolita, conhece realmente por dentro outras culturas".

Walter Mignolo também tende a considerar a comparação adequada, mas em seu blog ele compara o caso de Barack Obama com o da chegada ao poder do atual presidente da Bolívia, Evo Morales.

Mignolo não acredita que Obama seja um desafiador do sistema, e por isso acha que uma eventual vitória dele não trará tantas mudanças na estrutura política dos Estados Unidos quanto a vitória de Morales está trazendo para a Bolívia.

Ao contrário de Evo Morales, que está forçando a assimilação cultural dos indígenas e das mulheres na estrutura de poder na Bolívia, Walter Mignolo acha que Obama acabará sendo absorvido pela estrutura oficial. Mas considera que uma eventual escolha de Obama para presidente é um importante movimento na política americana, mostrando que um político negro pode estar à frente dos negócios do país.

Para Buck Morss, Barack Obama não é mais apenas uma pessoa, transformou-se num movimento. A palavra "change" (mudança), que vem dominando todos os discursos dos candidatos, democratas ou republicanos, significa muito mais do que simplesmente mudar o líder.

Ela vê na eventual escolha de Obama para presidente da República "uma grande mudança" que indicaria ao mundo que os americanos são sábios o suficiente para ter um papel de liderança mundial mudando os paradigmas: "E o fato de que são os brancos que estão fazendo isso acontecer; o fato de que a juventude quer trabalhar para ele; o fato de que sua experiência não é de Washington, mas das ruas de Chicago, faz dele um fato animador".

Escolher Obama, para a professora da Universidade Cornell, seria um reflexo de que os cidadãos americanos poderiam se orgulhar, "e depois desses anos de Bush, a até mesmo da confusão da Monica (Lewinsky, a estagiária de Clinton), seria um sentimento bonito", comenta.

Na sua análise, os republicanos estariam em posição mais frágil, pois a competição entre seus candidatos poderá enfraquecer o partido. Ao contrário, os candidatos democratas têm praticamente a mesma política, e o fortalecimento de qualquer um fortalece o partido como um todo.

Susan Buck Morss diz que é possível que, como a adversária Hilary Clinton tenta passar para o eleitorado, Barack Obama seja ingênuo sobre o que realmente deve ser feito para alcançar mudanças reais. "Mas será que ele não vai conseguir fazer a mudança inventando uma prática política completamente nova? Todo mundo torce para que isso aconteça", garante ela.

Walter Mignolo, professor do Centro para Estudos Globais e Humanidades da Universidade Duke, atribui a ascensão de Barack Obama ao fato de que uma nova geração de jovens entre 20 e 35 anos considera que não há mais esperança nem no desastre de Bush nem na atuação dos Clinton.

Ele vê também o surgimento de novas necessidades, novas subjetividades emergindo de uma radical transformação global, que coloca em destaque países como China, Iraque, Paquistão, a questão Palestina-Israel, juntando tudo com a crise financeira dos Estados Unidos, formando "uma nova configuração, e Obama toca, com sua personalidade carismática, alguns desses pontos nevrálgicos".

Para Mignolo, a grande pergunta, além de se ele vai ser escolhido pelos democratas, é se terá condições de vencer um republicano: "Suponha que em novembro tenhamos uma disputa entre Obama e Huckabee. É bastante provável que a geração baby boomer, mesmo sendo democrata, apóie um branco liberal republicano em vez de um promissor jovem negro".

Walter Mignolo diz que a falta de experiência de Obama é apenas uma arma eleitoral de Hilary Clinton para tentar desmerecê-lo: "Quantos anos tinha Kennedy quando foi eleito? Quantos anos tinha Clinton quando foi eleito? A sua idade". O que é certo, diz Mignolo, é que, com qualquer resultado que venha a acontecer, "o imaginário da esfera pública já sofreu um choque renovador".

| 09.01.2008 |

AS TARTARUGAS DEMOCRÁTICAS

Paris. O historiador escocês Niall Ferguson, professor da Universidade Harvard, em recente artigo publicado no *Financial Times*, demonstrou que a relação direta entre democracia e capitalismo já não é mais uma variável tão absoluta quanto parecia nos anos 80 e 90 do século passado. Também a explicação que tem por base apenas a cultura de uma civilização, como a do polêmico cientista político Samuel Huntington, não corresponde à realidade. A tese que o livro de Huntington *Conflito de civilizações* implicitamente defendia era que o islamismo e o confucionismo seriam menos prováveis de produzir democracias pacíficas do que a civilização judaico-cristã.

Apesar da constatação de que as sociedades ocidentais são mais democráticas do que as muçulmanas, o historiador Niall Ferguson pega os exemplos de Taiwan e da Indonésia como demonstração de que a democracia pode funcionar muito bem em qualquer tipo de sociedade.

Ferguson sustenta a tese de que governos representativos, com variados partidos políticos, geralmente produzem maneiras de governar superiores a ditaduras de partido único, que não são escrutinadas pela oposição nem pela opinião pública.

A corrupção, diz Ferguson, apesar de existir em todos os tipos de governo, é sempre pior e mais nociva do ponto de vista econômico nos países não-democráticos.

Por isso, ele acredita que, se China e Rússia permanecerem estados de partido único, serão mais cedo ou mais tarde superados por Brasil e Índia, que ele classifica de "tartarugas democráticas", devido à lentidão do processo democrático em relação aos governos ditatoriais. Um processo lento, mas muito mais sólido de construção de uma sociedade.

O estudo da Goldman Sachs sobre os BRIC (Brasil, Índia, China e Rússia), que seriam as economias emergentes que estariam no topo da economia mundial dentro de 40 anos, dá um destaque especial ao fato de que o crescimento econômico também depende de instituições sólidas e estáveis, sem se referir especificamente à necessidade de o país ser uma democracia.

Desse ponto de vista, a China poderia ser aprovada com cínico louvor, pois é uma ditadura que mantém um ambiente político estável. Mas representa um risco de longo prazo grande, que, se até pouco tempo atrás não era levado muito a sério devido às altas taxas de retorno dos investimentos, agora já enfrenta novos desafios.

Como o crescente anseio da classe média emergente por mais direitos; as pressões contra as agressões ao meio-ambiente; por mais proteção trabalhista, e a inflação. Além de questões políticas como a de Taiwan.

O mesmo problema enfrenta a Rússia, com o hiperpresidencialismo liderado por Putin, que se tornará primeiro-ministro colocando um seguidor na presidência. A insegurança para os investimentos estrangeiros aumenta sem que existam garantias jurídicas no país.

Outra condicionante, segundo o estudo da Goldman Sachs, é a abertura econômica, que desfavorece a Índia, o país mais fechado dos quatro. Mas não favorece muito o Brasil. Na comparação do Brasil com a China, a economia brasileira é menos aberta.

Brasil e Índia, devido ao baixo índice educacional e à falta de infraestrutura, crescerão em velocidade menor do que Rússia e China nos próximos 20 anos, segundo o estudo. Se forem superados esses problemas estruturais nesse período, com a realização das reformas necessárias à modernização de suas economias, os quatro países que formam o BRIC estarão crescendo à mesma velocidade.

A lista das dez maiores economias do mundo deverá ser, portanto, bastante diferente da de hoje, mas com um detalhe fundamental: as maiores economias, medidas pelo Produto Interno Bruto (PIB), podem não ser as mais ricas em termos de renda per capita.

Pelas projeções, os cidadãos do BRIC continuarão sendo mais pobres na média que os cidadãos dos países do G-6 de hoje, com exceção da Rússia. A renda per capita da China, por exemplo, será no máximo, em 2050, o que os países desenvolvidos têm hoje (média de US$30 mil per capita).

Nos Estados Unidos, na mesma ocasião, será de US$80 mil. O Brasil chegará a 2050 com uma renda per capita de US$26.500, próximo do que já têm hoje França e Alemanha (cerca de US$23 mil), menos do que Japão e os Estados Unidos hoje (cerca de US$33 mil).

O historiador Naill Ferguson argumenta, em seu estudo sobre a democracia, que a chave para sua disseminação não é simplesmente derrubar regimes não democráticos e convocar eleições, numa clara alusão à atuação dos Estados Unidos no Iraque.

E também não pode ser apenas questão de tempo, de se esperar que um país atinja o nível ideal de renda ou de crescimento econômico, se referindo a teses de cientistas políticos que ligavam a chegada da democracia a esses fatores puramente econômicos.

Ferguson adota uma outra tese, do cientista político professor de Stanford Barry Weingast, para quem a solução é ter regras que se imponham por si mesmas, de maneira que, quanto mais sejam aplicadas, mais respeitadas se tornarão, até que se tornem invioláveis.

Esse é um processo cultural, de aprendizagem, que é bastante lento e custoso, e provavelmente tem que ser assim, diz Niall Ferguson.

| 03.02.2008 |

A IMPRENSA E A SOCIEDADE

Na esteira da decisão histórica do ministro do Supremo Tribunal Federal Carlos Ayres Britto, a partir de uma ação do deputado federal Miro Teixeira, de conceder uma liminar suspendendo os efeitos de alguns dispositivos da Lei de Imprensa, surge uma discussão sobre a necessidade de revisão completa da legislação, pois a que estava em vigor data da ditadura militar e não corresponde ao momento democrático que vivemos. O próprio ministro Ayres Britto sugeriu que uma nova lei, dentro dos parâmetros democráticos, deve ser aprovada pelo Congresso. Discordo da necessidade de haver uma lei específica para a imprensa, posição defendida pela Federação Nacional dos Jornalistas (Fenaj), que não considera correto que os jornalistas sejam regidos pela legislação comum. Não entendo por quê.

Há muito tempo defendo em seminários e entrevistas que não há necessidade de uma legislação específica para eventuais crimes cometidos pela imprensa. Repito o que defendi em uma dessas ocasiões.

"Dependendo de como resolvem seus dilemas éticos, jornal e jornalista perdem ou ganham prestígio e credibilidade. Os consumidores brasileiros a cada dia sabem melhor como defender seus interesses. E, assim como rejeitam a geladeira com defeito, acabam abandonando o veículo de comunicação que não lhes prestar os serviços que esperam dele".

"Essa atitude do leitor, melhor do que qualquer instrumento legal, faz com que no jornalismo moderno os abusos contra a reputação de pessoas – independentemente de serem as mais altas autoridades ou os mais humildes cidadãos – sejam, crescentemente, a exceção e não a norma."

"É assim em países como os Estados Unidos e a França, e está começando a ser na Inglaterra dos tabloides espetaculosos. Nenhum desses países, a propósito, tem Lei de Imprensa."

"E será assim no Brasil sem necessidade de legislação especial. O Código Penal e o Código Civil têm espaço e escopo para punir todas as formas de calúnia, difamação e injúria, assim como para garantir a indenização dos danos morais causados por leviandade ou dolo."

Hoje em dia, na era da informação online e do noticiário 24 horas de televisão e rádio, há ainda mais razão para se ter certeza de que o consumidor de notícias tem a seu dispor não apenas uma gama infindável de transmissores de informação, como a capacidade de influenciar, através de uma rede de contatos, a opinião de seu grupo. Os meios de comunicação estão, assim, sob o escrutínio permanente de seus consumidores.

Um dos grandes jornalistas americanos, Jack Anderson, considerado o pai do jornalismo investigativo, lembra em um de seus textos que a necessidade de a imprensa ocupar um lugar antagônico ao poder foi percebida com clareza pelos fundadores da América. "Por isso, tornaram a liberdade de imprensa a primeira garantia da Carta de Direitos. Sem liberdade de imprensa, sabiam, as outras liberdades desmoronariam. Porque o governo, devido à sua própria natureza, tende à opressão. E o governo, sem um cão de guarda, logo passa a oprimir o povo a que deve servir. (...)"

Foi Thomas Jefferson quem disse: "Se me coubesse decidir se deveríamos ter um governo sem jornais, ou jornais sem um governo, não hesitaria um momento em preferir a última solução". Mesmo diante da experiência de exercer o governo recebendo muitas críticas, até mesmo a de jornais irresponsáveis, Jefferson não mudou de opinião. Em uma carta, escreveu:

"Nenhuma experiência pode ser mais interessante do que esta que estamos agora tentando, e que confiamos acabará por comprovar que os homens podem ser governados pela razão e pela verdade. Nosso objetivo primordial deve ser, por conseguinte, manter-lhes abertos todos os caminhos da verdade. O caminho mais eficiente até hoje encontrado é a liberdade da imprensa. Por isso, é o primeiro a ser fechado por aqueles que receiam a investigação de suas ações".

A imprensa americana é o modelo da brasileira há pelo menos meio século, e veio dela também uma das bases para a argumentação do deputado federal Miro Teixeira, o autor da ação no Supremo em nome do PDT. Por se tratar de uma Arguição de Descumprimento de Preceito Fundamental (ADPF), não pode ser apresentada individualmente, mas foi o deputado carioca, jornalista, quem tomou a iniciativa da ação.

Nas suas pesquisas, Miro encontrou o caso do jornal americano *The New York Times* contra Sullivan, que foi decidido pelo Supremo. Sullivan era um comissário de polícia de Montgomery, no estado do Alabama, que entrou com uma ação contra o *Times* por este ter publicado um anúncio de líderes de entidades de direitos civis, entre eles o jovem Martin Luther King, com denúncias contra abusos da repressão policial.

Como nos processos de adeptos da Igreja Universal hoje em dia contra os jornais *Folha de S. Paulo* e *Extra*, o comissário Sullivan pediu indenização. Ganhou naquela época U$500 mil, e junto com ele vários outros comissários entraram com o mesmo processo de indenização.

O *Times* recorreu em várias instâncias, até chegar ao Supremo, onde o juiz Brennan considerou que as indenizações "eram prova dramática" de como se tentava violar o direito da Nação americana de ser informada. E perguntava o juiz Brennan: "Hoje são esses comissários, amanhã quem serão?".

A decisão da Suprema Corte dos Estados Unidos, baseada no relatório de Brennan, é um dos marcos da liberdade de expressão. Por ela, ficou decidido o princípio da intenção de ofender como necessário para que um jornal fosse processado.

| 24.02.2008 |

JUSTIÇA X POLÍTICA

Dois assuntos entre os que dominaram a semana política trazem de volta o tema da "judicialização" da política, um fenômeno das democracias modernas que tem sido muito debatido entre nós. A formalização legal das centrais sindicais sancionada pelo presidente Lula, ao mesmo tempo em que vetava a fiscalização do Tribunal de Contas da União (TCU) da aplicação do imposto sindical, levou a vários questionamentos dos partidos de oposição no Supremo Tribunal Federal, até mesmo a compulsoriedade do imposto sindical. Os partidos questionam se, por ser compulsório, o imposto sindical não é um dinheiro público e, por isso, deveria ser fiscalizado pelo TCU, e até mesmo a legalização da existência das centrais através de uma lei, quando, segundo o DEM, só uma emenda constitucional poderia ser utilizada.

Outro tema é o do princípio da moralidade pública como pré-requisito para o registro de candidaturas, mesmo antes que eventuais processos estejam transitados em julgado. O artigo XIV, parágrafo 9, da Constituição diz que uma lei complementar estabelecerá outros casos de inelegibilidade e os prazos de sua cessação, "a fim de proteger a probidade administrativa, a moralidade para exercício de mandato, considerada vida pregressa do candidato, e a normalidade e legitimidade das eleições contra a influência do poder econômico ou o abuso do exercício de função, cargo ou emprego na administração direta ou indireta".

Cresce entre os juristas a tese de que a Lei Complementar sobre Inelegibilidades, que exige trânsito em julgado de todos os processos para embargar uma candidatura, não corresponde ao espírito da Constituição, e por isso esse debate acaba desaguando no Tribunal Superior Eleitoral (TSE). O advogado Rodrigo Lins e Silva, diretor do Instituto dos Advogados do Brasil e especialista em legislação eleitoral, avalia que "se alguém se omitiu, não é culpa do Judiciário". Ele não acredita inclusive que o Judiciário esteja muito feliz com essa situação, "pois está assoberbado com muitas coisas, inclusive com ações do Legislativo sobre inconstitucionalidade de certas medidas provisórias".

Para ele, "se o Legislativo fizesse a sua parte, a Justiça não tinha que estar entrando. Mas não vejo a Justiça se metendo onde não é chamada". No caso específico, como o Congresso, segundo ele, "não vai nunca regulamentar uma lei contra seus próprios pares, então entra o Judiciário para fazer valer o princípio constitucional acima de uma lei".

O tema "judicialização" da política é muito caro a estudiosos, como Luiz Werneck Vianna, coordenador do Centro de Estudos Direito e Sociedade, do Iuperj que, desde o começo dos anos 1990, se dedica à pesquisa do Poder Judiciário. Ele relata que foi o primeiro trabalho, "Corpo e Alma da Magistratura Brasileira", que coordenou em parceria com Maria Alice Rezende Carvalho, Manuel Palacios e Marcelo Burgos, que o alertou para a necessidade de estudar as relações entre a política e o Poder Judiciário, quando então, "investigando as ações diretas de inconstitucionalidades (Adins), publicamos *A judicialização da política e das relações sociais* (Rio, Ed. Revan, 1999)".

No decorrer dos anos, Werneck Vianna tratou do assunto em outras publicações. Ele ressalta que outros estudos levados em consideração por seu grupo de pesquisa são de Marcus Faro de Castro (1993) e de Arioso Teixeira (1997), "ambos, a rigor, negando as possibilidades de afirmação da judicialização no caso brasileiro por não estarem encontrando aceitação por parte do STF".

Farlei Martins Riccio de Oliveira, pesquisador e professor de Direito da Universidade Candido Mendes destaca que "o ano de 2007 marcou uma retomada do ativismo voluntarista do Supremo Tribunal Federal de maior proporção e importância, tendo em conta a repercussão na opinião pública das decisões sobre fidelidade partidária, direito de greve no serviço público, direito à aposentadoria especial, entre outras".

Reflexo dessa repercussão "foram as críticas encetada por alguns cientistas políticos como Wanderley Guilherme dos Santos e Fábio Wanderley Reis, que viram nesse avanço ativista do Supremo Tribunal

Federal uma clara afronta ao princípio democrático e à separação de poderes".

Tema polêmico na ciência política e no direito constitucional, a "judicialização da política" ou "politização da Justiça" são expressões correlatas que indicam os efeitos da expansão do Poder Judiciário no processo decisório das democracias contemporâneas, e segundo Farlei de Oliveira, as expressões foram inicialmente utilizadas por Carl Schmitt, por ocasião de sua crítica ao controle de constitucionalidade de feição política.

Segundo Débora A. Maciel e Andrei Koerner, a expressão passou a compor o repertorio da ciência social a partir do projeto de C. N. Tale e T. Vallinder, no livro *The Global Expansionof Judicial Power* (New York University Press, 1995), em que destacaram algumas condições favoráveis à judicialização da política: ambiente democrático; separação de poderes; existência de direitos políticos formalmente reconhecidos; uso dos tribunais pelos grupos de interesse e pela oposição e inefetividade das instituições majoritárias.

O advogado José Arnaldo Rossi, especialista em legislação trabalhista, considera claro que o imposto sindical "é uma violência ao direito de reunião. Para se reunir livremente e se expressar, você tem que pagar. E não pode se reunir com profissionais de outros meios. Esse sistema confederativo é uma limitação forte ao direito de reunião".

Para Rossi, "o controle abstrato da constitucionalidade que é feito por esse tipo de tribunal constitucional, que é ao mesmo tempo direito e político", é o que dá o ritmo do avanço da sociedade. "São esses tribunais que vão dizendo a que ritmo a sociedade aceita mudanças. Não tem revolução, só tem reforma. Quem dita o ritmo da reforma é o tribunal constitucional".

| 6.04.2008 |

TEORIA E PRÁTICA

Rabat, Marrocos – Transformar a teoria em ação, esse foi o mote principal da abertura da conferência sobre o diálogo intercultural entre as civilizações, que teve sua sessão de abertura ontem aqui em Rabat. A necessidade de colocar em prática o que vem sendo discutido em vários seminários nos últimos anos, para reverter uma situação que está se tornando rapidamente deteriorada em vez de melhorar, foi o sentido das falas da maioria dos oradores na sessão de abertura, que deu início a um dos mais acadêmicos seminários da série. Mohammed Arkoun, professor emérito da história do pensamento islâmico da Sorbonne, dará hoje o tom dessa preocupação, ressaltando que a ideia do "diálogo" se tornou um lugar comum apenas teórico.

O forte sentido teórico do seminário foi complementado pelo secretário-geral da Academia, Candido Mendes, que sublinhou a necessidade de combinar a teoria e a práxis. Para demonstrar que medidas práticas já estão sendo tomadas, ele destacou que dois institutos do mundo árabe estão participando do projeto: o Instituto Três Culturas e Três Religiões, do governo de Marrocos, e o Instituto Real para estudos inter-religiosos de Aman, na Jordânia, que foi representado por seu diretor, o embaixador Hasan Abu Nimah.

O presidente da Fundação Três Culturas, André Azoulay, assessor direto do rei do Marrocos e membro da comissão da ONU para a Aliança das Civilizações, presidido pelo ex-presidente de Portugal Jorge Sampaio, ressaltou a necessidade da ação conjunta para superar as ameaças à aproximação das duas culturas, alimentadas pelo preconceito e pelas dificuldades do mundo moderno.

Azoulay alertou para a necessidade de se desmistificar a ideia de "choque de civilizações", defendida pelo acadêmico americano Samuel Huntington, para ele uma ideia preconceituosa em si mesma.

A secretária de Estado do Ministério das Relações Exteriores do governo marroquino, Taibi Fassi Fihri, aproveitou que o ex-diretor-geral da Unesco e presidente da Academia da Latinidade, Federico Mayor, citou a nova dimensão que a mulher está tendo no mundo, para criticar a falta de mulheres entre os tomadores de decisão nas empresas e nos governos no mundo de maneira geral, e não apenas no mundo árabe.

E lançou a embaixadora Aziza Bennani como candidata do seu país à Secretaria Geral da Unesco, onde ela já presidiu o conselho executivo. "Ela é mulher, marroquina, africana, intelectual e mediterrânea", definiu a secretária, pedindo o apoio de outros países árabes para a indicação. Por um rodízio não oficial, o cargo desta vez é de um representante árabe, e a embaixadora marroquina está disputando com um candidato do Egito.

A presença do intelectual francês Régis Debray, que fala amanhã sobre o "mito do diálogo das civilizações", incentivou a discussão sobre o papel da mídia nesse diálogo. Debray se dedica ao estudo das imagens na comunicação do mundo moderno, e foi citado pela secretária Fihri, que sublinhou a necessidade de os defensores do encontro das civilizações se empenharem por ampliar seus espaços na mídia, para se contraporem às notícias que estimulam o antagonismo.

A preocupação com a mídia, aliás, foi ressaltada na apresentação de Federico Mayor, que fez um relato das principais notícias de jornais de ontem, de diversas partes do mundo, para demonstrar que o mundo passa por um momento de crise generalizada que não favorece a distensão entre Ocidente e Oriente.

Entre as notícias por ele destacadas, estavam as sobre a crise mundial de alimentos, em contraponto com a produção de biocombustível. Para Federico Mayor, somente quando "o povo" for colocado como objeto prioritário das políticas públicas, poderá haver uma solução para a grave crise por que passa o mundo moderno, apesar de todas as tecnologias novas e a capacidade de comunicação cada vez maior.

Esse paradoxo de mais tecnologia, que teoricamente aumenta a comunicação, com a incomunicabilidade das pessoas e os desvios das políticas de seu principal objeto, que deveria ser o cidadão, foi destacado por Federico Mayor como um mal do nosso tempo.

A situação política e econômica na Europa, com uma forte inclinação para governos protecionistas e contra a imigração, foi apontada como uma mudança negativa no cenário mundial, ao mesmo tempo em que o favoritismo de Barack Obama na corrida presidencial americana pode ser o início de uma nova era no diálogo do Ocidente com o Islã.

O ex-presidente de Portugal Mario Soares, um dos mais ácidos críticos do governo Bush, foi dos que saudaram a emergência na política dos Estados Unidos de uma figura inovadora e que representa a superação de preconceitos, como considera ser Barack Obama.

Já Candido Mendes destacou como ponto negativo para o entendimento a emergência de movimentos neofascistas na Europa, como o partido de direita radical da Holanda, que defende a tese do "espaço vital" para os europeus como maneira de evitar a presença de imigrantes e, sobretudo, de barrar a entrada da Turquia na União Europeia.

Um bom debate, que demonstra o impasse em que se encontra o movimento internacional para aproximação do Ocidente com o Islã, será o travado entre dois destacados intelectuais franceses, o sociólogo Alain Touraine e o midiólogo Régis Debray. Touraine fará uma análise sobre as condições atuais da marcha para a modernidade, enquanto Debray falará sobre o que considera apenas um mito: o diálogo das civilizações.

|18.04.2008|

A URGÊNCIA DO DIÁLOGO

Rabat, Marrocos. Régis Debray, um dos intelectuais franceses mais influentes e atuantes da atualidade, acha que há urgência em se conseguir um entendimento entre as civilizações, mas é cético sobre a possibilidade de essa aproximação se realizar. Ele relaciona três razões para a urgência: 1) Não se pode falar de democracia sem falar em demografia. Ele cita a questão atual do preço dos alimentos e sua escassez, e a proteção do meio-ambiente, para dizer, dramaticamente, que estamos produzindo "um suicídio coletivo". 2) As insurreições religiosas e de identidades. 3) A fragmentação da globalização, que provoca a "balcanização política e cultural", consequência do que classifica de um "progresso retrógrado".

O intelectual Régis Debray, envolvido no diálogo das civilizações, que fez a principal intervenção do seminário da Academia da Latinidade, está longe do guerrilheiro que ficou famoso mundialmente por ter dado a base teórica para a guerrilha de Che Guevara na América Latina com o livro "A revolução na revolução".

Guerrilha da qual participou in loco, e pela qual foi preso na Bolívia. Embora continue marxista, ele se diz mais próximo hoje do Oriente Médio do que do Ocidente, e a América Latina é um assunto que ele já classificou de "traumático" para si.

Também pudera: preso e torturado na Bolívia depois do fracasso da guerrilha em 1967, foi condenado a 30 anos de prisão. Foi libertado em 1970, depois de uma campanha internacional que contou com a intervenção tanto de De Gaulle quanto de Sartre.

Ele considera que os governos de esquerda que hoje dominam o cenário político da América Latina são consequências tardias dos movimentos de que participou nos anos 60 do século passado.

E diz que é preciso desejar que se opere uma mudança política em Cuba, embora tenham que ser mantidas as conquistas sociais e educacionais.

Hoje ele se dedica à midiologia, uma disciplina que estuda os mecanismos de transmissão. Segundo uma definição sua, é normal que um "intelectual revolucionário", que quer produzir mudanças através de palavras, questione-se, a partir de certo momento, sobre a maneira de as palavras agirem.

Debray também se dedica ao estudo das religiões, e foi o primeiro presidente do Instituto Europeu de Ciência das Religiões. Como membro da Comissão Stasi, ajudou na criação de uma legislação sobre a secularização e os símbolos religiosos nas escolas. Para ele, não haverá diálogo enquanto um dos interlocutores, no caso o Ocidente, "for arrogante e se considerar dono da verdade".

Lembrando que as culturas fortes foram fundadas sobre religiões, ele cita o Ocidente católico; o judaísmo; o islamismo; e o caso recente do Tibete para colocar essa questão religiosa como um dos pontos de dificuldade da convergência.

"Identidade nasce sempre da altercação com o outro. Cultura é confrontação, que forja a identidade. Diálogo é convite a não permanecer imutável, tem o senso da transversal", comenta Debray, para constatar que o no mundo atual, "quanto mais modernidade, mais arcaísmo", dando como exemplo o surgimento da Nação étnica, em lugar da Nação cívica.

Com um toque de humor, ele lembra que o surgimento do automóvel fez surgir a tese de que o homem ficaria com seus membros inferiores atrofiados por deixar de andar. "E hoje, o que acontece? Os homens correm, fanaticamente".

Régis Debray considera que a latinidade "é uma diferença importante" no mundo moderno, dominado pelas culturas europeias e anglo-saxônicas. Mas não deixou de, ironicamente, lembrar que o conceito de "latinidade" foi inventado por Napoleão III para conquistar o México.

De fato, a definição de América Latina nasceu na França, na segunda metade do século XIX, pouco antes da expedição militar francesa ao

México, e serviu de base para justificar uma proximidade entre os conquistadores e o conquistado. Como "midiólogo", Debray propôs, então, o uso do termo "latinitude", que tem o mesmo sentido da "negritude", ou seja, uma atitude, um estado de espírito.

O filósofo brasileiro Candido Mendes, secretário-geral da Academia da Latinidade, respondeu de imediato que aceitava o termo "latinitude", mas ressaltou que o conceito de "latinidade" embutia algumas características sociais que são fundamentais para estimular o entendimento.

Entre elas, Candido Mendes citou a "coexistência efetiva" dos povos latinos, diferentemente do que ocorre no que chamou de "Ocidente duro", e a "organicidade do social", o espírito de coletividade que se contrapõe à "individualidade extrema" de outras sociedades.

Debray também gostou da proposta de "dialética do diálogo" que dá o título da conferência, pois, para ele, a palavra "diálogo" perdeu o seu real significado. "Mais que 'dialogar', é preciso 'dialetizar'", ressaltou.

O diálogo, que define como "uma viagem de cultura para se chegar a si mesmo através do outro", segundo ele, foi banalizado "por esses encontros diplomáticos que fazem tributo à palavra ineficaz".

Devemos fazer a antropologia cultural em vez da ideologia política, diz Debray, para quem "o fator cultural é o valor do século". Ele acha que "vivemos um momento estranho nas relações internacionais, quando os estados dominantes não negociam com os divergentes". "Negociar é dar e receber", comenta.

| 19.04.2008 |

A MÍDIA E A MENSAGEM

Rabat, Marrocos. O intelectual francês Régis Debray, que se celebrizou como o teórico da guerrilha de Che Guevara e ficou preso três anos na Bolívia nos anos 60 do século passado, hoje se dedica a estudar a linguagem e as religiões, e se diz mais distante da América Latina do que do Oriente, que é seu campo de estudo preferencial. É nessa qualidade que falou no seminário da Academia da Latinidade sobre o diálogo das civilizações. Especialista em "midialogia", disciplina que estuda a transmissão das mensagens, Debray acha que, de uma maneira geral, as ideias dominantes continuam sendo as ideias das classes dominantes. Mas ele vê uma novidade, que considera muito positiva: o reencontro da civilização com o pluralismo dentro dos próprios meios de comunicação.

Como exemplo, cita a televisão Al Jazeera. "É um olhar árabe sobre esse espaço entre o Ocidente e o Oriente. Quando você vê a CNN, você vê o Oriente visto pelo Ocidente. Essa confrontação de pontos de vista é saudável".

Mas adverte que é preciso não transformar as mídias de massa em um diabo, um monstro, dominado pelo grande capital, para intoxicar as massas. "É mais complicado que isso", comenta, explicando que um jornal assim como uma televisão "serão sempre um reflexo de uma sociedade, não são manipuladores exteriores, eles refletem os que os escutam, os que os lêem".

Régis Debray, no entanto, faz uma crítica aos sistemas de comunicação quando, pretextando "entender" a posição das empresas, define que um órgão de informação "faz mais a comunicação do que a informação.

A comunicação precisa seduzir seu leitor, seu ouvinte, e para isso é preciso pensar como ele ou falar como ele, uma espécie de mimetismo".

Para Debray, "informar alguém é sempre desestabilizá-lo, deixá-lo desconfortável, mexer com suas ideias já fixadas. É por isso que a informação é sempre difícil. É mais fácil falar dos shows, do político local, do filme de grande público, do que falar sobre um filme de outra língua, ou um fenômeno econômico mais complicado".

Ele chama a atenção para o papel da internet, que "quebrou a verticalidade, produziu a horizontalidade da informação". Essa "horizontalização", no entanto, pode também compreender o pior do mundo da informação, ressalva Debray. Pela internet, "é possível transmitir todos os rumores, os boatos, as calúnias".

Ele defende que é preciso que a internet tenha "um critério de validação", que hoje vem da edição, da autenticação das fontes de informação, da garantia de qualidade dessas fontes.

Quanto à política, Debray acha que nos últimos 40 anos houve uma mudança na qualidade do que se faz: "Mudou a personalização, desapareceram os partidos, as formações coletivas, em benefício do porta-voz, do líder, do homem visível". Ele diz que a televisão, que define como "tela pequena" funciona bem em grandes planos, "que mostram o chefe, e não a massa".

Para Debray, a televisão "favorece a grande personalidade sobre o debate público e faz desaparecer o debate das ideias e a questão dos programas, de visão de mundo". Esses conceitos políticos, "que se exprimem pelo discurso, pelo texto impresso", foram superados pela imagem, analisa.

"Trocamos o messianismo do comunismo pelo messianismo religioso islâmico-cristão; norte-americano ou muçulmano". Irônico, Debray comenta: "Não diria que esse foi um progresso. Sinto falta do messianismo laico". Ele inclui o caso da Bolívia no que chama de "balcanização da política", um fenômeno mundial "que remonta às identidades étnicas e culturais arcaicas que se acreditavam abolidas, e que renasceram com muita força". Em termos freudianos, diz ele, seria o retorno do que foi reprimido.

Debray ressalta que a chegada do indígena Evo Morales ao poder não tem um sentido de continuidade com o movimento de guerrilha de que participou nos anos 1960 junto com Che Guevara, mesmo porque, admite, "naquela época não levamos em conta o fator étnico dos aymaras e queixuas. Foi um erro, não estávamos inseridos suficientemente dentro da realidade social e cultural da Bolívia".

Mas diz que "essa tomada de consciência tardia desses indígenas bolivianos, que eram explorados e dominados há muito tempo", se não significa "um processo de causa e consequência mecânico", pode ser entendida como "um processo dialético, uma volta do passado no presente". A luta armada dos anos 1960 se transformou "em uma semeadura que se fortaleceu lentamente, que produziu uma vontade de emancipação e o controle do seu destino pelo povo. Há uma continuidade, mas há um retardamento".

Ele cita o exemplo do Chile de Allende, para onde foi após ser libertado na Bolívia: "Tínhamos razão para sermos terrivelmente pessimistas em 1973 depois da morte de Allende. Mas nos movimentos subterrâneos, de maneira lenta, invisível, difícil, o movimento popular se reconstituiu". Embora se escuse de fazer "julgamento de valores de pessoas que estão vivas", Debray diz que, "apesar de muitos criticarem Lula e Chávez", gosta dos dois.

Ele acha que "é preciso desejar" que se produzam mudanças políticas em Cuba, mas diz que "o essencial da revolução em termos sociais e educativos" deve ser mantido. Debray lembra, porém, que "a democracia não cai do céu de pára-quedas nem pode ser imposto do exterior por um poder dominante ou imperial". Para ele, a democracia "é um processo e há fases intermediárias".

A ligação com a América Latina é muito débil para o Debray atual, que explica assim sua relação com a região: "Tenho amigos pessoais, mas hoje me ocupo da história das religiões, meus estudos me levam para o Oriente Próximo, a Palestina, Israel, os cristãos do Oriente, o mundo oriental versus o ocidental. Sou menos interessado pelo extremo Ocidente do que pelo Oriente".

| 20.04.2008 |

A FAVOR DA INFORMAÇÃO

Alguém precisa explicar para os juízes eleitorais que o mundo está em meio a uma revolução digital que tem como maior impacto a transferência de poder dos meios de comunicação de massa para os indivíduos, que hoje têm acesso a variadas opções para se informar, e instrumentos para disseminar suas opiniões. Essa nova sociedade civil global que está se formando, segundo a definição do sociólogo Manuel Castells, da Universidade Southern Califórnia, nos Estados Unidos, procura preencher o "vazio da representação" legitimando sua ação política não através de partidos (ou não apenas), mas de mobilizações espontâneas, usando sistemas autônomos de comunicação.

Um desses "sistemas autônomos" que tanto poder dá aos cidadãos é justamente a "instant messaging", o nosso popular torpedo, que a Justiça Eleitoral pretende proibir nas campanhas eleitorais deste ano. A origem dessa decisão estaria em um movimento organizado supostamente por setores da Igreja Católica, que teriam difundido, na campanha de 2006, através de uma rede de torpedos, a informação de que a candidata Jandira Feghali era a favor da descriminalização do aborto.

De fato, várias igrejas católicas do Rio fizeram campanha contra a então candidata ao Senado pelo PCdoB, que não se elegeu, e essa rede de celulares pode ter atuado. Mas é uma atuação legítima. E mesmo as intervenções ilegítimas, com informações distorcidas e calúnias, devem ser combatidas através da lei em vigor, e não com a tentativa de censurar.

Na pretensão de assumir a defesa do eleitor, os juízes eleitorais estão na verdade tutelando-os quando pretendem impedir que mensagens sejam passadas pelo telefone, uma das maneiras mais utilizadas hoje em dia para mobilizações de toda ordem.

Já é um caso clássico a campanha, através de mensagens de telefone celular, que acabou ajudando a derrotar o então primeiro-ministro José María Aznar na Espanha depois dos atentados terroristas de 2004, na véspera da eleição.

O governo passou a informação extraoficial de que os atentados haviam sido realizados por terroristas ligados ao ETA, o movimento separatista basco, mas uma rede de celular espalhou a verdade que o governo queria esconder: os ataques foram feitos pela Al Quaeda. Aznar não queria colocar em xeque a política do PP de apoio incondicional à guerra do Iraque. O candidato do PSOE, José Luis Zapatero, acabou eleito na ocasião, e se reelegeu este ano.

Na semana passada, o panelaço na Argentina contra o governo de Cristina Kirchner foi promovido através principalmente da troca de torpedos, embora os peronistas tentem retirar o caráter espontâneo do movimento, atribuindo-o a uma campanha da mídia reacionária.

Como se vê, a utilização dos torpedos não tem coloração política, e serve mesmo para informar e mobilizar os cidadãos. O sociólogo Manuel Castells vê "significados políticos" no potencial da internet quando se transforma em um meio autônomo de organização, independente de um comando central de controle.

"As implicações desse fenômeno no nível global são cheios de significados políticos. Internet e comunicação sem fio, como os telefones celulares, fazendo a ligação global, horizontal, de comunicação, proveem um espaço público como instrumento de organização e meio de debate, diálogo e decisões coletivas", ressalta ele em seus escritos.

É essa ampla liberdade de informação que os juízes eleitorais têm a pretensão de restringir e organizar, agindo da mesma maneira que os governos ditatoriais como os da China ou de Cuba, que tentam controlar o acesso à internet pela população.

Entre essas novas opções tecnológicas que começam a ser usadas no Brasil também como meio de disseminação de ideias políticas destacam-se os produtos criados pelos próprios indivíduos, através de blogs e de redes sociais (como Orkut e MySpace e Facebook).

É claro que as novas tecnologias permitem a propagação de boatos em uma velocidade e com uma abrangência novas, e a internet, a par de ser um instrumento de informação e pesquisa admirável e imprescindível, é também o maior propagador de boatos em nível planetário.

Mas querer proibir o envio de torpedos durante a campanha eleitoral, a pretexto de impedir a propagação de boatos contra candidatos, é uma ameaça aos direitos individuais e uma maneira de censurar o cidadão, tão prejudicial quanto a decisão da Justiça de impedir que jornais e revistas publiquem entrevistas com pré-candidatos às eleições municipais.

Em todas essas decisões, pretendem os juízes proteger o eleitor subtraindo dele informações, o que é uma contradição num regime democrático, que mais se revigora quanto mais informações circularem pela sociedade. Não é à toa que o advento do Estado moderno está ligado ao papel da imprensa como meio de difundir, no fim do século XVIII, o pensamento da "opinião pública", como oposição à força do Estado absolutista.

O historiador francês Alexis de Tocqueville, que defendia mais liberdade para combater os eventuais excessos de liberdade da democracia, tem uma definição sobre a liberdade de imprensa que deveria ser lida pelos juízes que estão processando os jornais pelas entrevistas com pré-candidatos: "A liberdade da imprensa não faz sentir o seu poder apenas sobre as opiniões políticas, mas também sobre todas as opiniões dos homens. Não modifica somente as leis, mas os costumes (...). Amo-a pela consideração dos males que impede, mais ainda do que pelos bens que produz".

Em todos os casos, seja pelos jornais, pelo celular, pela internet, sejam as novas tecnologias ou as tradicionais, o que se defende é apenas a liberdade de acesso do cidadão à informação, para que possa tomar a decisão que mais lhe convier na hora do voto.

| 21.06.2008 |

CENSURA É DEFEITO

"A internet interpreta a censura como um defeito, e o contorna". A frase famosa é do cientista pioneiro da internet John Gilmore e define bem o espírito libertário que domina essa nova tecnologia da informação, incompatível com a legislação repressiva com que a Justiça Eleitoral tenta controlar a informação em tempos de campanha eleitoral. O brasileiro Rosental Calmon Alves, professor de Comunicação da Universidade do Texas em Austin e um dos maiores especialistas em novas tecnologias da informação, considera "simplesmente ridículo e impossível" querer levar para este ambiente "o rigor repressivo que o Brasil desenvolveu para controlar a expressão de candidatos nos espaços físicos".

O Brasil deveria estar celebrando, na opinião dele, o fato de termos "uma das maiores, mais dinâmicas e mais ativas comunidades de internautas do mundo, em vez de urdir formas para controlá-la". O presidente do Tribunal Superior Eleitoral, ministro Carlos Ayres Britto, tem opinião semelhante.

Ele reconhece a comunicação via internet como "o mais centrado espaço de liberdade individual, interditado, portanto, ao passo regulador do Estado, ainda que agindo este pela Justiça Eleitoral".

A questão ficou em aberto, porque a maioria dos ministros do TSE preferiu não dar uma resposta formal às indagações sobre o uso da rede mundial de computadores nas campanhas eleitorais. Assim, juízes eleitorais, TREs e o próprio TSE irão decidir caso a caso, no julgamento de processos concretos.

Há uma proposta ridícula de proibir a transmissão de mensagens eletrônicas, os populares "torpedos", pelos telefones celulares às vésperas das eleições, o que, além de tudo, incorreria em uma interferência no direito individual, especialmente daqueles que querem mandar mensagens que nada têm a ver com política eleitoral.

Segundo Rosental, a internet e demais tecnologias digitais não se constituem em meios de comunicação de massa no sentido tradicional, "mas sim numa massa de meios de comunicação incontroláveis, porque individuais".

Os meios tradicionais, como os jornais, revistas, rádios e televisão, estavam sendo cerceados em sua liberdade de informação pela interpretação equivocada de dispositivos legais.

Essa questão já foi superada com a decisão do Tribunal Superior Eleitoral de revogar o artigo 24 da resolução 22.718, que vedava a abordagem de plataforma de governo em entrevistas de pré-candidatos, em rádio, TV e jornais.

Restam ainda interpretações subjetivas do que seja não dar tratamento privilegiado a candidatos, e casos de "direito de resposta" a candidato que se considerar prejudicado com a cobertura jornalística.

Mas, a questão mais difícil de definir, pela novidade, é o jornalismo na internet, ou o papel dos blogs nas campanhas eleitorais. Impedir um blogueiro de expressar seu apoio a um futuro ou eventual candidato é, para Rosental Calmon Alves, "uma coisa tão aberrante quanto não permitir que ele fale para seus amigos, parentes e quem quer que esteja perto dele sobre esse apoio. Será que se ele comentar com seus vizinhos seu apoio a um candidato, um juiz vai decretar sua prisão?".

Os juízes eleitorais precisam compreender o sentido da internet, e mais ainda o dos blogs da internet. "O blog é um meio de expressão pessoal, para quem quer que decida ir lá ver as opiniões dele, ou que esteja em sua rede", explica Rosental, para quem "estamos em meio a mudanças paradigmáticas monumentais".

Na sua visão, a revolução digital, na qual estamos imersos, é um processo que só tem paralelo no desenvolvimento da escrita, a invenção do tipo móvel por Gutenberg e talvez a revolução industrial.

"Estamos nos movendo da sociedade industrial para a sociedade da informação, que é uma sociedade baseada em redes. A comunicação social vertical e unidirecional da era industrial está sendo substituída por um sistema comunicacional muito mais horizontal, onde as empresas de mídia tradicionais estão perdendo poder e controle para a cidadania", define.

As campanhas eleitorais vão inexoravelmente ocupar esses novos espaços virtuais. "Deixem a internet em paz; ela foi criada livre, deve ser mantida livre e está ajudando imensamente a democracia brasileira, ao incentivar, por exemplo, a participação dos jovens antes desinteressados na vida política do país", pede Rosental.

Para ele, o maior erro é tentar levar para a internet o aparato repressor que a Justiça Eleitoral desenvolveu em relação aos meios de comunicação de massa tradicionais. "E o pior é que estamos fazendo isso através de um gigantesco sistema repressivo judicial, que é capaz de atropelar princípios constitucionais básicos, como a liberdade de imprensa e a liberdade de expressão".

Rosental diz que não há no mundo uma legislação "tão detalhista, e de um aparato repressor tão grande composto por tantos juízes, promotores, advogados, policiais, tribunais, etc, dedicados ironicamente a assegurar, supostamente, a liberdade dos cidadãos nas campanhas eleitorais. Que paradoxo".

| 29.06.2008 |

CONCEITOS DISTORCIDOS

Nova York. Numa das novas atrações de Coney Island, no Brooklin, que pode ser definida como um grande parque de diversões à beira-mar, o artista plástico Steve Powers montou uma denúncia macabra contra as torturas da prisão de Guantánamo, em Cuba, base militar americana onde estão presos centenas de acusados de terrorismo dos ataques de 11 de setembro. Colocando-se uma moedinha, vê-se dentro de uma cela uma cena que reproduz os interrogatórios à base do afogamento, técnica medieval de interrogatório que o governo americano defende que não se trata de tortura. No desenho de Powers, quem está satisfeito com a sessão de tortura à base de água é o personagem Bob Esponja, por razões óbvias.

É dentro desse contexto que as críticas do presidente americano George Bush às violações dos direitos humanos na China, ao mesmo tempo em que o arremedo de tribunal de Guantánamo acaba de condenar Salim Hamdan, ex-motorista de Osama Bin Laden, por "apoio material a atos de terrorismo", e a resposta do governo chinês de que os direitos humanos e a liberdade são garantidos ao povo "de acordo com a lei", suscitam reflexões sobre a distorção dos valores democráticos no mundo atual.

Nunca foi tão pertinente a tese do historiador escocês Niall Ferguson, professor da Universidade Harvard, de que a relação direta entre democracia e capitalismo já não é mais uma variável tão absoluta quanto parecia nos anos 80 e 90 do século passado.

Outro estudioso do assunto, o cientista político Adam Przeworski, professor da Universidade de Nova York, diz que há uma ligação estreita entre a renda per capita de uma população e a probabilidade de que a democracia prevaleça no país.

Corroborando com essa tese, um ranking da Freedom House, ONG de direitos humanos, coloca os países mais ricos da Europa Ocidental como os de índice máximo de democracia, enquanto entre os países com os índices mais baixos estão os mais pobres da África.

No entanto, daqui até 2050, de acordo com um estudo da Goldman Sachs, a parte da China no PIB mundial vai crescer de 4% para 15%, enquanto a do G-7, os países mais ricos do mundo, vai cair de 57% para 20%.

O "socialismo de mercado" da China, e o avanço econômico de outros países nada democráticos como Egito, Irã ou Vietnã, vai mais na direção da tese de Ferguson do que na de Przeworski. E a guerra ao terrorismo empreendida pela administração Bush voltou-se contra os próprios ideais democráticos dos Estados Unidos.

Um formidável livro da jornalista Jane Meyer, da *The New Yorker*", intitulado *The darkside* (*O lado escuro*), mostra como, em resposta aos atentados em 2001, e sob inspiração do vice Dick Cheney, montou-se uma grande operação dentro do governo que, além da invasão do Afeganistão e da guerra do Iraque, teve uma faceta só recentemente revelada, mas que era parte essencial da política oficial de combate ao terror: a tortura como tática de obtenção de informações mais rápidas que ajudassem no trabalho de inteligência militar.

Foi apenas quando as fotos ultrajantes dos soldados americanos debochando dos prisioneiros na prisão Abu Ghraib, em Bagdá, foram reveladas ao mundo que se conheceram os horrores do tratamento dado pelos Estados Unidos a seus prisioneiros de guerra.

Mas a rejeição oficial aos maus-tratos não corresponde à verdade, segundo o bem documentado livro de Mayer. O simulacro de julgamento que começou em Guantánamo, por exemplo, é um avanço devido às pressões dos movimentos de direitos humanos e de juízes, políticos e jornalistas que começaram a denunciar a política oficial de prender suspeitos de terrorismo indefinidamente sem julgamento.

Somente em junho de 2004, por duas decisões da Suprema Corte, a lei americana passou a ser válida também para o território de Guantánamo, e os prisioneiros passaram a ter o direito de serem representados por advogados diante de um "julgador neutro". O motorista de Bin Laden, que, segundo o livro, é tratado pelo governo como uma peça "insignificante", mas foi julgado como se fosse membro importante do grupo terrorista, terá direito de recorrer, mas foi condenado por um júri militar, segundo regras próprias dos militares.

O livro de Jane Mayer tem uma passagem que mostra bem como a distorção das palavras pode ser a base de uma ação do governo para se defender, tanto quando se trata de tortura quanto, no caso chinês, de direitos humanos "garantidos por lei".

Ela conta a história de Dan Levin, um brilhante advogado formado com louvor em Harvard e Chicago que, ao assumir o posto de principal conselheiro legal do presidente no Office of Legal Counsel, o segundo cargo na hierarquia do Ministério da Justiça dos Estados Unidos, viu-se diante da tarefa de justificar legalmente os interrogatórios, descaracterizando a tortura.

Seu trabalho substituiria outro, feito pelo também advogado John Yoo, que ampliara tanto o conceito de tortura que praticamente a legitimara, escandalizando a opinião pública. Levin dedicou-se a tentar encontrar nuances semânticas entre palavras como "dor" ou "sofrimento", para definir até onde os interrogatórios poderiam ir.

Tão angustiado ficou que decidiu se submeter aos mesmos tratamentos dados aos presos de Guantánamo, para avaliar na própria pele até onde poderia chegar "o sofrimento" humano. Na tentativa de se equilibrar entre a pressão dos superiores e seus princípios morais, Levin chegou a conclusões esquizofrênicas, onde a técnica de afogamento poderia ser utilizada legalmente se fosse estritamente controlada no tempo.

Um retrato patético de um governo tão esquizofrênico quanto Levin, que colocou em risco os valores da maior democracia do mundo para defender a democracia.

| 08.08.2008 |

UM PRESIDENTE NEGRO?

Nova York. Nunca uma eleição pareceu tão decidida, e nunca se viu uma expectativa maior, tanta dúvida sobre o resultado final, sem base em nenhum fato concreto, apenas o receio de que a realidade das urnas hoje acabe sendo diferente daquela que tudo indica ser a tendência natural revelada pelas pesquisas de opinião desde o meio de setembro, a eleição do primeiro presidente negro dos Estados Unidos. Um simbolismo de mudança na maior potência mundial, uma demonstração de maturidade da democracia americana. De fato, não há nenhuma razão para se acreditar que o candidato republicano John McCain possa virar o resultado a seu favor quando 24 horas antes todas as pesquisas indicam a vitória do candidato democrata tanto no voto popular quanto no Colégio Eleitoral. Mas muitos acreditam em bruxas neste país.

Segundo o Instituto Gallup, que divulgou ontem sua última pesquisa antes da eleição colocando Barack Obama na frente por 52% a 41%, apenas em duas ocasiões desde 1952 ocorreram erros nas pesquisas: na disputa entre o então presidente democrata Jimmy Carter e o republicano Ronald Reagan em 1980, quando no dia da eleição Carter tinha uma diferença de um ponto percentual a seu favor e acabou perdendo por 10 pontos; e em 2000, quando Al Gore era dado como derrotado pelas pesquisas de opinião e terminou vencendo no voto popular, mas perdendo no Colégio Eleitoral com uma derrota da Flórida tida como viciada.

Este ano, Obama está na dianteira em todas as pesquisas de voto popular e superou o número mágico de 270 votos no Colégio Eleitoral por margem que vai de 8 a 58 votos, dependendo do critério. Há um consenso entre as pesquisas de que Obama vencerá em todos os 13 estados em que John Kerry e Al Gore venceram nas duas últimas eleições, perfazendo um total de 241 votos.

A diferença dele para McCain nesses estados é sempre maior do que as margens de erro, que podem chegar a 4 pontos percentuais nas pesquisas estaduais. Além disso, Obama está vencendo também em três estados em que os democratas ganharam pelo menos uma das duas últimas eleições.

Em New Hampshire, que tem apenas 4 votos no Colégio Eleitoral, Obama está vencendo por uma margem de 10,6, enquanto Kerry venceu em 2004 por 1,3 e Bush venceu em 2000 por 1,3. Em Iowa, que tem 7 votos eleitorais, Obama vence por 15,3, quando Gore venceu por 0,3 em 2000 e Bush ganhou por 0,7 em 2004. No Novo México, com 5 votos, Obama está na frente por 7,3, quando Bush venceu em 2004 por 0,6 e Gore venceu em 2000 por 0,1.

Há outros cinco estados tradicionalmente republicanos, ou pelo menos em que Bush venceu as duas últimas eleições, que estão dando a vitória a Obama por diferenças que estão dentro da margem de erro. Na Flórida, com 27 votos, a margem é de menos de 2 pontos; Virgínia, com 13 votos, a margem é de 4,3; Ohio, com 20 votos, a margem é de 3,2; Colorado, com 9 votos, a diferença é de 5,5 e Nevada, com 5 votos, a diferença é de 6,2.

Esses estados somam 74 votos, retirados da base republicana. Nos últimos dias, McCain está tentando se recuperar pelo menos nos dois últimos, onde, embora a diferença seja maior a favor de Obama, o eleitorado é considerado mais passível de um ataque republicano, além de tentar mudar a situação no Novo México.

A Pensilvânia, um estado tradicionalmente democrata, tem 21 votos e onde Obama lidera por cerca de 8 pontos, é o grande sonho de consumo dos republicanos. Se conseguissem virar o jogo lá, acham que teriam chance de reverter o resultado do Colégio Eleitoral. Mas não há nenhuma indicação de que essa estratégia venha a dar certo.

Outros sete estados estão na disputa, com desvantagem para McCain, já que em todos eles o Partido Republicano venceu nas duas últimas eleições: no Arizona, que tem 10 votos eleitorais, Obama vence por 3,5; na Geórgia, com 15 votos eleitorais, Obama supera McCain com 4 pontos.

Em outros quatro estados, McCain está vencendo, também dentro da margem de erro: Missouri, que tem 11 votos eleitorais, McCain vence por 0,5; na Carolina do Norte, que tem 15 votos, o republicano vence por 0,6; em Indiana, que tem 11 votos, McCain vence por 1,4 e Montana, com 3 votos eleitorais, McCain supera Obama por 3,8.

Embora as pesquisas de voto popular mostrem Obama na frente com uma vantagem de 7,3, segundo o site Real Clear Politics, que calcula a média entre todas as pesquisas, há alguns fatores a serem ultrapassados. Um deles é o voto indeciso, que ainda está em 10%.

Pelas técnicas de pesquisa, esse número deve ser dividido proporcionalmente entre os competidores, o que manteria uma diferença a favor de Obama. Mas há o temor entre os democratas de que esses indecisos na verdade sejam majoritariamente contrários a Obama, com vergonha de se pronunciar.

Esse seria o efeito Bradley, um fenômeno eleitoral que não se sabe se ainda está em vigor nos Estados Unidos atual. O nome deve-se ao prefeito de Los Angeles, Tom Bradley, um negro que se candidatou ao governo da Califórnia em 1982 e perdeu surpreendentemente, depois de aparecer como líder das pesquisas durante toda a campanha.

Um estudo da Universidade de Stanford mostrou que existe uma diferença de até seis pontos percentuais das pesquisas para as urnas quando um candidato negro está na disputa. Há também a esperança dos democratas de que se confirme a alta taxa de comparecimento na eleição, consequência da maior participação de jovens e integrantes de minorias devido à possibilidade de Obama ser eleito.

Segundo os últimos dados divulgados pelo Centro de Estudos Políticos e Econômicos, em Washington, 84% dos eleitores negros se identificam como partidários de Obama, e 10% são indecisos. Apenas 6% apoiam John McCain.

Se houver um resultado apertado, contra todas as previsões, e uma vitória controvertida de McCain, o temor é de que, ao contrário de 2000, se espalhem pelo país movimentos de revolta contra uma possível fraude eleitoral.

| 04.11.2008 |

O NOVO MUNDO DE OBAMA

Nova York. O comparecimento de 70% dos eleitores registrados, um marco histórico em cem anos, mostra bem o anseio da sociedade americana por mudança e, sobretudo, por superar a barreira racial, que foi o grande fato político desta eleição, destacado por nove entre dez jornais. Imaginar que o fator racial estava fora dessa disputa é não compreender o enorme fardo que pesava sobre a nova sociedade civil americana, que se apresentou ontem nas urnas, enfrentando filas enormes, para ajudar a ultrapassar esse obstáculo. Aqui em Nova York, parecia fim de campeonato, com a vitória dos Yankees ou do Knicks, todos na rua gritando e cantando, principalmente jovens e negros, buzinaço pelas ruas, festa no Harlem, em Times Square, na Rockfeller Plaza.

Um rapaz branco entrou no metrô em que eu estava desejando "Happy Barack Obama's day" ("Feliz Dia de Barack Obama"). E quando um japonês desavisado não entendeu a comemoração, o rapaz fez um gesto indicando que ele estava "fora do mundo".

Acho que esse foi o sentimento que fez com que os jovens e as minorias comparecessem em massa às urnas, apesar de não ser obrigatório votar aqui nos Estados Unidos: o de estar contribuindo para mudar o país e o mundo, como Obama ressaltou em um de seus recentes discursos.

Não vai haver nenhuma mudança fundamental nas posições do governo americano, o que vai haver é uma mudança fundamental de visão de mundo. O diálogo no lugar da força, a visão multipolar no lugar da hegemonia.

O entendimento de que no mundo moderno não é mais possível ser a primeira potência sem dar espaços para outras potências emergentes que têm papel importante em temas ou setores políticos e econômicos.

Nesse novo mundo diversificado e multipolar, será preciso dividir o poder e pensar políticas públicas que sejam boas para todos, e não apenas para um país.

A preocupação de Obama com a ecologia e com a utilização de combustíveis renováveis menos poluentes, obedece a essa postura universalista, que é o contrário do egoísmo que prevalece nos Estados Unidos, que levou o presidente Bush a não assinar o Tratado de Kioto, no pressuposto de que seria prejudicial aos interesses das empresas americanas.

Obama parece já ter entendido que os interesses americanos só serão atendidos se o interesse da comunidade internacional for também respeitado. Enquanto o presidente Bush alega querer disseminar a democracia pelo mundo e utiliza guerras para impor o regime, Obama quer mostrar as vantagens da democracia através do exemplo e do respeito ao outro.

Não é possível arvorar-se em defensor da democracia e permitir a existência de uma prisão como Guantánamo, por exemplo.

Uma abertura maior para o mundo, transformar os Estados Unidos em um país amado, e não temido, pelo resto do mundo, será uma consequência natural do governo "pós-racial" e até mesmo suprapartidário anunciado por Obama em seu discurso da vitória em Chicago.

Obama entendeu que a sociedade americana havia mudado, e fez a campanha toda baseada no pressuposto dessa mudança, ao contrário de John McCain, que abriu mão de sua história de republicano independente para aderir à tendência mais obscura e radical do Partido Republicano.

Jogando na suposição de que os preconceitos e os temores da América profunda prevaleceriam, que o receio do novo e do desconhecido faria com que os antigos fantasmas, inclusive raciais, lhe trouxessem a vitória, McCain, se não estimulou, não quis ou não pôde controlar a campanha negativa que tentou colocar Obama como um risco para o país, não pela experiência, mas pelo suposto radicalismo político.

O eleitorado americano superou dois traumas nessa votação avassaladora por Obama: o político, explicitado na campanha radicalizada dos republicanos, e o racial, uma ameaça latente escondida pelas pesquisas.

O exemplo maior da superação desse trauma aconteceu com a vitória de Obama em Virgínia, berço da Guerra Civil americana em 1861, um estado que desde 1964 não votava nos democratas em eleições presidenciais. Da mesma forma que os outros estados do sul, a Virgínia abandonou os democratas após a presidência de Lyndon Johnson, demonstrando toda a insatisfação com as reformas dos direitos civis.

Virgínia, que nas últimas décadas passou de uma sociedade rural e conservadora para um estado mais urbanizado e com pluralismo político, ontem marcou sua presença nessa mudança do mapa eleitoral americano "pós-racial".

Obama fez justamente o contrário de McCain, se conectou com a nova sociedade americana e usou a revolução tecnológica para interagir com seus eleitores, não apenas para inovar no recolhimento de fundos para a campanha, mas para informar de seus passos e comungar pontos de vista.

Nesse novo mundo tecnológico, no qual a sociedade global tem agora os meios para exprimir seus anseios e suas convicções independentemente das instituições políticas e do sistema de comunicação de massa, Obama impôs-se primeiro ao eleitorado americano, e também ao mundo, que desejava sua vitória.

Essa nova maneira de encarar o mundo em que vivemos, preenchendo o vazio de representação com a interação com a sociedade civil, foi o que legitimou a ação política de Obama, ancorado nas mobilizações espontâneas usando sistemas autônomos de comunicação.

Internet e comunicação sem fio, como os telefones celulares, fazendo a ligação horizontal de comunicação, proveem um espaço público como instrumento de organização e meio de debate, diálogo e decisões coletivas, ressalta o sociólogo Manuel Castells, um dos principais teóricos dessa sociedade em rede utilizada com maestria pela campanha de Barack Obama.

| 06.11.2008 |

MÁQUINA DO TEMPO QUEBRADA

Nova York. Outro dia acionei a máquina do tempo e passei cinco horas em uma sessão especial do filme *Che*, de Steven Soderbergh, quase ao mesmo tempo em que, na Bahia, saídos da mesma máquina, líderes latino-americanos faziam as honras para a entrada de Cuba em uma organização regional que pretende ser o contraponto da Organização dos Estados Americanos (OEA). Na tela, o irmão-ditador Raúl Castro é vivido pelo brasileiro Rodrigo Santoro, que se diz honrado com o papel. Nem o personagem deveria honrá-lo, nem o papel, que é secundário.

Assim como as homenagens que Cuba recebeu no resort baiano, o filme é uma ação entre amigos, uma elegia ao herói romântico, totalmente desprovido de análise histórica ou perspectiva. Tem duas partes, "O argentino" e "Guerrilha", com um intervalo entre elas, como nos filmes épicos da minha juventude como *Ben Hur*.

O Che Guevara de Soderbergh tem apenas a asma como sinal de um ser humano, e mesmo assim para dignificar sua capacidade de superação dos obstáculos que enfrenta. O filme pode ser comparável a uma T-Shirt com a foto de Korda estampada; não passa de uma propaganda do mito guerrilheiro.

O médico argentino, que se une a um pequeno grupo liderado por Fidel Castro no México para derrubar o ditador Fulgêncio Batista e tomar o poder em Cuba, não comete um erro, tem sempre a palavra certa, o gesto generoso, um revolucionário 24 horas por dia, sempre do lado certo.

Quando, na selva, fuzila dois guerrilheiros que desertaram e começaram a cobrar dinheiro dos camponeses e a molestar suas filhas, Guevara o faz em defesa dos pobres e da pureza da revolução.

Quando, já vitorioso, afirma na tribuna da ONU que a revolução cubana continuará fuzilando seus inimigos, está defendendo a vitória do povo cubano.

Naquelas cinco horas, preso na máquina do tempo, é possível emocionar-se com algumas cenas, e até mesmo lamentar que os pobres bolivianos sejam tão passíveis de manipulação pelo governo da ocasião a ponto de não seguirem Guevara na sua marcha libertadora.

Mas, saindo da máquina do tempo, a realidade de Cuba hoje só permite nostalgia do que "poderia ter sido e não foi". Recentemente, estive com Régis Debray, um dos mais influentes intelectuais franceses da atualidade, que foi o teórico da guerrilha boliviana.

Preso por três anos, quer distância da América do Sul e tem uma visão crítica da situação política, embora diga que gosta tanto de Lula quanto de Chávez. Ele diz, por exemplo, que "trocamos o messianismo do comunismo pelo messianismo religioso islâmico-cristão; norte-americano ou muçulmano". Irônico, comentou: "Não diria que esse foi um progresso".

Debray não considera a chegada do indígena Evo Morales ao poder uma continuidade do movimento de guerrilha de que participou nos anos 1960 junto com Che Guevara, e admite que "naquela época não levamos em conta o fator étnico dos aymaras e quíchuas. Foi um erro, não estávamos inseridos suficientemente dentro da realidade social e cultural da Bolívia".

Debray acha que "é preciso desejar" que se produzam mudanças políticas em Cuba, mas diz que "o essencial da revolução em termos sociais e educativos" deve ser mantido.

Por mais cuidadoso que tenha sido em seus comentários sobre Cuba, Debray foi mais audacioso na crítica subentendida do que os dirigentes latino-americanos que fizeram a festa anacrônica para a entrada de Cuba num simulacro de organismo regional, sem que ao menos uma palavra de incentivo à democracia tenha sido pronunciada.

Uma atitude antiamericana quase juvenil para políticos velhos de guerra, e justamente às vésperas de Barack Obama assumir a presidência dos Estados Unidos.

Houve de tudo na reunião, desde a louvação pela entrada de Cuba no Grupo do Rio como um gesto de independência da América Latina, quanto a bravata de Evo Morales, ameaçando com a retirada de embaixadores caso o novo governo dos Estados Unidos não acabe com o embargo contra Cuba.

Nenhuma palavra acerca dos presos políticos da ditadura cubana, nenhum protesto contra o desrespeito aos direitos humanos na ilha de Fidel. Por que não fazer pelo menos como os chanceleres da União Europeia, que levantaram as sanções diplomáticas impostas em 2003, mas impuseram condições.

Se dentro de um ano as "reformas" insinuadas por Raúl Castro não se mostrarem eficazes e a ilha não estiver realmente no rumo da democracia, o assunto será revisto. Só mesmo enclausurados em uma máquina do tempo é possível esquecer que Fidel Castro, em 2003, ordenou a prisão de 75 dissidentes políticos, e a execução sumária de três cubanos que pretendiam fugir para os Estados Unidos.

E não é preciso ser adversário político para cair nas malhas da ditadura cubana. Há o exemplo infamante para nós do pugilista Erislandy Lara, que, nos Jogos Pan-Americanos, pediu asilo ao Brasil e foi recambiado para Cuba por ordem do governo brasileiro. Fugiu novamente, e hoje está na Alemanha.

E há o escritor Reinaldo Arenas, cuja homossexualidade foi considerada um "desvio de conduta" e um rompimento com a ditadura castrista, que o enviou para um campo de reeducação da UMAP (Unidad Militar de Ayuda a la Producción).

Seu depoimento diz tudo: "Minha infância e minha adolescência transcorreram sob a ditadura de Batista e o resto de minha vida sob a ditadura ainda mais feroz de Fidel Castro; jamais seria um verdadeiro ser humano, no sentido mais completo da palavra".

Se a chegada à presidência de Barack Obama pode ser considerada um avanço histórico na democracia dos Estados Unidos, o que dizer da inclusão de Cuba no Grupo do Rio? A máquina do tempo quebrou na América Latina.

| 23.12.2008 |

CRISES CÍCLICAS

Nova York. Ao contrário de indicar o fim do capitalismo, o estouro da bolha imobiliária que desencadeou a crise econômica e provocou a intervenção governamental de vários países no sistema financeiro internacional é uma repetição, turbinada pela globalização, do que vem acontecendo através dos anos, ciclicamente. No famoso livro *Manias, pânicos e crashes*, Charles Kindleberger e Robert Aliber listam dez bolhas financeiras através dos tempos, começando com a das tulipas, em 1637, e acabando com a bolha da tecnologia, no final dos anos 1990. A atual onda de críticas à ganância de Wall Street tem também precedentes, quando a desregulamentação excessiva levou à especulação financeira exacerbada, mas benéfica para a produção de riqueza. Houve também épocas de ação direta do governo, criando, no entanto, distorções no mercado.

Na introdução à edição de 1997 de seu clássico *The great crash, 1929*, (*O grande crash, 1929*) o economista John Kenneth Galbraith foi premonitório: sempre que você ouvir alguém de Washington garantir que "os fundamentos da economia estão sólidos", saiba que alguma coisa está errada, avisou.

Ele atribuía a longevidade de seu livro, publicado pela primeira vez em 1955, principalmente ao fato de que sempre está ocorrendo uma crise financeira ou o estouro de uma bolha que reacende o interesse pelo grande caso da era moderna de crescimento e colapso econômico, que levou a uma "inesquecível" recessão.

Galbraith dizia que não fazia previsões, apenas constatava que o fenômeno se repetia desde 1637, quando especuladores holandeses viram nas tulipas uma estrada mágica para a fortuna. Talvez tenha sido otimista ao escrever, naquela ocasião, que uma próxima crise não teria consequências tão graves quanto as de 1929, mas não teve dúvidas de prever que uma recessão seria provável em caso de nova crise.

Todas as crises econômicas dos últimos tempos tiveram origem nos financiamentos imobiliários, com reflexos nas ações da Bolsa de Valores, seja no Japão, na Finlândia, Noruega e Suécia, de 1985 a 1989, seja em países asiáticos como Tailândia e Malásia, entre 1992 e 1997, ou a bolha da internet nos Estados Unidos.

A máxima marxista de que a economia determina a política, popularizada na frase do marqueteiro James Carville "É a economia, estúpido", justificando a vitória de Clinton em 1992, está cada vez mais em voga hoje com a crise econômica internacional.

Talvez tocados pelo espírito de Natal, dois grandes articulistas trataram do assunto recentemente sob a ótica das visões moralistas da crise, uma relação que vem sendo muito examinada neste período de dificuldades que desencadeia sentimentos de culpa e acusações de ganância.

Os dois consideram o capitalismo e a democracia elementos associados. Martin Wolf, do *Financial Times*, ecoando o economista inglês John Maynard Keynes, adverte, porém, que não devemos tratar a economia com moralismos, mas com visão técnica, já que os mercados não são "nem infalíveis nem dispensáveis", e sim "o reforço de uma economia produtiva e liberdade individual".

Já o sociólogo Mariano Grondona, no *La Nación*, de Buenos Aires, diz que "tanto na política quanto na economia, quando o dinheiro se instala no alto da escala de valores, o que surge não é nem capitalismo nem democracia, mas suas máscaras grosseiras".

A mesma discussão desencadeada hoje já houve em 1930, lembra Wolf, quando duas posições ideológicas se opunham: uns queriam "purgar" os excessos do capitalismo, outros queriam substituí-lo pelo socialismo, e uma visão religiosa dominava o debate.

Na análise de Grondona, não estamos assistindo ao fim do capitalismo, mas sim a "um esquecimento perigoso de seus fundamentos morais". Para ele, diante da voracidade do mercado, ficam esquecidos "o respeito à palavra empenhada, a santidade dos contratos, o valor da poupança ante os gastos, a ganância instantânea do esforço do trabalho", valores que hoje correm perigo.

A receita, diz ele, não seria abandonar o capitalismo, mas ao contrário, voltar às suas fontes originais. O sociólogo argentino faz um paralelo do capitalismo com a democracia, que classifica de "outro grande componente moral de nosso mundo".

A democracia, diz Mariano Grondona, tem origem em uma ética exigente nascida de uma tradição mais antiga que o capitalismo, a ética do cidadão que Péricles exaltou há mais de dois mil anos.

Tanto Grondona quanto Martin Wolf fazem paralelos entre a eleição de Barack Obama à Presidência dos Estados Unidos e o momento atual, só que de maneiras opostas. Para Wolf, a eleição de Obama representa uma posição pragmática do eleitor americano para enfrentar a crise econômica com a melhor opção.

Para Grondona, a eleição de Obama fez muita gente voltar a acreditar na democracia, cujos princípios morais mais altos foram recuperados durante a campanha eleitoral.

O argentino é mais pessimista em relação ao momento atual do mundo, onde faltaria o elemento básico tanto para a democracia quanto para o capitalismo: a integridade.

O cidadão íntegro, ressalta Grondona, não está contaminado, e, quando isso acontece, no máximo de sua escala de valores estão o patriotismo no político, e o trabalho na economia.

Quando esses valores perdem a importância, o dinheiro ocupa o vácuo e torna-se um usurpador dos valores da sociedade, vira um ídolo.

Que o próximo ano não seja tão ruim quanto está parecendo.

| 26.12.2008 |

VISÃO OFICIAL

Nova York. O jornalista Ricardo Kotscho, primeiro assessor de imprensa do presidente Lula, ensinou a ele a diferença entre notícia e propaganda: notícia é tudo aquilo que o governo não quer ver publicado. O resto é propaganda. Mas Lula, ao que tudo indica, não aprendeu. Dando sequência a diversas declarações espaçadas com críticas à imprensa, que considera que só vê o lado negativo, o número de janeiro da revista *Piauí* traz uma reveladora entrevista do presidente feita pelo editor-chefe da revista, Mario Sergio Conti, especificamente sobre sua relação com a imprensa, uma relação, do seu ponto de vista, tumultuada e injusta desde que assumiu a Presidência da República, em 2003.

Mas, a se julgar pelo que está dito na entrevista, o que está tumultuada é a capacidade de julgamento do próprio presidente, a começar pelo fato de que ele admite que não lê jornais e revistas, não acessa a internet para ler notícias, não lê blogs de jornalismo, não vê televisão, porque tem azia.

Embora passe a entrevista reafirmando a importância da liberdade de imprensa e que não quer que apenas falem bem dele, o presidente Lula revela todo o seu desagrado com o noticiário crítico e, assim como quando se vangloria de ter chegado à Presidência sem ter uma educação formal estimula a falta de estudos, desqualifica a importância da imprensa na vida do país.

Então, como se informa o presidente da República? Além das audiências, onde recebe representantes da sociedade brasileira que lhe transmitem suas opiniões e sensações que seriam, segundo ele, um painel amplo do que acontece no país, Lula recebe informações especialmente de dois assessores diretos: de Clara Ant, assessora especial, e do jornalista Franklin Martins, ministro da Comunicação Social.

Quando consideram que merece a atenção do presidente, eles até lhes levam recortes de jornais e vídeos de reportagens. Na maior parte das vezes, porém, o que lhes transmitem, como fica claro na entrevista de Lula, são suas opiniões pessoais sobre o que está sendo publicado.

Clara Ant, por exemplo, conta que fica revoltada quando insinuam que o presidente Lula não gosta de ler. Na Casa Branca, diz ela, os relatórios que saem de uma imensa estrutura de seleção e análise de notícias acabam em um documento para a secretária de Estado, Condoleezza Rice, em pequenos parágrafos de não mais de quatro linhas cada.

O que Clara Ant não conta, ou não sabe, é que é assim porque também o presidente George Bush não é muito chegado a uma leitura. Quem conta é Richard Clarke, chefe do conselho de contraterrorismo da Casa Branca, no número de fevereiro da revista *Vanity Fair*, já nas bancas: "No início da administração, Condy Rice e seu adjunto, Steve Hadley, disseram francamente: não deem ao presidente um bando de longos memorandos. Ele não é um grande leitor".

Temos então um presidente que confessadamente se informa do que acontece pelo mundo ou com assessores que pensam como ele, ou com pessoas que pediram uma audiência e dificilmente vão ao Palácio do Planalto para criticar, mas para pedir favores ou decisões do governo.

Mas tanto o presidente Lula quanto o ministro Franklin Martins têm opiniões muito parecidas sobre a importância da grande imprensa. Os dois acham que o surgimento de canais de informações alternativos, com os novos meios tecnológicos, dá mais pluralidade ao noticiário e neutraliza a influência dos formadores de opinião, o que ajudaria o presidente Lula, em última análise.

Embutida nessa tese está a teoria da conspiração de que os grandes veículos de informação estão unidos contra o governo Lula. Em mais uma incongruência, Lula repete na entrevista uma tese que já havia firmado anteriormente, de que ele só chegou à presidência graças à liberdade de imprensa existente no país.

Já que escrevo dos Estados Unidos, não é demais relembrar o grande jornalista Jack Anderson, considerado o pai do jornalismo investigativo, segundo quem a necessidade de a imprensa ocupar um lugar antagônico ao governo foi percebida com clareza pelos fundadores dos Estados Unidos, e por isso tornaram a liberdade de imprensa a primeira garantia da Carta de Direitos.

"Sem liberdade de imprensa, sabiam, as outras liberdades desmoronariam. Porque o governo, devido à sua própria natureza, tende à opressão. E o governo, sem um cão de guarda, logo passa a oprimir o povo a que deve servir".

Thomas Jefferson entendeu que a imprensa, tal como o cão de guarda, deve ter liberdade para criticar e condenar, desmascarar e antagonizar. "Se me coubesse decidir se deveríamos ter um governo sem jornais ou jornais sem um governo, não hesitaria um momento em preferir a última solução", escreveu ele.

Para o ex-presidente americano, o caminho mais eficiente até hoje encontrado para a busca da verdade é a liberdade da imprensa. "Por isso, é o primeiro a ser fechado por aqueles que receiam a investigação de suas ações".

A visão de Lula talvez se aproximasse mais da realidade, e ele saberia mais cedo que o mundo estava numa crise de proporções bem superiores a uma marolinha se, como todo cidadão interessado no país, lesse jornais, revistas, visse o noticiário da televisão, lesse os blogs, se informasse, enfim, com a pluralidade que a democracia oferece, e não apenas com subordinados ou dependentes.

Os canais de informação do presidente, porém, estão mais para propaganda do que para notícia. Ele montou uma estrutura de propaganda que não há no país talvez desde a Era Vargas, coroada pela criação de uma TV oficial, assim como Evo Morales está lançando um jornal oficial na Bolívia.

Do que eles gostam mesmo é de uma imprensa oficial.

| 06.01.2009 |

EM BUSCA DO SÍMBOLO

Nova York. O **presidente eleito**, Barack Obama, prepara seu discurso de posse literalmente assombrado por três de suas admirações: Abraham Lincoln, Franklin Roosevelt e John Kennedy. Descrito por seus íntimos como um político extremamente competitivo e tendo exata noção das dificuldades que tem pela frente, Obama busca uma frase que possa se comparar às pronunciadas pelos três ex-presidentes e, ao mesmo tempo, tenha o condão de estimular a sociedade americana no que pretende ser uma arrancada para a recuperação econômica.

O discurso de posse, em comemoração ao 200º aniversário de nascimento de Lincoln, será baseado no tema "O renascimento da liberdade" ("A New Birth of Freedom"), uma frase célebre do "Discurso de Gettysburg", pronunciado em um cemitério em homenagem aos mortos na famosa batalha, decisiva na vitória das forças da União.

Obama admitiu que está "intimidado" depois de reler o discurso da segunda posse de Lincoln, que está gravado no Lincoln Memorial em Washington, juntamente com o de Gettysburg.

"O mundo vai notar pouco, ou não vai se lembrar por muito tempo, o que nós dissemos aqui, mas não poderá nunca esquecer o que eles, os mortos honoráveis, fizeram aqui". "(...) não morreram em vão, que esta nação, protegida por Deus, terá um renascimento da liberdade, e o governo do povo, para o povo e pelo povo não desaparecerá da face da terra".

No discurso de sua segunda posse, Lincoln emplacou mais uma frase célebre:

"Sem malícia contra ninguém, com caridade para com todos; com firmeza no correto que Deus nos permita ver, que nos seja possível lutar para concluirmos o trabalho que começamos, fechar as feridas da nação, cuidar daquele que enfrentou a batalha de sua viúva e órfão, e fazer tudo o que pode ser feito para se alcançar paz longa e justa entre nós e entre todas as nações".

Já a frase de Franklin Roosevelt, em 1933, é difícil de ser batida: "A única coisa de que devemos ter medo é o próprio medo – indefinível, irracional, um terror injustificado que paralisa os esforços para passar do retrocesso ao progresso".

Também John Kennedy deixou para a História sua marca: "Meus queridos compatriotas, não perguntem o que o seu país pode fazer por vocês, perguntem o que vocês podem fazer por seu país. Cidadãos do mundo, não perguntem o que os Estados Unidos podem fazer por vocês, e sim o que podemos fazer juntos pela liberdade".

Mas Obama não está apenas em busca de uma frase de efeito que ajude a unir o povo americano. Está atrás de um plano econômico consistente que possa ser a base de uma recuperação econômica sustentada e que leve o país para o futuro.

E o grande debate por aqui é se uma repetição do *New Deal*, política adotada por Roosevelt para tirar o país da Grande Depressão, dará certo, ou mesmo se é o melhor caminho.

O Prêmio Nobel de Economia Paulo Krugman é um dos defensores da tese de que a era Roosevelt tem muito a ensinar, sobretudo uma orientação em que ele vem insistindo muito: a política de Roosevelt não deu certo mais cedo, e precisou da Segunda Grande Guerra para tirar o país da depressão, porque foi tímida, tinha que ser mais intervencionista ainda.

Krugman defende a tese de que o estímulo fiscal daquela época foi insuficiente e aconselha os assessores de Obama: "Imaginem quanto a economia precisa e coloquem mais 50% em cima". Para ele, os progressistas só podem desejar que o futuro presidente tenha "suficiente audácia" para ir fundo em um plano de recuperação econômica.

De fato, o editor do *New York Times* Adam Cohen, autor do livro *Nada a temer, o círculo íntimo de FDR e os cem dias que criaram a moderna América*, um dos mais respeitados estudos da época, diz que se Roosevelt estivesse disposto a gastar mais, "ser mais keynesiano, teríamos melhorado a situação mais cedo."

Na sua análise, ele foi tímido, e a "famosa decisão entre 1937 e 38 de cortar despesas causou outra recessão".

Ao contrário, os conservadores fazem uma releitura do *New Deal* e acusam o intervencionismo do Estado como o impeditivo para uma recuperação rápida.

Entre os defensores dessa tese, o livro mais comentado, e que voltou à lista dos mais vendidos do *New York Times*, é *O homem esquecido* (*The Forgotten Man*), da especialista em questões econômicas Amity Shlaes.

Formada em Yale, uma das mais ativas autoras conservadoras dos Estados Unidos, Shlaes é pesquisadora do Council of Foreign Relations, uma entidade não-partidária com sede em Nova York, considerada a mais influente em matéria de relações internacionais nos Estados Unidos.

Ela considera que as medidas econômicas tomadas para debelar, em vez disso, prolongaram a crise. Ela acha que o colapso de 1929 não foi tão profundo que precisasse levar 25 anos para uma recuperação. No livro, mostra dados do desemprego na época indicando que o índice permaneceu muito elevado até a Segunda Guerra, quando 12% da população entraram nas Forças Armadas e a indústria trabalhou a todo vapor na fabricação de material bélico.

Shlaes atribui à desconfiança de Roosevelt do setor privado o intervencionismo que impediu a recuperação mais rápida, e diz que o crescimento econômico dos anos 20, que terminaram abruptamente no crash da Bolsa em 1929, foi considerado por Roosevelt como fruto da especulação, e não como um desenvolvimento legítimo da economia real puxado pelo mercado.

Como hoje, a exigência de regulamentação do mercado financeiro assumiu um papel de destaque no receituário para debelar a crise, o que os analistas conservadores consideram um erro de enfoque.

| 17.01.2009 |

A BUSCA DO ACORDO

Nova York. A disputa entre conservadores e progressistas sobre os efeitos do New Deal, o programa adotado pelo presidente Franklin Roosevelt para tirar o país da Grande Depressão, e a comparação com o plano de recuperação econômica a ser adotado pelo futuro presidente Barack Obama é o centro da discussão nos Estados Unidos dias antes da posse. Não são apenas economistas considerados "de direita" como Amity Shlaes, autora do best-seller *O homem esquecido*, que fazem uma revisão daquele período. Economistas da Universidade da Califórnia em Los Angeles (UCLA), concluíram em um estudo de 2004 que as políticas intervencionistas de Roosevelt restringiram a capacidade da economia de se recuperar da crise mais rapidamente.

A criação de várias agências governamentais para administrar diversos setores da sociedade americana, criando empregos públicos de diversos níveis, como o controle de pontes federais ou fazendas públicas, gerou milhares de empregos públicos, mas também, segundo Shlaes, produziu uma estrutura burocrática dispendiosa e ineficiente.

Um exemplo citado no livro é a fazenda modelo Casa Grande, no Arizona, onde um grupo de empregados compreendeu rapidamente que, se não parassem de usar o modelo artesanal de tirar leite individualmente, não fariam com que a fazenda desse lucro.

Para cortar custos, propuseram a utilização de máquinas de tirar leite, e foram demitidos pelo administrador oficial da fazenda, com o argumento de que ele estava ali para defender o investimento governamental que objetivava a criação de empregos, e não o lucro da fazenda.

Um dos problemas detectados pela economista Amity Shlaes foi a produtividade negativa dos programas de infraestrutura criados pelo governo. Muitas vezes, novas estradas ou novos edifícios eram construídos, criavam empregos durante a construção, mas não representavam a melhor solução, pois eram orientados por interesses meramente eleitorais.

O governo Obama deparou-se com essa dificuldade no momento em que pediu que a segunda parcela do pacote de US$700 bilhões fosse liberada imediatamente pelo Congresso, o que afinal conseguiu. Mas os representantes republicanos reclamaram que não houve um acompanhamento sobre o resultado da utilização da primeira parcela, nem uma demonstração dos resultados obtidos.

Da mesma maneira que durante o governo Roosevelt, hoje há um clamor público pela regulamentação dos mercados financeiros, com um maior grau de controle e planejamento sobre as economias.

O governo Obama também já apresentou algumas normas que deverão ser aprovadas logo nos primeiro dias da nova administração, anunciadas durante a semana pelo ex-presidente do Fed Paul Volcker, que comandou um grupo de economistas nesse trabalho.

Algumas diretrizes que foram utilizadas nos anos 1930, e depois revogadas nos anos Reagan de desregulamentação, serão novamente adotadas, como a separação da atividade bancária tradicional e investimentos de mais riscos. As agências de avaliação de riscos, que falharam claramente ao não detectarem os problemas que estavam acontecendo, também terão que se separar das instituições emissoras de dívida, e os fundos de aplicação financeira, que formavam o que está sendo conhecido como um sistema bancário paralelo que funcionava fora dos limites da regulamentação bancária, terão que se submeter a novas regras de supervisão.

O editor do *New York Times* Adam Cohen, autor do livro *Nada a temer, o círculo íntimo de FDR e os cem dias que criaram a moderna América*, um dos mais respeitados estudos da época, conta que resolveu escrever o livro em meio ao governo Bush, quando teve a sensação de que o processo de desregulamentação que estava em curso era uma "coisa perigosa", mesmo sem ter noção de que haveria a crise das hipotecas, contou em recente entrevista.

Adam Cohen acredita que algumas coisas do New Deal são fundamentais hoje, como a criação da rede de proteção social, e classifica de um sinal da era Bush a tentativa de privatizar a Previdência Social. Os conservadores, ao contrário, consideram que os gastos dos pacotes econômicos para debelar a crise só trarão mais problemas para a economia a longo prazo, provocando uma hiperinflação.

A tese prevalecente de que somente aumentando o déficit público será possível sair da atual situação, segundo essa visão oposicionista, fará com que trilhões de dólares sejam gastos nos próximos dois ou três anos, que somente poderão ser pagos de duas maneiras: emitindo moeda, e provocando mais inflação, ou subindo os impostos, o que prejudicaria os investimentos e a criação de empregos.

Apesar dessas críticas, a futura administração Obama caminha na direção da renovação do conceito do New Deal, e por isso busca o acordo bipartidário no Congresso e na sociedade.

Ele já revelou que leu muito sobre os primeiros cem dias de Roosevelt para se espelhar na maneira como ele se comunicava com a sociedade americana para prepará-la para os momentos difíceis que vinham pela frente.

A "conversa ao pé do rádio", um programa com que Roosevelt se comunicava com os cidadãos, está sendo adaptada por Obama a partir das novas tecnologias, e isso desde a campanha, quando ele usou a internet e os aparelhos celulares para enviar suas mensagens aos eleitores.

Desde que foi eleito, ele faz uma mensagem semanal pelo YouTube, assim como seus principais colaboradores, como Lawrence H. Summers, o presidente do Conselho Nacional de Economia, que já postou diversos filmetes com explicações sobre os planos econômicos do futuro governo.

| 18.01.2009 |

A FORÇA DOS IDEAIS

Washington. Muito além da emoção que tomou conta da capital nos últimos dias e do sentimento de estar participando da História que cada uma das pessoas parece estar vivenciando, a chegada de um político como Barack Obama à Casa Branca significa uma mudança fundamental na maior potência do mundo, certamente por ser o primeiro presidente negro dos Estados Unidos, mas, sobretudo, por representar um novo tipo de político, se acreditarmos, como acredito, que ele não é apenas um produto forjado por marqueteiros, ou um político bom de retórica, embora em certos momentos sua busca do consenso justifique concessões que podem significar mais fraqueza do que grandeza política. Mas isso veremos no decorrer do mandato.

É nesse contexto que seu discurso de posse, embora não tenha nenhuma frase de impacto, tem uma visão grandiosa de sua tarefa e do mundo que, por si só, já justifica o sentimento de esperança que se renovou durante o dia de ontem.

Quando ele identifica a necessidade de a sociedade americana retomar os valores básicos – "trabalho duro e honestidade, coragem e justiça, tolerância e curiosidade, lealdade e patriotismo" –, coisas antigas, mas verdadeiras, está iniciando uma cruzada transformadora da sociedade americana, a volta aos conceitos básicos que fizeram o país ser a potência que é, embora em declínio.

Quando chama a atenção de todos para a necessidade de "uma nova era de responsabilidade", e faz mea-culpa em nome da sociedade, criticando "os fracos de coração", aqueles que preferem "o lazer ao trabalho, ou apenas a busca de prazeres e riquezas e fama", Obama está chamando os mais de 80% que hoje o apoiam a refazerem a História do país, admitindo que a crise em que se meteram – e meteram o mundo – é consequência da "ganância e da irresponsabilidade da parte de alguns, mas também um fracasso coletivo nosso em fazer escolhas difíceis e em preparar o país para uma nova era".

Talvez esteja aí o ponto central da transformação que significa a chegada ao poder de um político jovem e fora da tradição da pequena política de Washington: "o fim das discordâncias mesquinhas e das falsas promessas, das recriminações e dos dogmas gastos", mas, sobretudo, uma nova visão multilateral do mundo e da importância da tecnologia para forjar o futuro.

"Vamos restaurar a ciência a seu lugar de direito e utilizar as maravilhas da tecnologia para elevar a qualidade dos serviços de saúde e reduzir seu custo. Vamos manipular a energia solar e dos ventos e da terra para abastecer nossos carros e dirigir nossas fábricas. E vamos transformar nossas escolas e faculdades e universidades para atender às demandas de uma nova era".

Mesmo sem negar o "poder de gerar riqueza e expandir a liberdade sem iguais" do mercado financeiro, Obama salientou que a crise mostrou que, "sem um olhar vigilante, o mercado pode sair de controle – e que um país não pode prosperar quando favorece apenas os prósperos".

Mesmo quando abordou o tema delicado da segurança nacional contra o terrorismo, que tanta margem deu para que abusos oficiais fossem cometidos a partir dos atentados do 11 de Setembro, Obama não tergiversou: "Para nossa defesa comum, rejeitamos a falsa escolha entre nossa segurança ou nossos ideais".

Consciente de que os olhos do mundo estavam voltados para seu pronunciamento, Obama mandou um recado firme, de que está preparado para "liderar novamente": os Estados Unidos são "amigos de todas as nações e de cada homem, mulher e criança que busque um futuro de paz e dignidade".

Ao defender a expansão das alianças "com velhos amigos e antigos inimigos", lembrou que gerações anteriores derrotaram "o fascismo e o comunismo, não apenas com tanques e mísseis, mas com alianças vigorosas e convicções duradouras".

E, como a salientar que o poder hegemônico dos Estados Unidos nunca deveria ter sido imposto, relembrou que os antepassados entenderam que, como hoje, "nosso poder sozinho não pode nos proteger, nem nos dá direito a fazer o que quisermos. Ao contrário, eles sabiam que nosso poder cresce com seu uso prudente; nossa segurança emana da justeza de nossa causa, da força de nosso exemplo".

Obama foi também firme quando reafirmou a retirada das tropas do Iraque, entregando o país "de forma responsável" ao seu povo, e prometeu "forjar uma paz muito duramente conquistada no Afeganistão".

Mas mandou um aviso àqueles que "buscam fazer avançar suas metas pela indução ao terror e massacrando inocentes": "Nossa determinação é mais forte e não pode ser quebrada; vocês não podem nos esgotar, e vamos derrotar vocês".

Mesmo que tenha se anunciado um candidato "pós-racial", Obama não fugiu do tema em seu discurso de posse. Ao contrário, homenageou os que sentiram "o estalar do chicote", disse que "a colcha de retalhos de nossa herança é uma força, não uma fraqueza" e "porque experimentamos o gosto amargo da guerra civil e da segregação, e emergimos daquele capítulo obscuro mais fortes e mais unidos, não podemos evitar acreditar que os velhos ódios um dia vão passar".

Mandou um recado para o mundo muçulmano, "um caminho baseado no interesse mútuo e no respeito mútuo". E encerrou com uma visão dos direitos humanos do mundo, a la Jimmy Carter, chamando a atenção daqueles que "se agarram ao poder através da corrupção e da mentira e silenciando dissidentes, saibam que vocês estão do lado errado da história; mas que estenderemos a mão a vocês se estiverem dispostos a abrirem os punhos".

Um discurso à altura da expectativa do novo papel dos Estados Unidos no mundo, de quem se recusa a abrir mão da liderança mundial, mas a quer como reconhecimento da importância do país, uma imposição dos valores e dos ideais, e não da força.

| 21.01.2009 |

AINDA OS SÍMBOLOS

Washington. Num dia repleto de simbolismos como o da posse de Barack Obama na Presidência dos Estados Unidos, nada mais exemplar da mudança de rumo do poder do que o ex-vice-presidente Dick Cheney, momentaneamente de cadeira de rodas, vítima de um acidente caseiro, ser comparado ao Dr. Fantástico. Ninguém se lembrou de compará-lo ao ex-presidente Franklin Roosevelt, cuja memória vem sendo evocada desde que a crise econômica mostrou toda a sua profundidade. Nos dois casos, a cadeira de rodas é apenas um acessório acrescido à imagem dos personagens, não determinante de suas ações. Roosevelt foi um grande presidente, talvez o maior da História, pelas decisões que tomou em momento de grave crise econômica e conflito mundial.

Ser comparado ao personagem de Peter Sellers no formidável *Dr. Fantástico* (*Dr. Strangelove*), o filme dirigido por Stanley Kubrick que é uma das mais ácidas e divertidas críticas à Guerra Fria, tem um significado político óbvio, mas não gratuito.

O Dr. Fantástico do filme é um cientista nazista que se torna o conselheiro do presidente americano. Preso a uma cadeira de rodas, Dr. Fantástico não consegue controlar seus instintos e faz involuntariamente a saudação nazista para o presidente dos EUA, e defende um ataque nuclear contra a União Soviética.

Qual um doentio Dr. Fantástico saído das telas para a realidade, Cheney foi o cérebro por trás da política americana após 11 de setembro, especialmente a invasão do Iraque sob o pretexto de acabar com armas de destruição em massa que nunca existiram.

Na esteira da guerra, Dick Cheney levou a empresa em que trabalhava, a Haliburton, a participar da reconstrução do país, com obras milionárias sem licitação.

Adepto da política de ataques preventivos adotada pelos Estados Unidos, o vice-presidente Dick Cheney é o mentor de toda a política de segurança nacional que levou o governo Bush a claramente ultrapassar os limites da legalidade no combate ao terrorismo, e saiu do governo defendendo as posições mais polêmicas, como as técnicas de afogamento adotadas nos interrogatórios das prisões de Abu-Ghraib e Guantánamo.

Documento de uma comissão do Senado americano divulgado durante a campanha presidencial traz acusações frontais de que o desrespeito à Convenção de Genebra foi aprovado pelo presidente George W. Bush, e a autorização para que técnicas de afogamento fossem usadas nas prisões partiram diretamente do ex-secretário de Defesa Donald Rumsfeld, em ambos os casos com o vice Dick Cheney manobrando por trás da cena.

Uma das questões mais emblemáticas da mudança de comando no governo dos Estados Unidos, o fechamento da prisão de Guantánamo e o fim da tortura como método oficial de interrogatório a presos da guerra ao terror tornaram-se pontos centrais da discussão política nos Estados Unidos, e um dos primeiros atos do novo presidente foi sustar processos contra os presos políticos na guerra contra o terror em Guantánamo, que será desmobilizada em breve.

Dick Cheney, antes de deixar o poder, defendeu, em um programa de televisão, a tortura como maneira eficiente e rápida na luta contra o terrorismo, alegando que se tratavam de técnicas duras, mas necessárias.

Já o presidente Bush alega em sua defesa que o fato de não ter havido mais nenhum ataque terrorista ao território americano desde 2001 é a prova de que o país está mais seguro, e que a política antiterror de seu governo está correta.

De corpo presente, George W. Bush ouviu uma contestação firme aos principais eixos de sua política antiterror, inclusive a recusa de Obama de trocar os valores democráticos como o respeito aos direitos humanos pela segurança nacional, como se fossem excludentes entre si.

E Dick Cheney, que aconselhara em uma entrevista o presidente eleito a não se precipitar em relação a questões de segurança nacional antes de ser informado de todas as circunstâncias, sugerindo que havia informações secretas que justificariam atitudes mais drásticas do governo Bush, teve que ouvir a reafirmação de todos os princípios morais que nortearão a política americana, tanto para dentro quanto para o mundo.

Nada indica que a nova administração colocará no banco dos réus alguma cabeça coroada da gestão Bush. Mas a defesa de valores morais em contraposição a uma época de pragmatismos e isolacionismos, em que os Estados Unidos experimentaram a decadência de sua liderança mundial antes mesmo que a economia se revelasse tão combalida, é uma mudança de atitude que, é possível prever-se, será disseminada pela sociedade.

Desmobilizada pelo choque dos atentados terroristas, a sociedade americana custou a se dar conta de que o lado negro do poder da maior potência do mundo se aproveitou dessa apatia para prevalecer. A pretexto de defender o país, toda uma estrutura jurídica autoritária foi montada, relegando os melhores valores da sociedade americana a plano secundário.

Esse sistema começa agora a ser desmontado, para dar lugar aos valores tradicionais de justiça e igualdade. A quarentena de dois anos para os que trabalharem em seu governo, e o congelamento de salários dos principais assessores, são medidas simbólicas, mas concretas.

Para os que não acreditam que o presidente Barack Obama agirá como o candidato Barack Obama prometeu, ele mandou um recado forte no seu discurso de posse: "O que os cínicos não entendem é que o chão que eles pisam não é mais o mesmo".

| 22.01.2009 |

PODER INTELIGENTE

Nova York. Para não haver dúvida de que o conceito de "poder inteligente" ("smartpower"), defendido pela secretária de Estado americana, Hillary Clinton, ao assumir o posto, não descarta o uso do "poder forte" ("hard power"), os dois primeiros mísseis da nova administração Obama contra supostos esconderijos da Al Qaeda no Paquistão foram lançados ontem. A manutenção da estratégia, que já matou cerca de oito dos principais líderes da organização terrorista desde julho do ano passado, mostra que nada mudou essencialmente no combate ao terrorismo, embora a procura da negociação seja uma prioridade.

O próprio professor de Harvard Joseph Nye, autor da expressão "smartpower" num livro de 1990 chamado *Destinado a liderar* (*Bound to lead*), explica que o "poder inteligente" é a combinação do "poder forte" com o "poder suave", e não descarta, portanto, o uso da força militar quando necessário.

A decisão de fechar a prisão de Guantánamo e de proibir a tortura formalmente corresponde à linha geral do novo governo de dar o exemplo interno para incentivar uma nova visão da sociedade americana de valorizar conceitos básicos da democracia, como os direitos humanos.

Mas pode gerar, depois de mais de sete anos de uma política antiterrorismo que sacrificou esses valores em troca de uma suposta maior segurança da sociedade, inquietações e críticas por parte dos conservadores.

O candidato derrotado, John McCain, já saiu na frente, acusando o governo Obama de ter sido "apressado" na decisão. E o anúncio de que o segundo homem da escala de poder da Al Qaeda no Iêmen é um prisioneiro de Guantánamo, liberado depois de um programa de recuperação na Arábia Saudita, fez crescer o temor de que a nova política seja ingênua diante da ameaça terrorista.

A tese do "smartpower" corresponde ao propósito de Barack Obama expresso em seu discurso de posse, de continuar a liderar o mundo, mas pela negociação e pelo convencimento em vez da coerção.

Joseph S. Nye Jr, que trabalhou nos governos Carter e Clinton, nas secretarias de Estado e de Defesa, abordou pela primeira vez o conceito para falar sobre o novo papel dos Estados Unidos com o fim da Guerra Fria e a mudança que já detectava no mundo onde, defendia, o poder, além de econômico e militar, teria uma terceira dimensão, a que chamou de "soft power", a habilidade de conseguir o que se quer através da atração em vez da coerção.

Segundo ele, esse poder pode ser cultivado através de relações com aliados, assistência econômica e intercâmbios culturais. Isso resultaria em uma opinião pública mais favorável e maior credibilidade externa dos Estados Unidos.

A teoria de Nye só fez crescer de importância nos últimos 20 anos, e Obama parece se movimentar nessa direção quando admite que o mundo mudou e os Estados Unidos têm que mudar também.

E que novos polos de poder estão em ascensão num mundo multipolar, que não comporta mais a imposição da hegemonia de apenas um parceiro do jogo internacional, mesmo que seja a maior potência econômica e militar do planeta, apesar da crise.

Neste mundo em que novos polos de poder surgem, os Estados Unidos não deixarão de ser muito influentes. Barack Obama parece concordar com a tese de que o poder dos Estados Unidos hoje depende muito mais de seu "soft power" do que de seu poderio militar, que causou estragos à imagem dos Estados Unidos nos últimos oito anos da Era Bush.

A própria vitória de Obama na eleição presidencial seria uma demonstração de que a sociedade americana estava em busca de uma mudança de rumo, e o amplo apoio internacional ao candidato democrata revela a ânsia por uma mudança de relacionamento com a maior potência do mundo.

Seria a manifesta vontade de dialogar, mesmo com os adversários, em busca de uma saída para crise como a do Oriente Médio, ou a do

Paquistão, juntamente com os valores democráticos da sociedade americana reforçados pela atuação do novo governo, por exemplo, que evitaria que os terroristas recrutassem apoio entre as maiorias moderadas.

Mas o "hard power" continua a ser um recurso crucial num mundo em que grupos terroristas e estados-marginais continuam querendo impor suas ideias pela força.

Em artigo recente, Joseph Nye detalhou as fontes do "soft power": cultura, valores, desde que estimulados internamente como exemplo, e políticas inclusivas, que sejam valorizadas como tais e não pareçam intromissão indevida.

Enquanto a imagem dos Estados Unidos vem sendo desgastada pelos últimos anos do governo Bush, Joseph Nye diz que seu conceito vem sendo compreendido cada vez mais, mas não pode ser reduzido, como alguns fazem, transformando-o em apenas a influência dos jeans, da Coca-Cola e do poder do dinheiro.

Segundo ele, os Estados Unidos podem ser um "poder inteligente" investindo em bens públicos mundiais, promovendo desenvolvimento, melhorando a saúde pública e lidando com a questão climática.

Também estaria nessa linha a promoção dos direitos humanos e a democracia, mas pelo exemplo, e não pela imposição, como alegava querer o governo Bush.

| 24.01.2009 |

AINDA A POLÊMICA MACONHA

A defesa da descriminalização do uso pessoal da maconha como maneira de reduzir a demanda, feita pela Comissão Latino-Americana sobre Drogas e Democracia, provocou debates acirrados e certamente não encontrará um consenso fácil entre os governos da região. O ex-presidente Fernando Henrique Cardoso está no México para apresentar ao presidente Felipe Calderón o relatório final, a fim de tê-lo como um intermediário a favor de uma política mais liberal de combate às drogas junto ao novo governo dos Estados Unidos.

Com uma crescente presença de cartéis das drogas permeando a sociedade e fazendo com que a violência da disputa pelo mercado coloque em risco a segurança pública no vizinho México, a questão tornou-se também uma prioridade para o governo dos Estados Unidos, e por isso a importância de ter o país como parceiro nesse esforço para mudar o paradigma da luta contra as drogas.

Há ainda por cima suscetibilidades políticas diante da nova dimensão do problema. Embora estivesse marcada para se realizar na Cidade do México, a reunião da Comissão foi transferida para o Rio, mas as autoridades mexicanas não admitem que tenha sido a impossibilidade de garantir a segurança dos membros da comissão, entre eles ex-presidentes de Brasil, Colômbia e México, a razão da mudança, como escrevi na coluna de ontem.

Apontam a presença do ex-presidente Fernando Henrique no país para tratar do assunto como sinal de que a situação não é tão grave quanto descrevi. De fato, os organizadores do encontro não alegaram expressamente a falta de segurança, mas sim um "ambiente pesado" que não favoreceria a discussão.

Questões semânticas e diplomáticas que não escondem a gravidade da situação, mas, ao contrário, apontam para a necessidade de uma mudança nos conceitos de combate ao tráfico, estabelecidos nos anos 70 do século passado.

Um dos estudos mais aprofundados sobre a maconha e sua penetração na sociedade moderna foi realizado pela Fundação Beckley, da Inglaterra, uma instituição devotada a estudos científicos que melhorem a saúde mental e fortaleçam a criatividade e o bem-estar. Uma das principais razões da existência da fundação é a busca de uma regulamentação a nível global de substâncias psicoativas.

Uma comissão formada por especialistas em diversas áreas apresentou as conclusões de seu estudo num seminário realizado no Parlamento inglês, em outubro do ano passado. Sendo a maconha a droga mais usada no mundo, atingindo cerca de 4% da população adulta mundial, a Fundação se concentrou nos seus perigos e nas vantagens de um novo tipo de abordagem do problema, o mesmo caminho trilhado pela Comissão Latino-americana.

Segundo esse estudo de especialistas internacionais, a probabilidade e a dimensão de ameaças a usuários constantes da maconha são "modestas" comparadas com as causadas por várias outras substâncias, legais e ilegais, como álcool, tabaco, anfetaminas, cocaína e heroína.

Há, ao mesmo tempo, inúmeros efeitos nocivos à saúde do usuário da maconha, entre eles problemas respiratórios, cardíacos e até mesmo câncer. Além disso, a maconha provoca também mudanças de comportamento que podem prejudicar o aproveitamento do usuário na escola, o desajuste no trabalho e nas relações familiares.

Motoristas que dirigem sob o efeito da maconha são mais propensos a provocar acidentes; o uso contínuo pode provocar sintomas psicóticos e cerca de 10% dos usuários podem desenvolver uma dependência da droga. Por isso, a necessidade de se colocar a questão do ponto de vista de saúde pública, mais do que meramente criminal.

Analisando as políticas repressivas que vêm sendo adotadas nos últimos anos, o documento da fundação inglesa diz que a fundamentação para penas severas por posse de maconha "é fraca, tanto em termos normativos quanto na prática".

Em muitos países desenvolvidos, diz o documento, a maioria dos adultos nascidos no último meio século já experimentou a maconha. "Criminalizar o usuário é uma intrusão na privacidade, divisora socialmente e cara. É preciso considerar alternativas".

O documento ressalta que medidas para reduzir as penalidades ou descriminalizar o uso da maconha já estão sendo adotadas em vários países, e não houve um crescimento do consumo.

Há claras vantagens para os governos ao adotarem um regime de liberação controlada pelos vários mecanismos existentes, como taxação, controle do acesso, idade mínima para a compra (como para as bebidas alcoólicas e o cigarro), selos de qualidade e limite de potência, afirma o estudo inglês.

A alternativa, para a Fundação Beckley, seria autorizar a plantação própria em pequena escala, para uso pessoal. Na Holanda e na Espanha já existe essa possibilidade, limitada a duas a cinco plantas por pessoas. O documento sugere que os países que pretendam permanecer dentro da atual legislação internacional, deveriam pelo menos minimizar as consequências da proibição legal, não havendo razão para encarcerar o usuário, pois a polícia deveria ter outras prioridades.

As penas deveriam ser alternativas, como a de serviços comunitários, e as multas apenas simbólicas, sempre sem utilizar o sistema criminal. Para os países que desejem mudar a atual legislação, o documento sugere que o governo que pretenda tornar a maconha legalmente acessível deveria controlar a produção e distribuição da droga.

O controle seria feito pelo governo atuando diretamente ou licenciando empresas sob sua supervisão restrita, controlando a qualidade do produto e sua potência, restringindo o acesso, o uso e proibindo a propaganda, como nas políticas antitabagistas que estão conseguindo reduzir o fumo no mundo.

| 13.02.2009 |

OS ÍNDIOS E A SOBERANIA NACIONAL

Para o ministro Carlos Ayres Britto, do Supremo Tribunal Federal, que decidiu ontem que os arrozeiros terão que deixar a reserva indígena Raposa Serra do Sol, em Roraima, até 30 de abril, cabe agora às Forças Armadas "tirar partido dos índios, tirar proveito da presença deles, que conhecem essa terra virginalmente, para auxiliar na defesa do território brasileiro". O ministro, que foi o relator do processo da demarcação da reserva, uma área contínua de 1,7 milhão de hectares, homologada pelo governo federal em abril de 2005, onde vivem 18 mil índios das etnias Macuxi, Wapichana, Patamona, Ingaricó e Taurepang, acha que "ninguém conhece as entranhas do país, as fronteiras do Brasil, melhor do que os índios. É preciso inculcar neles aquilo para o que já têm predisposição, o sentimento de brasilidade, tratá-los como brasileiros que são".

Ayres Britto recorda uma frase que ouviu de um índio: "Nós estávamos aqui antes de a noite nascer", e comenta: "É muito bonito isso. Quem estuda a história do Brasil constata que eles estavam aqui há 15 mil anos".

Ele considera que o Supremo construiu "uma decisão reveladora do regime constitucional dos índios, e que define que faixa de fronteira é compatível com terra indígena".

A decisão do Supremo, que teve base em seu voto de relator, reconhece que a faixa de fronteira é de especial interesse da segurança nacional, "mas a soberania nacional não fica fragilizada pelo fato de haver índio ocupando a faixa de fronteira".

Até porque, historicamente, ressalta Ayres Britto, "os índios ocuparam mesmo o mais das vezes faixas de fronteiras, e sempre operaram como uma espécie de muralha". Ele lembra que, "antigamente, até se dizia 'a muralha do sertão', uma muralha humana. Os estrangeiros não conseguiam entrar no território nacional porque os índios reagiam".

O relator destaca que uma das passagens mais explícitas do seu voto é "a impossibilidade de índio cobrar passagem, bloquear estradas, dificultar o trânsito das Forças Armadas, das autoridades policiais".

Ele entende que os arrozeiros "precisam de um tempo para sair do território, têm gado lá, equipamentos agrícolas pesados". E diz que sentiu que eles acham "muito injusto sair assim de afogadilho, deixando inclusive as plantações".

Mas aguardar a colheita traria vários inconvenientes, comenta Ayres Britto, para quem "segurar esses índios por três, quatro meses não seria fácil, é uma luta de 32 anos".

Como as chuvas começam em maio, e dificultariam enormemente a remoção tanto do gado quanto dos equipamentos pesados, Ayres Britto propôs ao governo indenizar a colheita e criar um programa de seguro de desemprego para os trabalhadores que estão lá, "em homenagem à situação emergencial".

O governo fará a colheita e dará a ela uma destinação social. Com isso, a Polícia Federal já pode entrar na área para assegurar a tranquilidade da saída dos arrozeiros.

Também órgãos estatais já podem fazer levantamento de campo. O Ibama tem um plano de saída dos arrozeiros que minimiza o impacto ambiental, porque a remoção de milhares de cabeças de gado e equipamentos pesados pode operar como fator de desagregação ambiental.

Lá há igarapés, rios, e o Ibama quer entrar para fazer um levantamento da degradação ambiental já ocorrida, o que parece ser verdade: há agrotóxico nas correntes de água, desmatamento.

Ayres Britto diz que há denúncias de que em uma das fazendas do líder dos rizicultores, o ex-prefeito de Pacaraima Paulo César Quartiero, nos últimos tempos oito mil hectares de mata foram devastados, e o Ibama quer documentar tudo isso.

Como relator do processo, Ayres Britto não considera que o Supremo tenha assumido posição ativista nesse caso, no sentido de ir além da lei, de preencher um espaço que o Legislativo deixou em branco.

"O ministro Carlos Alberto Direito, de maneira muito criativa, fez migrar para a parte deliberativa da decisão os fundamentos e os anteparos constitucionais que eu indiquei no meu voto. Deu visibilidade e melhor condição de operacionalidade, mas não houve inovação de conteúdo", esclarece.

Reconhecendo "o caráter histórico da causa, a complexidade da decisão, a repercussão que a decisão teria", o ministro Direito, "muito inteligentemente, elaborou aquele catálogo, à feição de um estatuto", analisa Ayres Britto.

Lembrando que todas as questões delicadas contidas nas 18 exigências estabelecidas na decisão final do Supremo faziam parte de seu voto de relator, Ayres Britto ressalta que todas elas estão contidas na Constituição: a faixa de fronteiras; a posição das Forças Armadas, de poderem transitar livremente pelo território indígena e implantar ali seus batalhões, seus equipamentos, suas instalações; a questão ambiental; a Polícia Federal poder exercer sua função de polícia de fronteira sem a autorização dos índios; o usufruto dos índios que não alcança os minérios.

Esses fundamentos e anteparos, Ayres Britto foi buscar na Constituição, que, segundo ele, "foi pródiga no trato da questão indígena. Contém nada menos que 18 dispositivos, ora no capítulo próprio, ora no seu corpo normativo". "Eu dissequei cada um desses dispositivos para concluir pelo reconhecimento do direito originário dos índios, e pelo formato contínuo, único compatível com o direito constitucional conferido às etnias indígenas".

O governador de Roraima Anchieta Junior, do PSDB, sempre disse que, uma vez definida a questão, ajudaria. "Quero ver se o governador entra no circuito como protagonista. Ele é muito chegado aos arrozeiros, a classe política de Roraima está unida, não simpatiza com a questão indígena, o que compreensível. Mas, como o Supremo decidiu, agora é cumprir, evitando os traumas", define Ayres Britto.

| 26.03.2009 |

VIRTUDES DO CAPITALISMO

O Prêmio Nobel de Economia Edmund Phelps está se preparando para uma cruzada que promete ser pelo menos polêmica: ele tem conversado com colegas, mas ninguém do governo ainda, sobre um modelo de incentivo governamental para que os bancos financiem os empreendedores, empresários que estejam dispostos a, mesmo neste momento de crise, lançar seus produtos, testar nichos, apostar nas inovações. Phelps, no Brasil participando do II Fórum Internacional de Comunicação e Sustentabilidade, está convencido de que as iniciativas do governo americano de investir em desenvolvimento de setores como energia, saúde, preservação do meio ambiente em órgãos governamentais, mesmo que tenham êxito, não terão a mesma abrangência do que se fossem investidos no setor privado da economia.

Para Phelps, a chave da recuperação econômica do mundo está no estímulo à inovação, que deve ser incentivado com subsídios governamentais à iniciativa privada.

A ideia de que a crise do capitalismo abriu uma nova era em que os governos ganharão mais importância no controle da economia parece a Edmund Phelps um equívoco, mas ele não defende a manutenção do sistema financeiro que provocou toda essa confusão no mundo.

Ao contrário, embora prefira não culpar apenas um setor pelos problemas acontecidos, ele acredita que os bancos perderam seu foco quando, em vez de se dedicarem ao financiamento dos negócios, passaram a se dedicar à especulação pura e simples.

Um sistema bancário sólido e forte, como o brasileiro, por exemplo, mas que não financia o setor privado, está desvirtuado, diz Phelps.

O economista americano baseia seu pensamento em valores antigos, como a solidariedade e o humanismo. Mas é cético o suficiente para fazer graça com o próprio humanismo.

Perguntado por mim se considerava que a crise econômica havia sido detonada devido a uma quebra da "regra de ouro", com países como os Estados Unidos consumindo excessivamente e outros, como a China, poupando além do limite, situação que Phelps chama de "ineficiência dinâmica", ele sorriu e disse que provavelmente essa combinação terá contribuído. Frisou, porém, que diversos outros fatores podem ser apontados, como a imprudência dos mercados financeiros.

Ele acha que temos que usar nossos valores humanísticos para reestruturar as disfuncionalidades do capitalismo, que provocaram o afastamento do setor financeiro da produção, mas não culpa apenas a ganância por essas distorções: "Mesmo o mais humanista dos cidadãos é capaz de se aproveitar do sistema para comprar uma casa maior", comenta, referindo-se ao sistema de hipotecas dos Estados Unidos que se transformou em uma verdadeira pirâmide financeira causadora inicial da crise.

Para ele, que é considerado um economista liberal, o sistema capitalista funciona melhor com a proteção do governo aos investidores, contra as fraudes, e quando as inovações tecnológicas estão voltadas para a vida real, o bem-estar do cidadão, e não para artifícios financeiros.

Ele se declarou preocupado com a insistência em que no Brasil se fala sobre nossas "reservas naturais", como se elas fossem a salvação do país.

Lembrou a "maldição" que cerca os países que têm muito petróleo ou outros recursos naturais, e se contentam com isso, perdendo produtividade e capacidade de inovação. "O preço das commodities sobe e desce, e as economias que dependem delas melhoram ou pioram. Mas isso não é suficiente para um país se desenvolver", ressaltou em determinado momento.

Phelps sempre lembra que a produtividade da economia só fez crescer a partir do século XIX, trazendo consigo uma melhora no padrão de salários em todo o mundo.

Ele diz que a questão da inclusão social sempre foi bem resolvida pelo capitalismo, e dá o exemplo dos Estados Unidos, que receberam imigrantes de várias partes do mundo e os integrou na sociedade.

Se existem regiões em que essa integração é falha, para Phelps é mais culpa dos governos, que não exercem seu poder para integrar as minorias, do que do sistema capitalista ou da globalização.

Com relação ao meio ambiente, Edmund Phelps acredita que é possível manter um padrão de conforto e bem-estar no mundo moderno reduzindo os riscos de contaminação, mas ele insiste em que o modelo solidário de sociedade tem que ser exercitado.

Durante o debate foi lembrado que o padrão de consumo que dominava a sociedade dos Estados Unidos até a crise ficar explícita tornou-se insustentável, e terá que ser alterado no novo modelo que será montado a partir de seus escombros.

Lembrei então de um trabalho do geógrafo Jared Diamond, autor de livros como *Colapso*, em que ele propunha um exercício: imaginar que a China consiga atingir o nível de consumo dos países desenvolvidos.

O resultado seria dobrar a média de consumo mundial. E se, além disso, todos os países em desenvolvimento conseguissem atingir os índices de consumo do Primeiro Mundo, seria como se o mundo passasse a ter 72 bilhões de habitantes. Diamond diz que, em vez de pensar que esse aumento de consumo seria um problema, teríamos que pensar que a solução seria reduzir esse nível para que todos pudessem ter um consumo razoável, evitando os desperdícios.

O economista Edmund Phelps, que ganhou o Prêmio Nobel devido a um trabalho sobre como a expectativa da inflação futura influencia a economia e a taxa de desemprego, acha que o Banco Central brasileiro é um dos mais eficientes em atividade, e acredita que a inflação no mundo, no momento, é um problema sob controle.

Mas adverte que o Fed (Banco Central dos Estados Unidos) tem que estar preparado para aumentar a taxa de juros, assim que a economia se estabilizar e as pressões inflacionárias aparecerem.

| 07.05.2009 |

UMA OUTRA AMAZÔNIA

O ministro Mangabeira Unger, do Planejamento Estratégico, tem sido alvo, nos últimos dias, de ataques dos ambientalistas devido à medida provisória 458, que regulariza a posse de terra na Amazônia e é vista como nociva à preservação ambiental. Ele diz que a primeira coisa que compreendeu quando assumiu a condução do Plano da Amazônia Sustentável (PAS) – o que, aliás, provocou um mal-estar com a então ministra do Meio Ambiente, Marina Silva, e apressou sua saída do governo – foi que "nada na Amazônia vai avançar, nenhum aspecto do desenvolvimento sustentável includente, se não resolvermos o problema da terra".

Na definição de Mangabeira Unger, a Amazônia tem sido até agora "um caos fundiário", onde menos de 4% das terras em mãos de particulares têm a sua situação jurídica esclarecida. Enquanto persistir esta situação, diz ele, a pilhagem será mais atraente do que a preservação ou a produção.

"Fico alarmado com o grande número de distorções que surgiu no debate nas últimas semanas. Dizer que a regularização favorece ou legitima a grilagem é um absurdo", reclama, afirmando que, com a MP, "vamos poder regularizar a situação de 500 mil famílias urbanas e 400 mil famílias rurais. Essa é a população que construiu a Amazônia, que está construindo a Amazônia".

Mangabeira Unger diz que chamá-los de grileiros é o mesmo que chamar de grileiros os que ocuparam e construíram os Estados Unidos ou a Austrália. "A grilagem é conduzida na Amazônia por máfias que se aproveitam justamente da falta de regularização, e que atuam acobertadas pela neblina dessa confusão fundiária que só a regularização pode liquidar", diz o ministro.

Dizer que a regularização favoreceria o desmatamento é outra distorção, reclama, afirmando que a situação "é exatamente o oposto".

Segundo ele, a falta de segurança jurídica "cria condições propícias a uma atitude curtoprazista e predatória. Só com a regularização é que o posseiro ou o produtor vai poder ter um projeto de longo prazo, ter acesso a ajuda técnica, a crédito regular, e vai ter condições objetivas de desenvolver um projeto em sua posse".

A regularização não é uma condição suficiente para superar uma disposição predatória, adverte, mas "é necessária". Nos planos de Mangabeira Unger, temos que iniciar uma grande dinâmica, que começa pela regularização ambiental baseada no zoneamento ecológico e econômico; no soerguimento da indústria extrativista madeireira ou não, "que não seja apenas uma atividade de cunho e escala artesanal".

Na Amazônia do Cerrado, temos que recuperar as áreas degradadas. Unger diz que grande parte do território brasileiro hoje é pastagem degradada, e que, se recuperássemos uma pequena parte disso, "poderíamos triplicar nossa produção sem tocar em uma única árvore". No projeto estratégico traçado, o objetivo é "tirar a Amazônia do isolamento, criando estradas vicinais necessárias à população, e dar um choque de educação e ciência. Mas tudo isso começa na regularização fundiária".

Mangabeira Unger diz que nesse debate houve, "entre muitos absurdos, a tentativa de excluir da regularização qualquer posse onde haja trabalho assalariado. Isso é como querer decretar a morte do capitalismo".

O ministro diz que o debate demonstrou "como a Amazônia funciona como uma fantasia ideológica, onde os ressentimentos contra o mundo moderno, o arcaísmo de certa esquerda, resultam em uma conta a ser paga pela Amazônia".

A ideia de que possamos construir um modelo de desenvolvimento sustentável includente, numa área que representa 61% do território nacional, proibindo o trabalho assalariado e a presença de pessoas jurídicas "é absurda, um escândalo", ressalta.

A organização do crescimento socialmente includente é um ponto comum nos Brics, grupo de países emergentes formado por Brasil, Rússia, Índia e China, cujos chefes de Estado se reunirão pela primeira vez na próxima semana, na Rússia.

Mangabeira participou de uma reunião preparatória, em Moscou, e ressalta que nessa reunião a China colocou na mesa a questão da mudança climática. Os chineses são muito sensíveis a que a temática não evolua como um constrangimento sobre os grandes países emergentes.

"A mudança do clima não deve ser vista como uma limitação imposta a nós; nós é que devemos liderar essa agenda, compreendendo que o desenvolvimento dessas novas tecnologias, inclusive dos agrocombustíveis como energias renováveis, cria novos setores da economia".

Na reunião de Moscou houve uma discussão sobre a cooperação entre os Brics nesse campo, com três focos. O primeiro é a criação de um mercado mundial de agrocombustíveis, para transformá-los em commodities. "Para isso, é preciso que mais países participem da produção, não pode ser um quase duopólio, como é hoje nos Estados Unidos e no Brasil", lembra Unger.

Em segundo lugar, o interesse no desenvolvimento de agrocombustíveis de segunda e terceira geração, lembrando que a tendência do avanço científico será diminuir a importância da geografia.

Por outro lado, lembra o ministro, é muito importante para nós que não aconteça com o etanol o que aconteceu com a borracha no século passado, superada pela evolução tecnológica.

"A única maneira de nos resguardarmos desse perigo é estarmos nós mesmos na vanguarda tecnológica". O terceiro foco é a possível colaboração com os países mais pobres, como os africanos, onde o biodiesel poderia ter um impacto altamente benéfico.

| 10.06.2009 |

HUMANIZAR O CAPITALISMO

Desde a montagem da programação do 40º Fórum Econômico Mundial ficou clara a intenção de seus organizadores de mostrar a face humanizada do capitalismo, ainda envolvido na maior crise desde 1929. A preocupação em mesclar assuntos técnicos com debates sobre felicidade, boa alimentação ou aperfeiçoamento através da arte, que sempre esteve presente na agenda do Fórum, este ano ficou mais evidente ainda.

O próprio mote do encontro – "repensar, redesenhar, reconstruir" – fez com que a tragédia provocada pelo terremoto no Haiti ganhasse relevância no encontro, e um dos motores do Fórum Econômico, que é a troca de informações entre os participantes, em encontros de negócios, ou simples conversas que podem vir a gerar negócios mais adiante, foi usado para estimular não doações, mas investimentos no Haiti.

O anúncio de que a Fundação Melinda e Bill Gates vai investir nada menos de US$10 bilhões de dólares nos próximos dez anos para uma ampla campanha internacional de vacinação ganhou o maior destaque nos noticiários internos do Fórum, como a ressaltar o objetivo de "repensar, redesenhar, reconstruir" o mundo a partir de suas mazelas.

Como o próprio comunicado oficial do Fórum destacou, "reconstruir o Haiti vai fazer o mundo mais próspero, vacinação de crianças no mundo em desenvolvimento significa um mundo mais saudável".

O Fórum destacou também a inter-relação entre a luta contra o desemprego, contra a miséria global e a favor da preservação do meio ambiente como "essencial" para garantir a recuperação da economia a longo prazo e evitar futuras crises.

A escolha do presidente Lula para ser a primeira personalidade a receber o prêmio de "Estadista Global" tem a ver com essa preocupação social do Fórum Econômico, que, desse ponto de vista, tem demonstrado que é mais capaz de propiciar um ambiente de debate em busca de uma redefinição do capitalismo internacional do que o Fórum Social.

Criado em 2001 para se contrapor a Davos e mostrar que "um outro mundo é possível", nem todos os anos consegue realizar o encontro, e quando o faz se divide não apenas em diversos lugares, mas em diversas linhagens ideológicas.

Essa dispersão de energia e vontades já foi criticada até mesmo pelo presidente Lula, que pediu mais foco nos temas a serem discutidos no Fórum Social, mas sem êxito.

Em Davos, predominou esse ano o sentimento de que a recuperação ainda é frágil, e que a prosperidade tem que ser reconstruída em cima de valores.

Até mesmo decisões técnicas, como a retirada dos subsídios e dos pacotes de estímulo à economia pelos governos, terão que se submeter à percepção dos cidadãos, como observou bem Christine Lagarde, ministra da Economia, Indústria e Emprego da França.

Ao comentar os temores do diretor-geral do Fundo Monetário Internacional, Dominique Strauss-Kahn, quanto ao momento certo de retirar tais subsídios – "Se sairmos muito tarde, a dívida dos governos pode ficar insustentável, mas se sairmos muito cedo, a crise pode se revigorar" –, a ministra francesa acrescentou que os líderes terão também que lidar com "a frustração dos seus cidadãos durante esse processo".

A situação nos Estados Unidos é exemplar dessa ambiguidade da crise. Mesmo com uma melhoria nos números oficiais da economia, um em cada cinco americanos entre 25 e 54 anos está desempregado e, mesmo com a recuperação, um em sete ou oito desses cidadãos continuará desempregado.

O que fez o diretor do Conselho Nacional de Economia dos Estados Unidos, Larry Summers, definir a situação como sendo de "uma melhora estatística, mas uma recessão humana".

O fato de que a recuperação econômica está sendo mais rápida no mundo em desenvolvimento, enquanto que nos Estados Unidos e na

Europa ela se dá de maneira mais lenta e difícil, é outro fator a desafiar os "senhores do Universo".

Mostra como a atual crise é distinta das anteriores, e que o mundo necessita abrir espaços para além do G-8 nos organismos internacionais de decisão.

Ao mesmo tempo que a recuperação econômica é o objetivo geral, houve um consenso em torno de como alcançá-la: o novo modelo de crescimento é de baixo carbono, declarou Dominique Strauss-Kahn, diretor-geral do FMI, ao anunciar um plano de US$100 bilhões para promover o "crescimento verde".

O tom moralista das conclusões dos debates pode ser resumido pela declaração de Rowan D. Williams, arcebispo de Canterbury, no Reino Unido, destacada no site oficial do Fórum Econômico Mundial.

Ele exortou os participantes do Fórum a assumirem responsabilidade coletiva para o futuro sendo individualmente responsáveis hoje:

"Responsabilidade para o futuro significa ser responsável com uma visão de humanidade que nos estimula e engrandece".

O presidente do Deutsch Bank, Joseph Ackermann, definiu bem a preocupação generalizada com a perda de confiança do cidadão no sistema financeiro:

"Se você perde a confiança da sociedade, não pode responder em termos técnicos, mas em termos morais".

Mesmo assim, Ackermann foi um dos grandes banqueiros presentes ao encontro que se colocaram contra uma nova regulação do sistema financeiro internacional, contrapondo-se à proposta dos líderes políticos, especialmente o presidente dos Estados Unidos, Barack Obama.

| 02.02.2010 |

A NOVA CLASSE MÉDIA

No discurso que fez ler em Davos, ao receber o prêmio de Estadista Global, o presidente Lula elencou entre os muitos autoelogios aos seus sete anos de governo a inclusão de 31 milhões de cidadãos na classe média, e a retirada de outros 20 milhões da linha de miséria absoluta. Embora não seja uma situação restrita ao Brasil – pois a redução da pobreza nos países emergentes, e consequente aumento da classe média, faz até com que um estudo da Goldman Sachs preveja a explosão da classe média mundial até 2030, abrangendo nada menos que dois bilhões de pessoas, ou 30% da população mundial –, este é "um dos fenômenos sociais e econômicos mais importantes da história recente", na definição dos cientistas políticos Amaury de Souza e Bolívar Lamounier. Eles são os autores do recém-lançado livro *A classe média brasileira: Ambições, valores e projetos de sociedade*.

Os autores consideram que "parecem estar se repetindo, em escala ampliada, os processos que levaram, mais de um século atrás, ao surgimento da classe média dos países mais industrializados".

Entre os fatores que deflagraram esse processo, os autores destacam "a extraordinária prosperidade da economia mundial nos 20 anos que antecederam a crise de 2008-2009", que contribuiu para reduzir a desigualdade de renda em países como a China, Índia e Brasil e, dessa forma, abriu espaço para a mobilidade social de grandes contingentes, formando o que se tem denominado "nova classe média", onde, coexistindo com a classe média tradicional A/B "e adquirindo hábitos semelhantes, observa-se cada vez mais a presença de indivíduos e famílias provenientes da chamada classe C".

O Brasil é parte expressiva desse megaprocesso de mobilidade social, mas os autores questionam "a sustentabilidade desse gigantesco movimento de ascensão social" nos termos em que ele está se processando no país.

Eles admitem que o crescimento da classe média e de seu poder de compra ajuda a expansão do mercado consumidor, "além de firmar padrões e tendências de consumo com poder de irradiação para o restante da sociedade".

E esse crescimento da parcela que aufere a renda média da sociedade foi de 22,8% entre 2004 e 2008, "em larga medida pelo aumento da oferta de empregos formais e concomitante aumento da renda do trabalho". Baseado em amplas pesquisas, quantitativas e qualitativas, em diversas regiões do Brasil, o livro "busca definir uma classe média num país onde as diferenças estão sendo diluídas pela difusão do consumo".

O quadro que resultou das pesquisas é definido pelos autores como o de um país "extraordinariamente dinâmico, sem barreiras para o consumo, e no qual todos os indivíduos querem adotar os padrões da classe acima". Mas como vão gerar a renda necessária para sustentar tais padrões?, perguntam os autores.

O economista Marcelo Neri, coordenador da pesquisa da Fundação Getulio Vargas, do Rio, que revelou o crescimento da classe média brasileira, que hoje já abrange 52% da população economicamente ativa, montou dois índices para avaliar o comportamento dessa nova classe média.

O primeiro, de potencial de consumo baseado em acesso a bens duráveis, a serviços públicos e moradia, e o segundo sobre o lado do produtor, onde é identificado o potencial de geração de renda familiar de forma a captar a sustentabilidade das rendas percebidas através de inserção produtiva e nível educacional de diferentes membros do domicílio, investimentos em capital físico (previdência pública e privada; uso de tecnologia de informação e comunicação), capital social (sindicatos; estrutura familiar) e capital humano (frequência dos filhos em escolas públicas e privadas) etc.

Ele admite que foi "com surpresa" que chegaram à conclusão de que o índice do consumidor aumentou 14,98% entre 2003 e 2008, contra 28,62% do índice do produtor. Neri avalia com bom humor: "O brasileiro pode ser na foto ainda mais cigarra que formiga, mas estamos sofrendo gradual metamorfose em direção às formigas".

Para reforçar seu otimismo, ele analisa que "se olharmos para o Nordeste o ganho de renda do trabalho per capita real médio do período 2003 a 2008 foi de 7,3% ao ano, o que contraria a ideia de que o aumento de renda do brasileiro em geral, e do nordestino em particular, deve-se apenas ao "assistencialismo oficial".

O livro, no entanto, contém pesquisas que revelam ser alta, "por qualquer critério", a proporção da classe média que teme perder o padrão de vida atual, ou não ter dinheiro suficiente para se aposentar. Segundo os autores, ver-se privado de renda pela falta de trabalho, perda do emprego ou liquidação do negócio próprio "é a preocupação dominante dos entrevistados mais pobres".

O crescimento econômico dos últimos anos traduziu-se em forte expansão da demanda por bens e serviços. Esse perfil valoriza a feição "cultural" de certas atividades de lazer, como televisão por assinatura, eventos artísticos e viagens internacionais.

Telefones (celulares ou fixos), computadores e acesso rápido à internet configuram o padrão de investimentos em produtividade típico da classe média, o qual é emulado pelas famílias de classe média baixa.

Já os investimentos em capital humano – plano de saúde, filhos em escolas privadas, poupança ou investimentos financeiros e previdência privada – ainda são em boa medida restritos à classe média.

Mas as oscilações da renda familiar geradas por empregos pouco estáveis ou atividades por conta própria "sinalizam dificuldades para as faixas de renda mais baixas manterem o perfil de consumo ambicionado".

Segundo Amaury de Souza e Bolívar Lamounier, endividando-se além do que lhes permitem os recursos de que dispõem, essas famílias se defrontam com um risco de inadimplência que passa ao largo das famílias da classe média estabelecida.

| 06.02.2010 |

FORÇA E FRAQUEZA DA CLASSE MÉDIA

Entre 2003 e 2008, segundo dados do Centro de Pesquisas Sociais do Ibre, da Fundação Getulio Vargas do Rio, 31,9 milhões de pessoas ascenderam às classes ABC. Nesse período, a renda do trabalho teve um incremento médio de 5,13% ao ano o que, segundo o economista Marcelo Neri, confere uma base de sustentabilidade das condições de vida para além das transferências de renda oficiais.

Essa "nova classe média", suas aspirações e, sobretudo, sua capacidade de ser um "agente fundamental" em uma revisão de valores da sociedade brasileira é analisada pelos cientistas políticos Amaury de Souza e Bolívar Lamounier, no recém-lançado livro *A classe média brasileira: Ambições, valores e projetos de sociedade*, da editora Campus com o apoio da Confederação Nacional da Indústria (CNI).

A sustentabilidade desse modelo é questionada pelos autores, que indicam três pontos de dúvida: a distribuição de renda brasileira, que permanece como uma das piores do mundo; a protelação de reformas estruturais, como a trabalhista e a tributária, "sem as quais o Brasil dificilmente se livrará das barreiras que separam os setores formal e informal da economia".

Por último, o fato de a mobilidade recente ter dependido amplamente do consumo, e não de novos padrões de organização ou desempenho na produção.

Uma constatação imediata é que é alta a valorização da educação. Tudo leva a crer, segundo os autores, que ela ocorre em razão tanto de antigas considerações de status – a herança bacharelista – como de fatores realistas: a alta taxa de retorno e a necessidade cada vez maior da educação para o acesso a posições mais qualificadas no mercado de trabalho.

As aspirações educacionais para os filhos tendem a ser altas, embora as expectativas de que eles realisticamente possam realizá-las não o sejam necessariamente.

As pesquisas que baseiam as análises do livro, tanto quantitativas quanto qualitativas, mostram que quanto menor a escolaridade dos pais, maior o hiato entre aspirações educacionais para os filhos e as expectativas de que eles venham a alcançá-las.

Os estudos captaram "um sentimento surpreendentemente generalizado" de insatisfação com o nível, ou com a qualidade, da educação, que atinge 40% das pessoas com curso superior; 59% com ensino médio; 63% com ensino fundamental e 69% dos semi-escolarizados.

Com base na pesquisa, os autores destacam duas das saídas que começam a ser buscadas como compensação pela má qualidade. Uma, realista, mas incipiente, é a busca de ensino compensatório, notadamente a educação profissional.

A outra os autores colocam na área propriamente política; no momento, "por razões provavelmente muito conjunturais", é o que para eles parece estar ocorrendo no debate relativo a cotas sociais ou raciais para acesso ao ensino superior.

À primeira vista, dizem os autores, a nova classe média teria condições de ser agente de uma transformação na sociedade, "uma vez que é alvo e vítima da escalada da transgressão".

Fica claro nas pesquisas que consciência da gravidade do problema não lhe falta, e ela chega a avaliar os desafios ligados à violência, à corrupção e às drogas como mais graves que as carências referentes à saúde, ao desemprego, à habitação e à qualidade da educação.

Mas, mesmo tendo um capital social "obviamente superior ao das classes C, D e E", a nova classe média não mostra capacidade de aproveitar em seu próprio benefício certas sinergias há muito conhecidas nos países desenvolvidos, avaliam os autores.

No Brasil, o capital social reside em larga medida nas famílias e no restrito círculo de amigos pessoais. "Um círculo possivelmente virtuoso de relações em círculos mais amplos não se realiza, em larga medida, devido à falta de confiança nos outros, traço cultural disseminado e sem dúvida reforçado pela escalada da criminalidade", analisam os autores.

As pesquisas mostram que a desconfiança em relação a pessoas estende-se a grupos e organizações da sociedade civil (com exceção da Igreja). Televisão, empresários e partidos políticos recebem percentuais ínfimos de confiança.

Os autores explicam que "participar de organizações é uma forma de consolidar capitais sociais e enriquecer o repertório relevante para o debate e a ação na esfera pública".

Quanto maior o número de organizações de que alguém participa, maior o seu "capital social", que se traduz em redes sociais mais extensas e mais densas – um recurso de poder da classe média.

Entre nós, porém, a "arte de associar-se" permanece em nível pouco significativo, constatam Amaury de Souza e Bolívar Lamounier. A maioria dos entrevistados não participa de qualquer organização, e entre os que o fazem, a maioria limita-se a participar de uma única organização.

As instituições religiosas são exceções. Os autores mostram que a participação nessas organizações aumenta no sentido inverso ao do nível de renda. No entanto, a religião, como forma de sociabilidade, "não parece equipar os diferentes estratos sociais na função de remodelar o sistema de valores e inibir comportamentos transgressores".

Os cientistas políticos Amaury de Souza e Bolívar Lamounier constatam no livro que a classe média inclina-se pela democracia como a melhor forma de governo, "mas partilha com os demais segmentos da sociedade um sentimento de aversão à política".

Em grande parte, esse sentimento deriva da percepção de que a corrupção campeia no mundo da política, mas as pesquisas mostram que é também amplamente disseminada a percepção de que "os políticos e os partidos não se importam com a opinião dos eleitores".

A classe média tem maior interesse pela política e manifesta um grau significativamente maior de compreensão dos eventos políticos.

| 07.02.2010 |

DIREITOS HUMANOS

Em várias palestras aqui na Universidade de Córdoba, onde se realiza a Conferência da Academia da Latinidade com o tema central de busca de condições para o diálogo entre as culturas, um ponto recorrente foram os direitos humanos que, como ressaltou o secretário-geral Candido Mendes, não podem ser encarados como instrumentos de dominação ocidental e devem ter caráter universal.

A limitação cultural do entendimento do que sejam os direitos humanos, porém, é uma realidade destacada por vários palestrantes. Enrique Larreta, diretor do Instituto de Pluralismo Cultural da Universidade Candido Mendes ressaltou que os direitos humanos têm ainda um tipo de aplicação regional.

"Na Europa, fica claro que a prioridade são os direitos individuais. Por exemplo, o passaporte para os perseguidos por estados, ou os direitos da mulher".

Segundo ele, a União Europeia foi construída em boa medida em conflito com o totalitarismo soviético, e aí se afirmou a ideologia dos direitos humanos.

Há diferenças regionais importantes. A morte recente do dissidente cubano na prisão só teve uma crítica formal de um governo da América Latina, que foi o México.

"O presidente da Bolívia, Evo Morales, chegou a dizer, com base em informações oficiais cubanas, que o morto era um delinquente comum. Lula disse coisa parecida."

Isso demonstraria, segundo Larreta, que não existe uma cultura dos direitos humanos na América Latina, embora a esquerda latino-americana tenha se aproveitado da política de direitos humanos ocidental para se proteger das ditaduras.

Na Ásia, lembra Enrique Larreta, que está envolvido em uma profunda pesquisa sobre os Brics (Brasil, Rússia, Índia e China, os quatro países emergentes que serão potências mundiais preponderantes nos próximos 20 anos, segundo a Goldman Sachs), a China tem uma posição muito forte de soberania nacional que rejeita uma suposta interferência internacional, mesma posição dos governos militares latino-americanos.

Larreta deixou claro em sua palestra que considera não ser admissível que uma visão culturalmente diversa sobre direitos humanos impeça o entendimento entre Ocidente e Oriente.

"Se os chineses assimilaram o marxismo, criado por dois escritores alemães, não há nenhuma razão para não assimilarem a democracia ocidental, da qual os direitos humanos fazem parte inseparável", frisou.

O sinólogo francês François Julien, diretor do Instituto do Pensamento Contemporâneo, argumentou na sua palestra com a especificidade do pensamento chinês, mas se manteve em uma posição bastante universalista no sentido de que um horizonte de direitos humanos pode ser incorporado perfeitamente pela China.

Uma ideia prevaleceu nos debates, a de que todas as culturas se transformam. A discussão sobre o uso da burca na França, por exemplo, que o presidente Nicolas Sarkozy quer banir em todas as situações, gerou diversos comentários.

O sociólogo Alain Touraine acha que não pode haver proibição através de uma nova legislação, que seria inconstitucional. O professor da USP Renato Janine Ribeiro ressaltou em sua palestra que pesquisas mostram que a maioria dos franceses é a favor de proibir a burca, mas também favorável a manter o crucifixo nas paredes, o que indicaria que a burca é vista mais como um elemento de constrangimento dos direitos da mulher do que como símbolo religioso.

Já Enrique Larreta diz que o Estado francês é "laico-religioso", pretende que a cidadania seja um conceito místico. Ele também considera que os direitos humanos individuais são universalizáveis.

Como exemplo, lembrou que hoje em dia, em distintas sociedades como o Brasil e a China, cresce o número de indivíduos que vivem sozinhos, porque os meios tecnológicos permitem que se comuniquem na sua individualidade: pela internet, pelo celular.

Mas essas pessoas exigem seus próprios direitos. "A individualização da sociedade cria condições para que de alguma maneira seus direitos sejam coletivos", comentou Larreta.

Renato Janine Ribeiro chamou a atenção para o fato de que a necessidade de pertencimento a um grupo está muito presente no mundo atual, e, mais do que significar uma escolha individual, significa que existe uma identidade coletiva que precede toda forma de liberdade.

Em vez do cartesiano "penso, logo existo", a definição seria "nós somos, logo eu sou". Ou "eu pertenço a esse determinado grupo porque livremente o escolhi".

O renovado conceito de relações sociais trazido pelos novos meios de comunicação foi também debatido em diversas sessões, com visões distintas de sua repercussão na sociedade.

Janine Ribeiro lembrou que um dos módulos do Linux, o sistema operacional aberto da internet, chama-se "ubuntu", que, num dialeto tribal da África do Sul, significa "sou o que sou por que pertenço a um grupo".

Candido Mendes referiu-se à nova tecnologia da informação como a "agora eletrônica", numa referência ao espaço de debate da antiga Grécia, mas mostrou-se pessimista com relação à possibilidade de controle das informações de sistemas de buscas como o Google.

Citou um julgamento nos Estados Unidos sobre o controle de tempo para determinadas informações que indicaria que o sistema está sendo manipulado para facilitar alguns tipos de informações e dificultar outras, o que sugere que esse novo mundo tecnológico da informação pode reservar novas formas de totalitarismos.

Jorge Sampaio, ex-presidente de Portugal e Alto Representante da ONU para a Aliança das Civilizações, resumiu a preocupação geral em sua fala na abertura do seminário: disse que o crescente apoio da extrema-direita e atitudes etnocêntricas em certas partes do mundo têm que ser combatidas porque não se pode permitir, citando a filósofa Hannah Arendt, que a "banalidade do mal" se torne realidade.

| 29.04.2010 |

A BUSCA DO DIÁLOGO

A **conferência da Academia** da Latinidade em Córdoba foi preparatória da reunião da Aliança das Civilizações que se realizará em maio no Rio de Janeiro. Há três princípios fundamentais, segundo o secretário-geral Candido Mendes, que é também o representante brasileiro no organismo da ONU: é preciso desconstruir a ideia do diálogo, para que ele não seja apenas o resultado de um voluntarismo ingênuo; entender a necessidade de coexistência com a irracionalidade de um mundo que vai continuar dominado pela guerra das religiões a partir dos atentados de 11 de setembro nos Estados Unidos; e, por último, evitar os fundamentalismos dos dois lados, que o governo Bush encarnou.

Houve um consenso entre os palestrantes: é preciso compreender que estamos num momento em que a estrita razão ocidental não representa mais o império da civilização.

O trabalho de Lucien Sfez, professor emérito da Universidade Paris I Pantheon Sorbonne, mostra a necessidade de se chegar à multirracionalidade, de maneira a compreender que muitas vezes a razão como nós a entendemos é uma razão ocidental.

Esse mundo novo do diálogo das culturas vai enfrentar uma discussão muito grave, que é a de que nós não estamos lidando apenas com o diferente, mas com "o outro".

Foi o que procurou demonstrar o sinólogo François Julien, para quem a China não é apenas diferente, mas tem uma outra visão do mundo que repercute até mesmo na questão dos direitos humanos, que não é vigente lá.

Outro ponto importante debatido durante o seminário foi a questão do colonialismo, que, apesar de estar sendo vencido em todo o mundo, manteve sobrevivências de determinadas atitudes e posições, como defendeu o professor Walter Mignolo, diretor do Centro de Literatura para os estudos globais e de Humanidades da Duke University nos Estados Unidos.

A visão predominante de progresso ainda seria neocolonial desse ponto de vista, e é preciso chegar à noção de que não existem progressos simultâneos e que, sim, eles podem ser paralelos.

Não é possível que uma cultura enfrente o padrão de progresso da outra como num confronto. Uma questão ficou no ar: estamos realmente aceitando a premissa da alteridade em vez da premissa da diferença?

A Aliança das Civilizações, cujo alto representante é o ex-presidente de Portugal Jorge Sampaio, é um projeto das Nações Unidas que tem três países como líderes: Turquia, Espanha e Brasil, e o objetivo de encontrar saídas para que esse encontro internacional se dê.

Há problemas a serem enfrentados, como o fato de que a Turquia ainda não entrou realmente na Comunidade Europeia. E a necessidade de que exista um protagonismo que não esteja ainda com essa ideia fechada de hegemonia ocidental, para aceitar que, em casos como o do Irã, se permita que ele se explique à comunidade internacional, como estão negociando Brasil e Turquia.

Ao mesmo tempo, será preciso que o governo do Irã assuma compromissos com a comunidade internacional, tanto em relação ao seu programa nuclear, submetendo-o à inspeção dos organismos da ONU, quanto ao respeito aos direitos humanos.

O sociólogo francês Alain Touraine acha que a integração da Turquia à Comunidade Europeia servirá de reforço ao papel daquele país na negociação com o Irã como ponte entre o Ocidente e o Oriente.

O mundo atual, sem centros e periferias, tem novos protagonistas como os membros dos BRICs (Brasil, Rússia, Índia e China).

François Julien destacou a chamada "cultura da paz" cultivada historicamente pela China, que seria um obstáculo à tese das "guerras preventivas" que foi assumida pelos Estados Unidos durante o governo Bush.

Essa tradição da China, que não tem história de expansão colonialista, hoje impede que se tenha um maior consenso sobre as sanções ao Irã por seu programa nuclear fora de controle das agências internacionais.

O governo Obama está começando a sair desse clima de "guerras preventiva" e se aproximando de um acordo sobre as sanções com a China, que sempre foi um país centrado sobre si mesmo em sua imensidão.

Como desdobramentos possíveis, é preciso saber como é que, de fato, os direitos humanos podem ainda ser universalizados.

A tentativa da Aliança das Civilizações é chegar-se a uma plataforma básica de direitos humanos, e a ideia central seria definir o que são os crimes contra a humanidade para depois expandir esses conceitos.

Outra questão fundamental é a necessidade de preservar a democracia diante da identidade nacional, que, em muitos países, especialmente a China, tem prevalência.

Há também a necessidade de estabelecer mecanismos de auxílio internacional, sobretudo para a África e outras regiões mais pobres do planeta.

A China, muito por interesse próprio nas matérias-primas de que necessita, está atuando firmemente no auxílio aos países africanos.

O Brasil pode ter papel relevante nesse contexto de ajuda humanitária, com a ampliação de seu papel no mundo, seja tanto com os financiamentos do BNDES na América Latina quanto com as ações das forças de paz a serviço da ONU.

| 30.04.2010 |

MUNDO, VASTO MUNDO

Classificar o Brasil como "a grande esperança do Ocidente" pode soar como uma peça publicitária do ufanismo que domina hoje o governo brasileiro, mas quem o faz é o sociólogo francês Alain Touraine, que conhece muito bem o país e sabe do que está falando. Ele fala do Estado brasileiro, não deste ou daquele governo. Não é de hoje que ele vê o Brasil como uma das grandes potencias emergentes.

Quando me disse isso em Córdoba, onde participou do seminário da Academia da Latinidade que, dentro da perspectiva de busca de diálogo entre culturas tratou do papel dos BRICs no contexto do novo mundo multipolar, não havia ainda a reportagem da revista *Time* colocando Lula entre as personalidades mais influentes do mundo, mas o presidente brasileiro já havia sido indicado por diversos órgãos europeus como um dos principais líderes do mundo.

Mas já havia a crise econômica da comunidade europeia, que marca, para Touraine, a decadência da região. Como os Estados Unidos estão vivendo problemas econômicos graves que devem persistir pelos próximos anos, dos países emergentes o Brasil é o único que representa os valores ocidentais.

Os companheiros de BRICs são Rússia, Índia e China, e Touraine acha que, deles, só o Brasil tem condições de exercer o papel de ligação entre os países ricos e os pobres.

A Índia poderia exercê-lo também, mas o Brasil tem presença política mais forte no cenário internacional, analisa Touraine.

Já o diretor do Instituto de Pluralismo Cultural da Universidade Candido Mendes, Enrique Larreta, acha que é preciso cuidado ao analisar o papel do Brasil no mundo "para não se cair no ufanismo".

Ele lembra que a América Latina não pesa no comércio mundial, ao contrário da China, e que a Europa tem economias tão poderosas quanto a da Alemanha, cujo PIB é maior do que o de toda a América Latina.

Larreta diz que o Brasil não é ainda um poder mundial de peso, e sim "líder de uma região que ainda é pobre".

Uma atitude ufanista pode criar um problema grave com os vizinhos latino-americanos, ressalta Larreta, que relembra que o Itamaraty vem perdendo quase todas as disputas por cargos internacionais, não tem conseguido o apoio da América Latina devido ao temor de que o Brasil esteja contaminado pelo "chauvinismo da grande potência".

Ele cita a discussão sobre o programa nuclear do Irã, que vem tendo o apoio do Brasil a ponto de suscitar desconfianças na Argentina sobre a posição brasileira com relação à bomba-atômica, justamente o que se procurou evitar ao assinar o acordo recíproco de fiscalização com a Argentina no governo Fernando Henrique Cardoso.

O sinólogo François Julien, um dos mais influentes da atualidade na Europa, acha que, se o Brasil não começar a estudar bem a China, vai ser engolido por ela.

Ele diz que prefere o Brasil, onde tudo é aberto, e que na China você tem que interpretar tudo, é tudo voltado para o interior.

Mas isso não o impede de constatar que a China é um país disposto a explorar "sua situação potencial" de maneira pragmática, no dia a dia, sem grandes projetos de futuro que não sejam aumentar sua capacidade de tirar partido de fatores favoráveis para "aumentar sua força e sua posição no ranking das nações".

Ao mesmo tempo, Larreta chama a atenção para a atuação internacional dos chineses, que seria tão mais discreta quanto mais efetiva.

A presença deles no Conselho de Segurança da ONU tem um perfil muito baixo, analisa Larreta, em comparação com um país que tem atuação com perfil mais alto como a França, "porque tem pouco peso específico".

Para Larreta, os chineses têm uma política pragmática, com objetivos específicos ao que consideram os interesses nacionais, "mas até isso está mudando".

Hoje já não apóiam com tanta força a ditadura de Burma, por exemplo, porque estão constatando que o mundo não gosta.

Outro fenômeno novo destacado por Larreta é que a política exterior tem importância na legitimação interna dos governantes, o que se constata tanto na China quanto no Brasil, onde o prestígio internacional do presidente Lula é explorado pelo governo e deve virar tema da campanha presidencial de sua sucessão.

Larreta diz que na China há uma camada de classe média emergente que está ganhando dinheiro e não se incomoda muito com direitos humanos, mas gosta do prestígio internacional do seu país.

Aqui no Brasil, o episódio da revista *Time* é exemplar de como o governo e seu partido tiram proveito do prestígio internacional de Lula ao ponto de aumentá-lo com objetivos políticos, como ao tentar vender a ideia de que ele fora eleito o político mais influente do mundo, à frente do presidente dos Estados Unidos Barack Obama ou dos primeiros-ministros japonês Yukio Hatoyama, ou indiano Manmoha Singh.

Essa atitude provinciana torna-se ridícula quando o chanceler Celso Amorim é apanhado tentando fingir naturalidade diante da escolha – "E isso é novidade para você?" reagiu com desdém à primeira informação de que Lula fora escolhido o líder mais influente do mundo –, ainda mais quando se sabe que o perfil de Lula saiu com mais destaque na edição da revista por causa do texto do cineasta americano Michael Moore, e não por qualquer feito do "nosso guia".

Da mesma maneira, quando se sabe que o economista Jim O'Neill do banco americano Goldman Sachs criou a figura dos BRICs em 2001, antes portanto de Lula ter chegado ao poder, percebe-se o que o sociólogo francês Alain Touraine quer dizer quando afirma que o processo de amadurecimento do Brasil como nação é de longa data e tem sucesso, inclusive internacional, justamente pela continuidade de políticas econômicas e sociais.

| 02.05.2010 |

DEMOCRACIA CONSOLIDADA

O **Brasil que vai às urnas** hoje completou 25 anos de democracia, o mais longo período consecutivo na história política do país. Passou também, nesse período, por testes de consolidação democrática, com duas alternâncias de poder na Presidência da República feitas com sucesso, como definido pelo cientista político americano Samuel Huntington, e tendo todos os atores relevantes da cena política aceitado a tese de que o único modelo possível para o país é a democracia, como os cientistas políticos Juan Linz e Alfred Stepan definem um país com democracia consolidada.

Como nossa experiência política é relativamente recente, esses testes foram ultrapassados não sem alguns percalços.

A primeira alternância de poder de um presidente eleito diretamente foi feita de maneira indireta, com o vice-presidente Itamar Franco assumindo o lugar do presidente impedido Fernando Collor, e passando a faixa para seu Ministro da Fazenda, Fernando Henrique Cardoso.

E a aceitação da democracia como única escolha admissível, se por um lado é feita formalmente por todos os atores da cena política, volta e meia é posta em dúvida por tentativas de aprovação de leis autoritárias que colocam em risco a liberdade de expressão, um dos pilares da democracia.

Ou por abusos do poder político ou econômico, como no caso da quebra de sigilos fiscais e bancários de pessoas ligadas ao PSDB, uma consequência do aparelhamento do estado operado pelo governo petista.

O brasilianista Timothy J. Power, diretor do Centro Latino-americano da Universidade de Oxford, na Inglaterra, em trabalho publicado na *Latin American Research Review*, salienta que o país nesses 25 anos, conseguiu evitar "algumas das mais espetaculares doenças que afligem países vizinhos, como crise financeira, colapso do sistema partidário, populismo, separatismo, e troca de presidentes por meios constitucionais dúbios".

Para ele, o Brasil pós 1985 deve ser definido não pelo que ele é, mas pelo que "não é". Deste ponto de vista, assim como o resultado eleitoral de hoje parece estar para ser decidido dentro da margem de erro das pesquisas, também nossa jovem democracia caminha no fio da navalha, mostrando força em eleição nacional que caminha para ser mais uma grande festa cívica, mas que teve momentos em que flertou com a ilegalidade, a começar pelo próprio presidente da República que, na disposição de eleger sua candidata a qualquer custo, não hesitou em burlar a legislação eleitoral.

Entre tantos feitos "inaugurais" de que se gaba, ter sido multado várias vezes pelo Tribunal Superior Eleitoral durante a campanha por abuso de poder político será certamente uma recordação negativa no seu currículo político, fato que a provável eleição de sua escolhida hoje no primeiro turno tornará irrelevante para seus critérios pragmáticos, onde o que importa é a vitória.

Também a atuação do Supremo Tribunal Federal na indefinição de regras para a eleição, deixando num limbo os votos dos candidatos fichasuja e mudando a regra de procedimentos eleitorais às vésperas de sua realização mostra bem as incertezas que ainda temos que transpor para termos uma democracia sem o risco de inseguranças jurídicas e políticas.

O Supremo viu-se ainda às voltas com o episódio nebuloso de um telefonema dado pelo candidato tucano José Serra ao ministro Gilmar Mendes, supostamente para tentar manter a exigência de dois documentos para votar, o que teoricamente prejudicaria os eleitores de Dilma Rousseff. Mendes, além de negar a conversa, retrucou insinuando que o ex-ministro da Justiça Marcio Thomaz Bastos interferiu na votação.

O processo eleitoral, assim como já acontecera em 2006, foi pontuado por críticas a supostas tentativas de golpe, acusação de que o PT e o governo se utilizam com frequência quando acuados por denúncias de corrupção que podem influir no ânimo do eleitorado.

Mas sempre que os limites da democracia são testados por setores mais radicais da cena política, a sociedade reage de maneira vigorosa e as coisas voltam ao lugar.

A reafirmação, por parte da candidata oficial e de seu patrono, da absoluta imprescindibilidade da liberdade de imprensa marca o compromisso com a democracia que prevalece nesses 25 anos.

Como ressalta Timothy J. Power em seu estudo, um dos mais importantes destaques da democracia brasileira hoje é a ausência absoluta de atores de importância que sejam contra o sistema, e talvez o mais emblemático acontecimento recente tenha sido a promoção pelo Clube Militar do Rio de Janeiro de um painel para discutir justamente o apoio à liberdade de imprensa.

Apesar desses avanços, ressalta Power, ainda persistem problemas que podem minar nossa democracia, como a enorme desigualdade social que somente com o Plano Real começou a ser combatida efetivamente, dando margem a que os programas assistencialistas aprofundados pelo governo Lula pudessem iniciar uma lenta reversão da pobreza absoluta.

O sucesso dessas políticas de transferência de rendas, seja por meio do Bolsa Família, seja por outros programas sociais ou o aumento do salário mínimo, criou uma nova classe média marcada mais pelo consumo de bens do que por uma efetiva mudança estrutural da sociedade brasileira, que ainda carece de uma revolução educacional que transforme essa mobilidade social em um fenômeno permanente e consolidado nas futuras gerações.

Timothy Power ressalta em seu trabalho que a democracia brasileira é mais política do que econômica, cultural ou social.

Desse ponto de vista, temos mecanismos que permitem "robusta contestação política e ampla participação, com eleições competitivas que permitem a alternância de poder", além de presença de instrumentos legais e garantias constitucionais que permitem o funcionamento das instituições.

O importante não é que haja obrigatoriamente a alternância no poder, e sim que exista, apesar de constrangimentos já tratados aqui, a possibilidade dessa alternância, sem contestações.

É provável que hoje as urnas indiquem que a maioria dos eleitores quer dar continuidade ao governo de Lula elegendo a candidata oficial Dilma Rousseff já no primeiro turno.

|03.10.2010|

MÚLTIPLAS VISÕES

Os dois scholars chineses que participam da Conferência da Academia da Latinidade, que está sendo realizada este ano no Rio, na Universidade Candido Mendes, Tong Shijun, vice-presidente da Academia Social de Ciências de Xangai, e Wang Ning, professor das Universidades de Xangai e de Tsinghua, trataram a questão democrática como uma consequência da modernidade, mas defenderam a tese de que não existe um modelo único de modernidade, assim como pode haver múltiplas democracias.

O modelo de modernidade chinês seria uma alternativa ao conceito globalizado de modernidade e daria margem à existência de diversos tipos de democracia.

Na sua palestra, o professor da Universidade de Xangai Wang Ning definiu as diversas características das modernidades chinesas, uma das quais é ser o contrário do modelo ocidental, que seria centralizado.

O modelo chinês sofre intervenções também da periferia, com seu centro monolítico se dividindo em diversos centros. Isso é explicável pelo fato de que a China vem se desenvolvendo de maneira assimétrica.

Em Pequim, Xangai, Shenzhen e em outras cidades costeiras, surgem sintomas pós-modernos, como se essas cidades fossem metrópoles ocidentais desenvolvidas.

Mas várias cidades médias no interior do país ainda estão em processo de modernização.

Outra característica chinesa é que a modernidade pode ser paradoxal.

No plano doméstico, ainda está por ser construída, mas em termos internacionais já é uma realidade.

O processo de globalização permitiu à China uma mudança rápida rumo ao desenvolvimento, mas a globalização não se completa se não for assimilada localmente.

Nesse contexto, o professor Wang Ning admite que economicamente a China tem que observar as regulamentações da Organização Mundial do Comércio (OMC) e de outras instituições globalizadas das quais participa; mas, política e culturalmente, a China ainda tem suas idiossincrasias próprias e únicas tradições e condições, e, por isso precisa atuar nos dois campos, local e global.

O professor acha que a reconstrução da modernidade chinesa, embora desigual e diversificada, servirá como grande contribuição para a realização de um projeto global que ainda está incompleto.

Complementando esse pensamento, o professor Tong Shijun parte do princípio de que a democracia é uma forma de convivência em sociedade que pode ser definida como o exercício de uma "autonomia responsável" pelo cidadão.

Sendo assim, se existem "múltiplas modernidades", a democracia, como um elemento fundamental da modernidade, pode também ser decupada em múltiplas facetas, de acordo com as condições particulares de cada nação.

Ele usa a definição do filósofo chinês Feng Qi, que dizia que toda ação moral deve observar dois princípios básicos: o da razoabilidade e o do livre-arbítrio, que definiriam a "autonomia responsável".

Mas esses dois princípios recebem diferentes prioridades no Ocidente e na China, ressalta o professor Shijun, o que justificaria a existência de "múltiplas democracias".

Uma das maiores tarefas dos chineses nos tempos modernos tem sido, ressalta Feng Qi, aprender com o Ocidente o respeito pela livre escolha individual, ao mesmo tempo em que valoriza o papel positivo da tradição que leva a que o cidadão baseie seu livre-arbítrio no critério da razoabilidade, que para os chineses tem precedência sobre a vontade individual.

Essas "condições particulares" de cada nação é que justificariam o modelo de "múltiplas democracias".

O professor Tong Shijun diz que na China, por exemplo, há a tradição de respeitar o professor e valorizar a educação, e o modelo professor-aluno tradicionalmente é muito influente na sociedade.

Uma boa consequência disso é que pessoas mais bem educadas e com experiências ricas podem mais facilmente ganhar o respeito de outras pessoas, e a maioria das pessoas pode mais facilmente ser convencida de que deve ouvir aqueles que são mais sábios e virtuosos.

Na China, o nível de democracia em uma comunidade tende a ser medido pelo grau de atendimento dos reais interesses do cidadão e pela eficiência de seus líderes nesse atendimento, muito mais do que pelos procedimentos formais através dos quais os interesses da população são encaminhados.

As diversas formas de decisão coletiva estão em discussão na China, destaca o professor Tong Shijun, e também o interesse individual pela sua comunidade e o nível de confiança que os cidadãos têm em suas próprias opiniões.

Ele ressalta que nos últimos anos existe um grande empenho para que se adote no país uma forma de "democracia socialista com características chinesas", embora essa ainda seja uma questão em debate.

Assim como se debatem experimentos como a "democracia intrapartidária" ou a "democracia consultiva", que seria a democracia direta.

| 19.11.2010 |

VALORES UNIVERSAIS

O debate sobre a modernidade ganhou nova relevância no seminário da Academia da Latinidade com a palestra de ontem do sociólogo francês Alain Touraine, que fez uma análise sobre a crise que atinge a Europa, e o que restará do legado europeu para a modernidade do mundo ocidental.

No dia anterior, os professores chineses Tong Shijun, vice-presidente da Academia Social de Ciências de Shangai, e Wang Ning, das universidades de Shangai e de Tsinghua, defenderam a tese de que não existe um modelo único de modernidade, assim como pode haver múltiplas democracias.

Touraine, que ganhou este ano o Prêmio Príncipe de Astúrias de Comunicação e Humanidades pela sua contribuição para o pensamento moderno, embora cético quanto à saída do impasse da crise europeia, defendeu o papel do mundo ocidental na disseminação da universalização dos direitos e da razão.

Quanto à situação europeia atual, Touraine acha que "o mais importante não é a resistência da maioria às reformas necessárias, mas a incapacidade de todos, os favoráveis e os contrários a uma austeridade sustentada pelos assalariados, de mobilizar forças sociais e políticas capazes de promover um verdadeiro debate, um verdadeiro conflito político sobre o futuro da proteção social".

Alain Touraine explica que duvida fortemente da capacidade europeia de reforma social porque constata "a fragilidade ou o vazio de nossa consciência coletiva e a incapacidade do mundo político de mobilizar em seu favor os grandes ideais de justiça e de defesa dos direitos" a que os europeus são cada vez mais sensíveis.

Ele cita a Alemanha como exemplo de atitude correta diante da crise, limitando os salários reais, reduzindo o mercado interno, para mais adiante os sindicatos poderem recuperar terreno e garantir aumentos substanciais.

O sociólogo francês lembrou que a palavra "modernidade" foi criada por Théophile Gautier, um escritor de importância secundária, mas rebatizada por Baudelaire, que definiu modernidade como sendo "a eternidade no instante".

Touraine propõe uma definição de modernidade que lhe parece corresponder a uma aspiração "forte e contínua", mas não apenas no Ocidente: "A modernidade consiste em compreender e julgar as condutas e situações particulares, e mesmo individuais, em termos universais".

Ele ressalta, porém, que não há nenhuma ligação maior entre o mundo ocidental e a modernidade além do avanço econômico feito por alguns países durante alguns séculos. "Não se trata de defender uma cultura ocidental que tem o monopólio do universalismo, afirmação que já foi rejeitada há muito pelo próprio mundo ocidental", explica Touraine, para quem os europeus já não podem pensar, como acontecia no século XIX, que são o berço da ciência, da razão, da liberdade e da tolerância.

"A Europa foi tudo isso e seu contrário, em particular no espírito de conquista, de destruição e de construção de ideologias racistas", registra o sociólogo francês.

É "preciso ser mesmo cego", diz Touraine, para não ver que a Europa, onde nasceu esse tipo de modernidade, perdeu terreno, anteriormente, para países como o Japão, e hoje perde para a China, onde se encontram os melhores exemplos de objetos e formas da vida moderna.

O sociólogo francês ressalta que hoje mesmo está aberto um debate bastante ativo que pode ser percebido no exterior, no interior do comitê central e mesmo no bureau político do Partido Comunista chinês, que coloca antagonicamente os que afirmam a necessidade de avançar dentro de um pensamento e uma ação universalista e os que, ao contrário, querem manter a unidade específica, tradicional e modernizada de uma sociedade ao mesmo tempo confucionista e comunista.

Para Alain Touraine, a globalização da economia, sobretudo financeira, mas também a da massificação do consumo, alargou o campo de debate sobre o humanismo e o universalismo, uns colocando como prioridade a razão científica, e outros a retomada da relevância dos direitos do homem.

Uma síntese dessa ideia seria "a universalização dos direitos e da razão".

Touraine rejeita a ideia de que a universalização dos direitos destrói a diversidade de culturas. Para ele, a verdade é o contrário.

Ele garante que não existe nenhum argumento para se afirmar que o universalismo dos direitos é contraditório com a diversidade de situações, com as formas de organização social e as escolhas culturais.

Segundo Alain Touraine, o universalismo deve se traduzir em formas concretas, como, por exemplo, a cidadania, e também pela liberdade de consciência, e é deste modo a condição básica da existência de um multiculturalismo que, sem esse princípio universalista unificador se decompõe rapidamente em comunitarismos, lutas identitárias e em guerras civis ou estrangeiras.

Touraine diz que o mundo ocidental, em particular a Europa, perdeu seus privilégios, sua força e suas ideologias dominadoras e pode, por isso mesmo, defender um universalismo com capacidade de influência em todas as partes do mundo.

"Ninguém pode negar o direito de orientar as diretrizes e as instituições de uma parte do mundo onde ele conheceu suas manifestações mais criativas e liberadoras", diz Alain Touraine a respeito do papel do mundo ocidental, em especial a Europa, na definição dos rumos do mundo moderno em transformação permanente.

| 20.11.2010 |

CAPITÃO NASCIMENTO

Ontem foi dia de a realidade imitar a arte. Foi dia de torcer pelo Capitão Nascimento de *Tropa de Elite*, que todos nós vimos em ação, ao vivo e a cores, nas reportagens das emissoras de televisão. Que o personagem de Wagner Moura tenha se tornado o novo herói nacional é um sinal dos tempos, não necessariamente um bom sinal.

Ontem entraram em ação centenas de capitães Nascimento encarnados em cada um dos soldados do BOPE, que o personagem do filme de José Padilha se orgulha de ter transformado em "uma máquina de guerra".

E quando essa máquina de guerra conseguiu colocar em disparada várias dezenas de bandidos em fuga pela mata, em direção ao Morro do Alemão, houve comemoração do cidadão comum que assistia à TV Globo como se acompanhasse um filme de aventura em que os mocinhos eram os policiais.

Ou como se aquelas imagens em tempo real fizessem parte de um game em que o telespectador poderia interferir manejando os comandos.

Mas foi também dia de a população como um todo tomar consciência da gravidade da situação, que muitas vezes só é sentida na carne pelas comunidades mais carentes.

A ação de terrorismo distribuída por toda a cidade, que já vinha sendo revelada com os arrastões na Zona Sul nos últimos dias, evidenciou que essas facções criminosas continuam ativas e bem armadas, com capacidade de levar o pânico a qualquer ponto.

O ponto positivo foi ver a reação policial, que deu a sensação de ter sido bem coordenada e comandada com extrema cautela para não colocar em risco a população. E mesmo assim eficiente.

É claro que a realidade lá fora mostrava uma cidade apavorada, quase deserta, com as pessoas escondidas dentro de casa.

Nas localidades envolvidas diretamente na guerra, era possível ver vez por outra lençóis brancos sendo acenados em pedidos desesperados de paz, enquanto as ações de guerrilha continuavam na Vila Cruzeiro, que acabou sendo dominada pelas forças públicas.

Essa verdadeira operação de guerra que se desenvolveu durante todo o dia na região da Penha mostrou uma grande ofensiva policial feita por 150 policiais do Batalhão de Operações Especiais (Bope) e 30 fuzileiros navais com rostos pintados, colocando várias dezenas de bandidos em fuga, permitindo que a polícia ocupasse o alto da Vila Cruzeiro, aonde não conseguiam chegar há anos.

E tudo mostrado ao vivo pelos helicópteros das televisões, que deixaram os telespectadores espantados com o poder de fogo dos bandidos, e a quantidade de pessoas envolvidas nessa guerra.

Foi um *reality show* em tempo real que, ao mesmo tempo em que colocou em cada um de nós um sentimento de horror com a constatação da dimensão do problema que a cidade enfrenta, deu-nos também a certeza de que é preciso apoiar a ação do governo, que não há mais volta nesse combate contra o tráfico de drogas.

O fato de que pela primeira vez no combate aos traficantes foram usados Urutus da Marinha de Guerra. É "histórico", como definiu o secretário de segurança José Mariano Beltrame, ao mesmo tempo em que todos ficamos espantados com a insinuação do secretário de que o Exército não parece disposto a colaborar.

A participação dos Urutus da Marinha e de Fuzileiros Navais na operação foi mais um elemento emocional positivo para a ação da polícia.

A cada barreira que um Urutu ultrapassava parecia uma vitória da sociedade sobre a bandidagem.

Mesmo que a Secretaria de Segurança não planejasse a ocupação da Vila Cruzeiro, ela se tornou inevitável depois que a TV Globo mostrou aquelas imagens, na quarta-feira, de bandidos chegando aos magotes de tudo quanto é lado, para se esconderem na favela que se transformou no bunker da direção da maior facção criminosa do Rio, que comanda as ações terroristas dos últimos dias.

A sensação dos especialistas é de que os policiais montaram uma operação dentro da lógica antiga de responder com uma ação direta no núcleo da bandidagem, para mostrar força, mas para entrar e sair da favela.

E a reação política da sociedade está mostrando que o avanço da polícia foi sentido de maneira tão positiva pela população que vale mais pelo lado intangível do sentimento de vitória do que propriamente pela ação em si.

As forças públicas não poderão sair tão cedo da Vila Cruzeiro, mesmo que não venha a ser instalada lá pelo momento uma Unidade de Polícia Pacificadora (UPP), como chegou a ser anunciado.

Essas unidades pacificadoras estão se revelando um ativo político importantíssimo, com ampla aceitação pela população, mesmo que falte a essa política uma imprescindível ação de planejamento para combater as consequências da retirada dos bandidos dos territórios que dominavam.

Está se produzindo um fenômeno político que é a reação da sociedade de unidade em torno da ação do governo.

Se as forças públicas saírem da Vila Cruzeiro, ficará a sensação de que foram derrotados.

A reação dos bandidos de tocar o terror na cidade foi extremamente negativa para eles, por que conseguiram provocar uma grande unidade na sociedade, e não entenderam que em certas circunstâncias o Estado não pode recuar.

O sinal de que estão descontrolados foi o ataque até a uma ambulância, com doente dentro, que conseguiu sair antes que o veículo pegasse fogo.

| 26.11.2010 |

AINDA 'TROPA DE ELITE'

O **cineasta José Padilha está**, mesmo que involuntariamente, no centro das discussões sobre a política de segurança pública, com a coincidência de seu filme *Tropa de Elite 2* estar em exibição com grande sucesso ao mesmo tempo em que o Rio de Janeiro expõe ao mundo, através das lentes da televisão, a guerra entre o poder público e o tráfico pela conquista de territórios na cidade, mostrando a todos o tamanho do problema que enfrentamos.

Esse será um processo longo e possivelmente doloroso, e Padilha tem razão quando diz que ele não se completará se, além das Unidades de Polícia Pacificadora (UPPs), não for feita uma reforma da própria polícia.

O personagem Capitão Nascimento, criado pelo talento de Wagner Moura nos dois filmes dirigidos por José Padilha, transformou-se em um herói nacional e é aplaudido pelo país afora quando ataca aos socos um político corrupto.

Mesmo quando algum integrante do Bope se utiliza de métodos de tortura para arrancar informações de um bandido, a plateia quase sempre ou aceita ou até mesmo aplaude, o que denota uma distorção de valores que vem sendo discutida desde o primeiro *Tropa de Elite*.

A reação de parte da população, e de setores da própria polícia, criticando o fato de as televisões transmitirem ao vivo as ações policiais, demonstra uma vontade secreta de que elas possam se valer da falta de transparência para algum tipo de justiçamento.

É natural, portanto, que o diretor José Padilha receie ver confundidos seus pensamentos pessoais com os de seus personagens de ficção que procuraram retratar uma realidade com a qual não necessariamente atores ou diretor concordam.

Talvez por isso, em sua boa entrevista no programa "Estúdio I" da Globonews, Padilha tenha se equivocado ao comentar a minha coluna de ontem, onde está escrito o seguinte: "Ontem foi dia de a realidade imitar a arte. Foi dia de torcer pelo Capitão Nascimento de *Tropa de Elite*, que todos nós vimos em ação, ao vivo e a cores, nas reportagens das emissoras de televisão. Que o personagem de Wagner Moura tenha se tornado o novo herói nacional é um sinal dos tempos, não necessariamente um bom sinal".

"Ontem entraram em ação centenas de capitães Nascimento encarnados em cada um dos soldados do Bope, que o personagem do filme de José Padilha se orgulha de ter transformado em 'uma máquina de guerra'".

Por uma leitura equivocada, Padilha entendeu que eu estava afirmando que ele se orgulhava de o Bope ter se transformado em "uma máquina de guerra", e me mandou um recado pela televisão afirmando que não se orgulhava de maneira nenhuma.

Esclarecida a questão, fica a realidade, que *Tropa de Elite* retrata tão bem, e por isso já foi visto por mais de dez milhões de espectadores.

Jorge Maranhão, diretor do Instituto de Cultura de Cidadania A Voz do Cidadão, que se dedica a estudar a cidadania e o que fazer para avançar nesse terreno, acha que o "eloquente nexo causal entre a violência social e a violação legal de nossas elites políticas" é uma das razões do sucesso do filme.

Ele acha que o capitão Nascimento "nasce para herói, numa cultura como a brasileira, que tem enaltecido a espertaza, e, mesmo que justiceiro, já é um avanço no rumo de uma nova cultura de cidadania".

Maranhão vê uma evolução do personagem, de uma ação voluntarista para questionador do que chama 'o sistema', e considera que "começamos a avançar ao encontro do que o público anseia, o que já é extraordinário e explica o sucesso do filme".

Para o diretor da Voz do Cidadão, "o imaginário social em rica mutação" não tem sido detectado corretamente sequer pelos institutos de pesquisa, e ele cita vários casos recentes: a surpresa do ficha-limpa, em que ninguém acreditava; a surpreendente votação em Marina Silva de quase 20 milhões de eleitores que ninguém previu.

"São cidadãos querendo pautar a questão ética na política e que não estão suportando mais o nível de degradação de sua representação. Por isso que o filme faz sucesso. Apesar de nosso herói coronel Nascimento fazer justiça com as próprias mãos, o que só evidencia a omissão das instituições de Estado que ainda não apareceram para cumprir o seu papel".

O leitor Mauricio Renault de Barros Correia, analista judiciário do TRE-RJ e estudante de História (Unirio), tomado aqui como exemplar da reação média dos leitores, vê na mudança da capital para Brasília o marco da decadência do Rio, com a política de investimento e infraestrutura e investimento social limitadas às classes média e alta. A desindustrialização do município abriu espaço para a favelização, diz ele. "Bairros operários tornaram-se as comunidades carentes de hoje".

Para exemplificar o atraso econômico até o início do século, Mauricio Renault ressalta que a maior parte da economia do município está nas mãos dos funcionários públicos e dos aposentados, em sua maioria também advindos do serviço público.

Segundo ele, o crescimento urbano desordenado, sob o descaso dos inúmeros governadores do Estado do Rio de Janeiro, culminou na formação desta hidra de inúmeras cabeças que se tornou o crime organizado no estado.

"A inépcia dos governos anteriores, permitindo que facções criminosas ocupassem territórios de comunidades carentes, tomando o lugar do Estado e instituindo suas próprias leis, permitiu que a sensação de poder e impunidade dos criminosos chegasse à beira da insanidade".

A política de ocupação das comunidades carentes foi um marco no atual governo, diz ele. E, seguindo uma tendência generalizada, compara o secretário de Segurança Pública José Mariano Beltrame ao Capitão Nascimento, que "não retrocederá frente aos inimigos e coloca uma máquina de guerra contra os traficantes".

| 27.11.2010 |

MUNDO NOVO

Nada mais característico dos tempos atuais do que o criador do Facebook, Mark Zuckerberger, ter sido escolhido, aos 25 anos, a personalidade do ano pela revista *Time*. E, mais significativo ainda, a opção era Julian Paul Assange, 39 anos, criador do WikiLeaks, blog que vem provocando uma revolução no mundo dos governos e do jornalismo ao divulgar correspondências sigilosas de autoridades americanas em redor do mundo.

Os dois têm uma característica comum: são originalmente hackers, jovens especialistas em computadores que têm capacidade técnica de alterar ou aperfeiçoar programas e até mesmo invadir sistemas por mais sofisticados que sejam.

Zuckerberger foi o escolhido por "conectar mais de meio bilhão de pessoas e mapear as relações sociais entre elas; por criar um novo sistema de troca de informações e por mudar a maneira como todos nós vivemos."

Informação, e como ela circula pela internet, parece ser a chave dessa revolução.

O sociólogo Manuel Castells, um dos maiores estudiosos desse novo mundo tecnológico, afirma em seu novo livro, *Comunicação e poder*, que o poder se baseia no controle da comunicação, e em recente artigo no jornal espanhol *La Vanguardia* diz que "a reação histérica dos Estados Unidos e outros governos contra o WikiLeaks confirma isso".

Para ele, "entramos em nova fase da comunicação política".

Da mesma maneira, alguns governos temem o grande arquivo de dados do Facebook e a facilidade com que ele pode ser usado para formar redes e espalhar informações.

A China bloqueou o site desde 2009, Irã, Paquistão e Arábia Saudita proibiram o Facebook em diversas ocasiões.

Castells diz que a reação à ação do WikiLeaks não se dá "tanto porque se revelem segredos ou fofocas", mas porque eles se espalham "por um canal que escapa aos aparatos de poder".

A Revolução Digital, diz Rosental Calmon Alves, professor brasileiro da Universidade do Texas, tem como impacto mais importante a repartição de poder dos meios de comunicação de massa com os indivíduos.

É o que Castells chama de "a sociedade civil global", que tem agora os meios tecnológicos para existir independentemente das instituições políticas e do sistema de comunicação de massa.

O sociólogo, professor da Universidade Southern California, ressalta que ninguém contesta a veracidade dos documentos vazados, e o vazamento de confidências "é a fonte do jornalismo de investigação com que sonha qualquer meio de comunicação em busca de furos, desde Bob Woodward e sua Garganta Profunda no *Washington Post*. A difusão da informação supostamente secreta é prática usual protegida pela liberdade de imprensa".

Para ele, a diferença é que "os meios de comunicação estão inscritos num contexto empresarial e político suscetível a pressões quando as informações resultam comprometedoras".

Para o jurista Joaquim Falcão, diretor da faculdade de Direito da Fundação Getulio Vargas no Rio, a questão está definida na primeira emenda da Constituição americana, que distingue a "liberdade de expressão" da "liberdade de imprensa", sendo a primeira um conceito mais amplo.

Para Falcão, liberdade de expressão é o gênero, e a liberdade de imprensa é a espécie, mas esta depende da primeira.

"O novo nisso é saber se os padrões, os hábitos, a cultura do jornalismo tradicional se aplicam a esse novo mundo da internet", comenta Falcão. Para ele, o vazamento de informações da forma que é feita pelo WikiLeaks obedece a padrões diferentes, disponibiliza tudo e retira do jornalista a capacidade de selecionar informações.

Rosental Calmon Alves reconhece que, além do desafio de governos e instituições para proteger seus documentos sensíveis, há outro desafio criado para os jornalistas, que estão fazendo de tudo para se capacitar a lidar não só com vazamentos, mas com a análise e a narrativa de enormes volumes de dados que encontram pela frente.

Uma nova disciplina está se criando no jornalismo para lidar com isso: em inglês, data base journalism ou data-driven storytelling. Ou seja, como tirar boas histórias ou reportagens dos arquivos.

Rosental destaca que o WikiLeaks foi fundado na melhor das tradições do alerta da sociedade, aquele informante que, geralmente indignado com algo criminoso ou imoral, decide vazar uma informação, como forma de denunciar o erro e tentar com que os culpados sejam punidos, cujo exemplo emblemático é o caso Watergate.

O problema dos últimos mega vazamentos, diz ele, é que se trata de algo "tão volumoso que parece indiscriminado". Uma coisa, diz Rosental, é o vazamento do vídeo mostrando um ataque contra civis no Iraque, a conversa insensível dos militares etc., ou seja, um caso concreto a denunciar.

"Outra coisa é expor milhares e milhares de telegramas confidenciais das embaixadas ou informes de campo de soldados." Mas ele ressalta também que "o maior mito deste episodio é dizer que o WikiLeaks divulgou todos os telegramas, indiscriminadamente".

Segundo Rosental, os 250 mil documentos não foram publicados na internet, mas entregues a jornalistas responsáveis que se comprometeram a filtrá-los e publicá-los de maneira condizente com seus princípios éticos e profissionais.

"Nem o WikiLeaks publicou tudo o que recebeu nem a imprensa publicou indiscriminadamente", define.

O papel da imprensa não é guardar segredos do governo, mas ela faz bem ao fazer concessões e não publicar certas informações que ponham em risco a vida de pessoas citadas, ressalta Rosental – concordo com ele, este é um ponto fundamental na discussão.

O fato é que a ciberguerra começou, como define Manuel Castells, guerra entre os Estados e a sociedade civil internauta.

Para alguns, como o crítico Christopher Hitchens, Julian Assenge não passa de um "megalomaníaco inescrupuloso com uma agenda política".

Para a revista inglesa *The Economist*, ele tem que ser processado. Já o WikiLeaks em seu editorial se propõe a difundir documentos classificados (reservados, confidenciais ou secretos), em nome da "transparência e da prestação de contas".

Eu acho que ele tem mais de anarquista do que de jornalista. Mas o fato de ter escolhido sete jornais pelo mundo, entre eles *O Globo*, para divulgar os documentos, mostra que o jornalismo tradicional é instrumento de credibilidade nesse novo mundo da informação.

| 16.12.2010 |

NOVAS RELAÇÕES DE PODER

O ponto central dos estudos do sociólogo Manuel Castells, professor da Universidade Southern California, sempre foram as relações de poder. No seu novo livro, *Comunicação e poder*, ele chega à conclusão de que as redes de comunicação social mudam a lógica do poder na sociedade atual, e já não se pode fazer política se não se levam em conta a crescente autonomia e o dinamismo da sociedade, utilizando a desintermediação dos meios de comunicação.

Com o caso WikiLeaks em plena evolução, provocando discussões sobre o papel dos novos meios de comunicação, o livro de Castells torna-se fundamental para entender o que se passa.

Ele ensina que, como as redes organizam o mundo das finanças, da produção, da comunicação, da política, das relações interpessoais, só uma teoria que parta da relação nessas redes de poder pode chegar a entender a prática social e política da sociedade atual.

"Cheguei à conclusão de que o poder era fundamentalmente o hábito da comunicação e necessitava entender a transformação da comunicação para entender a transformação do poder", disse ele em recente palestra no Instituto Fernando Henrique Cardoso.

Ele revelou que, durante seus estudos de neurociência para o livro, teve acesso a trabalhos que indicam que as pessoas não buscam informações para se informar, mas, sim, para confirmar o que já pensam.

E também que o medo é a emoção primária fundamental, a mais importante de nossa vida a influenciar as informações que alguém recebe.

Escrevendo sobre o episódio WikiLeaks para o jornal espanhol *La Vanguardia*, artigo que já citei em coluna passada, Castells afirma que a ciberguerra começou.

"Não uma ciber guerra entre Estados como se esperava, mas entre os Estados e a sociedade civil internauta."

Para ele, não está em jogo a segurança dos Estados, pois considera que nada do revelado põe em perigo a paz mundial, nem era ignorado nos círculos de poder. O que se debate, segundo ele, é o direito do cidadão de saber o que fazem e pensam seus governantes. E a liberdade de informação nas novas condições da era da internet.

Castells cita um comentário da secretária de Estado dos Estados Unidos, Hillary Clinton, em janeiro deste ano: "A internet é a infraestrutura icônica da nossa era... Como acontecia com as ditaduras do passado, há governos que se voltam contra os que pensam de forma independente usando esses instrumentos." E questiona: "Agora (depois dos vazamentos do WikiLeaks que colocaram a diplomacia americana em polvorosa) ela aplica a si mesma essa reflexão?"

Castells diz que a questão fundamental é que os governos podem espionar, legal ou ilegalmente, os seus cidadãos, mas os cidadãos não têm direito à informação sobre aqueles que atuam em seu nome, a não ser na versão censurada que os governos constroem.

Nesse grande debate, diz ele, vai se ver quem realmente são as empresas de internet autoproclamadas plataformas de livre comunicação e os meios de comunicação tradicionais tão zelosos de sua própria liberdade.

Para Rosental Calmon Alves, professor brasileiro da Universidade do Texas, em Austin, especializado em novas mídias, o caso é muito mais complexo do que parece, pois "marca o início de uma nova era".

Ele historia: vivemos em uma sociedade calcada em bases de dados. Nossos rastros digitais vão sendo deixados por toda parte, armazenados em computadores e vão desde as imagens capturadas pelas câmeras que se espalham pelas ruas, pelos nossos locais de trabalho, pelos elevadores, por todas as partes nas cidades mais modernas, até mesmo os documentos oficiais que se criam aos milhões e milhões em todos os governos do mundo.

Guardar todos esses dados em segredo torna-se um desafio cada vez mais difícil. E, quando há um vazamento, o volume de dados pode ser tão imenso quanto os desses últimos atraídos pelo WikiLeaks.

Segundo Rosental, são muitos os desafios novos para os governos e as corporações, que tentam erguer defesas e criar fortalezas cibernéticas. "Não foi à toa que o presidente Obama criou um comando militar cibernético e toda uma assessoria de segurança nacional nesta área", lembra. Fala-se abertamente de uma futura guerra cibernética mundial.

Nunca mais "o mundo não será o mesmo". E Rosental teme que muitas coisas poderão piorar, como o surgimento de leis mais estritas nos Estados Unidos sobre a publicação de segredos, "que podem afetar liberdades essenciais que estão nas bases da democracia americana".

Rosental lembra que essas liberdades "ajudam nos pesos e contrapesos (*check and balances*) que fazem o sistema democrático funcionar mais eficientemente aqui que em outros lugares".

Os funcionários aqui, destaca Rosental, sabem que trabalham num ambiente relativamente aberto, que suas ações, mesmo quando secretas, serão públicas um dia, por motivos históricos ou porque algum cidadão pediu satisfações. "O funcionário sabe que trabalha para o publico e não para o governo".

Mas o problema é que os vazamentos mostram que qualquer coisa pode se tornar pública a qualquer momento, quase de imediato e de forma anônima.

Como parte deste contexto, as reações exacerbadas chegam a ponto de haver políticos republicanos que falam até mesmo de uma "necessidade" de matar Julian Assange (criador do WikiLeaks), até da formulação de um processo contra o WikiLeaks, o que, na opinião de Rosental, "seria um precedente extremamente daninho para a liberdade de expressão no país e no mundo.

"Tomara que os mais exaltados se acalmem e que a democracia americana saiba responder aos desafios criados por esta situação, sem abrir mão de seus princípios mais fundamentais", espera Rosental Calmon Alves.

| 18.12.2010 |

A BUSCA DA VERDADE

No discurso que fiz quando tomei posse recentemente na Academia Brasileira de Filosofia, na cadeira 48, cujo patrono é Hipólito da Costa – fundador do primeiro jornal brasileiro, o *Correio Braziliense*, impresso em Londres em 1808 –, destaquei o surgimento das novas tecnologias e seu impacto na relação do jornalismo com a sociedade.

O ponto de interseção entre o jornalismo e a filosofia é a busca desinteressada da verdade, a principal tarefa do jornalista, a ponto de constituir-se em um imperativo ético da profissão.

Nesse particular, os vazamentos de documentos da diplomacia americana pelo WikiLeaks têm a função de revelar os meandros das tomadas de decisão dos governos, o que colabora para a descoberta da verdade, cuja revelação nunca será total por ser a verdade, por definição, inesgotável.

Mas, como comenta o sociólogo Manuel Castells, um dos principais estudiosos dos novos meios de comunicação e seus efeitos na sociedade moderna, "nunca mais os governos poderão estar seguros de manter seus cidadãos na ignorância de suas manobras".

Ele diz que "seria preciso sopesar" o risco da revelação de comunicações secretas que poderiam dificultar as relações entre Estados "contra a ocultação da verdade sobre as guerras aos cidadãos que pagam e sofrem por elas".

Desse ponto de vista, sem dúvida o que Julian Assange e seu blog WikiLeaks fazem é puro jornalismo, embora, por suas declarações, se possa concluir que a motivação para a exigência de transparência dos governos não seja informação pura e simples, mas uma ação anárquica contra todo tipo de governo, o que retiraria a característica jornalística de sua atividade para transformá-la em ação política, como alguns o veem.

Com relação ao jornalismo, há um livro canônico, *Os elementos do jornalismo*, no qual os jornalistas americanos Bill Kovach e Tom Rosenstiel definem como a finalidade do jornalismo essa busca da verdade e a responsabilidade com o cidadão: "fornecer informação às pessoas para que estas sejam livres e capazes de se autogovernar".

No discurso, destaquei que o problema da ética jornalística tem uma complicação própria. Exercemos um papel socialmente relevante – ao produzir um primeiro nível de conhecimento, acabamos por ser um canal de comunicação que liga Estado e nação, mas também os muitos setores da nação entre si.

É nossa atribuição fazer com que o Estado conheça os desejos e as intenções da nação, e com que esta saiba os projetos e desígnios do Estado. Ainda, incumbe-nos permitir à sociedade acompanhar, com severidade de fiscal, aquilo que os governos fazem em seu nome e, supostamente, em seu benefício.

Justifica-se essa definição de nosso papel com o fato de que, no sistema democrático, a representação é fundamental, e a legitimidade da representação depende muito da informação, que aproxima representados e representantes.

Essa função do jornalismo sem dúvida foi afetada pelo surgimento das novas mídias, que – na opinião do professor brasileiro Rosental Calmon Alves, da Universidade do Texas, em Austin, um dos maiores especialistas no assunto – representa uma revolução que só pode ser comparada, na História das comunicações, com a invenção da imprensa por Gutenberg, em 1495.

Ele não está falando apenas da internet, mas da revolução digital que está transformando profundamente o mundo em que vivemos.

Não é uma simples evolução tecnológica, que dá seguimento às evoluções do século passado; é muito mais do que isso. É uma ruptura de paradigmas. A revolução digital tem como impacto mais importante a repartição de poder dos meios de comunicação de massa com os indivíduos, destaca Rosental.

Essa é a nova sociedade civil global que está se formando, na definição do sociólogo Manuel Castells, da University of Southern California, nos Estados Unidos, que tenta preencher o "vazio de representação" a fim de legitimar a ação política, fazendo surgir "mobilizações espontâneas usando sistemas autônomos de comunicação".

Internet e comunicação sem fio, como os celulares, fazendo a ligação global, horizontal, de comunicação, proveem um espaço público como instrumento de organização e meio de debate, diálogo e decisões coletivas, ressalta Castells.

Mas é o jornalismo, seja em que plataforma se apresente, que continua sendo o espaço público para a formação de um consenso em torno do projeto democrático.

O jornalismo de qualidade, tão importante para a democracia, teve papel fundamental na divulgação dos documentos do WikiLeaks, e não foi à toa que Assange procurou companhias de jornalismo tradicional, como *The New York Times*, para dar credibilidade a seu trabalho.

A tese de que as novas tecnologias, como a internet, blogs, Twitter e redes sociais de comunicação, como o Facebook, seriam elementos de neutralização da grande imprensa é contestada por pesquisas.

Especialistas das universidades de Cornell e Stanford demonstram que a internet é a "caixa de ressonância" da grande imprensa, de que precisa para se suprir de informação, e para dar credibilidade às informações.

Não é à toa que os sites e blogs mais acessados tanto nos Estados Unidos quanto no Brasil são aqueles que pertencem a companhias jornalísticas tradicionais, já testadas na árdua tarefa de selecionar e hierarquizar a informação. O jornalismo profissional tem uma estrutura, uma deontologia, uma forma profissional de colher e checar informações que a vasta maioria dos blogueiros não tem, define Rosental.

O filósofo alemão Jürgen Habermas revelou, em artigo recente, seu temor de que os mercados não façam justiça à dupla função que a imprensa de qualidade, segundo ele, até hoje desempenhou: atender à demanda por informação e formação.

No artigo, intitulado "O valor da notícia", Habermas ressalta que estudos sobre fluxos de comunicação indicam que, ao menos no âmbito da comunicação política – ou seja, para o leitor como cidadão –, a imprensa de qualidade desempenha papel de "liderança": o noticiário político do rádio e da televisão depende em larga escala dos temas e das contribuições provenientes do que chama de jornalismo "argumentativo".

Sem o impulso de uma imprensa voltada à formação de opinião, capaz de fornecer informação confiável e comentário preciso, a esfera pública não tem como produzir essa energia, escreveu Habermas, e o próprio Estado democrático pode acabar avariado.

| 19.12.2010 |

PRIMEIRA PÁGINA

O debate sobre o documentário do diretor Andrew Rossi *Primeira Página, por dentro do New York Times*, cuja pré-estreia aconteceu terça à noite no auditório do *Globo* dentro do Festival do Rio, foi uma boa oportunidade para discutir com o público para onde vai o jornalismo depois que os novos meios tecnológicos de transmitir informações passaram a ter um papel preponderante na relação com os leitores.

O documentário focaliza anos difíceis do jornal que ainda é o parâmetro internacional do bom jornalismo, apesar de todas as crises que teve de enfrentar, desde questões meramente financeiras até – o mais importante – crises de credibilidade trazidas por diversas formas de fraudes jornalísticas.

De Jayson Blair, o jornalista que inventava suas reportagens, até Judith Miller, que assumiu como verdadeiras informações da Casa Branca sobre a existência de armas de destruição em massa, fazendo com que o *New York Times* avalizasse a invasão do Iraque no governo Bush.

A capacidade de apuração proporcionada pelas novas mídias, colocando o relato de novas fontes à disposição do público, é uma diferença crucial, que dificulta que os jornais se portem como na guerra do Iraque, quando assumiram como verdadeiras as versões oficiais, e só anos depois refizeram seus relatos revelando que não havia armas de destruição em massa em poder do ditador Saddam Hussein e as manipulações que o governo Bush usou para justificar a invasão do país.

O documentário mostra como a divulgação de um filme pelo WikiLeaks no You Tube, de massacre promovido por soldados americanos no Iraque, fez com que o *New York Times* publicasse reportagem crítica. Ao mesmo tempo, ao constatar que o WikiLeaks montara o filme para realçar a selvageria dos soldados americanos, o jornal frisou esse papel de ativista político do grupo de Assange.

A diferença entre ativismo político e jornalismo, que foi debatida no encontro do Globo, também foi objeto de um painel desse mesmo seminário de que participei em maio deste ano em Washington.

Um jornalista africano chamou atenção para o fato de que, por melhores que fossem suas motivações, ativistas que usavam o You Tube e a internet para divulgar informações contra governos ditatoriais não estavam fazendo jornalismo.

Com relação ao WikiLeaks, também defini o papel deles como de "ativistas políticos" e não de jornalistas, o que, aliás, Assange admite em uma entrevista do documentário.

Após mostrar uma quebradeira em sequência de vários jornais nos EUA entre 2009 e 2010, resultado da mistura explosiva da crise econômica que ainda hoje abate o mundo e o surgimento dos novos meios de comunicação que roubaram anunciantes e leitores dos jornais impressos, o documentário termina com uma mensagem de otimismo sobre o futuro do jornalismo impresso, com o *New York Times* reafirmando sua excelência ganhando o Prêmio Pulitzer no ano passado.

Mas o que se destaca no filme é a presença, não por acaso, de um grande repórter de carne e osso, David Carr que defende a qualidade do jornalismo dos chamados meios tradicionais com palavras e reportagens. Outro grande jornalista, Bob Woodward, famoso pela reportagem no *Washington Post*, com Carl Bernstein, que derrubou o presidente Nixon no que ficou conhecido como Watergate, dá seu depoimento defendendo a reportagem, seja em que plataforma for.

No debate, lembrei que no início do ano estive em um seminário em Washington sobre novas mídias em que Woodward era o convidado de honra para falar sobre o que mudou com a chegada dos novos instrumentos da mídia digital que, segundo a definição do seminário, "mudaram fundamentalmente a natureza da reportagem e o sentido da transparência".

Já relatei aqui, mas vale a pena repetir. Woodward declarou-se em discordância "firme" com essa afirmação logo na abertura de sua fala, deixando inquietos os organizadores do encontro.

Para Woodward, o jornalismo ainda depende das revelações de fontes humanas, que viveram os acontecimentos e relatam suas histórias aos bons jornalistas.

Do filme e do debate tira-se uma conclusão: é impossível abrir mão da mídia tradicional como fonte fundamental para a divulgação de informações, assim como da capacidade de seus profissionais para apurar e checar notícias, dentro de padrões técnicos e éticos largamente testados pelos anos, o que dá credibilidade às notícias divulgadas.

Tenho repetido sempre que falo sobre o tema uma informação do jornalista Tom Rosestiel, um dos teóricos mais importantes do jornalismo, segundo a qual, entre os 20 blogs mais acessados dos EUA – o mesmo acontece na maioria dos países, inclusive no Brasil –, nada menos que 18 fazem parte da mídia tradicional ou estão ligados a ela de alguma maneira.

A partir de 1997, um grupo de jornalistas, liderado por Bill Kovach e Tom Rosenstiel, organizou seminários, entrevistas e pesquisas pelo país para fazer uma análise da imprensa americana. O trabalho resultou no livro *Os elementos do jornalismo – O que os jornalistas devem saber e o público exigir*.

No livro, há a definição dos princípios do bom jornalismo, onde se destaca lealdade com os cidadãos e necessidade de ser "monitor independente do poder".

São esses compromissos que ficam registrados no documentário sobre o *New York Times*, com o diretor de redação Bill Keller utilizando-se do sarcasmo de Mark Twain para comentar notícias sobre sua morte: "As notícias sobre a morte do jornalismo são um pouco exageradas".

| 13.10.2011 |

A TRAVESSIA

O documentário *Tancredo, a travessia*, de Silvio Tendler, que será lançado oficialmente no final do mês, complementa a trilogia que teve início com *Jango* e *Anos JK* no relato da história recente do país, mas se supera na captura da alma conciliadora de Tancredo Neves e na revelação da sua matreirice política que estava sempre a serviço da democracia, como salienta o ex-presidente Fernando Henrique em seu depoimento.

Definitivamente, Tancredo não era um político banal e eu mesmo tive um exemplo marcante dessa sua argúcia, que me ensinou muito no trato das coisas políticas.

Dias depois do atentado do Riocentro, ocorrido em 1º de maio de 1981, eu, que escrevia a coluna da página 2 do *Globo* chamada "Política Hoje Amanhã" e passava a semana em Brasília, no dia 4, peguei o voo pela manhã, tendo como companhia o senador Tancredo Neves, que vinha de um encontro com o então governador do Rio, Chagas Freitas.

Fomos conversando sobre a gravidade dos acontecimentos até que, como quem não quer nada, Tancredo comentou: "Homem corajoso esse Chagas. O relatório oficial da polícia confirma que havia mais duas bombas no Puma".

Dito isso, mudou o rumo da conversa com a autoridade de quem não queria se aprofundar no assunto.

A informação era simplesmente bombástica, sem trocadilho: se no Puma dirigido pelo capitão Wilson Machado havia outras bombas, ficava demonstrado que ele e o sargento Guilherme Pereira do Rosário eram os responsáveis pelo atentado, e não vítimas, como a versão oficial alegava.

Telefonei para a redação do *Globo* no Rio dando a notícia para o Milton Coelho da Graça, que era o editor-chefe da época, e ele, empolgado, disse-me que fosse para o Congresso tentar tirar mais informações de Tancredo.

No seu gabinete no Senado, Tancredo estava cercado de pessoas, pois o ambiente político estava bastante conturbado.

Consegui puxá-lo para um canto e pedi mais informações "sobre as duas bombas encontradas no Puma".

Tancredo me olhou sério, colocou sua mão em meu ombro e perguntou, como se nunca houvéssemos conversado sobre o assunto: "Você também ouviu falar disso, meu filho?".

A notícia foi manchete do *Globo* do dia 5 de maio.

No documentário sobre sua vida e seu calvário de 38 dias, há diversos episódios que contam bem essa capacidade que Tancredo tinha de fazer política com gestos e poucas palavras. Mas certeiras.

Quando Jango faz seu longo retorno da China, depois da renúncia de Jânio à Presidência da República, enquanto no Brasil se negociava sua posse com a resistência de setores militares, Tancredo vai ao Uruguai, última escala do retorno, conversar com o vice-presidente.

O PTB, partido de Jango, exige que um seu representante vá participar da conversa. Só que, quando Wilson Fadul chega ao aeroporto, o avião de Tancredo já havia decolado.

Digno representante do PSD mineiro, Tancredo queria conversar a sós com Jango. E conseguiu convencê-lo a aceitar o parlamentarismo, cuja alternativa seriam "as mãos sujas de sangue".

Anos mais tarde, quando já negociavam o apoio da Frente Liberal à sua candidatura à Presidência da República no Colégio Eleitoral, Tancredo foi confrontado com uma exigência do vice-presidente Aureliano Chaves, seu adversário político da UDN mineira.

Aureliano disse que só apoiaria Tancredo se ele lhe escrevesse uma carta aceitando vários pontos que colocava como inegociáveis.

Para espanto dos dissidentes do PDS que foram lhe levar as exigências, Tancredo aquiesceu logo em escrever a carta.

Mas também impôs sua condição: só a escreveria se recebesse primeiro a resposta de Aureliano dando seu apoio. E assim foi feito.

O próprio Tancredo diz a certa altura do documentário que "mineiro radical" não existe, e explica que no dicionário, Tancredo quer dizer "conciliador", "parcimonioso".

Mas nunca deixou de assumir atitudes firmes, quando precisava. Segundo ele, um político "não pode cometer temeridades, mas tem o dever de correr riscos".

E ele correu: na reunião ministerial do Palácio do Catete, pouco antes do suicídio de Vargas, defendeu a resistência.

Discursou nos enterros tanto de Getúlio quanto de Jango; acompanhou Juscelino quando o ex-presidente, cassado, teve que depor em quartéis do Exército.

Criou o PP para marcar o caráter conciliador de sua política, mas retornou ao PMDB quando o governo militar ditou novas regras eleitorais que prejudicavam a oposição dividida.

Foi o único do PSD a não votar em Castello Branco para presidente, ele que o havia promovido a general a pedido de uma parente quando era primeiro-ministro, e por isso não foi cassado depois do golpe militar.

O documentário deixa bem claro, através principalmente de depoimentos de seu neto, o hoje senador Aécio Neves, a preocupação de Tancredo com a reação dos militares à posse de Sarney como presidente.

Por isso adiou até quando pode uma operação, para tentar chegar ao dia da posse que, para ele, seria "a garantia da transição".

A tal ponto estava obcecado com isso que na véspera da posse, já não podendo mais se levantar, recebeu de seu futuro Chefe do Gabinete Civil vários atos para assinar, e os assinou na cama, afirmando: "Isso é a garantia de que não vai haver retrocessos".

E estava certo, pois no dia seguinte, quando o ministro do Exército do governo Figueiredo, general Walter Pires, tentou impedir a posse de Sarney, foi comunicado por Leitão de Abreu de que ele já não era mais ministro.

O *Diário Oficial* daquele dia já saíra com todos os atos de nomeação do novo governo, que não foi comandado por Tancredo, mas por Sarney.

Aécio Neves diz que as últimas palavras que ouviu do avô e guia político foi: "Eu não merecia isso".

| 16.10.2011 |

A MORAL DO DINHEIRO

Em tempos de "indignados" acampados em praças ao redor do planeta, cuja mais perfeita tradução é o "Ocupem Wall Street", que de Nova York se espalhou por diversas cidades dos Estados Unidos e do mundo, nada mais atual do que a exposição "Dinheiro e Beleza. Banqueiros, Botticelli e a fogueira das vaidades", em exibição até 22 de janeiro no belíssimo Palazzo Strozzi, um dos mais finos exemplos da arquitetura da Renascença, no centro de Florença, na Itália.

Um dos aspectos abordados na exposição é a usura, que desde a Antiguidade até hoje separa a economia da moralidade, no centro dos debates dos "indignados" atuais, que consideram que o capitalismo precisa de regulamentações e amarras contra a especulação financeira.

Os curadores da exposição, Ludovica Sebregondi e Tim Parks, têm visões distintas a partir de suas origens: ela é uma historiadora com formação católica, ele um jornalista protestante. Seus textos, nos quais me baseei para escrever esta coluna, orientam toda a exposição. A partir da criação do florin de ouro, em 1252, que se transformou na principal medida de valor em toda Europa, trazendo para Florença grande prestígio e provando-se importante trunfo para os comerciantes e banqueiros da cidade, a exibição percorre dois séculos e meio "da mais resplandecente época da história de Florença", que experimentou nesse período rápido desenvolvimento econômico.

A atividade de emprestar dinheiro era das poucas permitidas aos judeus – a outra era a medicina –, e sempre foi vista de maneira negativa.

Nessa tensão, "doações para a salvação da alma" tornaram-se comuns, dirigidas à caridade ou às artes. A Igreja tinha preocupação de proteger pessoas em dificuldades financeiras, e os franciscanos, a partir de 1462, ajudaram a estabelecer instituições que impediam a usura.

O famoso óleo de Marinus van Reymerswaele, de 1540, "Os usurários", do Museu Stibbert de Florença, faz parte da exposição.

As imagens de usurários queimando no fogo do inferno perturbavam tanto emprestadores quanto tomadores de empréstimos.

A letra de câmbio surgiu para permitir que fosse dado um empréstimo em troca de pagamento de juros sem que parecesse usura. Por mais de 200 anos ela permitiu a banqueiros lucrarem sem se sentirem usurários. Funcionava assim: se alguém queria trocar florins por libras inglesas, por exemplo, os florins eram dados em Florença e as libras recebidas em Londres.

A viagem para Londres demorava 90 dias, e nesse período, a taxa de troca se alterava, produzindo lucro. Muitas vezes nem era preciso viajar.

Outro quadro de Marinus van Reymerswaele, "O cambista e sua mulher", de 1540, do Museu Nacional de Bargello, em Florença, também está na exposição, e já mostra uma mudança na percepção.

O cambista já não é uma figura grotesca como no quadro "Os usurários". A letra de câmbio tornou-se o principal instrumento de crédito e financiava o comércio internacional. Os banqueiros passaram a atuar também como comerciantes.

Segundo a curadora Ludovica Sebregondi, a tensão entre a exigência da Igreja de sobriedade e o amor pelo luxo produziu obras de artes sublimes nos séculos XIV e XV.

O estabelecimento de uma moeda como medida de valor de todas as coisas, ao mesmo tempo em que permitiu comparações entre, por exemplo, um barril de vinho e uma prece por um ser amado doente, trouxe uma sensação de desconforto, especialmente porque na época as diferenças sociais eram tidas como expressões da vontade divina.

Eram frequentes as queixas no século XIV de que um camponês podia usar seu dinheiro para mudar-se para um local melhor ou até mesmo "abrir as portas do paraíso".

O livre uso do dinheiro ameaçava ao mesmo tempo o status quo e a metafísica cristã, ironiza Tim Parks, outro dos curadores da mostra.

Um exemplo dessa tensão é o quadro de Botticelli "Madona e a criança", pintado para ajudar as preces de um cliente privado, coisa que só os muito ricos podiam pagar. A Madona, embora tenha dado à luz em uma manjedoura, está ricamente vestida.

A partir do século XIII, com a disseminação do comércio e das demandas de consumo, os símbolos de riqueza foram se multiplicando, e aumentando também aqueles que tinham condições de exibir sua riqueza, criando uma tensão com os ensinamentos da Igreja que definiam as classes sociais como desejos divinos.

Foi então baixada uma legislação que pretendia limitar a exibição da riqueza não apenas em roupas e ornamentos, mas também em festas, banquetes, batismos e funerais.

O século XIV trouxe duas novidades: cavaleiros, doutores, médicos, juízes e suas mulheres tinham permissão de ostentar suas riquezas, e tornou-se aceitável que se burlasse a lei desde que se pagasse uma multa, o que ajudava a encher os cofres públicos.

A crise da sociedade florentina no final do século está ligada à disputa entre os Medici e o frade Girolamo Savonarola. A luta entre Lorenzo e o frade de Ferrara marca o final do século XV.

Uma das peças mais bonitas da exposição é "Cristo crucificado", uma têmpera em molde pintado dos dois lados por Botticelli, de 1496, que tem tudo a ver com a pregação de Savonarola. Em 1497 e 1498 ele organizou duas fogueiras de coisas "vãs, lascivas e desonestas" na Piazza della Signoria em Florença. A polêmica que contribuiu para a sua derrocada e execução.

Para a Igreja na época, o usurário peca porque vende o intervalo de tempo entre o momento em que empresta o dinheiro e o recebe de volta, com lucro. Ele, portanto, negocia o tempo, que pertence a Deus. Mas havia exceções: Tomás de Aquino estabeleceu as condições para que contratos legítimos pudessem cobrar juros, e Bernardino de Siena fez a distinção entre um usurário e um banqueiro, cujo negócio permitia a circulação da riqueza, ainda hoje base do sistema financeiro.

Condenada pela Igreja, que proibia a reprodução do dinheiro sem a produção ou transformação de bens, a usura provoca a pergunta no ar até hoje: onde acaba a compensação justa e começa o lucro que destrói vidas?

| 20.11.2011 |

DE HEREGE A PROFETA

A Academia Brasileira de Letras prestou uma homenagem, na última quinta-feira, ao economista Roberto Campos pela passagem dos dez anos de sua morte, a 9 de outubro de 2001, e eu fui o escolhido para falar sobre ele. Suas ideias continuam provocando polêmicas, embora antes de morrer tenha podido constatar que elas ganharam espaço no mundo globalizado. Uma de suas muitas frases, ele que foi um formidável fazedor de frases, pode definir bem a situação: "Estive certo quando tive todos contra mim."

Quase sempre foi assim com o controvertido Roberto de Oliveira Campos, economista, administrador público, pensador, diplomata (foi embaixador em Washington e em Londres) e político que, na definição do amigo Delfim Netto, "tinha o gosto pelo desafio, de preferência quando as circunstâncias lhe eram mais desfavoráveis".

Com a marca do polemista, ele discordava: "Não sou controvertido. Controvertido é quem controverte comigo."

Eleito para a Academia Brasileira de Letras em setembro de 1999 na sucessão do dramaturgo de esquerda Dias Gomes, após o que classificou como "uma ridícula batalha ideológica que, magnificada pela mídia, me transformaria numa ameaça à paz e a elegância deste cenáculo", Roberto Campos foi um gênio, na opinião de um de seus companheiros de geração, o economista Ernane Galvêas.

Outro economista de outra geração, seu discípulo, Paulo Rabello de Castro o define com quatro atributos: sua busca pela sinceridade, a disponibilidade para o serviço, seu horror à servidão e a fuga da solidão.

Roberto Campos considerava-se um liberista, que vê no governo um mal necessário.

Para ele, o sistema de economia liberal é o mais capaz de atingir minimamente três objetivos fundamentais que dificilmente se conciliam: eficiência econômica, liberdade política e equidade social.

"Liberismo" é uma expressão criada por um grande amigo de Campos e também acadêmico, José Guilherme Merquior, que a preferia a "liberalismo", para demonstrar que não era liberal apenas na política, mas também na economia.

Paulo Rabello atribui à sua "disciplina escolástica do seminarista que nunca deixou de ser" a impossibilidade de aceitar um conceito político, econômico ou moral que não fosse produto da mais dedicada e prudente elaboração intelectual, do emprego da melhor pesquisa empírica, da prudente contestação aos perigosos dogmas, do amor pela dúvida como método e do suor cognitivo pelo enunciado perfeito.

Conforme descrição de outro economista, Luiz Carlos Bresser Pereira, um liberal de esquerda que classifica Campos como um liberal conservador, a adesão imediata ao regime militar, do qual se tornaria seu primeiro ministro do Planejamento, trouxe para Campos uma série de contradições, principalmente porque os militares não tinham nada de liberal no plano político e, no plano econômico, eram menos liberais do que ele.

Roberto Campos com o tempo foi aprofundando sua crença liberista, que já lhe valera o apelido de "Bob Fields" e a fama de entreguista, como se dizia na época.

Em julho de 1959, com o presidente Juscelino Kubitschek ameaçando "romper com o FMI", em plena exacerbação nacionalista, Roberto Campos pôs para fora de sua sala do antigo BNDE, que ele criara e presidia, no Rio de Janeiro, uma comissão de "estudantes nacionalistas" que lhe fora exigir explicações sobre a posição favorável à participação de capitais estrangeiros na exploração do petróleo na Bolívia.

Perdeu o emprego, mas nunca deixou de ser fiel a JK, a quem ajudara a criar o Plano de Metas de seu governo. Ministro do Planejamento de Castello Branco, recusou-se a assinar a cassação de Juscelino.

Marcou sua atuação no plano nacional em combates memoráveis em que defendia o fim da reserva de mercado na informática, na exploração dos recursos minerais, ou a extinção dos monopólios de petróleo e telecomunicações.

Para ele, as grandes estatais pertenciam à família dos dinossauros, e, para elas, criou apelidos mordazes, como "Petrossauro" para a Petrobras.

São atribuídas ao ajuste fiscal que ele e Octávio Bulhões realizaram então e a reformas estruturais, como a tributária, a administrativa do decreto-lei 200, as bases para o "milagre econômico" que aconteceu entre 1968 e 1974.

Friedrich von Hayek, para Campos, era "o homem de ideias" que mais bravamente lutou, ao longo de duas gerações atormentadas, pela liberdade do indivíduo contra todas as modas totalitárias, do comunismo soviético ao nazismo."

Na definição de Roberto Campos, baseado em Hayek, a explicação para a permanência do capitalismo reside em ser o único sistema compatível com a liberdade do indivíduo.

Isso não impediu, porém, que Campos apoiasse o golpe militar de 64, convencido de que "a real opção era entre um autoritarismo de esquerda e um autoritarismo de centro-direita, que se dizia transicional. (...) Melancólicas veramente eram nossas alternativas nos primeiros anos da década dos 60, quando a Guerra Fria atingia seu apogeu: ou anos de chumbo ou anos de aço".

Campos também se encantou com o capitalismo de Estado da China, que classificou como "o mais excitante experimento de engenharia social de nosso tempo".

Roberto Campos foi senador durante oito anos, representando seu estado natal, o Mato Grosso, e depois duas vezes deputado federal pelo Estado do Rio. Mas não teve como político a importância que teve como economista.

Considerava sua experiência no Congresso marcada pelo fracasso e, enquanto a maioria festejava a aprovação, em 1988, da "Constituição Cidadã", ele a chamava de "anacrônica", remando mais uma vez contra a maré.

Na sua monumental autobiografia, *A lanterna na popa*, editada pela Topbooks, comemorou o fato de que, devido aos acontecimentos do fim do século, especialmente o colapso do socialismo, a vitória das economias de mercado e o surgimento de uma onda mundial de liberalização, globalização de mercados e privatizações, passou de "herege imprudente a profeta responsável".

| 27.11.2011 |

SONHO TUNISIANO

Do momento em que um jovem vendedor ambulante de frutas e verduras se imolou em praça pública no interior da Tunísia, em protesto contra os desmandos das autoridades, até hoje, um ano depois, quando seu gesto continua desencadeando manifestações populares na região que já derrubaram nada menos que três ditadores, e levaram às urnas, pela primeira vez em eleições democráticas, vários países, houve uma "reinvenção da liberdade", valor central da condição do homem moderno.

A definição é da escritora Hélé Béji, uma das principais intelectuais da Tunísia, fundadora do Colégio Internacional de Túnis, que participa a partir de hoje da conferência da Academia da Latinidade que vai debater justamente as consequências, para a região e para a democracia, da chamada Primavera Árabe.

Criada para discutir a questão do multiculturalismo num mundo dominado pela hegemonia dos EUA, mesmo antes dos atentados do 11 de Setembro, a Academia da Latinidade reúne intelectuais, na maioria de países de origem latina, e se propõe a intermediar as relações do Ocidente com o Oriente, tendo como base o fortalecimento da democracia.

Seu secretário-geral, o filósofo e sociólogo brasileiro Candido Mendes, diz que esta XXIV Conferência, intitulada "Os novos imaginários democráticos", pretende discutir as muitas interrogações que estão postas sobre a afirmação da identidade coletiva dos que desencadearam a Primavera Árabe, em meio às tensões da guerra de religiões, da queda de ditaduras e do fundamentalismo renovado na região mediterrânea.

O que se pretende debater, segundo Candido Mendes, é se a democracia tornou-se uma ideia universal possível, no encontro de um diálogo num mundo marcado pela indiferença, pelo mal-entendido entre a laicidade e o mundo islâmico, e se é possível a compreensão efetiva do pluralismo étnico ou do multiculturalismo nas construções nacionais que se seguirão às mudanças.

A escritora tunisiana parece não ter dúvidas. Para ela, "assistimos, pela primeira vez na História contemporânea, e com ressonância mundial e não somente regional", à reinvenção da liberdade, e "a partir de agora não há mais fronteiras morais ou políticas" entre o mundo livre, que se identificava com o Ocidente, e os outros mundos.

Candido Mendes ressalta que, com o fim da antiga homogeneidade de um mundo dividido entre centros e periferias, será preciso enfrentar as novas contradições entre afirmação identitária, autodeterminação e prioridade democrática.

Já Hélé, entusiasmada com o momento, fala da "aceleração da História", quando "a ação, o gesto, a rebelião, a palavra foram mais rápidos que o pensamento". Ela considera que estamos diante de uma "ampliação infinita, mundial do que conhecíamos como mundo livre". A partir de agora, para Hélé, os povos da Primavera Árabe são livres para imaginar a liberdade, e não apenas recebê-la dentro de um modelo predefinido pelo Ocidente.

Ela vê o momento atual como uma "segunda independência" para os países que haviam trocado a dominação exterior do colonialismo por uma dominação interior, das ditaduras. E compara os movimentos revolucionários que ocorrem nos países da Primavera Árabe à Renascença europeia dos séculos XV e XVI.

A revolução tunisiana, para Hélé, deu à palavra "democracia" uma acepção mais ampla que toca todas as esferas da existência social e humana nas sociedades afetadas, e não se limita apenas à ruptura de um sistema político arcaico ou a uma forma de governo.

Não se trata, diz ela, de somente construir um novo sistema político ou estabelecer regras honestas e justas de representação política, mas da possibilidade única de criar novos modos de relações humanas que não sejam baseadas em hierarquias antigas ou em comunidades envelhecidas ou ainda em medos ancestrais ou proteções patriarcais.

Será preciso, adverte, um trabalho individual de auto regulação, de autodisciplina, pois com o desaparecimento dos antigos sistemas coercitivos também desapareceram as referências históricas. Hélé pensa que, dentro do novo ambiente democrático, haverá necessidade de uma nova autoridade, que não pode ser religiosa.

"Nossas novas democracias estão à procura de sua própria autoridade, de seus próprios mitos, de seus próprios símbolos, de suas próprias tradições, seus próprios códigos, seu próprio discurso, seus próprios fundamentos ainda não formulados, em nome de uma nova cultura", divaga Hélé.

As democracias modernas estão enfraquecidas pelo excesso de individualismo e pela ganância financeira, na visão de Hélé Béji, e estão longe de serem perfeitas, especialmente no campo da justiça social. Ela considera que a conferência da Academia da Latinidade pode explorar, nos diversos campos das ciências humanas, as consequências do que acredita ser um novo ciclo histórico da democracia, que, "através da extraordinária revolução do sul do Mediterrâneo, joga novas luzes sobre a crise das democracias ocidentais".

A conferência se debruçará também, segundo Candido Mendes, sobre o impacto dessas mudanças nos caminhos clássicos do mundo europeu, envolto na crise da esquerda, do emprego e, sobretudo, das novas demandas por avanços nos direitos humanos e de cidadania, num espaço político novo e complexo.

Mais pragmático que sua colega Hélé, o secretário-geral da academia ressalta a importância, nos países subdesenvolvidos que fazem parte desse processo, das políticas públicas para reduzir a marginalidade social, distribuir melhor a renda e acelerar os resultados.

| 01.12.2011 |

SINAIS DE ALERTA

No momento em que universidades tunisianas entraram em greve contra a influência islâmica, após religiosos radicais terem ocupado um campus para pedir a separação entre estudantes homens e mulheres, anuncia-se o adiamento da apuração da eleição no Egito, com informações oficiosas de que a Irmandade Muçulmana teria obtido nas urnas cerca de 45% dos votos, resultado acima do que seus próprios dirigentes previam.

Aqui em Hammamet, cidade a cerca de 40 minutos de Túnis onde se realiza a conferência da Academia da Latinidade sobre "os novos imaginários democráticos" provocados pela Primavera Árabe, dois palestrantes foram além da euforia natural com a abertura democrática na região para fazer advertências importantes.

O ex-primeiro-ministro espanhol Felipe González destacou que é preciso criar condições para que o país receba investimentos que possibilitem seu desenvolvimento.

Ele se referia especialmente à Constituinte que foi eleita em outubro e tem um ano para aprovar as novas leis do país e convocar eleições presidenciais.

González ressaltou que justamente as razões que desencadearam os protestos iniciados na Tunísia devem ser objeto de cuidado dos constituintes, como criação de empregos para a juventude, melhores condições para as mulheres.

A proteção aos direitos dos cidadãos é questão ainda muito sensível, depois de anos de governo ditatorial que expôs a população ao arbítrio de qualquer autoridade, até mesmo o fiscal da esquina, cujos achaques levaram o jovem verdureiro a tocar fogo às roupas, imolação pública que foi o gatilho para a mobilização da maioria silenciosa oprimida.

Ele chamou a atenção para o perigo de frustrar os cidadãos que se mobilizaram para a "Revolução de Jasmim" e hoje jogam na futura Constituição suas esperanças de um país melhor.

Felipe González lembrou que quando assumiu a Presidência do governo espanhol, em 1982, na redemocratização, levou exatos 10 anos com investimentos negativos, até que conseguisse convencer os investidores de que o projeto espanhol era estável e tinha futuro.

O ex-primeiro-ministro espanhol chamou a atenção para o fato de que a falta de liderança política é a causa da crise da democracia representativa no mundo atual, pois os governos, em que pese continuam tendo a capacidade administrativa de atuar, não têm capacidade política para implementar seus projetos.

Ele se referiu especificamente à incapacidade do presidente dos Estados Unidos, Barack Obama, de superar o impasse político que divide republicanos e democratas, paralisando o governo norte-americano.

Já o professor de Ciências Políticas Samir Nair, argelino que exerce funções de conselheiro do governo francês, destacou o perigo de as revoltas nos países árabes se transformarem em movimentos religiosos comandados por partidos islâmicos.

Na Tunísia, assim como no Marrocos e tudo indica no Egito, os partidos islâmicos tiveram a maioria dos votos, mas até o momento o discurso oficial de todos eles é que o governo será laico.

O partido islâmico Ennahda, que lidera a coalizão vencedora das eleições na Tunísia, se espelha, pelo menos nas declarações oficiais, no partido turco do primeiro-ministro Recep Erdogan, que, embora islâmico, lidera um governo laico como condição primordial para a manutenção da democracia.

Samir Nair considera que a "Revolução de Jasmim", que deu início à Primavera Árabe, tem a responsabilidade do exemplo, pois a revolução tunisiana quebrou "o paradigma mental sobre o qual vivia o mundo árabe".

Para ele, a Tunísia representava o elo frágil, e o Egito o elo forte do encadeamento dos países árabes antes da Primavera Árabe. Frágil a Tunísia por que o governo ditatorial transformara-se em um governo mafioso, assim como no Egito e na Síria os governos passaram a ser uma "máfia hereditária".

Ao mesmo tempo, por ser o Estado mais forte do mundo árabe, dos movimentos do Egito dependeria a evolução dos outros países árabes. Quando houve a revolução na Tunísia, raciocina Samir Nair, o povo egípcio viu logo que era possível fazer o mesmo lá, e com maior repercussão.

Por isso ele atribui à Tunísia um papel fundamental nos movimentos que se desenrolam nos países árabes.

O professor Nair deixou claro em sua palestra que não foi o islamismo que venceu o que ele classifica de "Estado autoritário degenerescente": "Foi a totalidade da sociedade que o fez, à base de uma mobilização pacífica não-religiosa".

Ele ressalta que tanto na Tunísia quanto no Egito, não houve reivindicações que não fossem sobre a cidadania, sem conotação religiosa: dignidade da pessoa (contra a corrupção); direitos do homem (contra a arbitrariedade policial); distribuição de rendas (contra a desigualdade); trabalho (contra o desemprego); democracia (por uma sociedade de méritos e não de privilégios).

Com os partidos islâmicos surgindo como grandes forças eleitorais nos países da Primavera Árabe, o professor Nair pergunta: "A democracia não passa de um meio de as forças islâmicas tomarem o poder para mudar as regras do jogo?".

A alternativa seria essas forças se mostrarem realmente democráticas, aceitando a alternância de poder e também o pluralismo na sociedade civil.

Para ele, a resposta não está nas declarações oficiais ou nas promessas, mas sim nas instituições que resultarem da mudança, "os únicos mecanismos reais de proteção da liberdade".

Ou bem as instituições são republicanas, baseadas na separação público-privada, ou a democracia se tornará sinônimo da hegemonia totalitária de forças religiosas, adverte Samir Nair.

| 02.12.2011 |

DISCIPLINA E FÉ

Há pelo menos uma coisa em comum na vitória dos partidos islâmicos no Egito, na Tunísia e no Marrocos, os países que fizeram eleições no rastro da Primavera Árabe: prevaleceu a disciplina dessas organizações políticas, em detrimento do voluntarismo dos partidos oposicionistas e dos movimentos da sociedade civil.

Há também algumas nuances fundamentais que separam, por exemplo, o Marrocos dos outros países, embora esteja, como a Tunísia, na região do Magreb, considerada berço de um islamismo mais moderado.

O embaixador do Brasil Frederico Duque Estrada Meyer ressalta que a vitória do partido islâmico no Marrocos não foi novidade, pois já havia sido vitorioso em 2007.

Para ele, o resultado não tem nada a ver com o que ocorre nos outros países. A chamada "primavera árabe" teria em comum, na visão do diplomata, apenas a falta de legitimidade dos sucessores dos ditadores e a internet.

O movimento de 20 de fevereiro no Marrocos, lembra Duque Estrada, pedia mais empregos e partia de jovens de classe média e alta, que foram os grandes derrotados desta eleição: pregaram o boicote eleitoral e quase metade da população votou – mais do que em 2007, quando 37% foram às urnas.

Na Tunísia e no Egito, o comparecimento ficou perto de 80%.

O embaixador relembra que mesmo os jovens não pediam mais liberdade ou direitos para as mulheres – que já têm todos, exceto de herança –, ou a destituição do rei.

Apesar dos anos de chumbo, diz ele, desde a independência o país adotou o pluripartidarismo, enquanto Portugal e Espanha viviam sob Salazar e Franco.

A Comissão da Verdade já foi implementada lá e encerrou seus trabalhos, que foram transmitidos pela TV, com depoimentos de torturados inclusive.

Tanto na Tunísia quanto no Egito, destacaram-se as organizações partidárias islâmicas como as mais preparadas para angariar votos junto aos eleitores.

Nos dois países, os partidos que venceram as eleições, Liberdade e Justiça, no Egito, e Nahdha, na Tunísia, utilizaram-se de modernos métodos tecnológicos para orientar os eleitores, como iPad indicando o local das votações ou explicando o mecanismo de votação, e obtiveram bons resultados.

Embora tenha recebido apenas 23% dos votos, o Nahdha lidera a coalizão majoritária na Constituinte, e tem sido objeto de muitas críticas por parte dos partidos oposicionistas e da sociedade civil de maneira geral.

Oficialmente, anuncia-se como favorável a um governo laico, como o partido islamita que dá suporte ao governo turco de Recep Erdogan, mas é acusado de apoiar propostas radicais nos trabalhos constitucionais.

Agora mesmo várias universidades entraram em greve contra a interferência de religiosos que querem separar mulheres e homens.

Embora o Nahdha diga oficialmente que nada tem a ver com essa proposta, os estudantes acusam o partido de estar por trás desses movimentos.

A professora de Literatura e Civilização francesas Hela Ouardi, da Universidade de Túnis, fez uma palestra ontem, na reunião da Academia da Latinidade, que marcou bem o papel dos intelectuais no momento de transição que o país vive.

Depois de fazer uma análise do islamismo, do ponto de vista histórico e religioso, ela se disse convencida de que o Islã não é incompatível com a democracia. O que não é compatível, afirmou, é o clericalismo, que quer se impor aos muçulmanos embora no Islã ninguém seja habilitado a representar o mediador entre homem e Deus, e ninguém seja autorizado a dizer qual é o Islã verdadeiro.

Forçando uma visão metafórica para desconstruir o que vê como uma tentativa de impor o controle religioso sobre o Estado, Hela Ouardi disse que os muçulmanos na Tunísia sabem disso, e, se eles votaram naqueles que eles acreditam fazer parte do "partido de Deus", não é porque desejam ser governados por um clérigo em uma embalagem civil, mas porque pensam que finalmente a autoridade de Deus só pode se encarnar na autoridade do povo.

A professora tunisiana diz que a insurreição popular na Tunísia foi uma reação à privatização do Estado por uma família, uma oligarquia.

Portanto, afirmar que a soberania pertence a Deus significa que pertence a todo mundo, e não a um grupo de indivíduos.

Nesse contexto, Hela Ouardi diz que o fato de os tunisianos terem votado maciçamente nos membros do "partido de Deus" não foi pelo seu valor intrínseco, nem pelo valor de seus representantes – a quem ela nega até mesmo a legitimidade revolucionária –, mas porque estavam convencidos de que os que chegaram ao poder em nome de Deus trabalharão pelo bem comum, o que lhes dá a sensação de que não serão excluídos das ações do Estado.

O que os tunisianos procuram não é uma autoridade que lhes transcenda, diz a professora Ouardi. Ela acusou o partido islâmico Nahdha de ter tentado um golpe de Estado constitucional recentemente para confiscar a soberania popular em nome de um partido religioso.

Essas tentativas, advertiu, serão logo compreendidas como uma nova privatização do poder, "e estaremos diante de um desvio do processo histórico deslanchado na Tunísia depois de janeiro de 2011, quando o povo afirmou em alto e bom som que era a única fonte de poder".

"Toda tentativa de usurpar esse poder, mesmo em nome de Deus, será rejeitada pelo povo tunisiano", advertiu a professora.

Ela classificou a vitória do Nahdha como "o canto do cisne" do islamismo na Tunísia, embora admita haver "um risco bem real" de instauração de um regime totalitário, que o partido anuncia em seus documentos desde a fundação e não renegou.

| 03.12.2011 |

DEMOCRACIA E RISCOS

Relatos graves de violência e pressão político-religiosa nas universidades tunisianas indicam uma ofensiva de grupos islâmicos radicais na tentativa de se impor na sociedade após a revolução, embora, ao contrário do Egito, esses grupos não tenham conseguido obter votação expressiva na eleição de outubro passado.

Um professor relatou para a assembleia da conferência da Academia da Latinidade, aqui em Hammamet, que foi obrigado, por coação física de um grupo de alunos, a não realizar uma prova.

Outra professora contou que, ao pedir que seus alunos fizessem uma interpretação de um quadro, que aludia à obra "Criação de Adão", de Michelangelo, na Capela Sistina, foi acusada de querer transmitir aos alunos a ideia de Deus, aos gritos surrealistas de "abaixo Michelangelo". Só foi liberada pelo bando de radicais depois de jurar que era muçulmana convicta.

Os relatos de agressões físicas são constantes, e as manifestações em frente ao prédio onde se reúnem os constituintes tunisianos pedem o fim "das violações das liberdades acadêmicas" e o fim "da violência nos estabelecimentos universitários".

Essa tentativa de radicalizar a situação política, embora não reflita a vontade da maioria expressa nas urnas em outubro, tende a ser recorrente enquanto os constituintes elaboram as futuras leis que regerão a democracia no país.

Encerrando o seminário da Academia da Latinidade ontem, duas conferências se destacaram ao analisar a situação atual da democracia no mundo moderno.

O secretário-geral da Academia, o sociólogo brasileiro Candido Mendes, falando sobre os novos meios de comunicação digital que se tornaram centrais nas modernas democracias, destacou o paradoxo de que, ao mesmo tempo em que eles permitem uma comunicação direta entre os indivíduos e grupos, sem intermediações, também exacerbam o individualismo, dificultando o diálogo.

Candido Mendes também analisou o papel da mídia moderna na reprodução da opinião pública, e chamou a atenção para a necessidade de garantir a voz das minorias, não apenas na representação partidária da democracia, mas também no aparelho midiático.

Ele destacou o movimento dos "indignados", que começou na Espanha e se espalhou pelo mundo, chegando a Wall Street, como exemplar de uma reação de representantes da minoria tentando sustentar o protesto permanente através de métodos alternativos que atendem ao inconsciente coletivo e reclamam a manifestação de seu inconformismo.

Também o sociólogo francês Alain Touraine, que encerrou o seminário com uma análise sobre os processos de democratização, afirmou que "nos tempos modernos, com a complexidade de sua organização, de sua rede de comunicação e seu aparato produtivo, a liberdade e a democracia só podem ser fundadas no reconhecimento do universalismo dos direitos individuais".

Para Touraine, falar de democracia social ou mesmo popular, em lugar de democracia política, não passa de um gesto de propaganda. "Uma ditadura política não pode criar uma democracia social ou econômica".

Como se ensinasse as bases da democracia em um país que se debate para sair de uma longa ditadura e encontrar seu próprio caminho, o francês Alain Touraine lembrou como condição essencial para a redemocratização "o desaparecimento dos poderes absolutos, e em consequência a existência da tolerância e da pluralidade política".

Nesse ponto, Touraine destacou um nível da democracia que considera essencial: o controle do Poder Executivo por um poder eleito, que pode até mesmo revogar o poder político.

Para ele, uma condição essencial da democracia é a possibilidade de o povo, através de seus representantes políticos, controlar e limitar os poderes do Estado, e mesmo destituí-los.

Alain Touraine deixou claro que é apenas pela modernização econômica que um país pode se tornar democrático, pois a modernização impõe a livre circulação de bens e de ideias e, em consequência, a submissão de um poder político à complexidade cambiante das relações entre grupos econômicos e sociais.

Dentro desse contexto, Touraine diz que é imprescindível numa democracia reconhecer a liberdade de imprensa e mais amplamente das mídias nos tempos modernos, e entender que todo esse conjunto de relações implica a separação do Estado e as autoridades religiosas "que por definição se consideram no direito de formular e impor normas de conduta e de expressão".

Um exemplo importante para Touraine – que certamente o escolheu especialmente para o caso atual da Primavera Árabe – é o da Turquia, que conservou desde Atatürk (fundador e primeiro presidente da República turca) sua natureza de república laica, e que, ao mesmo tempo, é um país fortemente islâmico e submetido à autoridade de um partido que detém o poder de Estado e que se define como islâmico.

Tão importante quanto seria "a interiorização da consciência de cidadania, a consciência da existência de direitos políticos reivindicados pelos cidadãos".

Essa situação faz com que os cidadãos se sintam os donos do poder em última instância, analisa Touraine. "A melhor defesa contra regimes totalitários é a afirmação da consciência moral e dos direitos de cada indivíduo e de cada coletividade".

| 04.12.2011 |

UMA HISTÓRIA DE CONFLITOS

A comemoração da presidente Dilma, diretamente da Índia, apontando a aprovação da Lei Geral da Copa como uma prova de que a crise institucional entre o Executivo e o Legislativo só existia "na imprensa", pode ser precipitada.

Há quem veja na rápida reorganização dos partidos da coalizão governamental não o dedo de uma coordenação eficiente com a distribuição de verbas aos parlamentares, mas um recado do Legislativo de que a crise só existe porque a presidente Dilma não sabe lidar com seus aliados.

Nunca a frase "a crise viajou", cunhada pelo então senador Fernando Henrique Cardoso para criticar o presidente José Sarney, foi tão usada pelos parlamentares.

As crises entre o Legislativo e o Executivo brasileiros estão registradas na nossa História, confronto que parece permanente, desde o Império, talvez reforçado pelas características parlamentaristas de nossa Constituição de 1988.

Como temos historicamente um Executivo "imperial" e um Legislativo forte, o choque parece inevitável.

Como exemplos da força do Legislativo, alguns políticos apontam que nunca foi possível ao Executivo impor decisões ao Legislativo, e, sempre que isso foi tentado, um dos dois poderes acabou submetido, ou o presidente caiu (Getulio, Jânio, Collor) ou o Congresso foi fechado, como no regime militar.

O cientista político Sergio Abranches cunhou o termo "presidencialismo de coalizão" para caracterizar as necessárias relações entre o Executivo e o Legislativo, e o jurista Pontes de Miranda, no primeiro volume dos *Comentários à Constituição de 1946*, já chamava nosso sistema pluripartidário de "presidencialismo de co-decisão", que herdáramos da Europa e dos Estados Unidos.

Mas ambos imaginavam negociações políticas em torno de programas partidários, e não fisiológicas como se registram hoje.

O historiador José Murilo de Carvalho, da Academia Brasileira de Letras e professor emérito da UFRJ, acha que, ao longo de nossa História independente, as relações entre Executivo e Legislativo nunca foi unívoca, com alternância entre hegemonia do Executivo, hegemonia do Legislativo e diversos graus intermediários de conflito.

O cientista político da Fundação Getulio Vargas do Rio Octavio Amorim Neto diz que, do ponto de vista histórico, o novo arcabouço institucional estabelecido pela Constituição de 1988 melhorou as condições gerais de efetividade do Executivo, apesar de todos os defeitos da Carta.

Não à toa, diz ele, o que se tem observado desde 2006 – isto é, desde que Lula reorganizou suas relações com os partidos para dar conta da crise do mensalão – são duras fricções entre aliados eventualmente mal coordenados, e não necessariamente crises entre o Executivo e o Legislativo.

O historiador Marco Antonio Villa, professor da Universidade de São Carlos, diz que desde 1985 o Executivo passou a comprar apoios no Legislativo, e por isso ele chama esse "modelo" de "presidencialismo de transação, de negócios, e negócios nada republicanos".

Para José Murilo de Carvalho, o Primeiro Reinado (1822-1831), graças ao Poder Moderador da Constituição e ao caráter autoritário do imperador, foi de predomínio do Executivo.

Na Regência (1831-1840), com governante eleito e sem o Poder Moderador, o Legislativo dominou a cena, a ponto de levar Feijó à renúncia.

No Segundo Reinado (1840-1889), sob Pedro II, caminhou-se lentamente para o parlamentarismo, mas ainda debaixo da sombra do Poder Moderador.

Na Primeira República (1889-1930), o Executivo foi amplamente hegemônico frente ao Legislativo. "O federalismo da nova Constituição conferiu grande poder aos governadores, mas a política dos estados de

Campos Sales, substituta do Poder Moderador, fez com que o contrapeso dos estados se reduzisse a uns cinco com os quais o presidente tinha que negociar."

Já Marco Antonio Villa acha que no Império não tivemos esse conflito entre Executivo e Legislativo, pois desde 1847, com a criação da Presidência do Conselho de Ministros, o primeiro-ministro era sempre do partido majoritário.

Quando isso não ocorria, a Câmara era dissolvida, e convocadas novas eleições, que davam, inevitavelmente, maioria ao chefe do governo.

Na Primeira República, na sua opinião, não ocorreu este tipo de confronto entre Executivo e Legislativo, pois os parlamentares estavam submetidos ao chefe de governo via mandatários estaduais.

De 1930 a 1945, na definição de José Murilo de Carvalho, tivemos "tempos revolucionários e autoritários", o Congresso pouco mais fez do que elaborar a Constituição de 1934, de curta vigência.

"Um Executivo forte e centralizador domou até mesmo os governadores, com o auxílio de um terceiro poder moderador, as Forças Armadas."

Marco Antonio Villa chama de "breve período democrático (pero no mucho)" o de 34-37, quando ressalta que Getulio governou como quis, principalmente após a revolta comunista de novembro.

"Aprovou de tudo, até que os parlamentares autorizassem a prisão dos próprios colegas", comenta Villa.

Para José Murilo de Carvalho, as coisas começaram de fato a mudar a partir de 1945, quando a relação entre os dois poderes passou a ser conflituosa e instável até 1964.

A ditadura (1964-1985) reimplantou o predomínio de Executivo, voltando o conflito após a Constituição de 1988. Portanto, analisa José Murilo, com a exceção da Regência e dos períodos democráticos pós-1945, "a regra foi o predomínio do Executivo, com ou sem poder moderador".

O cientista político Octavio Amorim Neto diz que, desde a queda do Estado Novo em 1945, as relações entre Executivo e Legislativo no Brasil foram marcadas, até recentemente, por grandes crises.

"Basta lembrar que quase todos os presidentes que não conseguiram formar ou manter uma maioria parlamentar não lograram terminar seus mandatos".

Lula, em 2003-2006, é a primeira exceção, lembra Amorim Neto. "Ainda assim, o ano de 2005 se caracterizou por uma grave crise política cuja origem se encontra na má organização da base de apoio do chefe de Estado na Câmara dos Deputados e que quase o levou à lona".

| 31.03.2012 |

PELA LIBERDADE DE EXPRESSÃO

Não foi por acaso que seis organizações representativas da imprensa privada em países da América do Sul soltaram uma nota denunciando ataques à liberdade de expressão no Dia Internacional da Liberdade de Imprensa. A situação atual na região mostra o paradoxo de governos democráticos criarem obstáculos à liberdade de expressão.

Dissemina-se pela região um movimento de contenção da liberdade de imprensa em diversos países onde TVs, rádios e jornais vão sendo fechados sob os mais variados pretextos, e muitos outros são ameaçados com diversas formas de pressão, seja financeira, seja através de medidas judiciais.

A nota das entidades ressalta essa questão financeira como parte de movimento coordenado de criação de um mecanismo "de prêmio e castigo", que gera a criação em diversos países de uma imprensa "oficial e paraoficial" financiada pelos governos para deslegitimar as visões críticas e criar uma "cultura da intolerância" em relação aos órgãos de imprensa independentes. Uma prática principalmente em vigor no Brasil e na Argentina, onde os governos montaram um aparato midiático financiado pelo dinheiro público. Os representantes dos seis países – Brasil, Argentina, Chile, Colômbia, Equador e Peru – preferiram não especificar as denúncias, tratando o assunto como uma questão regional, o que de certa forma dá uma dimensão mais grave aos problemas enfrentados, dando-lhes o caráter de uma orquestração política.

O amadurecimento democrático no Brasil nos torna uma exceção em um continente cada vez mais dominado por governos autoritários ou simples ditaduras.

As ações recentes do governo da Argentina contra o grupo jornalístico Clarín, o maior do país, cuja fábrica de papel foi expropriada pelo governo como de interesse público, citadas na nota, fazem parte de uma já longa disputa pelo controle da informação pelo governo de Cristina Kirchner, prosseguindo o projeto que foi iniciado no governo de seu falecido marido, Nestor Kirchner.

Uma tentativa de cercear a liberdade de imprensa que é jogada em todos os níveis, empresariais e jornalísticos. Outro caso exemplar é o do Equador, onde os diretores do jornal *El Universo* e o jornalista e ex-editorialista Emilio Palacio foram condenados por um tribunal a pagar nada menos que US$ 40 milhões por supostos danos morais ao presidente do Equador, Rafael Correa.

O absurdo do valor da pena demonstra uma intenção de desencorajar novos artigos críticos. A Organização dos Estados Americanos (OEA) exigiu que o presidente equatoriano voltasse atrás no processo, e a Comissão Interamericana de Direitos Humanos emitiu medidas cautelares para impedir a execução da sentença contra o jornal "a fim de garantir a liberdade de expressão".

Pressionado pela péssima repercussão internacional, o presidente Correa anunciou seu perdão, acusando no entanto a existência de uma "ditadura" dos meios de comunicação. No Brasil, coube à presidente Dilma Rousseff baixar a temperatura desse debate ao não encampar o chamado "controle social da mídia", que era proposto como uma política oficial de governo na gestão de Lula.

Mas, mesmo assim, ainda enfrentamos ameaça à liberdade de expressão, que se configura de diversas maneiras. No momento, ela se revela na tentativa, frustrada de início, de levar a grande imprensa representada pela revista *Veja* à investigação na CPI do Cachoeira.

Os documentos surgidos até o momento, no entanto, nada revelam de transgressor no comportamento de seus profissionais, e todas as pseudoacusações se baseiam mais em ilações tiradas de versões do bicheiro e de seus asseclas do que em fatos comprovados.

Essa foi apenas, porém, mais uma das muitas tentativas desse mesmo grupo político de cercear a liberdade de expressão no país, tarefa a que se dedicam com afinco seus componentes desde que chegaram ao poder.

No início do governo Lula, propôs-se a criação de várias agências oficiais, como a de Cinema e Audiovisual, que daria condições ao governo de interferir na programação da televisão e tentar direcionar o financiamento de filmes e toda a produção cultural para temas em sintonia com as metas sociais do governo.

O Conselho Nacional de Jornalismo, com o objetivo de controlar o exercício da profissão, teria poderes para punir, até mesmo com a cassação do registro profissional, os jornalistas que infringissem normas de conduta que seriam definidas pelo próprio conselho.

A nota oficial dos jornais independentes se refere ao "assédio judicial e administrativo" como ferramenta para limitar a livre circulação de informações na região. É o que também acontece no Brasil.

Sob o pretexto de exercer um controle social sobre os meios de comunicação, vários estados já aprovaram a criação de conselhos para acompanhar os meios de comunicação, e a executiva do Partido dos Trabalhadores decidiu que uma das prioridades do partido é o que chama de "democratização da comunicação".

Há também uma legislação retrógrada que permite a censura prévia e uma prática cada vez mais perversa de pressionar financeiramente os meios de comunicação com processos, sob os mais variados pretextos.

A impunidade característica dos sistemas judiciais desses países, em especial o Brasil e o México, faz também com que aumentem as ações violentas contra jornais e jornalistas na região, tendo ocorrido nada menos que 29 mortes no ano de 2011.

O importante dessa nota é que todos esses países têm em comum, com exceção do Brasil, uma ação permanente do Estado para subjugar os demais poderes.

A força de seus Executivos é tamanha que se aproxima de uma ditadura, podendo ser classificada de um hiperpresidencialismo, onde todos os poderes estão subjugados ao presidente da República.

A diferença para a ditadura, segundo os estudiosos, é justamente a existência de uma imprensa livre, o que nesses países está cada vez mais a perigo.

No Brasil, mesmo com o Executivo tendo muita força, o governo tem uma maioria esmagadora no Congresso, e o PT já nomeou oito dos 11 ministros do Supremo – não houve até o momento nenhum avanço antidemocrático para controlar o Judiciário nem o Legislativo, embora o escândalo do mensalão seja um ponto fora da curva nesse respeito à democracia, e por isso tão grave.

| 04.05.2012 |

MODELO CHINÊS

Além do Instituto de Filosofia, outro departamento da Academia de Ciências Sociais de Xangai participou do seminário sobre as relações da China com a América Latina realizado ontem aqui em Xangai: o Instituto de Marxismo Chinês, cujo sentido deu o tom das palestras dos vários scholars chineses.

Todos procuraram justificar o que chamam de "modelo chinês" de socialismo, que se diferencia nestes 30 anos de experiência de todas as formas de socialismo experimentadas em vários países do mundo, que não seria simplesmente um "capitalismo de Estado" como comumente é conhecido no Ocidente, mas também uma organização social que lida com valores específicos.

Até o momento o modelo chinês não leva em conta "valores universais" tais como liberdade, direitos humanos, democracia, fraternidade, mas lida com "valores fundamentais" como estabilidade, harmonia e desenvolvimento.

Conforme explicou Chen Xiangqin, do Instituto de Filosofia, o sucesso do modelo depende de como ele lida com as relações entre mercado e governo, assim como entre a sociedade e o governo, tentando evitar, de um lado, os prejuízos do totalitarismo e do fechamento social, mas também o risco de que o sistema organizacional do Partido Comunista e do Estado seja afetado pela desunião, pelo suborno ou cooptação por classes privilegiadas ou grupos de interesse.

Já Xuan Chuanshu, do Centro para o Socialismo Internacional, abordou mais diretamente o tema do socialismo, analisando por que há muito ceticismo, dentro e fora da China, sobre a genuinidade do modelo socialista adotado.

Ele admite que, devido ao que chama de "alto preço" pago pelo rápido desenvolvimento, como destruição ecológica, corrupção e especialmente a grande distância entre ricos e pobres, há uma impressão generalizada de que o socialismo na China se degenerou, seja pelo fato de que alguns de seus valores simbólicos não foram alcançados, como a igualdade, seja porque o crescimento econômico dá a sensação de que o modelo chinês apenas copiou o caminho de modernização do Ocidente.

Segundo Chuanshu, o socialismo tornou-se nos últimos tempos um conceito familiar, mas ao mesmo tempo estranho à maioria das pessoas. Mas ele defende que o que está acontecendo na China está além das teorias de Marx e outros escritores clássicos, vai além das experiências ocidentais como as que existem nos países escandinavos e muda o tradicional socialismo que vigorava na antiga União Soviética.

Para ele, há dimensões do desenvolvimento que são inerentes a qualquer sistema socialista e que a China vem conseguindo atingir: rapidez de crescimento econômico e sustentabilidade; paz e cooperação; prosperidade comum repartida por todos e um amplo e livre desenvolvimento.

O professor Chuanshu define o caminho da China para o socialismo como fundamental para o mundo moderno, como uma ponte entre as civilizações Oriental e o Ocidental, integrando visões e conhecimentos tradicionais com os modernos, reduzindo a distância entre o capitalismo e o socialismo.

Todos os trabalhos sobre o estágio atual do modelo chinês são claramente orgulhosos do que foi alcançado. Fong Songhua, do Instituto de Marxismo Chinês, por exemplo, num trabalho em que destaca principalmente os desequilíbrios do processo de desenvolvimento, ressalta que as mudanças em curso jamais foram vistas na história humana, pois a China, em uma ou duas gerações, alcançou resultados que as culturas ocidentais levaram dois ou três séculos para conseguir.

Embora a linguagem acadêmica seja mais liberada, assim como o debate é mais amplo, nota-se que os trabalhos escritos são mais cuidadosos do que a defesa verbal das teses.

E muitas perguntas que não podem ser feitas em público aparecem nos seminários. Ontem, depois de minha palestra sobre a situação da imprensa na América Latina, na qual citei os problemas de liberdade de imprensa que países como Argentina, Equador e Venezuela vivem, e apontei que no Brasil, mesmo tendo perdido força pelo posicionamento claro da presidente Dilma Rousseff a favor da liberdade de expressão, ainda há grupos políticos empenhados em fazer aprovar medidas de controle da mídia, uma estudante me perguntou o que achava da situação da China, onde há censura aos meios de comunicação.

Disse a ela que havia tentado acessar o Facebook e o YouTube sem sucesso, pois estavam bloqueados, e que era impossível ter-se um sistema de informação que seja útil à cidadania se ele é baseado apenas em notícias oficiais.

E que era um paradoxo querer ser um país economicamente eficiente e moderno sem um sistema de informação aberto a todos os lados que permita inclusive a atualização dos conhecimentos necessários para a competitividade da nação. A China, com a censura à internet, estava abrindo mão de tecnologias modernas que certamente seriam úteis para seu desenvolvimento.

Pensei cá comigo que o fato de o ambiente acadêmico permitir esse tipo de questionamento é um primeiro passo para uma maior abertura política, que, aliás, foi defendida em alguns trabalhos apresentados por *scholars* chineses.

Foi o caso de Fong Songhua, que, em seu balanço sobre os desequilíbrios do modelo chinês, destacou que o tema mais urgente na China contemporânea é começar uma reforma política progressiva.

No passado, disse ele, foi fundamental a união de poder e capital para promover o crescimento econômico rápido da China, mas agora têm de ser reexaminadas as relações entre os direitos e o capital, retomados os valores de liberdade e democracia, correção e justiça, para construir fundações para um projeto de longo prazo que abranja o desenvolvimento social, assim como o econômico.

"Não queremos que a China seja um gigante econômico, mas um anão cultural no futuro", disse Fong Songhua.

| 22.05.2012 |

OTIMISMO E CAUTELA NA CHINA

O **professor** Chen Changshen, do Instituto de Filosofia da Academia de Ciências Sociais de Xangai, fez no seminário promovido em conjunto com a Academia da Latinidade uma análise muito aguda da situação atual da China, partindo da constatação de que a globalização é a principal tendência e a ideologia dominante em nosso tempo.

O governo chinês respondeu a ela com reformas e uma política de abertura, e em consequência disso nos últimos 30 anos a economia chinesa foi se transformando, lenta, mas irrevogavelmente, de planejada centralmente em uma economia de confiança no mercado.

Como responsável pelo bem-estar de 1/5 da população da Terra, os desafios e oportunidades da globalização têm sido tema de muita reflexão nos últimos anos na China, gerando um otimismo cauteloso.

Otimismo porque a globalização é uma oportunidade para a China, mas ao mesmo tempo a cautela está presente por que é sabido que a globalização traz desafios nunca vistos, e crises que podem ser fatais.

Reformas e abertura, necessárias para aproveitar a globalização, podem trazer para a China, porém, subversões internas. Com uma sociedade fechada em si mesma durante séculos, a cultura da inércia pode provocar uma espécie de "instinto básico" de rejeição à onda de globalização que vem do Ocidente.

Na análise do professor, o governo chinês está fazendo um esforço significativo para superar esse "instinto cultural", já que é predominante a ideia que é melhor tomar a iniciativa de mudar conceitos para participar da globalização do que, por receio, deliberadamente evitá-la. Chen Changshen admite que para muitos ocidentais os chineses são imprevisíveis, e o socialismo de características chinesas nem sempre é compreendido. Não existe uma única resposta para essas dúvidas, ele ressalta, e a política oficial é avançar com o tempo, sem questões pré-definidas.

Por isso, os "especialistas" em China têm previsões tão discrepantes em relação ao futuro do país. Enquanto uns consideram que o século XXI será da China, que desafiará o poder dos Estados Unidos em algumas áreas, há os pessimistas que acham que a China entrará em colapso dentro de pouco tempo.

Para o professor Chen Changshen, ambos estão errados. Ele considera inevitável que existam conflitos entre os chineses e a sociedade ocidental, e admite que, para a China, integrar-se à comunidade internacional é um problema angustiante, às vezes beirando o vexatório.

Ele considera que a maior dificuldade está em que as culturas chinesa e ocidental não seguem as mesmas regras. Mesmo os chineses dispostos a seguir regras internacionais, se elas ameaçam seus compatriotas, as abandonarão e voltarão às regras tradicionais.

E quais são essas regras? A família tem um papel todo especial na vida chinesa. Estado e casa têm, em chinês, um vínculo que os ideogramas revelam, levando à noção de país, o que significa que o país é uma expansão de sua casa.

Isso significa que o povo chinês dá muita importância às relações interpessoais em detrimento do individualismo, e também da ordem ou da moral públicas.

As relações pessoais e as leis da sociedade são diferentes formas de vida na China, as primeiras dando destaque às relações interpessoais ou intergrupos (família, clã), e as outras lidando com aspectos objetivos onde não interessa quem violou a lei ou quem será o juiz do caso.

Teoricamente, ética, lei, regras e regulamentações são questões objetivas e iguais para todos. Nas relações interpessoais, no entanto, vale mais o "quem fez".

Como lidar com as situações depende exclusivamente das relações entre o agente e as partes interessadas. Chen Changshen dá um exemplo: Se eu vejo alguém roubando, normalmente estarei disposto a testemunhar contra ele, mas se o ladrão é meu irmão, provavelmente não testemunharei "para preservar a família".

Talvez até pense que o que ele fez foi "objetivamente" errado, mas nesse caso pesará mais o princípio das relações pessoais.

Por isso o professor considera que a China precisa de tempo para reformar suas instituições e valores para se acomodar ao desenvolvimento da "aldeia global", o que virá em seu próprio benefício.

Mas a comunidade internacional precisa também entender que é melhor para todos que se dê à China um pouco mais de tempo e de espaço para que ela possa mudar sem grandes conflitos.

Na análise do professor Changshen, a China hoje rivaliza em poder e influência com os Estados Unidos, sendo que o ambicioso plano de modernização militar a transformou em um poder formidável, genuíno competidor estratégico dos Estados Unidos.

Mas ao mesmo tempo, ambos os países são interdependentes, parceiros comerciais com laços econômicos cada vez mais estreitos.

Mas as profundas diferenças de seus sistemas políticos, valores e interesses nacionais fazem permanecer entre os dois desconfianças profundas: Beijing teme que os Estados Unidos tentem preventivamente constranger o crescimento da China, enquanto os Estados Unidos não estão certos de qual será a trajetória futura que a China escolherá.

Há, no entanto, interesses comuns que unem os dois países: segundo o professor, além de combater o terrorismo e as armas de destruição em massa, os dois têm interesse em manter o mundo crescendo e estável, e também dividem a mesma preocupação com a degradação ambiental e as mudanças climáticas.

É também interesse estratégico dos Estados Unidos ajudar a liberalização política na China. O professor Changshen tem uma visão bastante pragmática sobre a China: historicamente, seria uma sociedade que amadurece rápido e declina muito cedo.

Apesar do crescimento econômico das últimas três décadas, a moderna China não produz ciência e tecnologia, não fez uma revolução industrial, não aderiu à economia de mercado nem à democratização, o que a torna um país emergente que é "grande, mas não forte".

O professor considera que mesmo que a China consiga manter o ritmo de crescimento que vem experimentando nos últimos anos – o que considera discutível –, dificilmente superará no curto e médio prazos seus problemas maiores como pobreza, injustiça social, declínio moral, segurança jurídica. Por isso, garantir que a China seja um país próspero dentro das regras internacionais é de interesse não apenas dos Estados Unidos, mas da própria "aldeia global".

| 23.05.2012 |

A VEZ DA CULTURA

Uma das **preocupações mais** sentidas entre os estudiosos chineses nestes dias de seminários aqui em Pequim, que já havia ficado registrada nos debates em Xangai, é fazer com que o mundo ocidental conheça a genuína cultura chinesa e entenda o espírito de seu povo.

A preocupação parece fazer parte de um projeto maior de inserção cada vez mais profunda da China no mundo, mais além do puro crescimento econômico, que já não satisfaz por si mesmo e precisa ser incorporado ao contexto mais amplo que inclui a divulgação cultural.

O interesse pelo Brasil, escolhido parceiro preferencial dentro dos Brics – acrônimo para Brasil, Rússia, Índia, China e África do Sul, grupo de países emergentes que serão dominantes no mundo futuro, segundo previsões da Goldman Sachs assumidas como verdade já nos grandes fóruns internacionais –, é evidente, e agora também na arrancada cultural, que tem muito a ver com o projeto dos Estados Unidos que deu certo do ponto de vista pragmático da política internacional, ao levar para o mundo, inclusive para a China, seu modo de vida e seus valores.

O festival de filmes chineses que um grupo de investidores quer fazer no Brasil, com a correspondente exibição de filmes brasileiros aqui na China, é um exemplo desse tipo de iniciativa que deve ser cada vez mais frequente daqui para a frente.

Dentro desse espírito, um trabalho sobre a necessidade de se ter uma historiografia mais acurada da China, que suplante os erros cometidos no passado e mostre às futuras gerações as verdadeiras faces do país, foi apresentado pelo professor da City University de Hong Kong Zang Longxi, que se utilizou de um famoso poema sobre o Monte Lu, na província de Jiangxi, de um dos maiores autores chineses, Su Shi, do século XI.

"Nós não conhecemos a verdadeira face do Monte Lu porque estamos todos dentro", diz um de seus versos mais conhecidos.

Para Zang Longxi, a metáfora da montanha funciona bem porque eventos históricos acontecem em locais específicos, com definição geográfica precisa e uma materialidade própria que os condicionam.

O poema de Su Shi indicaria que a simples descrição da montanha não é suficiente para compreendê-la, assim como para o historiador não bastam a descrição e os registros históricos, mas, sim, abrir-se para diferentes ângulos, aceitar diferentes perspectivas, e esse é o desafio chinês para a sua historiografia.

| 25.05.2012 |

LI XING

A **crise política que se abateu** sobre o Partido Comunista chinês em março, quando uma de suas principais estrelas, Bo Xilai, que comandava a megacidade Chongqing, foi afastado, tem origem em uma disputa em torno da relevância de uma característica subjetiva chinesa que faz parte hoje do ideário do Comitê Central, resgatada nos últimos anos depois de ter sido menosprezada pelo camarada Mao e sua Revolução Cultural, que Bo Xilai queria reviver como parte de um projeto politico oposto ao que está em vigor no país há 30 anos.

Ele era um dos fortes candidatos ao órgão máximo do Partido Comunista, o Comitê Central, que deve ser renovado proximamente, e foi superado pela visão hegemônica no país que a tradição do Li Xing deve orientar o crescimento econômico.

Coube ao professor Tong Shijun, vice-presidente da Academia de Ciências Sociais de Xangai, trazer para o debate essa tradição viva chinesa que o filósofo inglês Bertrand Russell classificou em seu famoso livro *The problem of China* (O problema da China), de 1922, como a característica mais importante do espírito chinês: a "razoabilidade", que para o filósofo chinês Liang Shuming não é simplesmente uma atitude, um comportamento, ou um modo de pensar típico da cultura chinesa, mas sobretudo alguma coisa profundamente enraizada no coração do povo chinês, e, nesse sentido, sagrada.

Para Bertrand Russell, "os chineses almejam ser requintados na arte e razoáveis na vida". Esse conceito, que tem suas origens no confucionismo, foi sufocado no período de Mao Zedong e o professor Shijun chamou a atenção para o fato de que nos oito volumes dos escritos de

Mao o Li Xing aparece uma única vez, e assim mesmo de maneira pejorativa: "Seres humanos são antes de mais nada animais sociais e não devemos seguir a burguesia enfatizando a importância do Li Xing para os humanos".

O professor Tong Shijun diz que o fim da Revolução Cultural em 1976, dando lugar a um processo de grande desenvolvimento econômico e cultural, pode ser interpretado como evidência de que a tradição do Li Xing, ou "razoabilidade", prevaleceu, mas, mesmo que tenha sido assim, "é preciso perguntar por que uma nação com tamanha tradição pode ter sofrido tal falta de racionalidade e razoabilidade, e como isso pode ser evitado no futuro".

Ele chama a atenção para fatos que vêm se sucedendo nos últimos anos e que indicariam uma tendência no Partido Comunista no sentido de manter a política de abertura.

Em outubro de 2010, a reunião do Comitê Central do Partido Comunista aprovou o programa de cinco anos para o desenvolvimento econômico e social da China que objetiva, entre outras coisas, "promover o espírito científico, fortalecer preocupações humanísticas, dar mais atenção ao aconselhamento psicológico e cultivar uma mentalidade social que seja empreendedoramente progressista, pacificamente Li Xing e aberta tolerantemente".

Nesse mesmo contexto, de abril a maio de 2011, o maior jornal oficial, o *People's Daily*, publicou uma série de artigos sob o título geral de "Dando atenção à mentalidade social" para explicar as implicações da demanda de cultivar uma mentalidade social Li Xing.

O professor Shijun ressalta que merece especial atenção um dos artigos da série, sobre como começar os esforços para atingir o Li Xing. Ele destaca o fato de que a expressão Li Xing passou a ser frequentemente usada porque muitas pessoas estão se tornando o oposto da razão frente a vários problemas.

O artigo afirma que o entendimento do partido sobre a razão "alcançou um tremendo progresso nesses últimos 30 anos, começando a abertura, as reformas, a aceitação de uma racionalidade econômica que favorece aos interesses pessoais, a competição e a eficiência, indo da questão individual, na ênfase em ser calmo, estável, sensível e contido, até os esforços feitos pelo partido e o governo para proteger os interesses das massas, salvaguardando a razão pública e construindo uma sociedade harmoniosa".

Mas o artigo também admite que num país em rápida mudança como a China de hoje, que enfrenta uma situação de turbulência nunca vista em milhares de anos, nenhuma pessoa em particular pode se aventurar a ser o dono da verdade absoluta e desfrutar um sentido superior de razão e esperar ser capaz de curar a ferida da irracionalidade com o símbolo da razão.

Para completar o quadro, o professor Tong Shijun lembrou a posição de um dos fundadores do Partido Comunista chinês Li Dazhao (1889-1927), que tentou apropriar a cultura tradicional do Li Xing para desenvolver uma versão chinesa da democracia deliberativa.

Li citou em um artigo de 1923 um famoso conceito de Mencius (372 BC-289 BC), professor confuciano, que só perdia em importância para o próprio Confúcio, para explicar o conceito de "livre escolha", que considerava essencial para uma democracia genuína: "Quando subjugam um homem pela força, não o dominam no coração. O submetem porque sua força não é suficiente para resistir".

O professor Shijun ressaltou que quando desenvolvia sua sofisticada justificação de uma moderna política legitimada pelo que Habermas mais tarde chamaria de "motivada somente pela força desarmada do melhor argumento", Li já havia se convertido ao marxismo, segundo a historiografia oficial.

Para ele, os recentes esforços para integrar o marxismo com o confucionismo e construir uma democracia com características chinesas podem ganhar forte apoio dentro do Partido Comunista e também da escola filosófica tradicional chinesa.

| 26.05.2012 |

A INDEPENDÊNCIA DO STF

A tese de que os ministros do Supremo Tribunal Federal marcaram o julgamento do mensalão para agosto cedendo à pressão da opinião pública, vocalizada pela mídia tradicional, que os petistas estão difundindo pelas redes sociais, foi mais uma vez gerada pelo criminalista Márcio Thomaz Bastos – ele que, quando ministro da Justiça de Lula, socorreu o governo com a tese de que o mensalão não passara de um crime eleitoral de caixa dois –, defensor de um dos réus do mensalão, e tem base em vários pareceres de juristas que circulam entre os petistas.

Entre eles, há um do criminalista Nilo Batista, que se refere a casos ocorridos nos Estados Unidos, em que julgamentos criminais foram anulados devido à influência da imprensa na opinião pública, gerando uma sentença que, segundo os defensores dessa tese, não passa de "averbação judicial de um veredicto já anteriormente ditado: a mídia já julgara".

É a situação que se chama em inglês de trialbythe media e que o ex-ministro Thomaz Bastos chamou de "não julgamento" ou "uma farsa". O próprio Thomaz Bastos deu exemplos de casos acontecidos no Brasil, como a condenação do casal Nardoni pela morte da menina Isabella, que ele considera estar enquadrado nessa situação.

O ex-ministro da Justiça de Lula admitiu em sua entrevista que essa influência da mídia se verifica com maior intensidade em julgamento de primeira instância ou no júri popular, mas destacou que os ministros do STF "não vivem em Marte" e são influenciados pelo ambiente em que vivem e pelos comentários que ouvem de pessoas próximas. A mesma advertência que Nilo Batista em seu parecer faz, citando o jurista

Martins de Andrade: "O juiz (togado ou leigo) é um membro integrado e ativo da sociedade (...) suscetível às influências culturais e ideológicas (... como) aquelas exercidas pelos órgãos da mídia."

Sobre a imparcialidade dos juízes do Supremo e a capacidade de se manterem alheios às influências externas de motivação política, é importante ter conhecimento de um texto primoroso de um dos grandes juristas que o país já teve, Victor Nunes Leal, cassado em janeiro de 1969 com base no AI-5.

Seu depoimento está no livro *Umas lembranças do Supremo Tribunal Federal na Revolução*, que o jurista e historiador Alberto Venancio Filho pesquisou no Instituto Victor Nunes Leal.

No Brasil, nos períodos autoritários, houve intervenções no STF, sendo que duas delas durante o regime militar: o Ato Institucional n 2, de 27 de outubro de 1965 (e não 1967 como escrevi na coluna de sábado), aumentou o número de ministros de 11 para 16, na tentativa de controlar suas decisões, e em janeiro de 1969, com base no Ato Institucional n 5, foram aposentados compulsoriamente os ministros Victor Nunes Leal, Hermes Lima e Evandro Lins e Silva. Em protesto, também renunciou ao cargo o então presidente do STF, ministro Gonçalves de Oliveira, e pediu aposentadoria o ministro Lafayette de Andrada, o mais antigo da Corte (decano).

Na sequência, o Ato Institucional n 6, de 12 de fevereiro de 1969, reduziu o número de ministros para 11, que permanece até hoje. Pois Victor Nunes Leal, ainda no governo de Castello Branco, soube que havia um boato de que os militares estavam dispostos a intervir no Supremo devido a um suposto trabalho de três ministros no sentido de formar um bloco hostil ao governo militar.

Ele então escreveu uma carta a um amigo, em 16 de junho de 1964, que sabia ter boas relações com Castello Branco e lhe faria chegar suas observações. "Quem chega ao Supremo Tribunal Federal tem um passado pelo qual zelar, na advocacia, na magistratura, no magistério, em funções administrativas ou políticas, e está atento ao julgamento dos contemporâneos e da posteridade. O juiz, mormente do Supremo Tribunal, não recompensa benefícios, mas exerce uma elevada função que exige espírito público e dignidade", afirma Victor Nunes Leal.

Ele compara a imposição da toga à investidura do speaker da Câmara dos Comuns, "cuja tradição é o escrupuloso e voluntário desligamento de sua anterior atividade política. No juiz, com mais forte razão, essa desvinculação tem de ser completa. (...) O dever do juiz é cumpri-las (as leis), em confronto com a Constituição".

Na carta, Victor Nunes Leal faz a definição da missão de julgar: "Decerto, essa delicada tarefa não é um trabalho mecânico. Valemo-nos de nossa formação profissional, e da observação da realidade econômica, social e política. Mas nessa busca, por vezes tormentosa, nossa lealdade é para com a Constituição, as leis, o interesse coletivo e a nossa consciência, porque sem independência, que é o ônus e a prerrogativa do juiz, não se pode falar em autêntico Poder Judiciário."

Para Victor Nunes Leal, "não estaria à altura do cargo quem pensasse em organizar maioria de juízes contra este ou aquele governo. Cada um de nós é cioso de sua responsabilidade pessoal, de sua reputação, do seu compromisso com o país, da sua autonomia no julgamento".

Em sua carta, Victor Nunes Leal analisa "as vicissitudes normais do Supremo Tribunal, que não se pode engajar em contrário, nem a favor do governo". Diz ele: "Quando rumores de todos os lados inquietavam nosso espírito e nos perturbavam o trabalho, era natural que nos preocupássemos com o destino de nossa instituição, que é fiel do equilíbrio federativo, da harmonia dos poderes, dos direitos individuais e, portanto, chave do regime democrático-representativo em que vivemos. (...) Assumir posições políticas, num ou noutro sentido, seria totalmente contrário à missão constitucional do Tribunal, prestigiada pela venerável tradição que todos estamos empenhados em preservar".

Victor Nunes Leal soube que sua carta chegara ao conhecimento do presidente Castello Branco, e talvez por isso sua cassação e a dos outros dois ministros só tenham acontecido anos depois, já no governo Costa e Silva, com base no Ato Institucional nº 5.

| 14.06.2012 |

DESTRUIÇÃO CRIADORA

A **crise financeira** que devastou o mundo a partir de 2008, cujas consequências perduram até hoje, trouxe à tona a necessidade de rever atitudes e procedimentos para que o capitalismo continue sendo o melhor sistema econômico disponível, privilegiando a produção e não a especulação financeira, prestando melhores serviços à sociedade.

A disputa entre os defensores de ações do Estado para superá-la e os que se batem pela redução da ação do Estado nestes anos pós-crise atualizou uma disputa mais antiga, entre o austríaco liberal Hayek e o inglês intervencionista John Maynard Keynes, a tal ponto que diversas simulações de um debate entre os dois foram promovidas em várias partes do mundo, inclusive aqui no Brasil, em novembro do ano passado, patrocinado pelo Ibmec.

A estudante Virgínia Barbosa teve a ideia de replicar um debate realizado meses antes pela BBC de Londres. Desta vez, para discutir os novos rumos do capitalismo, a mesma Virgínia, com o apoio do Ibmec e do Instituto Millenium, promoveu um debate, realizado na quarta-feira passada no auditório da Academia Brasileira de Letras, que eu intermediei, entre os economistas André Lara Resende e Gustavo Franco, dois dos criadores do Plano Real.

Ambos valeram-se não de Hayek ou Keynes para analisar a crise econômica global, mas de Joseph Schumpeter, um dos mais importantes economistas da primeira metade do século XX, autor da teoria da "destruição criativa" do capitalismo.

Lara Resende lembrou que, evitando um grande colapso à custa de um aumento expressivo da dívida pública e do passivo dos bancos centrais, "ao se controlar artificialmente as forças cíclicas naturais do capitalismo, se pode ter esclerosado grande parte de suas virtudes, de sua força criativa e renovadora".

Foi aí que lembrou Schumpeter, "defensor entusiasmado do capitalismo e da fecundidade do espírito empresarial", enfatizou a importância da "destruição criadora" do capitalismo, "como mola propulsora dos avanços em todas as esferas da sociedade".

Já Gustavo Franco começou sua fala afirmando que tinha otimismo "sobre o capitalismo e sobre Brasil, e também, sobretudo, sobre o casamento entre um e outro, essencialmente um empreendimento de destruição criadora".

Para ele, destruição criadora, instabilidade "são partes necessárias dessa paisagem, não existe capitalismo sem isso". Talvez porque, analisou, "o capitalismo é um sistema de arquitetura aberta, por isso se adaptará, emergirá mais forte" da crise.

André Lara Resende acha, no entanto, que "a possibilidade de que estejamos próximos de duas restrições, que eram ainda distantes nos anos 30, exige efetivamente repensar os rumos do capitalismo".

A primeira seria "o limite do tolerável – no sentido de não vir a se tornar disfuncional – da participação do Estado na economia". Ele lembrou que em toda parte, "até mesmo onde o capitalismo nunca foi seriamente questionado, como nos EUA", houve, ao longo de todo o século XX, "sistemático aumento da carga fiscal e da participação do Estado na renda nacional".

As respostas, tanto para a crítica econômica – da instabilidade intrínseca – quanto para a crítica social – da desigualdade crônica – ao capitalismo, levaram ao aumento da participação do Estado na economia.

A segunda nova restrição seria "a proximidade dos limites físicos do planeta", assunto que ele vem abordando ultimamente em vários artigos. "É evidente que não será possível continuar indefinidamente com a série de ciclos de expansão do consumo material, alimentado pela turbina do crédito, até uma nova crise, que só se resolve com mais crescimento", analisou Lara Resende, para ressalvar: "A menos que haja uma radical mudança tecnológica, será preciso encontrar a fórmula do aumento do bem-estar numa economia estacionária."

Para ele, a mudança tecnológica "não parece provável", pois a questão do meio ambiente seria um caso clássico "de bens públicos, que o mercado não precifica de forma correta".

Uma crítica à esquerda ao capitalismo, quanto ao risco do consumismo, está sendo retomada depois da crise econômica de 2008, lembra Lara Resende: "A tese da alienação consumista permeia a crítica cultural do capitalismo de massas, desde a Escola de Frankfurt até os novos teóricos da sociedade do espetáculo."

Para ele, "ao transformar todas as esferas da vida numa questão de cálculo financeiro, ganhamos capacidade de criar riqueza, mas em contrapartida nos tornamos insaciáveis".

André Lara Resende diz, ecoando vários autores, que "a busca desenfreada por crescimento econômico, por mais consumo material, nos levou a esquecer de por que queremos mais. Mais consumo material tornou-se um objetivo em si mesmo".

Para ele, "será preciso superar o fosso profundo do preconceito ideológico" para encontrar respostas para "as duas grandes questões de nosso tempo": como reduzir a disparidade dos padrões de vida, sem aumentar a intermediação do Estado e restringir as liberdades individuais. E como reverter o consumismo, a insaciabilidade material, sem reduzir a percepção de bem-estar.

"São grandes desafios, sem dúvida", admite André Lara Resende, para quem a competição capitalista parece "imprescindível" para que seja possível encontrar as respostas aos problemas criados pelo sucesso do capitalismo.

"Só a pluralidade das ideias, que foi capaz de desmistificar todo tipo de autoritarismo, seja o religioso, o fundamentalista ou o ideológico, e criar a cultura da autonomia do indivíduo, será capaz de fazer revisão cultural que a circunstâncias exigem, sem sacrificar as conquistas do Iluminismo."

| 16.06.2012 |

NOVO CONTRATO SOCIAL

Diante do documento final da Rio+20, que parece sem ambições maiores que a de alcançar um consenso entre os participantes, sem importar a profundidade dos compromissos assumidos, já começam vários movimentos para tentar avançar além dele, em acordos paralelos que possam suprir sua falta de perspectiva histórica.

A defesa de uma postura solidária entre as nações, defendida em entrevistas paralelas por dois pensadores da questão ambiental com uma visão política mais abrangente e menos burocrática do que a que domina a redação do documento final do encontro, parece ser o caminho para esses acordos paralelos.

Um deles é o secretário-geral adjunto da ONU Carlos Lopes, de Guiné-Bissau, encarregado da Comissão Econômica da África, que pretende retomar a tese do filósofo Jean-Jacques Rousseau de um novo contrato social para enfrentar os desafios econômicos e políticos.

O outro é o sociólogo francês Edgar Morin, presidente do Institut International de Recherche Politique de Civilisation. Os dois encontraram-se ontem em um almoço promovido pelo sociólogo brasileiro Cândido Mendes, membro da Academia Brasileira de Letras e secretário-geral da Academia da Latinidade, um organismo internacional dedicado à aproximação cultural e política entre o Oriente e o Ocidente, do qual os dois participam.

O sociólogo Edgar Morin participou de uma atividade paralela da Rio+20 na Escola Sesc de Ensino Médio na Barra da Tijuca justamente sobre "a força moral de um contrato social para o século XXI".

O resultado dos debates será levado ao Segmento de Alto Nível da Conferência. Entre os assuntos discutidos estão os desafios de uma política da humanidade, o papel dos povos e territórios frente às encruzilhadas relacionadas à agricultura, segurança alimentar, fonte de energia, às formas de produção e de consumo.

As experiências agroecológicas para produções alternativas foram tema do pioneiro em agricultura agroecológica na França, Philippe Desbrosses. Também estava presente o professor emérito da École des Hautes Etudes en Sciences Sociales, Ignacy Sachs, precursor do conceito de "desenvolvimento sustentável" a partir, na década de 1970, de um modelo ambientalmente correto de produção, distribuição e consumo de bens.

Sachs vai participar do debate com Carlos Lopes e outros para buscar os pontos de um novo pacto social para o século XXI. Lopes acredita que assim como os Objetivos do Milênio da ONU foram aprovados como maneira de superar o impasse do Protocolo de Kyoto, que os Estados Unidos não ratificaram, também novos compromissos paralelos poderão ser assumidos para evitar o fracasso da Rio+20, mais uma vez provocado pela atitude dos Estados Unidos e da China de não se empenharem na aprovação de um documento mais ousado.

Nos Objetivos do Milênio estão incorporados compromissos com as questões social, econômica e ambiental, que não podem ser dissociadas, como defende Edgar Morin, em busca de uma visão solidária dos países.

Carlos Lopes acha que a solução só chegará quando a visão econômica moderna incorporar a questão ecológica não como uma barreira, mas como uma maneira de impulsionar o desenvolvimento.

Uma das grandes questões da atual discussão é a do financiamento dos projetos e programas, devido à grave crise econômica internacional que assola o mundo desde 2008. Lopes dá a China como exemplo de uma maneira de encarar esses investimentos no longo prazo, sem uma visão imediatista que domina a economia mundial.

Segundo Edgar Morin, os países hoje estão atrelados à especulação financeira e são incapazes de ter uma visão holística dos problemas do planeta.

Carlos Lopes lembrou que, segundo o FMI, as zonas mais resilientes à crise, que crescerão mais na próxima década são precisamente aquelas que precisavam progredir mais, como a África, que é o continente que mais cresce hoje no mundo.

Mesmo que a base seja muito pequena, e, portanto, o crescimento médio de cerca de 6% possa não significar o mesmo que em outras regiões mais desenvolvidas, o fato é que a África está sofrendo uma alteração profunda em sua estrutura física, com grandes investimentos em tecnologia da informação, com uma população urbana jovem conectada com as novas tecnologias.

A China compreende esse fenômeno e, para exemplificar a grandeza dos seus investimentos, Carlos Lopes lembra que nos anos 60 do século passado a China começou aplicando U$ 1 milhão de dólares na região, e hoje tem programação de U$ 120 bilhões até 2015, investimento que foi sendo ampliado de maneira exponencial no decorrer das décadas e continuará em ritmo acelerado nos próximos anos.

Ele lamenta que o Brasil não tenha uma visão estratégica tão bem estruturada para a África como a China, independente da capacidade de investimento. Na sua visão, por enquanto o Brasil, embora compreenda a importância de apoiar o desenvolvimento da África, tem mais voluntarismo do que programa estratégico.

Ele lembra que a África tem as maiores reservas de terras aráveis do mundo ainda não aproveitadas, e o futuro da produção alimentar para a humanidade está lá e no Brasil. As experiências da Embrapa podem ser muito úteis para a agricultura na África.

Carlos Lopes vê no rascunho do documento final da Rio+20 coordenado pelo Brasil a prova do que vinha sustentando nos últimos dias: o Brasil não é um líder ambiental, apesar de estar no centro dos debates sobre o assunto desde a Rio 92 e agora a Rio+20.

| 22.06.2012 |

AS ETAPAS

A dramática exortação a Cristo feita pelo presidente venezuelano Hugo Chávez, entre lágrimas, para que lhe dê mais tempo de vida – "Não me leve ainda porque tenho muitas coisas a fazer" – é o diagnóstico mais próximo da realidade que se pode ter num governo quase ditatorial, onde as informações sobre a saúde de seu presidente são consideradas de "segurança nacional".

Essa obsessão pelo segredo pode ter custado a Chávez a chance de tratar o câncer que o acometeu de maneira mais profissional e com tecnologia mais avançada.

Visivelmente necessitando de apoio emocional, Chávez, que regressara de Cuba, onde se submetera a mais uma etapa de um tratamento que não vem dando resultados, disse que sentia vontade de revelar seus sentimentos mais íntimos, e contou: "Há anos comecei a assumir que tinha uma enfermidade muito maligna que marca o fim do caminho de muita gente".

Mesmo que tenha pensado que morreria logo, Chávez garantiu que se sente forte para continuar a lutar "porque há muitas razões".

A vinda ao Brasil, oficialmente para uma visita ao ex-presidente Lula, pode acontecer tarde demais para que seja tratado no Hospital Sírio-Libanês, onde poderia ter sido internado desde o início da doença, não fossem as exigências inaceitáveis que impôs na ocasião.

O governo venezuelano queria interditar dois andares do Hospital Sírio-Libanês em São Paulo e colocar o Exército para tomar conta do hospital, revistando todos os visitantes. E ainda proibir a divulgação de boletins médicos.

A falta de transparência na Venezuela e em Cuba, onde ele afinal foi se tratar, é tamanha que até o momento não se sabe oficialmente em que local do corpo de Chávez está localizado o tumor originário.

Sabe-se que poderia estar na "região pélvica", mas não há mais detalhes. O máximo que se sabe, e assim mesmo por informações fragmentadas, é que se trata de um câncer "colorretal" que abrange tumores em todo o cólon, reto e apêndice.

As informações vazadas por meio de algumas páginas do Twitter e na coluna do jornalista Nelson Bocaranda indicam que o tratamento em Cuba teve vários erros, até mesmo queimaduras na radioterapia, e por falta de equipamentos alguns exames tiveram que ser enviados para hospitais no Brasil e até nos Estados Unidos.

O jornalista venezuelano diz que uma equipe precursora já partiu de Caracas para preparar a visita de Chávez ao Brasil, e que ele se submeterá a um exame de scanner no Hospital Sírio-Libanês em São Paulo.

Há, no entanto, grupos políticos ligados a Chávez que são contra a vinda dele ao Brasil, alegando as mesmas razões anteriores, de segredo e segurança.

Na Venezuela, há a certeza de que no Hospital Sírio-Libanês o presidente venezuelano será mais bem tratado, mas também de que as informações sobre sua doença, até agora mantidas em segredo de Estado, serão reveladas em boletins médicos, mesmo que certas informações possam ser enquadradas no sigilo médico.

O mais provável é que Chávez tenha sido convencido por Lula, com quem conversou pelo telefone sobre seu tratamento, a fazer alguns exames no hospital paulista e receber orientações, numa atitude de desespero diante da gravidade da doença, que tem resistido à quimioterapia e à radioterapia em Cuba.

Há informações de que o presidente teve problemas intestinais devido à evolução da doença, já em processo de metástase.

A questão central, no entanto, continua sendo a eleição de outubro. Numa corrida contra o tempo, Chávez tem seis meses até as urnas para tentar a reeleição, e está fazendo o possível e o impossível para manter-se em condições de enfrentar uma campanha eleitoral que certamente será a mais dura que ele já enfrentou.

Embora sua popularidade aumente à medida que suas aparições na televisão se tornam cada vez mais emotivas, misturando a política com a fé religiosa, ele pode não ter tempo de vida útil.

Sua reação à doença até o momento vem obedecendo uma escala descrita por Elisabeth Kübler-Ross no que é conhecido como "o modelo Kübler-Ross" de reações a notícias trágicas ou doenças terminais, descrito no livro *On death and dying* ("Sobre a morte e o morrer"), de 1969, publicado no Brasil pela editora Martins Fontes.

Nem todas as pessoas afetadas passam pelas cinco etapas desse processo doloroso. A médica suíça, que morreu em 2004, explicava que essas etapas não se sucedem necessariamente nessa ordem, e nem todos os pacientes passam por todas elas, mas que todos passarão por pelo menos duas delas.

Normalmente, as pessoas passam por essas etapas em um efeito que ela chamou de "montanha-russa", indo de uma para outra diversas vezes até o desfecho.

Na véspera de viajar para Cuba para os exames que confirmaram que tinha um novo tumor, em fevereiro, Chávez apareceu em público para afirmar que o câncer "se fora" de seu corpo.

Assim como, quando regressou de Cuba depois da primeira operação, declarou-se "curado". Essa é a primeira etapa, a da "negação".

A segunda etapa seria a "ira", quando a pessoa se indigna com o que está acontecendo, considerando-se injustiçada: "Como isso pode estar acontecendo a mim?".

A terceira etapa é a da negociação, que parece ser aquela em que está o presidente venezuelano a esta altura de sua tragédia pessoal.

O apelo que fez para que tenha mais alguns anos de vida para fazer o que falta é típico do indivíduo que tenta retardar o final.

A "depressão" é a etapa seguinte, quando a pessoa começa a assumir a inexorabilidade da doença. A médica Elisabeth Kübler-Ross diz que essa etapa é importante de ser vivida pelo paciente, e não é recomendável que se tente tirar a pessoa da depressão.

A última etapa seria a da "aceitação".

| 07.04.2012 |

DISCUTINDO A RELAÇÃO

A partir da discussão das crises entre o Legislativo e o Executivo brasileiros registradas na nossa história, num confronto permanente reforçado pelas características parlamentaristas da Constituição de 1988, revisitadas e analisadas por cientistas políticos e historiadores em colunas anteriores, pretendo discutir neste fim de semana e na terça-feira possíveis soluções para equilibrar essa relação entre um Executivo "imperial" e um Legislativo forte.

Para o historiador José Murilo de Carvalho, membro da Academia Brasileira de Letras, o começo mais simples seria pelo lado dos sistemas eleitoral e partidário. "Os males do momento atual são o risco de paralisia decisória e a compra de votos e partidos para evitá-la, isto é, governabilidade e corrupção", diz ele.

Outras abordagens lembradas por José Murilo são a redução da dependência dos estados em relação ao poder central e o maior rigor contra a impunidade. "O que certamente não resolve são apelos à moralidade", ressalta.

Já o cientista político Sérgio Abranches, um estudioso do nosso "presidencialismo de coalizão", designação que ele cunhou, vê como medidas necessárias a proibição de alianças e coligações nas eleições proporcionais; a mudança do cálculo da proporcionalidade, para acabar com as sobras de votos que elegem representantes sem votos; e a descoincidência entre as eleições nacionais – presidente, senadores e deputados federais – das locais – governadores, prefeitos, deputados estaduais e vereadores.

Por sua vez, a cientista política Argelina Figueiredo, do Iesp – Instituto de Estudos Sociais e Políticos da UERJ, não tem problemas com o número de partidos nem com nosso sistema eleitoral. Ela defende duas medidas para fortalecer o Legislativo: a implantação incremental do orçamento mandatório e a redução "não radical" dos cargos de nomeação política.

Mesmo reconhecendo que no Brasil "a posição dominante entre cientistas políticos é pelo voto proporcional por dar margem à manifestação de leque maior de opiniões", José Murilo não está convencido de que precisamos "de mais de 20 partidos para representar grandes correntes de opinião e grandes interesses, durante muito tempo divididas simplesmente entre centro, direita e esquerda, burguesia, operariado, classe média".

Quantos partidos entre nós representam de fato correntes de opinião e interesses coletivos?, pergunta. José Murilo resume em uma pequena fórmula o problema atual das relações Executivo-Legislativo, misturando os seguintes ingredientes: 1. sufrágio universal e eleições confiáveis; 2. partidos competitivos; 3. Congresso mais forte; 4. sistema eleitoral proporcional; 5. regime presidencialista.

"1 leva a 2 que leva a 3. 4 multiplica partidos que, dado 5, dificulta formação de base governista e produz atritos que podem gerar paralisia, evitada por cooptação legal ou ilegal, levando à corrosão da República."

Sérgio Abranches diz que não há soluções imediatas para os problemas estruturais de relacionamento entre Executivo e Legislativo.

Esses problemas, segundo ele, não têm a ver apenas com o imperativo da coalizão de nosso modelo presidencialista, mas com questões estruturais da sociedade brasileira e com o federalismo.

"A heterogeneidade socioeconômica no Brasil produz uma disparidade histórica de visões e interesses entre a Presidência e o Congresso", adverte.

Essas visões distintas são provocadas pela origem de cada voto: o colégio eleitoral do (a) presidente é nacional, a maioria dos eleitores é urbana, classe média e operária, com valores mais associados cosmopolitas, cidadãos mais autônomos, com capacidade pessoal ou coletiva de demandar e cuidar de seus problemas básicos.

Já os parlamentares são, na sua maioria, eleitos por um pequeno número de redutos, com populações ainda dependentes dos favores das redes clientelistas, economias muito especializadas, portanto, com interesses muito mais focalizados e uma visão de mundo muito mais local.

"Essa disparidade é insolúvel e não tem como eliminá-la do sistema político, a não ser com mais desenvolvimento e mais educação, criando situações socioestruturais mais homogêneas", analisa Sérgio Abranches.

Outra fonte de dificuldades nas relações Executivo-Legislativo apontada por Abranches é "a enorme centralização de poder fiscal – tributação e gasto – na União, sob controle praticamente monopolista do Executivo".

Daí, diz ele, a transformação dos parlamentares federais em "despachantes" dos estados, em busca de recursos, liberações e que tais. "Daí, também, a enorme importância das emendas parlamentares."

Subsidiariamente, ele lembra que o poder federal também tem muita influência local via delegacias de vários ministérios, principalmente educação, previdência, trabalho e transportes "áreas de forte atuação clientelista".

A solução, seria, aponta Sérgio Abranches, reduzir o peso da União e descentralizar poderes fiscais e regulatórios para os estados.

Argelina Figueiredo diz que, se compararmos com a Constituição de 46, "certamente na atual há um forte desequilíbrio na relação entre os poderes Legislativo e Executivo no Brasil. O Executivo brasileiro é de fato institucionalmente forte com a Constituição de 1988, e essa é uma herança da legislação autoritária".

Uma mudança radical na relação Executivo-Legislativo, para ela, seria a instituição de um orçamento mandatório. "Talvez o melhor seria sua implantação incremental, mas devendo se aplicar principalmente às emendas individuais, mantido um teto, como é hoje, para cada parlamentar".

Outra medida que afetaria as relações entre os dois poderes, mas que, para Argelina, não deveria ser radical, seria uma diminuição dos cargos de escolha política, "principalmente os que se situam nas camadas mais baixas, que, em princípio, não afetariam a implementação de políticas de governo".

Ela acha, no entanto, que "o barulho é maior do que fenômeno, tendo em vista que 75% dos DAS se aplicam a funcionários de carreira, e os 25% restantes são para altos cargos".

| 14.04.2012 |

PARTIDOS E REPRESENTAÇÃO

A **fragmentação do sistema** partidário brasileiro é considerada por muitos analistas de nosso cenário político como a razão para a instabilidade das relações entre o Executivo e o Legislativo. Por isso o historiador José Murilo de Carvalho, membro da Academia Brasileira de Letras, considera que o começo de uma reforma institucional deveria se dar pelos sistemas eleitoral e partidário, para evitar o risco de paralisia decisória e a compra de votos e partidos, colocando em contraposição conceitos de governabilidade e corrupção.

Para ela, o número de partidos "sempre gera maior custo de transação, mas não necessariamente afeta os resultados ou aumenta problemas de governabilidade", o que depende "da posição ideológica dos partidos parlamentares".

"Há estudos, com amostra do mundo inteiro, que mostram que, acima de três partidos e alguma coisa, há uma queda nos efeitos negativos do número de partidos", lembra Argelina Figueiredo.

Ela se diz favorável ao sistema eleitoral brasileiro, proporcional com lista aberta. "Mudanças só na regulamentação e fiscalização de campanhas."

É contra o voto distrital, até mesmo o que chama de "a conta de chegar" do sistema distrital misto, pois não aceita "nada que limite o poder de escolha do eleitor, ou seja, a representação".

Enquanto Sérgio Abranches defende o fim das coligações proporcionais, segundo ela, "não há causalidade entre coerência e coligações".

As coligações eleitorais têm objetivos, como não desperdiçar votos, por exemplo, "que são exógenos à ideologia dos partidos e não têm efeito sobre eles".

Argelina Figueiredo explica que "partidos ideológicos se coligam se acham que, por meio de alianças, vão ter resultados mais eficazes na mobilização dos eleitores. Da mesma forma que ocorre com partidos não ideológicos".

Ela admite que as coligações podem ter impacto "na capacidade de os eleitores poderem responsabilizar o partido em que votaram, mas no caso do Brasil ainda podem responsabilizar o parlamentar, ou seja, o parlamentar pode ser punido".

Ela também é contra as chamadas "cláusulas de barreira", que estipulam um percentual mínimo de votos para que os partidos possam ter representação no Congresso, e lembra que "já existe uma cláusula de barreira no próprio distrito do partido que é o coeficiente eleitoral".

Para excluir do quadro partidário os chamados "partidos de aluguel", ela diz que algumas medidas poderiam ser adotadas, por exemplo com relação ao tempo de TV.

Mas considera que "o mais fundamental é garantir que nenhuma cláusula de barreira possa atingir partidos ideológicos ou de representação de opiniões (verde, municipalista, cristão etc)".

"Prefiro que alguns partidos de aluguel permaneçam do que partidos que representam qualquer corrente de opinião sejam excluídos."

Para Argelina Figueiredo, "são exatamente as instituições de representação, a forma de governo e de organização do Estado (federalismo) que, permitindo vários pontos de entrada no sistema político, constituem um sistema de checksand balances que neutraliza a força do Executivo no interior do sistema decisório".

Já o cientista político Sérgio Abranches considera a fragmentação partidária um problema, embora admita que "sobre esse ponto há enorme controvérsia. Qualquer solução é muito difícil, porque afeta os cálculos individuais de elegibilidade dos próprios parlamentares que teriam que votar as mudanças".

Abranches diz que sempre foi contra o voto distrital, que na sua opinião "só pioraria as coisas, com o localismo que lhe é inerente".

Uma das soluções para reduzir a fragmentação dos partidos seria a mudança de cálculo da proporcionalidade, "para acabar com as sobras de votos que elegem representantes sem votos".

Ele defende a mudança do sistema D'Hondt, que utilizamos, para o Saint Laguë. A diferença é que o primeiro "permite sobras grandes, que produzem o 'efeito Enéas', pelo qual um candidato muito bem votado elege outros praticamente sem voto, enquanto o segundo 'cobra' mais votos para eleger cada deputado e praticamente elimina as sobras".

Esse método, adotado nas sociais-democracias escandinavas, tende a reduzir o número de partidos que conseguem representação entre 4 e 6. "Isso, somado à proibição de alianças e coligações, reduziria consideravelmente a fragmentação e permitiria melhorar significativamente a governança no presidencialismo de coalizão", diz Sérgio Abranches.

A não coincidência entre as eleições nacionais – presidente, senadores e deputados federais – e as locais – governadores, prefeitos, deputados estaduais e vereadores – "permitiria dar um pouco mais de conteúdo nacional às campanhas nacionais e um pouco mais de teor programático às alianças".

Fora isso, Abranches aponta o problema da corrupção, "que ficou crônico", como uma questão a ser superada.

Seu enfrentamento depende de atitudes fortes do presidente, tolerância zero, Dilma às vezes parece querer chegar nisso; da independência do Ministério Público e da Polícia Federal; e da formação de consenso contra a impunidade no Judiciário.

| 15.04.2012 |

VISÕES CAMONIANAS

Na despedida dos marinheiros na Praia do Restelo, um velho "de aspecto venerando" criticava a aventura de buscar o caminho marítimo para as Índias, chamando atenção para os perigos que rondavam as empreitadas. "O Velho do Restelo não pode, não deve, e eu asseguro, não terá a última palavra no Brasil", disse a presidente Dilma.

Mais modernamente, outras visões sobre o Velho do Restelo têm predominado, ligando sua visão crítica ao entendimento de que as novas conquistas na verdade eram movidas mais pela cobiça, e trariam mais prejuízos a Portugal e seu povo do que glórias e benefícios. "Ó glória de mandar/Ó vã cobiça/ A que novos desastres determinas/De levar este reino e estas gentes?".

O historiador e escritor Alberto da Costa e Silva, membro da Academia Brasileira de Letras, lembra a visão crítica de Antonio Sérgio, considerado o maior intelectual português do século XX, que via o Velho do Restelo não como uma representação do passado, mas do futuro.

Outra acadêmica, Cleonice Berardinelli, considerada a maior especialista em literatura portuguesa, diz que por "caminhos junguianos" chegou à conclusão de que o inconsciente coletivo da época, que refletia "os medos, as mulheres que ficavam sozinhas, as famílias abandonadas, as lavouras abandonadas porque os homens iam em busca daquele caminho marítimo para as Índias", está retratado muito bem em *Os Lusíadas*.

Para ela, o Velho do Restelo "é uma figura extraordinária, moderna dentro da criação da epopeia". Camões, na sua avaliação, "tem uma virtude que o faz ficar nas alturas da criação da épica", ao conceber uma personagem como o Velho do Restelo, "um homem apaixonado pela pátria que quer celebrar, até que se dá conta de que ela está metida no gosto da cobiça e na rudeza de uma austera, apagada e vil tristeza".

Cleonice Berardinelli cita "um grande da literatura portuguesa e um grande pensador de nosso tempo", o professor e filósofo Eduardo Lourenço, que avalia que Camões, em *Os Lusíadas*, "começa com uma épica e termina com um réquiem". Cleonice diz que "era isso que o Velho do Restelo estava lá para lembrar, era uma espécie de consciência coletiva".

Já o embaixador Alberto da Costa e Silva recorre ao pensador português já falecido Antonio Sérgio, que ressalta que "Camões canta o valor dos portugueses, sobretudo na grande empresa dos descobrimentos e conquistas. Mas por outro lado, dos trechos camonianos mais sentidos é a parte dos *Lusíadas* em que o Velho do Restelo, com tanta eloquência, se ergue a condenar o próprio feito que sua epopeia celebrava".

O intelectual português lembra que a simpatia de Camões pelo Velho do Restelo "é evidente", pois colocou "a crítica da empresa na boca do mais avisado, do mais filosófico, do mais venerável dos seus heróis".

Alberto da Costa e Silva lembra que o Velho do Restelo vai dizendo várias coisas que realmente sucederam em Portugal: o esvaziamento demográfico do país devido à ida das pessoas para o Oriente em busca da riqueza fácil; o sacrifício de gerações que acabaram por enriquecer os holandeses e os ingleses; a decadência da agricultura e da manufatura portuguesas.

Como se vê, a oposição pode bem representar uma visão crítica do modelo instalado pelo governo Dilma no país, sem ser pessimista e muito menos antipatriótica, como tanto Dilma quanto Lula gostam de dizer, confundindo críticas ao governo com críticas ao país.

| 14.06.2013 |

OS POLÍTICOS EM XEQUE

O sociólogo Manuel Castells, um dos maiores especialistas em novas mídias, esteve no país recentemente e deu declarações sobre os movimentos mobilizados pelos novos meios sociais, chamando a atenção para o fato de que todos os dados mostram o desprestígio total dos políticos, partidos e parlamentos pelo mundo.

A descrença na democracia representativa levaria a que, se os cidadãos pudessem, mandariam todos embora, mas o sistema bloqueou as saídas, comentou Castells em entrevista ao jornal *Folha de S. Paulo*. Sua admiração pelos novos meios de comunicação, no entanto, não o leva a superdimensionar o poder desses instrumentos de mobilização.

Ele adverte que "não basta um manifesto no Facebook para mobilizar milhares de pessoas". A mobilização dependeria do nível de descontentamento popular e da capacidade de mobilização de imagens e palavras, explicou. "A internet é uma condição necessária, mas não suficiente para que existam movimentos sociais".

Também o professor Clay Shirky, autor do livro *The political power of social media* (*O poder político dos meios sociais*), conclui na mesma linha, dizendo que "as redes por si só não têm poder político, sendo necessário que a sociedade esteja madura para que seus efeitos aconteçam". Castells diz que agora o cidadão tem "os meios tecnológicos para existir independentemente das instituições políticas e do sistema de comunicação de massa".

Essa ação através das mídias sociais tenta preencher o que Castells define de "vazio de representação", criado pela vulgarização da atividade político-partidária, que caiu no descrédito da nova geração de usuários da internet.

Manuel Castells acha que um político ligado aos partidos convencionais dificilmente conseguiria superar essa rejeição, mas acredita que a ex-senadora Marina Silva tem condições de assumir esse papel. Sem se referir ao projeto de lei que está em tramitação no Senado que dificulta a criação de novos partidos, Castells previu que Marina "terá de enfrentar todo o sistema, porque um ponto sob o qual todos os partidos estão de acordo é manter o monopólio conjunto do poder".

No seu livro *Comunicação e poder*, Castells, já analisado aqui na coluna, chega à conclusão de que as redes de comunicação social mudam a lógica do poder na sociedade atual, e já não se pode fazer política se não se levam em conta a crescente autonomia e o dinamismo da sociedade, utilizando a desintermediação dos meios de comunicação.

Os jovens da nova classe média, que deflagraram esses movimentos por todo o país, fazem parte de um conjunto de novos atores da política nacional que os políticos procuram entender e cooptar. A oposição, porque, como já advertira o ex-presidente Fernando Henrique, o "povão" estaria já cooptado pelos programas sociais do governo petista.

O governo, porque a presidente Dilma havia avançado muito sobre esse novo público, agregando novos eleitores aos tradicionais seguidores do PT, ampliando sua vantagem sobre a oposição. Pela motivação dos protestos pelo país, com críticas à corrupção dos políticos, até a realização da Copa do Mundo, pela falta de orçamento para setores que consideram mais importantes, como Saúde, Educação e transportes públicos, o governo federal está no centro dos protestos.

Por esse motivo, Fernando Henrique soltou uma nota ontem dizendo que "os governantes e as lideranças do país precisam atuar entendendo o porquê desses acontecimentos nas ruas. Desqualificá-los como ação de baderneiros é grave erro. (...) As razões se encontram na carestia, na má qualidade dos serviços públicos, na corrupção, no desencanto da juventude frente ao futuro". Também o ex-presidente Lula se manifestou: "Ninguém em sã consciência pode ser contra manifestações da sociedade civil, porque a democracia não é um pacto de silêncio, mas, sim, a sociedade em movimentação em busca de novas conquistas". Ambos usaram o Facebook para suas manifestações.

| 18.06.2013 |

NEGRI E CHÁVEZ, TUDO A VER

Ao colocar como barreira a Constituição, e salientar que não é possível perguntar ao povo questões que ele não pode resolver, como as que exigem emendas constitucionais no Congresso, o TSE deu balizamento para eventuais tentativas de alterar a Constituição através de plebiscitos, sonho de consumo permanente de um grupo influente do petismo.

Nesse contexto, o desespero da presidente Dilma para levar adiante a proposta de plebiscito sobre a reforma política pode gerar uma crise de graves consequências, com o Palácio do Planalto, acobertado pelo PT, tentando jogar a população contra o Congresso, como se a solução das reivindicações das ruas dependesse do plebiscito. O grau de periculosidade aumenta quando o PT decide não só levar para as ruas centrais sindicais e organizações populares ligadas a ele, como insistir na convocação de uma Constituinte. No dia 25 do mês passado, escrevi a coluna "Democracia direta", sobre o perigo de utilizar consultas populares para ultrapassar o Congresso, e disse que a tendência dominava países da América Latina ditos "bolivarianos", sob a liderança da Venezuela chavista, que se inspirara no livro "Poder Constituinte – ensaio sobre as alternativas da modernidade", do filósofo italiano Antonio Negri.

Pois bem, o professor de Direito Constitucional Adriano Pilatti, tradutor do livro para o português, postou no Facebook nota contra o que escrevi. Juntamente com Toni Negri e Giuseppe Cocco, publicou um artigo no jornal *Valor* supostamente para rebater "as sandices" que escrevi, segundo Pilatti. Nesse artigo, afirmam que nunca falaram especialmente sobre a Venezuela, mas sobre o surgimento de novos governos na América do Sul, e, analisando as manifestações dos últimos dias no país, escrevem que "a teoria do poder constituinte e sua realidade (aquela que está abertamente nas ruas do Brasil inteiro) é uma teoria da democracia radical. Não é contra a representação, mas contra a separação dessa de sua fonte: a soberania popular".

A íntima relação de Toni Negri com Hugo Chávez, o falecido protoditador venezuelano, no entanto, está registrada em um encontro que tiveram em Cumaná, Estado de Sucre, num domingo 5 de fevereiro de 2006, e gravado para o programa Alô Presidente número 246. Quem quiser ver a íntegra pode ir ao Google e, a partir da página 59, encontrará diálogos do que Negri e Chávez entendem por "democracia". Chávez conversa com Toni Negri e diz que o conheceu primeiro através de livros como *O poder constituinte*, que o fez compreender "o que é o poder constituinte original". Negri agradece e diz que teve "muita sorte" de o seu livro cair "em excelentes mãos. Mãos que levaram a cabo não somente um processo democrático, mas também que puderam levar a cabo com esse livro uma revolução, que é a essência de uma verdadeira Constituição, esse amor que nasce e se transmite através da prática da Constituição".

Negri diz que " é interessantíssimo ver como se desenvolve este processo, esse é o essencial, o que você chama de dar o poder ao povo. Quer dizer, transformar este processo revolucionário em uma verdade, em um processo verdadeiro de dar poder ao povo, o que chamo de uma ação verídica até o povo". Outro aspecto importante, diz Negri, é que um grupo de companheiros, tanto na Itália quanto em toda a Europa e América Latina, está vendo "com muito interesse a experiência venezuelana, a proposta bolivariana, e como se está estendendo pela América Latina". Para Negri, "é importante ver que o inimigo somente pode ser vencido através da luta de classes, da luta de todos nós. A luta de classes nos continentes é minha esperança, poder continuar aprofundando este debate, esta proposta que se está formulando hoje que você chama de socialismo do século XXI e eu poderia também chamar de comunismo".

Chávez agradece a Negri e torna a dizer que a partir do livro *O poder constituinte*, que o fez entender o poder constituinte originário, está se desencadeando um processo na Venezuela e na Bolívia. "Estamos aqui levando adiante um processo democrático, revolucionário, pacífico. Mas, como já disse antes, é uma revolução "alerta e armada", para destruir a traição à Pátria".

| 06.07.2013 |

PISA, (POUCOS) AVANÇOS

Se compararmos com China, Taiwan e outros, estamos realmente bem atrasados. Qual o diagnóstico? O que falta fazer? Procurei vários especialistas em Educação para uma análise da situação, que começo a publicar hoje, iniciando pelo resultado do Pisa.

O relatório da Organização para a Cooperação e Desenvolvimento Econômico (OCDE), que reúne os países desenvolvidos, afirma que a nota brasileira em Matemática foi a que teve maior aumento entre todos os países. E destaca que os avanços brasileiros foram conseguidos com a inclusão de alunos, o que é mais difícil.

Foi o que bastou para que o ministro da Educação, Aloizio Mercadante, comemorasse, dizendo que, se a foto do momento ainda é ruim, nosso filme é bom. Mas, aparentemente, para os especialistas, não há razões para comemoração. Desde Arnaldo Niskier, ex-secretário de Educação do Rio e membro da Academia Brasileira de Letras, que lembra que nossa colocação no ranking continua "vexaminosa": 58º lugar, numa lista de 65 nações. E pior, diz: "Em Leitura e Ciências, continuamos na rabeira". Irônico, cita um amigo para dizer que "o grande problema da educação nacional é a falta de tempo integral. Inclusive do ministro".

Para alguns, a melhora do Brasil em Matemática se deveu exclusivamente à mudança na composição de idade dos alunos que fizeram a prova (especialmente em 2009, quando houve um aumento maior), e, dentro de cada grupo de idade/série, não houve qualquer aumento. Priscila Cruz, diretora executiva do movimento Todos pela Educação, diz que, se avançamos em Matemática, foi bem menos do que deveríamos. E lembra que esse avanço tem sido muito questionado: se realmente foi avanço ou fruto de mudança na amostra.

Segundo a especialista Ilona Ferrão, seria um caso de "contabilidade criativa" aplicada à Educação. A questão da amostra continua controversa, com especialistas considerando as mudanças como válidas, e outros vendo problemas de critério. Para o sociólogo Simon Schwartzman, presidente do Instituto de Estudos do Trabalho e Sociedade, que vem debatendo a questão em seu blog, o que parece pacífico é o seguinte: "Se houve uma melhoria, ela foi muito pequena e se deve, sobretudo, à melhoria do fluxo escolar – o que em si não é mau, mas não há indicações de que o ensino melhorou." Há ainda, segundo ele, um número importante de jovens no grupo de idade do Pisa que ficaram fora da prova porque estão abaixo da série que entra na amostra – 18.8% do grupo de idade. "Se eles entrassem na amostra, o resultado seria muito pior." Por fim, seja como for, "não há como dizer que houve uma melhora na qualidade da educação proporcionada pelas políticas do governo federal".

Já o economista Fernando Veloso, da Fundação Getulio Vargas no Rio, acha que os resultados do Pisa são consistentes com os dados das avaliações nacionais. "O Ideb (Índice de Desenvolvimento da Educação Básica) também mostra uma evolução em relação ao início dos anos 2000, mas uma estagnação recente nos anos finais do ensino fundamental, que correspondem à faixa etária dos alunos que participam do Pisa. A Prova Brasil também revela que o maior progresso ocorreu em Matemática". Veloso explica que a principal característica dos países que se destacam no Pisa é que eles oferecem educação de qualidade para todos, independentemente de sua condição socioeconômica. "Isso envolve a combinação de três elementos. Em primeiro lugar, é preciso estabelecer o que todas as crianças e jovens precisam aprender, e organizar o sistema educacional de forma a atingir esse objetivo".

Outro ponto importante são os instrumentos de avaliação, "que devem ser utilizados de forma sistemática para obter informações sobre o desempenho dos alunos". São necessárias ainda políticas específicas de apoio aos alunos com pior desempenho.

Segundo ele, desde meados da década de 1990, o Brasil avançou nessa direção, com a criação de um sistema de avaliação abrangente e metas do Ideb para as escolas públicas.

| 13.12.2013 |

ALFABETIZAÇÃO ATRASADA

O sociólogo Simon Schwartzman, presidente do Instituto de Estudos do Trabalho e Sociedade (Iets), chama a atenção para a necessidade de começar a boa escolarização mais cedo, ainda na pré-escola, porque déficits de formação de vocabulário e outros nos primeiros anos podem afetar os estudantes pelo resto da vida. "Mas as pré-escolas precisam ter qualidade, e isto é caro, e a maioria das que tem sido criadas no Brasil nos anos mais recentes não passam de depósitos de crianças. E mesmo se a pré-escola for boa, seus resultados se perdem, se as escolas mais tarde continuarem de má qualidade".

Ilona Becskeházy, pesquisadora de políticas públicas educacionais, ex-dirigente da Fundação Lemann e comentarista de educação da Rádio CBN, diz que a regra deveria ser alfabetizar aos 6 anos o mais rapidamente possível, porque a não alfabetização é que tira os alunos da escola mais para frente. "Com os alunos entrando na escola aos 4 (mais de 80% já entram), não faz sentido esticar até os 8, além do que na escola privada aos 6 os alunos já escrevem pequenas redações e leem textos simples sozinhos".

O grande problema é que o Pacto de Alfabetização define a idade errada, "mas para agradar ao governo e aos prefeitos do Nordeste, esticaram o prazo. Além do que pegaria muito mal para a presidente um plano que desdiz claramente o maior projeto dela na área de educação".

O relatório da Unesco de 2012 sobre repetência no ensino primário tem um gráfico que a educadora classifica de "chocante", mostrando que não alfabetizar na pré-escola até os 6 anos, "é um crime com o país e com as crianças. Só ditaduras e protonações quarto mundistas permitem essa barbaridade, como mostra o gráfico. E nós".

Para Ilona Beckseházy "deixar o parâmetro aos 8 anos, ou permitir flexibilidade nesse ponto crucial do trajeto educacional de uma pessoa ou país, vai nos deixar na vala de lama que nos metemos por negligenciar educação por tanto tempo".

Ela diz que até mesmo a base de apoio do governo já se convenceu de que a idade do Pacto da Alfabetização está errada, mas atribui a "questões eleitoreiras" a decisão de postergar o prazo de alfabetização: os prefeitos, principalmente do Nordeste, acham que vai ser pressão demais sobre eles, mesmo que o país já esteja gastando bilhões para colocar as crianças na escola desde os 4 anos e que o Pacto pela Alfabetização tenha adicionado R$ 3 bilhões à conta.

"Alguém precisa explicar o que fazem as crianças dos 4 aos 8 anos. Nas escolas privadas, aos 5 anos as crianças já estão escrevendo muitas palavras e começando a ler e, nas favelas, as mães pagam R$ 20, 30, 50 por mês a 'explicadoras' que ensinam seus filhos a ler até os 6, pois veem os filhos das suas patroas lendo nessa idade".

Para Ilona Beckseházy, "se não estão aprendendo a ler/escrever, a culpa é da escola e não do aluno".

| 22.12.2013 |

RAZÃO E EMOÇÃO

O sociólogo Manuel Castells, baseado também em estudos da neurociência, diz que o medo é a emoção primária fundamental, a mais importante de nossa vida a influenciar as informações que alguém recebe.

O livro de John Mearsheimer sobre o hábito de mentir dos governantes, da Editora Zahar, debruça-se sobre o que ele chama de "mentiras estratégicas", e uma das muitas facetas dessas mentiras "para o bem da pátria" é a difusão do medo.

Está aí a raiz da recente propaganda partidária do PT, apelando para o receio do que classificam de retrocesso caso a sigla seja derrotada nas urnas. Para se contrapor à tendência à mudança que as pesquisas apontam como a principal motivação para o voto nesta eleição.

É interessante observar que, embora esteja na frente nas pesquisas, a presidente Dilma concorre à reeleição com dificuldades que a fazem dizer uma frase como a revelada por Renato Maurício Prado no *Globo*, num encontro da presidente com jornalistas esportivos recentemente no Palácio da Alvorada em Brasília: "É a minha hora. E vou até o fim. Perdendo ou ganhando".

As primeiras campanhas propagandísticas com vistas à reeleição foram realizadas com o objetivo de evitar a derrota, o que indica uma fragilidade que não seria de se supor em uma presidente de posse de todas as forças inerentes ao cargo que ocupa. O que revela que ela não tem pleno controle dessas forças.

Não é de estranhar que esse tenha sido o caminho escolhido pelo marqueteiro João Santana, que já admitiu certa vez que, numa campanha, trabalham-se "produções simbólicas", tentando captar "o imaginário da população", não exatamente a verdade dos fatos.

Nessa guerra que se avizinha, como em todas as guerras, a verdade é a primeira vítima, na frase famosa atribuída geralmente ao senador americano Hiram Johnson. Em sua obra *A República*, Platão afirma que os governantes têm o direito de não dizer a verdade para os cidadãos, e até mesmo de mentir "no interesse da própria cidade".

O governo Dilma leva essa permissão platônica ao pé da letra e cria um mundo de ficção que esbarra na realidade. É o caso dos aeroportos, que Dilma declarou ontem prontos para receber os milhões de turistas esperados para a Copa.

É por isso que estamos vendo um verdadeiro festival de traições nos bastidores da política, à medida que a campanha eleitoral vai se aproximando das datas marcadas pelo calendário oficial para a definição das candidaturas.

Quem mais sofre nessas situações é o governo, que tem mais a perder do que a depauperada oposição. A começar pelos minutos de propaganda oficial, que podem dar a Dilma quase três vezes o tempo do candidato em 2º nas pesquisas, o senador Aécio Neves, do PSDB.

Cada minuto retirado da principal oponente pode valer até o dobro para a oposição, e quem tem tempo de propaganda para negociar, como o PMDB (perto de 5 minutos) ou o PSD (cerca de 2 minutos), ganha dimensões políticas que a atuação parlamentar muitas vezes não justifica.

A vice-presidência da chapa tucana está na mesa de negociações, enquanto Michel Temer, do PMDB, o vice de Dilma Rousseff, precisa ser ratificado na convenção de junho para garantir aos governistas a hegemonia na propaganda partidária.

Correndo por fora, a dupla Eduardo Campos-Marina Silva joga com a rejeição aos políticos tradicionais para superar as barreiras logísticas impostas pela fragilidade de suas bases partidárias formais.

O que já desandou na estratégia política governista foi a realização da Copa do Mundo como instrumento galvanizador dos anseios nacionais. Ao contrário, as necessidades da população nos grandes centros urbanos do país contrastam com a orgia de gastos públicos nos 12 estádios, colocando em xeque, talvez pela 1ª vez na história do país tratando-se de futebol, as prioridades do governo, definidas em detrimento das mais prementes demandas da população.

A seleção não deixará de ser "a pátria de chuteiras", na definição perene de Nelson Rodrigues, mas o patriotismo não servirá de refúgio para as deficiências do governo.

| 20.05.2014 |

ESPÍRITO PÚBLICO

Trata-se de relato pessoal dos anos pré-ditadura militar, quando teve atuação política no centro dos acontecimentos com apenas 22 anos, como presidente da União Nacional dos Estudantes (UNE), e do duplo exílio, do Brasil para o Chile e de lá, com a derrubada de Allende, novamente exilado em Roma e nos Estados Unidos, onde se formou doutor em economia em Princeton no Institute for Advanced Study.

Anos mais tarde, reler sua tese nunca publicada sobre a política econômica do governo Allende fez surgir "um ser fantasmático, aplicado, intelectualmente veemente, que se esfalfa para entender um trauma histórico e seguir em frente – eu mesmo outrora e agora".

É interessante aprender como foi forjada a personalidade política de Serra, reconhecidamente um amante dos detalhes ("onde o diabo mora"), um administrador rigoroso e obstinado. O que mais o incomodou no exílio não foi estar longe de casa, mas a impossibilidade de voltar e a falta de documentos. Por isso, recusou-se a devolver um passaporte brasileiro que recebeu por equívoco do cônsul em Santiago, Octávio Guinle, que acabou sendo punido pelo erro.

A UNE tinha papel fundamental nos anos que precederam ao golpe de 1964, e é surpreendente constatar como um estudante de 22 anos partilhava de conversas com o então presidente João Goulart e outros políticos renomados da época, a ponto de discutir com o presidente a nomeação do ministro da Fazenda, e com o deputado Leonel Brizola, o então governador Miguel Arraes, e outros, as ações políticas, tendo mais noção do que muitos de que a crise política se avizinhava.

Em reunião política nos dias tensos que antecederam ao golpe, Serra ouviu da boca de Jango: "Não vou terminar esse mandato, não. Não chego até o fim". A percepção da fragilidade do esquema político e militar do governo esteve sempre presente na atuação daquele estudante, que fez um discurso incendiário no Comício da Central, e depois do golpe acabou no Uruguai ao lado de Brizola, os dois exilados, recebendo oferta para participar da luta armada contra os militares que tomaram o poder, que descartou com piada.

Em todo o seu relato, Serra revela sua obsessão pelos detalhes: "Enquanto andava, morbidamente me perguntava se a bala do fuzil, além de derrubar-me, doeria", referindo-se à saída do Estádio Nacional do Chile, onde vários presos políticos foram assassinados nos primeiros dias do golpe militar que instalou a ditadura.

Serra não mudou sua visão sobre o que aconteceu no Brasil, continua convencido de que o governo Goulart não preparava um golpe, e que o receio do perigo comunista foi incutido na população pela direita, com a ajuda dos meios de comunicação da época para que o golpe fosse viável.

Acusa a CIA de ter atuado no golpe militar, seja financiando o Instituto Brasileiro de Ação Democrática com suas campanhas anticomunistas; ou grampeando o ministro da Guerra Jair Dantas dentro de seu quarto de hospital, como sua ação desestabilizadora do governo Allende. E lamenta que hoje exista mais intolerância no debate político do que naquela época "embora o conflito político ideológico daquela década fosse muitíssimo mais acentuado do que no Brasil de hoje".

É um belo documento histórico esse que Serra publica, comprovando o que ele afirma em certo momento: "Em nenhum momento do desterro duvidei do meu propósito e destino. Tudo o que estudei lá fora teve este norte: preparar-me para uma presença exemplar na vida pública brasileira".

| 22.07.2014 |

JOÃO 'BICHO-PAPÃO' SANTANA

Na verdade, essa maneira agressiva de utilizar a "propaganda negativa" para desconstruir os adversários tem um pioneiro na História política contemporânea, e não poderia deixar de ser um marqueteiro americano, pois nos Estados Unidos é onde se pratica a mais violenta propaganda política.

A história de Lee Atwater está contada num filme chamado *O Bicho-Papão* ("Boogie Man"), apelido por que era conhecido, de que já tratei aqui na campanha eleitoral de 2008 que levou Barack Obama à Presidência. Vale a pena rememorar. Como marqueteiro político, era tão ligado aos republicanos que foi nomeado pelo então presidente George Bush pai para presidir o Partido Republicano, a primeira vez que um não parlamentar ocupou o cargo.

Atwater chamou a atenção pela primeira vez em termos nacionais quando, aos 29 anos, teve papel importante na indicação de Ronald Reagan como candidato oficial do Partido Republicano em 1980, e, depois, na concepção de sua campanha, que teve início propositalmente na Filadélfia, lugar onde em 1963 foram assassinados três militantes dos direitos civis.

Durante o governo Reagan, Atwater trabalhou na Casa Branca e teve papel importante no escândalo Irã-Contras, organizando as manobras de marketing para livrar o presidente das acusações. Foi nesse período que se aproximou do então vice-presidente George Bush pai, de quem depois seria o principal assessor. Lee Atwater foi o primeiro assessor político a fazer pesquisas induzidas, e instintivamente entendeu que poderia incutir medo nos eleitores, explorando seus sentimentos patrióticos e religiosos.

Na sua primeira campanha, em 1978, curiosamente no Partido Democrata na Carolina do Sul, ele ajudou a derrotar Max Heller, um popular prefeito de Greenville, dando a vitória a Don Sprouse — que acusava Heller de, por ser judeu, não acreditar "no Nosso Senhor Jesus Cristo".

Foi a campanha de George Bush pai em 1988 que trouxe de vez a fama para Lee Atwater, começando pelas primárias, onde o primeiro a ser atacado foi o senador Bob Dole, acusado em propagandas de ser "O Senador Indefinido", mostrando-o como um político inconsistente, que mudava de opinião a toda hora. A tal ponto que, em um debate, perguntado pelo moderador Tom Brokaw se tinha algo a dizer a seu adversário, respondeu rispidamente: "Pare de mentir a respeito de minha história".

A campanha negativa marcou a marcha de George Bush para a Casa Branca, e a propaganda até hoje lembrada como uma das mais sujas da História política americana foi sobre o prisioneiro Willie Horton, condenado à prisão perpétua por assassinato, que saiu da cadeia dentro de um programa social implantado em Massachusetts pelo governador Michael Dukakis, praticou um assalto e estuprou uma mulher.

O candidato democrata, que tinha uma ampla vantagem, acabou sendo batido por Bush. O programa social tão criticado por Bush havia sido implantado pela primeira vez na Califórnia pelo então governador Ronald Reagan, mas os democratas não souberam responder ao ataque.

Durante essa campanha, Atwater ficou amigo da família Bush, especialmente do filho George W. Bush, e foi dele a ideia de fazê-lo candidato ao governo do Texas. Morreu em 1991, sem ter tempo de ver sua invenção chegar à Presidência dos Estados Unidos. Durante o período em que esteve doente, antes de morrer, Atwater ainda teve tempo de se arrepender de seus métodos, deu entrevistas e enviou cartas a diversos políticos, cujas reputações arruinara, pedindo desculpas.

| 19.10.2014 |

VIOLÊNCIA X LIBERDADE

Teve a mão globalizada da al-Qaeda a puxar o gatilho das kalashnikov contra jornalistas satíricos franceses, mas obedece ao mesmo conceito bárbaro que leva um político do interior brasileiro a assassinar jornalistas que expõem suas mazelas, ou simplesmente os expõem ao ridículo, como tantas vezes aconteceu nos últimos anos, crescentemente.

O elemento religioso que serviu de pretexto para a ação dos terroristas na redação do *Charlie Hebdo* é outro ingrediente de uma tragédia contemporânea, em que o desentendimento entre as civilizações está prevalecendo em lugar da tentativa de compreensão mútua.

Os direitos humanos como valores universais custam a se impor em sociedades que ainda lutam por liberdades individuais, e até agora apenas a Tunísia vem se saindo bem do movimento que se chamou Primavera Árabe e hoje não consegue ser um contraponto ao extremismo terrorista, que tem no Estado Islâmico sua imagem mais exemplar.

O filósofo francês François L'Yvonnet, secretário executivo da Academia da Latinidade, acompanha de perto a tentativa de aproximação das culturas, tarefa primordial da Academia, e tem também uma visão das questões francesas que estão em jogo nesta tragédia. Ele classifica o ataque ao *Charlie Hebdo* de "um acontecimento inominável, um atentado particularmente inqualificável à liberdade de expressão".

Mas há outras razões, particulares da França, para serem analisadas, diz L'Yvonnet. Para ele, a violência que se imiscui na sociedade francesa está presente na escola, nas ruas, em certas comunidades (judaicas e muçulmanas em particular). É essa violência, com alguns grupos particularmente radicalizados, que se expressa hoje (ontem).

Para L'Yvonnet, a França, por seu passado colonial e pela importância de sua comunidade árabe-muçulmana, está exposta à frente da crise que abala o sul do Mediterrâneo, "crise vivida muito intensamente e quase em tempo real pelos subúrbios de nossas grandes cidades". A integração republicana dessa comunidade é um desafio global, analisa, ressaltando as questões sociais que estão em disputa: exclusão, desemprego, evasão escolar, violência, zona de não direitos.

"O que nós oferecemos às crianças dos subúrbios? Quais suas perspectivas?". É preciso ser lúcido, diz L'Yvonne; "numerosos entre eles não têm outra perspectiva de sucesso social que a droga ou os assaltos a mão armada. Outra perspectiva de sucesso individual é a adesão largamente fantasiada ao Islã político".

Como professor, François L'Yvonnet diz que mede a mudança de atitudes de certos estudantes muçulmanos, "que não têm mais o perfil baixo, mas reivindicam fortemente o seu pertencimento a um Islã orgulhoso de si, feito de solidariedades transnacionais".

Ele alerta que "o amálgama será feito certamente entre uma pequena minoria de radicais e o conjunto da comunidade, composta de vários milhões de indivíduos. O amálgama clássico. Não há nada de surpreendente". Mas admite que "encontra um terreno propício numa França formando a imagem detestável da religião muçulmana pela ignorância sobre a cultura árabe-muçulmana e o desprezo que é dado aos árabes".

Para François L'Yvonnet, a França não está sendo confrontada por um inimigo externo. "Está sendo confrontada por ela mesma, suas contradições, seus temores políticos, seus maus hábitos pós-coloniais".

| 08.01.2015 |

O IMPEDIMENTO NA DEMOCRACIA

Os **perdedores tendem a se submeter** à decisão majoritária do Legislativo e não ocorreram viradas de mesa. Ou seja, a própria democracia se fortalece ao sinalizar a vitória da virtude sobre o vício. "Crisis and Rapid Re-equilibration: The Consequences of Presidential Challenge and Failure In Latin America" (Crises e rápido reequilíbrio: as consequências de desafio presidencial e falha na América Latina, em tradução livre) é o título do trabalho, que analisa casos entre 1978 e 2006.

Nesse período, 30% de todos os presidentes eleitos democraticamente no mundo enfrentaram movimentos para tirá-los do poder, e 12% foram forçados a deixar o cargo antes do término de seus mandatos. Neste trabalho, os dois cientistas políticos americanos analisam as consequências dessas crises, mostrando que a saída antecipada de um presidente é um mecanismo de equilíbrio que resolve os conflitos entre o Executivo e o Legislativo no presidencialismo.

Na verdade, diz o estudo, o impedimento revela a vitalidade da democracia na América Latina. Embora os desafios presidenciais e quedas representem crises difíceis, seus efeitos são limitados e efêmeros. Os cientistas políticos concluem que esses casos provocam apenas superficiais e efêmeras consequências à governança democrática na América Latina. A saída antecipada de presidentes não é um sintoma de fraqueza democrática, especulam os autores, mas, ao contrário, revelam a força da democracia representativa.

Mesmo admitindo que há visões mais pessimistas, os autores tendem a afirmar que as crises, de maneira geral, são uma ameaça mínima ao presidencialismo, sendo na verdade uma solução razoável para o estresse de governar com a separação de poderes.

As crises do sistema presidencialista tendem a ser breves e, mais importante, deixam feridas superficiais. Os autores afirmam que não encontraram evidências de quebra sistemática de legitimidade nem uma séria interrupção da governança. Não há também uma erosão do presidencialismo como sistema de governo.

Na opinião dos estudiosos, a repetida solução pacífica das crises presidenciais indica a resiliência da democracia na América Latina contemporânea. Na visão deles, resolver os problemas com a participação em massa dos cidadãos e dentro do Legislativo é um avanço na perspectiva histórica, uma quebra dos ciclos de intervenções militares.

Mudança de paradigma: A acusação dos procuradores contra Marcelo Odebrecht tem uma linguagem que claramente quebra os paradigmas desse tipo de atuação. Eles procuraram, além de caracterizar os crimes cometidos, analisar a psicologia dos denunciados, deixando claro que eles tinham "má índole" e, sabendo o que estavam fazendo, colaboraram para piorar a sociedade onde atuavam.

Os procuradores, ao agirem assim, levando em conta até mesmo o grau de instrução de Marcelo Odebrecht e outros acusados no mesmo processo, querem deixar claro que a elite cultural e econômica envolvida nas acusações tem mais responsabilidade do que o cidadão comum ao cometer crimes, especialmente contra o dinheiro público.

É uma ação que, além da acusação criminal, acrescenta a responsabilidade moral dos acusados, aumentando-lhes as culpas e, em consequências, as punições que, pela vontade dos procuradores, chegarão aos cem anos para Marcelo Odebrecht.

| 24.01.2016 |

O PAPEL ECONÔMICO DA EDUCAÇÃO

O sociólogo José Pastore, uma das maiores autoridades em trabalho no país, Ricardo Paes de Barros, economista-chefe do Instituto Ayrton Senna e professor do Insper, um dos técnicos por trás do Bolsa Família, e Samuel Pessoa, do Instituto de Economia da Fundação Getulio Vargas no Rio, mostraram como a deficiente estrutura educacional impede que o trabalhador brasileiro ganhe produtividade. Como analisa Paes de Barros, "a produtividade brasileira cresceu menos do que o salário. Para reduzir a pobreza, é preciso crescimento salarial, que não existe sem crescimento da produtividade. Mas o cenário educacional é desastroso".

Pastore diz que nós brasileiros vamos ter que escolher entre "muito trabalho e boa Educação ou pouco trabalho. Alta competência ou baixo salário". Mas o Brasil está atrasado, lembra, fazendo comparações: "Nossa educação média ainda está em torno de 7 anos de escola, quando nos Tigres Asiáticos já passou dos 10 anos; no Japão está nos 12; nos EUA e na Europa já está entre 13 e 14 anos".

Para Samuel Pessoa, da FGV, "demorou muito para os economistas entenderem o papel econômico da Educação. Nossa sociedade se atrasou na Educação, nosso maior erro histórico no século 20". Paes de Barros fez análise do que chamou de verdadeira revolução no combate à desigualdade: "A taxa de crescimento de renda per capita dos mais pobres cresceu acima da média nacional, e isso é inclusão social. No Brasil, 80% caminharam acima da média. Só dois grupos, que representam 15% da população, os mais ricos, cresceram abaixo da média, e têm metade da renda brasileira. Por 13 anos, o pobre cresceu quatro vezes mais rápido do que o rico. Para reduzir a desigualdade, precisa de desigualdade na taxa de crescimento".

Infelizmente, lamentou Paes de Barros, é preciso fazer isso por mais 20 anos para que nos tornemos um país razoável. Mas o grande feito, salientou, é fazer com que o mais pobre consiga taxas de crescimento chinês via mais trabalho e mais remuneração.

Falando sobre a crise atual, o economista disse que, "mais do que nunca, a melhor política social é a política econômica, pois os pobres estão conectados à economia". Para ele, o gasto público não é sustentável, e o gasto com o pobre é disso "minúscula porcentagem". A explosão dos gastos "tem a ver com decisões erradas que põem em risco o que conseguimos".

Paes de Barros vê "ares de insustentabilidade", pois, embora os salários dos mais pobres precisem continuar crescendo, "não podem crescer mais rápido do que a produtividade. Quem vai pagar a conta?". Na análise de Ricardo Paes de Barros, "temos hoje a maior juventude de todos os tempos, de 15 a 29 anos – 50 milhões –, maior do que jamais tivemos e do que jamais teremos", mas um sistema educacional atrasado dezenas de anos em relação a países que eram similares ao nosso há poucos anos.

"A escolaridade de quem nasceu nos anos 1930 era de 3,5 anos. O primeiro grupo que atingiu 4 anos de escolaridade foi o que nasceu em 40. Em 70, atingimos 8 anos de estudo. O novo adulto brasileiro, com 25 anos, se tiver um amigo chileno, este terá dois anos de escolaridade a mais – 10 a 12 anos. O pai do amigo chileno já tinha 10 anos. Estamos mais de 20 anos atrasados".

Sobre o aprendizado de crianças de 15 anos, verificado pelo teste Pisa, Paes de Barros ressalta que 67% dos brasileiros "sabem nada ou quase nada em Matemática". A Coreia do Sul tem três vezes mais conhecimento, e 93% dos países têm mais conhecimento do que os brasileiros.

Mas temos ilhas de excelência que deveriam ser copiadas. "500 escolas brasileiras já alcançaram a meta do Plano Nacional de Educação para daqui a 10 anos, e a maior parte delas está no interior do Nordeste". Que país é este, pergunta o economista, lamentando: "Não sabemos valorizar quem sabe fazer Educação". Ele cita como exemplo a cidade de Brejo Santo, na fronteira tríplice entre Pernambuco, Paraíba e Ceará, na base da Chapada do Araripe, com renda per capita inferior a R$ 10 por dia, e que está na liderança na Educação. (Amanhã, o novo mercado de trabalho) No recente ciclo de palestras da Academia Brasileira de Letras com o tema "Planejamento e Políticas Públicas", sob coordenação da escritora Ana Maria Machado, houve uma feliz coincidência: três dos palestrantes, com abordagens diferentes, acabaram se dedicando especialmente a analisar a crise educacional brasileira e sua relação com a falta de competitividade do país.

| 05.11.2016 |

À LUZ DA HISTÓRIA

Ele destaca que "conciliação e a ruptura radical são padrões de mudança característicos da política brasileira". A história nacional, segundo Oliveira Vianna, pode ser tanto um "museu de elites" como um cemitério destas, lembra Octávio Amorim Neto, o primeiro padrão associado a mais estabilidade e menos violência do que o segundo, porém, "ao preço de maior conservantismo".

Para ele, a Lava-Jato, "a mais abrangente investigação de corrupção jamais vista no país, e que já levou à cadeia membros das elites política e empresarial, algo sem precedente no Brasil, é uma promessa de ruptura". Se todos os grandes partidos – isto é, PMDB, PT e PSDB – se virem duramente alvejados e forem decisivamente derrotados na eleição presidencial e nos pleitos parlamentares de 2018, e se houver uma renovação de mais de 3/4 do Congresso, "estaremos diante de um novo cemitério, o fim da classe política que assumiu o poder em 1985".

Na verdade, muito do que se deseja da Lava-Jato deve ser ponderado, analisa Octavio Amorim Neto, por uma avaliação realista do(s) sentido(s) da história política brasileira. O primeiro fato fundamental a ser registrado é "a ausência de mudanças genuinamente revolucionárias em nossa História".

O Brasil, lembra o cientista político da FGV Rio, jamais experimentou qualquer processo semelhante às grandes revoluções do mundo moderno e, "para nos cingirmos à nuestra América Latina, nunca tivemos nada semelhante à Revolução Mexicana de 1910".

Ele dá vários exemplos de mudanças causadas por rupturas ou por conciliação na história do país, a partir da independência nacional, em

1822, que ele vê como "fruto muito mais de duras negociações com Portugal e a Grã-Bretanha do que de um verdadeiro levante nacional contra o jugo colonial lusitano". Na metade do século XIX, o experimento político que viria a estabilizar o regime imperial foi precisamente chamado de "Gabinete de Conciliação" (1853-1856), chefiado pelo Marquês do Paraná.

O fim da Monarquia e a implantação da República, todavia, foram uma ruptura, fruto de um golpe de Estado que engendrou uma década de tempestades políticas e econômicas. A Revolução de 1930 foi outra ruptura que levaria a grandes transformações, mas ao preço de uma guerra civil (a chamada Revolução Constitucionalista de 1932) e do fim das liberdades políticas a partir do estabelecimento do Estado Novo em 1937.

Em 1945, o Estado Novo caiu pelas artes de um golpe militar sem sangue, que resultou na nossa primeira experiência democrática, o regime da Carta de 1946, sob o qual os insiders da Era Vargas – os interventores estaduais, o sindicalismo e as Forças Armadas – continuaram a ser integrantes fundamentais da classe política.

O regime militar iniciado em 1964 foi outra ruptura radical, uma vez que significou o rompimento do modo tradicional de intervenção "meramente" saneadora das Forças Armadas na política nacional. A classe política civil, que se organizara na segunda metade da década de 1940 em torno de PSD, UDN e PTB foi alijada do centro do poder. Mais uma vez, uma década de violência seguiu-se à fundação da nova ordem política.

Contudo, a transição do regime militar para a democracia instaurada em 1985 foi feita de forma "lenta, gradual e segura". Aqui a conciliação prevaleceu, sendo uma das principais bandeiras da candidatura presidencial vitoriosa de Tancredo Neves, em 1984.

Sob a primeira administração da Nova República, liderada por José Sarney, as Forças Armadas mantiveram ampla autonomia e várias prerrogativas. E, desde então, aqueles que haviam sido os sócios civis dos militares – organizados sob diversas siglas como ARENA, PSD, PFL e PP – têm tido um lugar não desprezível nas coalizões governativas.

O cientista político lembra que "amplos setores da opinião pública querem a ruptura que promete a Lava-Jato", mas adverte que "a realidade poderá ser consideravelmente diferente". Uma ruptura "poderá ser o alvorecer de um novo regime e de um novo modo de fazer política". Mas a morte da atual classe política e do sistema partidário por ela organizado "poderá ser a antessala de uma década de grande instabilidade, a qual receberá muita ajuda de Trump, Brexit et caterva". Octavio Amorim Neto destaca que "essa transição pacífica e conciliatória está na raiz do mais longevo regime democrático que jamais teve o país". A Operação Lava-Jato, que completou três anos, "é uma promessa de ruptura", analisa o cientista político Octavio Amorim Neto, professor da EBAPE/FGV do Rio, em trabalho publicado no mais recente boletim macro da Fundação Getulio Vargas, sob o título "A Lava-Jato sob a luz da história".

| 26.03.2017 |

HISTÓRIA RECENTE NA ABL

Governo que abandonou quando, para obter uma vitória arrasadora na eleição de governadores em 1986, Sarney recusou-se a fazer ajustes no Cruzado, que acabou fracassando depois de um breve período de sucesso. A tentativa de manipulação dos índices do IBGE foi a gota d'água que fez Bacha sair do governo um mês depois das eleições.

Sarney é o decano da ABL, confrade de Fernando Henrique, que o chamou de "meu amigo" no discurso de saudação a Bacha. Mas foi em protesto ao governo Sarney que Fernando Henrique e vários outros saíram do PMDB para formar o PSDB, em 1988.

Da mesma maneira que hoje o presidente Michel Temer tem que enfrentar uma tentativa de rebelião na sua base de apoio para aprovar a reforma da Previdência, Sarney em seu governo, que assumiu pela morte de Tancredo Neves, de quem era vice, teve que enfrentar a rebelião interna do PMDB e também do PFL, partido que criou ao sair da Arena, e que abandonou para integrar a chapa de Tancredo à Presidência da República.

Hoje, mesmo sem mandato, Sarney continua influindo na política nacional, e faz parte atualmente do grupo que se opõe a Temer dentro do PMDB do Senado, juntamente com o senador Renan Calheiros. Se não conseguir aprovar a reforma da Previdência, o que Sarney considera o mais provável, diz-se que o governo Michel Temer passará por uma "sarneyzação", isto é, terá os mesmo problemas que Sarney teve no final de seu governo, depois da Constituinte de 1988, cujo resultado ele denunciou, tornaria o país ingovernável, com mais direitos que deveres.

O mandato presidencial de Tancredo Neves que Sarney assumiu, contrariando também os militares a tal ponto de o general Figueiredo ter se recusado a passar-lhe a faixa presidencial, era de 6 anos, mas durante a Constituinte houve diversos movimentos para reduzir-lhe para 4 anos implantando o parlamentarismo, como queria a ala dissidente que acabou criando o PSDB.

Diversas vezes Sarney ameaçou renunciar se lhe tirassem dois anos de mandato, e chegou a ir à televisão para aceitar um mandato de cinco anos, dentro do presidencialismo. Um dos líderes do movimento para reduzir o mandato de Sarney foi o então governador do Rio de Janeiro, Moreira Franco, hoje um dos principais ministros do governo Temer.

Sarney se lembra do período como tendo sido de múltiplas dificuldades, e enumera evidências de que eram "muito mais difíceis" do que hoje. Naquele tempo, lembra, havia o Brizola e o Lula fazendo campanha por eleições diretas antecipadas, o país estava muito radicalizado.

Nada diferente de hoje, quando Lula e o PT acusam o governo de ilegítimo e defendem que somente uma eleição direta pode dar estabilidade política ao país. Sarney continua próximo de Lula e, derrotado o governo na reforma da Previdência, deve estar junto com os que defendem a antecipação da eleição direta para presidente da República, antes de 2018.

E do outro lado, Temer e seu secretário-geral Moreira Franco. Desta vez, todos têm um problema comum, a Operação Lava-Jato. E mesmo os que, como Fernando Henrique Cardoso, não tem nenhum envolvimento pessoal com as denúncias, têm seu partido, o PSDB, atingido nos seus principais líderes.

O que torna as coisas mais difíceis hoje, na avaliação de Sarney, é que não há perspectiva de saída para a crise. Em 1989, a campanha presidencial serviu de válvula de escape à sociedade, que teve a seu dispor grandes nomes da política, como Ulysses Guimarães, Aureliano Chaves, Lula, Brizola, Mario Covas, e o "fato novo", o governador de Alagoas, Fernando Collor. Lula já admitiu que não estava preparado naquela ocasião para ser presidente, Brizola morreu certo de que fora roubado na contagem dos votos que levaram Lula ao segundo turno contra Collor por uma margem ínfima de votos, e o vencedor Collor acabou impichado. O que levou ao governo Itamar e ao Plano Real, cuja gênese foi relembrada na sexta-feira na posse de Edmar Bacha na Aca-

demia Brasileira de Letras, um raro intelectual público que comanda hoje talvez o principal think-thank brasileiro, a Casa das Garças no Rio
As diversas variantes da história recente da política brasileira encontraram-se na noite de sexta-feira na posse do economista Edmar Bacha na Academia Brasileira de Letras. Recebido pelo ex-presidente Fernando Henrique Cardoso, responsável pelo que Bacha considera o ponto culminante de sua vida pública, a participação no Plano Real, teve a presença de outro ex-presidente, José Sarney, com quem colaborou na elaboração do Plano Cruzado e na presidência do IBGE.

| 09.04.2017 |

MORENO, UM JORNALISTA ESPECIAL

Em julho de 1996, quando foi lançado o site do *Globo*, a orientação era não guardar mais notícias para a edição impressa, era preciso colocá-las na internet o quanto antes. Uma mudança radical no jornalismo, que naturalmente encontrou reações, sobretudo entre os mais antigos. Moreno era um dos mais resistentes na sucursal de Brasília.

Passados mais de 20 anos, um dos jornalistas mais ligados às novas tecnologias da informação era justamente Jorge Bastos Moreno, que criou seu blog, uma rádio e passou a usar o Twitter como instrumento cotidiano de trabalho. A ponto de ter feito um livro com as notícias sobre o impeachment de Dilma dadas por meio do Twitter.

Uma notícia do Moreno em 140 toques mexia com a política nacional. Entre as duas fases, Moreno marcou sua presença com o que de melhor fazia, garimpar notícias. Provavelmente foi o último jornalista que conseguiu dar um furo de notícia no impresso sem que a internet já não tivesse espalhado.

Na noite de 12 de janeiro de 1999, o então ministro da Fazenda Pedro Malan comunicou a vários políticos com posição de liderança no governo a troca de comando no Banco Central, que ocorreria na manhã seguinte, num momento de grave crise econômica. Sairia Gustavo Franco, entraria Chico Lopes, o que significava a desvalorização do real.

Como dizem, todo grande amigo tem um grande amigo, e um desses políticos contou naquela mesma noite a Moreno o que estava para acontecer. A direção do jornal foi acordada naquela madrugada diante da notícia bombástica, e, depois de autorizados por João Roberto Marinho, realizamos o sonho de todo jornalista da era impressa: paramos as máquinas literalmente para colocar a notícia na manchete do jornal. Acho que foi a última vez, desde o advento da internet, que os assinantes tomaram um susto ao receber seus jornais em casa com uma notícia que não fora comentada durante o dia. Moreno ganhou o Prêmio Esso de Informação Econômica naquele ano, e tinha prazer imenso em brincar com seus colegas que cobriam economia, dizendo que ele, sem entender nada do tema, havia ganhado o maior prêmio da categoria por causa de um político.

Até o fim, Moreno surpreendia os leitores com uma percepção política que ia sempre além dos fatos. O que começou como uma brincadeira, a coluna Nhenhenhém, também em julho de 1996, cujo título era já uma provocação com o então presidente Fernando Henrique Cardoso, que reclamava que os jornalistas faziam muito nhenhenhém, no sentido de fofoca, Moreno passou a ter um lugar onde contaros bastidores de Brasília, revelando o que estava por trás da notícia.

Especialista em interpretar a alma humana, Moreno tinha a política como uma arte, tinha ele mesmo uma alma de artista. Não era por acaso, portanto, que ele reunia em sua cobertura, que ele chamava de "laje do Moreno", gente de todas as tribos em noitadas memoráveis.

Recentemente, depois da crise provocada pela gravação da conversa do presidente Temer com Joesley Batista, Moreno escreveu um artigo no *Globo* que gostaria de ter escrito, e disse isso a ele. Ele simplesmente pegou a teoria jurídica da "cegueira deliberada" e criou sua própria teoria, a da "surdez deliberada", afirmando que quem ouvisse aquele áudio e não identificasse ali uma série de crimes, estava deliberadamente não querendo ouvir.

Era assim, como muita ironia e bastante informação, que Moreno deixou sua marca por onde passou. Até o último sábado, quando foi o padre de um casamento na roça numa festa junina na casa de amigos. Foi a última vez que vi Moreno exercendo seu fascínio diante de uma plateia repleta de amigos, famosos ou anônimos. Na sua fantasia, era quase um bispo fazendo o casamento. E seu sermão misturava fatos políticos atuais com delírios engraçadíssimos. Quando perguntou se alguém tinha alguma coisa contra o casamento, várias mãos levantaram-se. Diante daquela quase unanimidade, Moreno não vacilou. Absolveu os noivos "por excesso de provas", como o Tribunal Superior Eleitoral (TSE) agira na véspera.

| 15.06.2017 |

LULA JOGA COM A MORTE

O **ex-presidente Lula**, na sua campanha para poder se candidatar à Presidência em 2018, tentando assim escapar de uma possível prisão, deu uma declaração em conversa gravada em vídeo com um deputado petista que resume bem sua disposição política atual. Embora bombástica, não teve a repercussão que provavelmente buscava, talvez pela desimportância do interlocutor, talvez pela postura claramente eleitoreira.

Deixa eu dizer uma coisa a quem me persegue: eu posso ser um bom candidato a presidente da República, se for candidato; eu posso ser um grande cabo eleitoral se não me deixarem ser candidato; e se morrer como mártir, eu serei um grande cabo eleitoral". Fazendo uso de sua morte como um instrumento eleitoral, assim como já fizera na morte de dona Marisa e, dias antes, havia repetido que a Operação Lava-Jato a matou, o ex-presidente Lula chega a uma situação paradoxal em que especula sobre a morte como mártir político justamente para tentar evitar essa situação limite. Simula mais uma vez Getúlio Vargas, que já foi seu alvo e hoje é seu espelho. O Lula líder sindicalista defendia o fim da Era Vargas, de quem dizia que, se foi o "pai dos pobres", era também "a mãe dos ricos". Chegou a chamar a CLT, no início de seu primeiro governo, de "AI-5 dos trabalhadores".

Ser ou não ser mártir político pode ser uma fabricação, lembra Maria Celina D'Araujo, cientista política do departamento de Ciências Sociais da PUC-Rio e estudiosa do período varguista desde os tempos do CPDOC da FGV. "O conceito de mito político é uma criação do início do século XX, recuperando a mitologia clássica e medieval. No contexto da crítica à liberal-democracia, um grupo de pensadores, autoritários e corporativistas, julgou necessário recuperar o peso dos símbolos e dos mitos na ordenação política das sociedades humanas. A democracia de massas, a quem se atribuía a responsabilidade pelos graves problemas da sociedade capitalista, deveria ser substituída pelo 'culto à personalidade'. As massas, o povo, precisavam de líderes para conduzi-los e protegê-los". Quando Lula afirma poder tornar-se um mártir, ressalta a cientista política, ele sabe que poderá construir essa imagem por meio de seu partido e de intelectuais e jornalistas que o apoiam caso seja condenado pela Justiça, ou impedido de concorrer a novas eleições. Poderá ser imortalizado como "vítima das elites contrárias aos interesses do povo". O mais importante para Maria Celina, no entanto, é indagar se a política brasileira precisa acionar conceitos tão antigos e tão pouco democráticos para pensar o seu futuro. "O lamentável é continuar pensando a política em termos de revanche e vingança, de mártires e infiéis, e não como instrumento para administrar o tão difícil entendimento em busca do bem comum".

Tanto Celina quanto Lira Neto, o biógrafo de Getúlio Vargas, citam as vezes em que Getúlio ameaçou suicidar-se, ficando claro que era uma obsessão dele quando a situação parecia incontornável. Lira Neto lembra que Getúlio sempre manteve a ideia do que chamava de "sacrifício pessoal" como alternativa para sair, com honra, sempre quando confrontado em situações-limite: em 1930, quando comanda tropas contra o governo de Washington Luiz, em 1932, quando irrompe a Revolução Constitucionalista de São Paulo, em 1945, quando os militares o retiram do poder encerrando o Estado Novo e, finalmente, em 1954. Para Celina, foi um suicídio planejado, partilhado entre aliados, anunciado em bilhetes espalhados por seu escritório. Foi consumado naquela ocasião porque, ao contrário das anteriores, não havia alternativa de ganhar pelas armas, como em 1930 e 1932, nem havia a possibilidade de "voltar nos braços do povo" como em 1945. Do ponto de vista político, o suicídio foi um golpe de mestre. Fixou-se como mártir e mito. O impacto disso sobre a democracia brasileira, contudo, foi mais radicalização.

Mas Lira Neto acredita que a fala de Lula faz lembrar muito mais o "Ele disse", quando Getúlio, derrubado do poder em 1945, execrado do poder, transformado em mártir pelos adversários, recomendou que seus eleitores votassem em Dutra. O chamado mudou o rumo das eleições, ressalta Lira Neto, quando faltava menos de uma semana para o povo ir às urnas. O candidato favorito, Eduardo Gomes, antigetulista ferrenho, que todos já consideravam eleito, foi derrotado clamorosamente. Getúlio, assim, comprovou sua imensa popularidade. "Lula, talvez, venha a fazer o mesmo. Se Moro prende Lula, o candidato que o líder petista apontar como seu representante nas urnas terá imensa possibilidade de ser o próximo presidente da República. Em suma: os adversários de Lula, que parecem desconhecer História, estão brincando com fogo", diz Lira Neto.

| 06.08.2017 |

SHAKESPEARE E NÓS

O livro, *Ele, Shakespeare, visto por nós, os advogados*, a ser lançado amanhã, traz reflexões sobre nossa crise política, fazendo paralelos com "o complexo quadro das paixões, motivações, comportamentos, e grandeza e a mesquinhez humana", abordado na obra de Shakespeare, segundo o editor José Luis Alqueres, que organizou o livro juntamente com o advogado e professor José Roberto Castro Neves, um bardólatra assumido.

Miguel Reale Júnior trata de Ricardo III. Luís Roberto Barroso apresenta Júlio César, com inquietante apreciação acerca do poder. Andréa Pachá manda uma carta para William. Francisco Müssnich tira reflexões sobre as desventuras do mundo contratual do Soneto 87. José Roberto de Castro Neves fala dos canalhas nas peças de Shakespeare. O jurista e professor Tercio Sampaio Ferraz Junior Brasil fala sobre o embate em torno da legitimidade no exercício do poder, referindo-se ao impeachment de Dilma Rousseff, que levou ao poder seu vice Michel Temer, "(...) girando em torno de mecanismos inerentes à ordem constitucional: uma vitória eleitoral inconteste contra o impeachment nela previsto. Na tela de fundo de uma tragédia anunciada, a luta pelo poder legítimo refletia o argumento do governante eleito, mas incapaz de dar conta dos desafios, contra a necessidade de um governo preparado, política e tecnicamente, para enfrentá-los. "Um jogo entre legitimidade de origem e legitimidade de eficiência. Em Shakespeare, a tragédia costuma tomar um sentido próprio quando fincada na relação de poder, um núcleo sensível que repousa na capacidade de mandar e ser obedecido. (...) Aqui aparece, porém, um sentido irônico da tragédia, de então e atual, favorável à ambiguidade, em que se embaralha o que é com o que parece ser. (...) "Esse mecanismo maquiavélico reúne os critérios justos de legitimidade e os critérios factuais de eficácia nos critérios jurídicos de legalidade. Trata-se de uma reminiscência da doutrina dos dois corpos do rei, (...) hoje o corpo da corrupção alastrada, a minar as bases de acerto técnico de decisões politicamente angustiantes". Já o jurista Joaquim Falcão, da FGV-Direito do Rio, atualiza o drama de Macbeth desmontando antigo mote jurídico que garante que o que está fora dos autos não está na vida, no ensaio "O que está feito não pode ser desfeito: Macbeth, Moro e Teori". Macbeth assassina Duncan, Rei da Escócia, à noite, instruído por sua própria esposa, Lady Macbeth. "Aqui começa o reinado da perseguição da memória. (...) E a tentativa de apagá-la. Mas a conquista criminosa do poder não poderá mais ser afastada da memória de ambos, Macbeth e Lady Macbeth. A memória do crime perseguirá Macbeth. Vai fazê-lo perder o trono. Em batalha". Falcão traz a tragédia Macbeth, escrita entre 1606 e 1607, para o processo da Lava-Jato, relembrando o caso da interceptação telefônica do diálogo entre Dilma e Lula, combinando a assinatura do termo de posse de Lula como ministro da Casa Civil, "que lhe asseguraria a irresponsabilização processual". Falcão relata: "Para Moro, como juiz, era mais um indício de que Lula e seus advogados pretendiam e estavam tentando dificultar, interferir nas investigações. Para Lula, como investigado, garantiria o foro privilegiado. Para Dilma, como presidente, seria a evidência de obstrução de justiça. Juntada aos autos, Teori Zavascki declarou ilícita a gravação. Fora prova indevidamente colhida". Teori ordenou que a gravação fosse "deletada da memória do processo". Pergunta o jurista: O ato jurídico processual desfaz o fato social e mental? (...) O acontecido pode ser "desacontecido"? O existente, inexistente? O sangue que dá vida ao processo é sua validade jurídica. Retirar a validade do ato de Moro estanca hoje o sangue de amanhã. Mas, e o de ontem? É possível estancar sangue já derramado?" Escreve Joaquim Falcão: "O palco está então completo para nossa analogia: Macbeth e Lady Macbeth, Teori Zavascki e Sérgio Moro, Dilma Rousseff e Lula. Macbeth e Lady Macbeth perseguidos pela memória dos assassinatos. Lula e Dilma

Rousseff, pela memória das gravações. A memória dos assassinatos estará presente na vingança dos barões. A memória da gravação estará presente no impeachment de Dilma. (...) Em outra passagem, Shakespeare afirma que as mãos sujas de sangue, mesmo depois de lavadas, não ficam limpas. Continuam sujas".

| 27.08.2017 |

A PEQUENA POLÍTICA

De fato, se pegarmos o livro *A campanha eleitoral na Roma Antiga*, do historiador alemão Karl-Wilhelm Weeber, veremos que "operava o princípio da assistência recíproca": "(...) A rede de amigos ativos na política constituía-se, no contexto da campanha eleitoral romana, um elemento de capital importância".

Era importante, diz o historiador alemão, mobilizar velhos aliados, cobrar a gratidão por um benefício concedido, cercar-se de amigos ativos na política que tiveram apoio em situações análogas e, se possível, exibir a simpatia de apoiadores célebres, prestigiados, que possam fornecer referência sobre a capacidade do candidato.

"Sucesso gera sucesso", um slogan válido até para a campanha eleitoral romana.

Quanto mais numerosos e prestigiados eram os apoiadores, tanto mais provável que as pessoas simples seguissem esse "modelo". Até mesmo os vizinhos tinham papel importante nas campanhas eleitorais.

O depoimento dos vizinhos sobre as qualidades do candidato era mais importante que o de apoiadores anônimos, pois, supostamente conheciam os hábitos dos candidatos e viviam o seu dia a dia, podendo garantir suas qualidades para representante da região. Era muito comum que as inscrições nas paredes afirmassem que "os vizinhos" apoiavam este ou aquele candidato.

Até mesmo existia um pequeno manual da campanha eleitoral, atribuído a Quinto Tullio Cicerone, para orientar seu irmão mais velho, o grande orador Marco Túlio, que foi eleito cônsul em 63 AC. O manual determinava duas regras fundamentais: tornar-se o mais popular possível, dar a impressão de ser simpático, cercar-se do maior número possível de apoiadores e aliados e fazer com que os eleitores saibam.

Um conselho básico: não dizer "não", nunca, ao eleitor, e prometer tudo a todos.

Se não der para ganhar tempo sem responder, adocicar a resposta negativa com palavras gentis e compreensivas. Indispensável, embora discutível do ponto de vista ético, diz Cicerone, era a fusão, em um só indivíduo, do homem bom (bonus vir) e o hábil contendor (bonus petitor).

Ele definia assim, com brutal franqueza: "A primeira é a característica de um homem honesto; a segunda, de um bom candidato". O livro toma por base as eleições em Pompeia, sobretudo a mania do que chamamos hoje de grafites. As paredes dos edifícios do chamado mundo romano eram completamente cobertos por mensagens eleitorais, completamente sem conteúdos ou mensagens programáticas, mas ressaltando a personalidade dos candidatos e seus temperamentos, menos suas ideias políticas, relata Karl-Wilhelm Weeber, ressaltando que nesse ponto há uma analogia impressionante com os dias atuais.

O poeta Giovenale é citado ao lamentar esse estado de coisas: "Panem et circenses (pão e circo): o povo romano não deseja outra coisa, e em troca deixa que tirem seus direitos políticos". Não havia ainda agências publicitárias, e as mensagens que apareciam nas paredes das cidades eram geralmente palavras de voluntários. Mas havia pintores e vários trabalhadores especializados em campanhas eleitorais, que às vezes trabalhavam em time, que incluía inclusive escritores. Como se vê, o ministro Moreira Franco tem razão, esse "sistema de reciprocidade" existe mesmo desde a Roma antiga. Mas não quer dizer que seja um modelo a se seguir, especialmente porque esse tipo de política vulgar predominava especialmente nas eleições municipais. É preciso não esquecer que havia eleições em que a "grande política" dominava, principalmente em Roma no Século I DC. O ministro Moreira Franco em entrevista ao *Globo*, justificando a política do "toma lá dá cá" explicitada por seu colega Carlos Marun, que exigiu o apoio à reforma da Previdência em troca de financiamentos de bancos públicos, disse que o sistema de reciprocidade existe desde a Roma Antiga.

| 07.01.2018 |

CRIME CONTRA A DEMOCRACIA

Marielle não foi assassinada por ser mulher, nem por ser negra, nem por ser de esquerda. Ele foi vítima de um crime político, porque é disso que se trata, assim como foi um crime político o assassinato em 2011 da juíza Patrícia Acioli, morta na porta de casa com 21 tiros, alvo de uma emboscada.

Assim como Marielle, a juíza Patrícia Acioli era mulher, branca, e morreu pela mesma razão: era titular da 4ª Vara Criminal de São Gonçalo e atuava em diversos processos em que os réus eram PMs do município, e levou à prisão cerca de 60 policiais ligados a milícias e a grupos de extermínio. Onze PMs foram presos e condenados pelo seu assassinato.

O que existe no Rio em processo acelerado há muito tempo é a ampliação da atuação de bandidos, ou ligados ao tráfico, como agentes ou como cúmplices remunerados no caso de policiais civis e militares, ou como membros de milícias formadas por militares que disputam com traficantes o controle do território.

A vereadora Marielle Franco foi assassinada porque denunciava a atuação criminosa de policiais em Acari, e sua morte deveria servir de motivação para que as forças civis e militares se unissem no Rio para combater o crime organizado, venha de onde vier.

Comparar a morte da vereadora do PSOL com a do estudante Edson Luís no Calabouço, em 1968, só serve a quem quer aproveitar sua morte para politizar a situação, não contra o crime organizado que o cometeu, mas contra a intervenção federal na Segurança do Rio.

Paradoxalmente, o assassinato da vereadora serve para comprovar quão necessária é a intervenção, e a urgência de uma reformulação completa dos aparatos de Segurança do estado. E, ao contrário do que pregam os extremistas, serve também para reforçar a ideia de que só com uma ação do Estado que priorize os direitos humanos poderemos nos diferenciar e confrontar o crime organizado.

A maioria quase total dos brasileiros não gosta do presidente Michel Temer, as pesquisas estão aí demonstrando, mas aproveitar essa tragédia brasileira para gritar "Fora, Temer!" chega a ser doentio. Uma minoria não aprova a intervenção federal na Segurança do Rio, mas atribuir a ela a morte da vereadora Marielle Franco chega a ser nojento.

O que esse assassinato demonstra é que os criminosos, fardados ou não, estão muito seguros de si, buscando a confrontação com as forças de Segurança e com uma agente pública representante dos cidadãos que lutam para livrar a cidade e o estado da influência do crime organizado.

Marielle Franco representa os mais de 50 mil que votaram nela para vereadora e todos os demais que não votaram nela, mas gostariam de ver em ação na Câmara Municipal outros tantos como ela, que se contrapunha à ordem corrupta dominante.

Sua morte trágica e brutal, que teve como efeito colateral perverso a morte de seu motorista Anderson Gomes, mostra como o Rio está abandonado, sem qualquer controle dos órgãos públicos, e reafirma a necessidade imprescindível da intervenção na Segurança Pública, para se tentar chegar a um mínimo de estabilidade nesta questão que acontece aqui há muito tempo: mata-se policial aqui como se matam moscas, já mataram juíza, funcionários de presídio e, agora, a vereadora.

A ação dos bandidos não tem limite, e a lei precisa se impor diante desses bandos que tomaram de assalto o estado, principalmente os maus políticos, que originam a degradação dos valores com a corrupção tomando conta dos poderes do Estado.

Diante da impotência, da roubalheira e da corrupção que dominam o governo estadual, a Segurança Pública ficou à deriva, sem comando. Esse crime deve apressar as medidas para começar um controle severo das polícias e do esquema de Segurança Pública. Balas perdidas matam inocentes, autos de resistência, muitas vezes, encobrem execuções, está tudo errado. O Rio é um caso grave de perda total de controle do estado, que precisa ser retomado. O assassinato da vereadora Marielle Franco, do PSOL, é mais uma tragédia nessa coleção de fatos trágicos que nos consome, nós, moradores do Rio. Mas, muito mais que isso, nós brasileiros, que lutamos todos os dias pela manutenção da democracia em meio a dificuldades de diversas conotações, desde as comezinhas do cotidiano cada vez mais difícil, até a radicalização política que impede uma ação conjunta de forças apartidárias, quando momentos como esse nos confrontam.

| 16.03.2018 |

O PODER SUAVE DO FUTEBOL

A Copa do Mundo de futebol que começa dia 14 confirma a tendência dos últimos anos de os países do BRICS (Brasil, Rússia, Índia, China e África do Sul) usarem os grandes eventos esportivos internacionais para reforçar sua imagem política.

A ideia de unir os quatro países emergentes que estariam no topo da economia mundial nos próximos 50 anos foi do economista Jim O'Neill, da consultoria financeira Goldman Sachs, que formou esse acrônimo em 2003 com as letras iniciais deles, e depois incluiu a África do Sul.

Brasil e Rússia não têm performado bem na economia nos últimos anos, e os demais, mesmo os que crescem aceleradamente como China e Índia, continuam com problemas sociais graves, inclusive deficit de democracia em alguns, como a própria Rússia, mais próxima de uma autocracia do que da democracia formal que exibe.

A Rússia já organizara os Jogos Olímpicos de Inverno em 2014, mesmo ano em que o Brasil organizou a Copa do Mundo de futebol, e depois, as Olimpíadas de 2016. A China fez os Jogos Olímpicos de Verão, em Pequim; a Índia, os Jogos da Commonwealth 2010, em Delhi; e a África do Sul, o Campeonato Mundial de futebol em 2010.

O "soft power" passou a ser instrumento fundamental da política externa dos países emergentes. Expressão cunhada pelo cientista político Joseph S. Nye Jr, professor de Harvard, o "soft power" é uma terceira dimensão do poder, superando em certas situações até mesmo o poder econômico e o militar, que pode também ser representado pelas relações com aliados, na assistência econômica a países amigos ou em intercâmbios culturais, buscando uma opinião pública mais favorável.

Assim como o "soft power" dos Estados Unidos está ligado, entre outros, à música, ao cinema, às novas tecnologias nascidas no Vale do Silício, e na França à moda e à gastronomia, o Brasil tem na música, especialmente na bossa-nova, e nas telenovelas facetas de seu "soft power" além do futebol.

Se lembrarmos que em Cuba os restaurantes em casas de famílias passaram a se chamar "paladares" por causa de uma novela em que Regina Duarte era dona de um restaurante com esse nome, e que na antiga União Soviética as famosas dachas dos componentes da cúpula dirigente passaram a ser conhecidas como "fazendas" devido à novela "Escrava Isaura", constatamos a força do "soft power".

Os eventos esportivos são parte importante desse "poder suave". O Brasil é bom exemplo disso, com a experiência exitosa do Exército nas Forças de Paz da ONU, destacadamente no Haiti por 13 anos. O jogo da Paz no Haiti, com a seleção brasileira e seus craques como Ronaldo, foi um dos pontos altos desse exercício de "soft power".

Às vezes, porém, o famoso "padrão FIFA" mostra-se excessivo para os emergentes, e provoca protestos em setores da sociedade civil dos países mais democráticos, como aconteceu no Brasil e está acontecendo na Rússia, uma democracia em difícil construção.

Os estádios de futebol muitas vezes são completamente desnecessários para o país pós-Copa, e superfaturados, com denúncias de corrupção, situação registrada no Brasil e repetida agora na Rússia.

Os mega protestos contra Putin, eleito pela quarta vez seguida presidente da Rússia, misturam descontentamentos com o controle da informação, a repressão à oposição, e também a realização da Copa do Mundo, que até agora não faz muito sucesso de público.

A Copa não está empolgando os russos, a seleção não vai bem, com seguidas derrotas, e, como expressão do "soft power" da Rússia, será mesmo mais importante para a imagem externa de Putin, que quer mostrar ao mundo um país moderno e pujante.

O mesmo que os dirigentes da antiga União Soviética tentaram. Até nisso, porém, o governo de Putin terá dificuldades comparativas. Quem não se lembra do ursinho Micha chorando no encerramento da Olimpíada de 1980?

| 10.06.2018 |

DE GORBACHEV A PUTIN

Se pudesse escolher melhor situação dias antes da abertura da Copa do Mundo, Vladimir Putin não faria por menos: Trump, alegadamente para mostrar-se forte diante do ditador norte-coreano Kim Jong-un, desmoralizou os demais presidentes do G-7 não assinando a declaração final do encontro, e dizendo que ele teria mais relevância se a Rússia estivesse presente.

Logo ele, presidente dos Estados Unidos, que liderou a expulsão do país do que era o G-8 em 2014, após a anexação da Crimeia. Outros fatos políticos ajudaram a azedar a relação de Moscou com o Ocidente: o apoio da Rússia à Síria de Bashar al-Assad, o envenenamento de espiões no Reino Unido e as investigações sobre a interferência russa nas eleições americanas, para ajudar Trump, semearam a discórdia.

Para Putin, a Europa e os Estados Unidos em crise são o melhor dos mundos. Ajuda a retomar seu projeto de poder, levando a Rússia ao protagonismo internacional novamente. A Copa do Mundo tem tudo a ver com esse projeto. Mas o historiador da USP Ângelo Segrillo, considerado um dos maiores especialistas na região, considera um erro classificar Putin de antiocidental.

Ele afirma em seu livro *De Gorbachev a Putin, a saga da Rússia do socialismo ao capitalismo* que Putin é um "ocidentalista moderado". Os choques com os Estados Unidos se deveriam a uma visão pragmática do presidente, que "defende os interesses estatais russos contra potências estrangeiras".

Citando Hobsbawm, Segrillo diz que a Rússia, no final do século XX, passou por dois momentos históricos de importância crucial para o mundo: depois de ter sido o primeiro país a fazer a passagem do capitalismo para o socialismo, trilhou o caminho inverso, e agora renasce como grande potência, sob a batuta de Putin.

Acompanhei o início dessa reviravolta. Em 1991, fui fazer um curso na Universidade Stanford, na Califórnia, como bolsista da John S. Knight Fellowship. Meu projeto foi uma especialização em política internacional, e um dos módulos do curso era sobre a União Soviética.

A primeira imagem que vi na televisão quando cheguei ao hotel em Palo Alto foi a de Boris Yeltsin em cima de um tanque, em frente à sede do parlamento, no centro de Moscou.

Os golpistas, comandados pelo vice-presidente Guennadi Yanayev, pelo chefe da KGB e pelo ministro da Defesa, anunciaram que Gorbachev estava "incapaz de assumir suas funções por motivos de saúde" e decretaram o estado de emergência. Queriam acabar com a Perestroika (reconstrução) e a Glasnost (abertura), reformas que tiravam o poder do Partido Comunista.

No primeiro dia de aula, o professor Alexander Dallin, um dos mais respeitados especialistas em União Soviética, nos surpreendeu: durante aquele ano, o melhor era ler o *New York Times* todos os dias e ver os noticiários da televisão, pois o curso acompanharia a crise da União Soviética, em tempo real dentro do possível naquela época.

Graças à ação de Yeltsin, o golpe fracassou, e Gorbachev voltou ao poder, mas completamente fragilizado. O poder real estava com Boris Yeltsin, de tendência populista, famoso por demitir membros do partido comunista por corrupção.

Tornou-se o líder de oposição a Gorbachev. Eleito chefe do Soviet Supremo da Rússia em 1990, levou o Congresso ao rompimento com a União Soviética, saindo do Partido Comunista em seguida. Um ano depois, venceu a eleição para presidente da Rússia com 57% dos votos, derrotando o candidato apoiado pelo rival.

Depois de declarar a independência da Rússia, baniu o Partido Comunista. Assinou com os presidentes da Bielorrússia e da Ucrânia um pacto que dissolvia a União Soviética.

Boris Yeltsin presidiu a Rússia até 1999, quando foi substituído por Putin, que desde então lidera uma democracia formal, mas com clara tendência autoritária.

| 12.06.2018 |

ÓPIO DO POVO? MELHOR SERIA O DE NELSON

Apropriando-se de uma máxima do idealizador do comunismo, Karl Marx, que dizia que a religião é o ópio do povo, o genial Nelson Rodrigues acusava os esquerdistas modernos de acharem que o futebol, sim, é o ópio do povo. Bem quisera Vladimir Putin que a frase de Nelson, em vez de a de Marx, fosse verdadeira na Rússia de hoje, quando começa para valer a última etapa do seu projeto de soft power encarnado na Copa do Mundo de futebol.

Sem grandes expectativas por parte da população, descrente de uma seleção depois de uma série de maus resultados, Putin sabe que o objetivo não pode ser entregar a taça ao capitão russo Akinfeev, já considerado o pior goleiro da Liga dos Campeões, mas sim entregar ao mundo uma Copa bem organizada e sem problemas de violência, comuns aos torcedores russos, e riscos para a segurança das delegações e de milhares de autoridades e turistas que vão chegando.

O fracasso da seleção russa é tamanho que um famoso jornalista de televisão iniciou uma campanha de autoestima denominada "o bigode da esperança", com base na figura marcante do técnico Stanislav Cherchesov.

Atribui-se a Putin uma improvável manobra no sorteio das chaves da Copa para que o jogo inicial fosse contra um time inofensivo. Deu Rússia e Arábia Saudita, a única seleção que tem piores resultados que os dos anfitriões. Coincidência ou não, esta será apenas uma das três Copas em que o jogo de abertura não terá campeões em campo. Em se tratando de Fifa e de Putin, tudo é possível.

Além da Arábia Saudita, a chave dos anfitriões tem ainda o Egito. São dois países de maioria muçulmana que se encontram em posições distintas na guerra da Síria em relação à Rússia, que apoia Bashar al-Assad: enquanto a Arábia Saudita opõe-se ao líder sírio, o Egito tem posição mais cautelosa.

A seleção egípcia, no entanto, pode causar danos irreversíveis a Putin na Copa do Mundo. Como uma das duas vagas do grupo deve ficar com o Uruguai, a disputa da segunda ficará provavelmente entre Rússia e Egito, que tem no atacante Salah um diferencial capaz de eliminar os donos da casa ainda nas oitavas.

Cercado por símbolos capitalistas, o passado comunista da União Soviética que Putin ajudou a enterrar cisma de estar presente, como em frente ao estádio de Lujniki, onde uma estátua de Lênin convive com uma grande propaganda da Coca-Cola. Em tudo semelhante ao filme alemão *Adeus, Lênin*, que conta as dificuldades de um filho que tenta proteger a mãe, uma comunista radical que sai de um coma após um ano: tudo porque ela não suportaria a realidade trazida pela queda do Muro de Berlim, a começar pela visão chocante do grande cartaz do mesmo refrigerante em frente a seu prédio.

Na Rússia de hoje, essa convivência não é evitada, ao contrário: tornou-se mais um atrativo turístico. Foi-se a época em que Boris Yeltsin queria retirar da Praça Vermelha o mausoléu de Lênin a fim de enterrar literalmente esse passado. Putin, ao contrário, mandou restaurar a múmia e a recolocou novamente onde os turistas possam visitá-la.

A festa de abertura da Copa terá a presença de Ronaldo Fenômeno, na impossibilidade de Pelé comparecer devido a problemas no quadril. Putin, aliás, apostava muito na presença de Pelé, com quem se abraçou na cerimônia de sorteio das chaves da Copa do Mundo. A abertura será a mais breve das últimas Copas, no estádio de Lujniki, reformado ao custo de R$ 1,4 bilhão, com acusações de superfaturamento. O mesmo que aconteceu com o nosso Maracanã.

| 14.06.2018 |

UMA CAUTELA COM RAÍZES NO PASSADO

O formidável aparato de segurança montado para a Copa que acontece na Rússia tem razões politicas internas e externas. O perigo de terrorismo é real, a ponto de as embaixadas dos EUA e países europeus terem sugerido a seus cidadãos que não viessem à Copa. O que não impediu que os americanos fossem os maiores compradores de ingressos entre os estrangeiros, seguidos dos brasileiros.

O que se vê nos jogos é um aparato policial sem precedentes, com os policiais fazendo um corredor por onde os torcedores têm que passar em direção à saída. Ruas são interditadas várias horas antes, e operações policiais revistam automóveis aleatoriamente pelas ruas, mesmo quando não há jogos. Uma espécie de blitz, como a da Lei Seca que existe em vários estados do Brasil, mas não para conter a bebida.

Aqui, com o índice altíssimo de alcoolismo na população russa, a maioria perderia a carteira de habilitação. O álcool, por sinal, está liberado nos estádios – a Budweiser é uma das patrocinadoras oficiais da Copa – embora seja proibida em eventos esportivos públicos, justamente como aconteceu no Brasil em 2014.

As ameaças do Estado Islâmico são a maior preocupação, devido ao apoio da Rússia ao ditador sírio Bashar Al Assad. Imagens de Messi e Neymar com ameaças de morte apareceram na internet nos últimos meses. Também há preocupação com separatistas da Chechênia, que realizaram atos terroristas em Moscou em 2002, quando tomaram o Teatro Dubrovka e fizeram 700 reféns. A ação da segurança estatal, após dois dias de negociações infrutíferas, causou 170 mortes, a maioria reféns, devido ao gás introduzido pelos dutos. Até 2010, outros atentados ocorreram em Moscou, com mulheres-bomba provocando mortes em estações de metrô.

O mais grave de todos foi a captura de uma escola em Beslan, na Ossétia do Norte, com mais de mil reféns. As forças de segurança reagiram com uma invasão que provocou a morte de mais de 300 pessoas, a maioria crianças.

Para conter os torcedores violentos que caracterizam os jogos de futebol na Rússia, com demonstrações explícitas de racismo e xenofobia, foi criado um sistema de identificação único até agora nesse tipo de competição: a identidade do fã (Fan ID), que obriga a um prévio cadastramento todos que querem ir aos jogos. Para entrar é preciso, além do ingresso, a credencial de fã, uma maneira de impedir que os hooligans conhecidos, da Rússia e de outros países, venham para a Copa.

O cadastramento de milhões de torcedores também a possibilidade de câmbio negro dos ingressos, recorrente nas Copas. Em 2014, diversos escândalos aconteceram com vendas de ingressos até mesmo por funcionários da própria Fifa.

Há também outra novidade em relação aos ingressos, que dificulta o câmbio negro. Como nos grandes torneios esportivos pelo mundo, a Fifa criou um sistema próprio para revenda na internet, limitado sempre ao cadastramento.

A preocupação com os torcedores violentos russos e congêneres internacionais tem sua razão de ser, embora já distante. Na Copa de 2002, a derrota da Rússia para a Bélgica por 3 a 2, perdendo a chance de ir para as oitavas, gerou cenas de vandalismo na Praça Manej, ao lado da Praça Vermelha, onde havia um telão transmitindo o jogo. Carros queimados, prédios e lojas quebradas, duas mortes e mais de cem feridos.

Desde então nenhum tipo de exibição pública de partidas de futebol aconteceu na capital russa. Mas, hoje, como em toda Copa, os locais onde estão as tendas para as Fan Fest da Fifa transmitem os jogos por telões, com segurança reforçada.

Medo do terror e brigas do passado inspiram o aparato gigante que patrulha a Copa.

| 19.06.2018 |

NOITES BRANCAS NA TERRA DE PUTIN

A seleção brasileira joga amanhã em São Petersburgo, um dia depois do começo oficial do verão, o que significa, nesta parte do mundo, dias mais longos e noites mais curtas. Hoje, com o solstício de verão começando às 10h07m, teremos o dia mais longo do ano. As famosas "noites brancas", que dão o título e a ambientação de um romance de Dostoiévski e tornam essa época do ano uma atração turística a mais em regiões do hemisfério norte, momento em que o sol está mais próximo da Terra.

Em 1914, o nome da cidade foi mudado para Petrogrado e, em 1924, para Leningrado, mas sempre foi conhecida por seus habitantes simplesmente como Peter. Em 1991, com o fim da União Soviética, voltou a se chamar oficialmente São Petersburgo, também a terra natal de Vladimir Putin, que começou sua vida política quase por acaso, como assessor do prefeito, em 1990.

Pela proximidade afetiva, a cidade mais ocidentalizada da Rússia recebe tratamento prioritário do homem que está no comando do país há quase 20 anos, e também já foi alvo de ataques de separatistas chechenos para atingi-lo diretamente.

O estádio Krestovsky, do Zenit, é o mais tecnológico deste Mundial, e também dos mais polêmicos da série de polêmicas que cercam os estádios construídos ou reformados para a Copa. As obras custaram mais de R$ 2 bilhões, e até mesmo denúncias de trabalho escravo foram feitas, sobre operários norte-coreanos explorados em condições sub-humanas, da mesma maneira que já aconteceu no Catar, sede da Copa de 2022.

O estádio tem capacidade para mais de 68 mil pessoas e, de autoria do arquiteto japonês Kisho Kurosawa, foi chamado de spaceship (espaçonave). Tem um sistema móvel de cobertura que permite no inverno que seja fechado e utilizado em shows e outros esportes. O gramado tem um sistema especial idealizado para preservá-lo quando não há jogo.

Depois de ter se alistado na KGB (serviço secreto da antiga União Soviética) com apenas 16 anos, Putin usou a prefeitura de Leningrado, hoje São Petersburgo, para dar impulso à sua carreira política. Sete anos depois de surgir na cena política, em 1997, o então presidente Boris Ieltsin o nomeou chefe do Serviço Federal de Segurança (FSB), serviço de inteligência que substituiu a KGB com o fim da União Soviética.

Pouco tempo depois, Ieltsin indicou Putin para ser seu primeiro-ministro, e ele assumiu o comando da Federação Russa em 1999. No livro *De Gorbachev a Putin*, o professor da USP Ângelo Segrillo explica o protagonismo de Putin: "Criticado fortemente por grande parte do establishment ocidental e por liberais russos, é visto positivamente por grande parte da população russa, principalmente devido ao sentido de ordem, econômica e política, que imprimiu ao país, em contraste aos conturbados anos de 1990".

É dentro desse ambiente de retomada de um autoritarismo que se respalda na garantia de segurança e no protagonismo russo na geopolítica internacional que deve ser entendida a organização da Copa do Mundo, e, sobretudo, a importância que São Petersburgo tem para a Rússia, historicamente, mas também como projeto de modernidade.

A Estação Finlândia está lá, assim como a locomotiva que transportou o trem em que Lenin retornou à Rússia, em abril de 1917. O Palácio de Inverno, tomado de assalto na Revolução de Outubro, faz parte do Museu Hermitage. A Peter atual é dominada por jovens, que convivem com esses símbolos históricos sem lhes dar grande importância.

Mas a estratégia de Putin de levar novamente a Rússia ao protagonismo internacional, explícita em um discurso de 2005, em que se referiu ao fim da União Soviética, em 1991, como "a maior catástrofe geopolítica do século XX", a cada evento internacional como a Copa do Mundo fica mais evidente.

Herdeiro do que classificou como "tragédia", pois substituiu Ieltsin, que decretou o fim da URSS, Putin lamentou naquele discurso de 13 anos atrás que milhares de compatriotas russos tenham ficado isolados com a independência das repúblicas. A "tragédia" será reparada, parece ser seu recado.

| 21.06.2018 |

O FUTEBOL COMO METÁFORA

A seleção da Rússia está prestes a se classificar para as oitavas de final da Copa do Mundo, o que só aconteceu em 1986, quando ainda existia a União Soviética. E já superou um tabu, pois nunca vencera duas vezes seguidas na competição. A festa pelas ruas de Moscou ou São Petersburgo é muito mais simbólica do que em qualquer outra edição do Mundial, pois os russos, além de estarem no centro das atenções de bilhões de pessoas pelo mundo, com a realização de uma Copa do Mundo até aqui impecável como organização, reafirmam com a atuação da antes desacreditada seleção de futebol a reconquista do orgulho nacional.

Há uma explicação histórica para tal: a alma russa se impõe nas comemorações. Para o historiador russo Dmitri Trenin, do Carnegie Moscow Center, que antes de se juntar a esse prestigioso think tank serviu por 21 anos no Exército soviético e nas forças terrestres de segurança da Rússia, aposentando-se como coronel, o povo russo sofreu muito ao longo do século XX: "Dificilmente outros povos terão sofrido tanto", definiu ele em recente palestra no Centro Brasileiro de Relações Internacionais (CEBRI).

O povo russo, na concepção do especialista, se percebe como "um grande país solitário". Faz fronteira, de um lado, com a Noruega e, de outro, com a Coreia, tem inúmeras etnias e idiomas, é a maior área geográfica do planeta e se sente traído pela União Europeia, que atraiu seus ex-satélites.

Trenin resume assim os anos de sofrimento: "Convulsões sociais na alvorada do século, Primeira Guerra, 70 anos de regime comunista, única grande experiência humana no marxismo que naufragou depois de muito sacrifício de seu povo, Stalin, Segunda Guerra com 28 milhões de mortos, mais Stalin, fim da URSS, perda de suas repúblicas".

Para ele, a ambição original pós-comunismo era uma integração com a União Europeia desde a reunificação da Alemanha, em 1990. O único pleito russo, feito por Shevardnadze a Kohl, da Alemanha, foi não crescer o Tratado do Atlântico Norte (OTAN). Apesar do compromisso, a OTAN cresceu muito com Bush. "Os russos se sentiram isolados e traídos", ressalta Dmitri Trenin.

A primeira viagem de Putin depois de assumir o governo, em 1999, foi a Berlim, pois tem bom relacionamento com a primeira-ministra Angela Merkel, que fala russo tão bem quanto Putin fala alemão, idioma que usou ao discursar no Reichstag. A integração, no entanto, frustrou-se. A Europa meio que "roubou suas ex-colônias e abandonou" os russos.

A invasão da Crimeia, que gerou sanções do Ocidente, é avaliada pelo povo, que, na definição de Dmitri Trenin, "está adorando" ter voltado ao comando russo: " O povo russo gosta de um czar, Stalin foi, Putin é", define Trenin. Depois de um século de sofrimento, nos últimos 18 anos, com Putin à frente do governo, "o povo russo respira, vive seu dia a dia com calma. Putin é idolatrado".

A economia cresceu, na média, 1,5% desde 1999 com Putin. É pouco, poderia ser mais, mas "dá pro gasto", embora o investidor internacional tenha dificuldades para investir, para compreender o ambiente de negócios russo, que tem um índice de corrupção ainda muito alto. Esses percalços que ganham relevância no Ocidente não parecem afetar os russos de maneira geral.

É comum, em conversas com cidadãos comuns, ouvir respostas que nos soam mal. Como a afirmação de que a liberdade de expressão deveria ser menos importante do que o emprego ou a boa educação. Russos não estudam fora, há boas universidades no país. Questões de gênero também não são temas de preocupação da classe média, que prefere discutir o custo de vida, o sistema de saúde.

"Os russos reafirmam, com a atuação da seleção, a reconquista do orgulho nacional".

| 24.06.2018 |

AS NOVAS LIMUSINES

Uma das faces mais visíveis da Rússia da era Putin é a ostentação de seus novos ricos. Principalmente em Moscou, onde o Brasil joga amanhã, uma das cidades do mundo com maior número de bilionários. A única vez em que estivera em Moscou foi em julho de 1989, a União Soviética ainda existia, mas já havia sinais de deterioração.

Em 1985, Mikhail Gorbachev, secretário geral do comitê central do Partido Comunista da União Soviética, reconhecendo que a economia estava estagnada, começou uma série de reformas que tinham apoio especialmente na Liga dos Jovens Comunistas, e incomodavam os conservadores do partido.

Os termos "glasnost", significando abertura, transparência, e "perestroika", reconstrução, ganharam o mundo. Não duraria mais que dois anos. No fim daquele ano, em novembro, cairia o Muro de Berlim, sinalizando que estava prestes a ruir o império que Winston Churchill classificou para a História como "cortina de ferro".

Nas ruas, dava para notar os olhares de desprezo, ou raiva, do povo quando passavam os carros pretos com autoridades. A primeira limusine soviética, a Zil-111, tinha interior luxuoso e até vidros elétricos. Havia os conversíveis, e os Chaika, versão mais modesta que podia ser alugada para festas, principalmente casamentos.

Usadas para transportar membros do Politburo, órgão máximo do governo soviético, as limusines eram objeto de desejo e repulsa da população. Hoje, as ruas estão cheias de carros importados, 45% dos veículos no país.

O primeiro modelo a ser montado na URSS foi o VAZ-2101, uma versão soviética do Fiat 124. Popular, provocou um aumento na produção de automóveis no país. Com os anos, o modelo foi sendo aperfeiçoado dentro dos padrões soviéticos, e chegou a ser exportado. No Brasil, foi muito popular nos anos Collor, rebatizado como Lada Laika (em homenagem à cachorrinha, primeiro ser vivo colocado em órbita pelo Sputinik 2, símbolo do avanço soviético na exploração espacial), um dos primeiros carros chegados ao país depois de liberada a importação, antes proibida sob o argumento de proteger a indústria nacional. No caso dos automóveis, "umas carroças", como definiu o então presidente.

Hoje, trata-se de uma antiguidade, mal se vê um Lada rodando em Moscou ou São Petersburgo, a não ser um modelo usado para táxis. Nas cidades do interior, como a Rostov onde o Brasil jogou sua primeira partida na Copa, ainda é possível vê-los em ação, mas, em geral, os russos preferem as marcas estrangeiras.

Atualmente, a Rússia possui linhas de montagem da Toyota, Nissan, Ford, Renault, Mazda e outras empresas globais. Os modelos estrangeiros mais populares são Hyundai Solaris, Ford Focus e Kia Rio, segundo informações oficiais. Mas é normal ver-se em Moscou e São Petersburgo, à noite, quando o trânsito permite, a exibição de motores possantes de Ferraris ou Porsches dos novos ricos. Agora, os olhares são de admiração, não de desprezo.

O mercado russo, que conta com 250 carros para cada mil habitantes – contra os 750 carros por mil nos EUA – ainda tem muito a crescer, em que pese a queda recente do poder aquisitivo. Durante o período soviético, a espera por um carro podia demorar anos, a produção não atendia a demanda, e importações eram proibidas. Hoje Moscou registra os piores engarrafamentos do mundo.

Uma exemplar demonstração do que foi a transformação da Rússia desde o czarismo até o capitalismo de Putin é o shopping center GUM, construção do final do século XIX que mantém as iniciais russas do tempo dos czares e depois da era comunista, mas com sentido inverso.

O que era estatal virou o magazine universal principal. Mandado construir com requintes arquitetônicos, como o teto envidraçado assemelhado aos de estações de trens inglesas, foi estatizado após a Revolução de 1917 e transformou-se em um grande armazém popular.

Com o fim da era soviética, o deteriorado prédio em frente à Praça Vermelha foi privatizado. Hoje pertencente à família Bosco, distribuidor russo de produtos de luxo e dono de butiques, que assumiu o controle em 2005, o GUM é exemplar da ostentação dos novos ricos russos, concentração de marcas globais luxuosas que resume a Rússia moderna. Eleito para um novo mandato que o fará completar 25 anos de poder, Putin tem o apoio maciço da população, especialmente entre os jovens que, de 18 e 24 anos, com seus iPhones de última geração ou a sensação de segurança e estabilidade, sem maiores questões existenciais, lhe dão 87% de aprovação.

| 26.06.2018 |

E SE O BRASIL FOR CAMPEÃO?

Se o Flamengo for campeão brasileiro e a seleção, do mundo, "até o Temer se reelege". A frase retumbante me foi dita pelo produtor Luiz Carlos Barreto, flamenguista doente, que teme essa mistura de resultados. Não deveria, pois já é consabido que o futebol não dá voto a ninguém, embora os políticos cismem de se aproveitar dele.

O próprio Temer tentou melhorar sua popularidade, que está no chão, fazendo uma gravação para a TV completamente inócua sobre a Copa do Mundo, que começa hoje na Rússia para nós. Já Putin tira proveitos políticos da realização da Copa, que alimenta o sonho dos russos de voltarem a ser protagonistas no cenário mundial.

Para tanto, o ex-KGB nem precisa que sua seleção de futebol vá muito longe; se passarem da fase de grupos já estão no lucro. Para uma autocracia que não passa de um simulacro de democracia representativa, Putin ter sido aplaudido em grande estilo no jogo inaugural da Copa foi um ganho político relevante, confirmação de que sua política de dar dimensão global a eventos que a Rússia protagoniza, pelo menos como organização, traz bons frutos na popularidade.

Não à toa, ele não foi vaiado, diferentemente da então presidente brasileira Dilma Rousseff na Copa de 2014. A favor do Brasil, somos uma democracia consolidada, e ninguém pensou em punir os que vaiaram a presidente; por outro lado, vaiar Putin em público, na Rússia de hoje, é um risco.

Mas ninguém também foi obrigado a aplaudi-lo e a balançar a bandeira russa com orgulho. A autocracia de Putin não chega ao extremo da ditadura da Coreia do Norte, que obriga seus cidadãos a chorarem em público a morte do ditador da vez, como ocorreu com o pai de Kim Jong-un.

Até o presidente da Fifa, Gianni Infantino, teve seus 15 minutos de glória, aplaudido após falar umas poucas palavras em russo; foi o contrário de seu antecessor, Joseph Blatter, que teve a infeliz ideia de dar uma bronca na torcida pela vaia em Dilma e assim também teve que se calar. Uma coincidência: tanto Dilma quanto Blatter perderam seus cargos depois de 2014.

É estranho que, no Brasil, os resultados do futebol sirvam para eleger jogadores como o senador Romário ou o deputado Bebeto, mas não ajudem o presidente. Mesmo na ditadura, os governantes se dobraram à tentação de tentar tirar proveito da seleção: Médici, que gostava realmente de futebol, interferiu para que Dario fosse convocado e Saldanha deixasse de ser o técnico do time vitorioso de 1970, e Geisel, que não gostava, tentou convencer Pelé a voltar à seleção em 1974.

Na redemocratização, nunca as vitórias ou derrotas da seleção influíram nos resultados eleitorais. Em 1994, com direito a cambalhota de Vampeta na rampa do Palácio do Planalto e beijo na taça de Fernando Henrique Cardoso, então candidato, o Plano Real teve muito mais a ver com sua eleição do que a vitória nos EUA.

Em 1998, mesmo com derrota, o Plano Real voltou a ser o responsável pela reeleição. Em 2002, o time de Felipão trouxe o penta, mas José Serra, o candidato governista, perdeu para Lula. De lá para cá, nem mesmo a derrota em casa em 2014, com a humilhação dos 7 a 1 e tudo, impediu que a então presidente Dilma fosse vitoriosa. Lula se reelegeu em 2006 e elegeu Dilma em 2010, apesar das derrotas brasileiras.

Em todos os anos de Copa, o banco de investimentos Goldman Sachs faz uma pesquisa sobre as chances de cada seleção, e este ano o Brasil é o franco favorito pelas métricas adotadas. Tem jogadores talentosos, um bom balanço entre perdas e ganhos e o melhor índice ELO, que é uma medição utilizada em vários esportes, método estatístico para calcular a força relativa entre os jogadores.

Os estudos da Goldman Sachs apontam uma final entre Brasil e Alemanha, com vitória nossa. Eles admitem, porém, que a graça do futebol é ser imprevisível, com elementos que não cabem em um programa de computação. Como se vê, até mesmo os algoritmos sabem que o Brasil é franco favorito, mas também sabem que o temor de Barretão é injustificável. Não há elementos estocásticos que façam Temer recuperar sua popularidade.

| 28.06.2018 |

LÊNIN, UMA AUSÊNCIA PRESENTE

A ausência mais presente na Rússia é a de Lênin. Está por toda parte, em frente ao estádio Lujniki, palco da final da Copa do Mundo, nas estações de metrô, e até o Rolls Royce que usava está no Museu Histórico. Mas isso nada significa no país atual: são relíquias turísticas, e não saudades do passado, como a ausência presente pode significar. O Partido Comunista fez candidato, na eleição que reelegeu Putin neste ano, um empresário que anunciava que não era comunista. Teve 12% dos votos, pior marca na série histórica do PC.

O mausoléu que continua na Praça Vermelha é uma das atrações turísticas mais visitadas. Pode-se passar horas na fila para ver o corpo embalsamado do líder revolucionário, que é tratado com um ritual especial que dá a sensação de que a figura de Lênin continua reverenciada.

Não se pode falar dentro do mausoléu – cheguei a receber uma repreensão de um dos guardas porque me esqueci da recomendação. Nada parecido, porém, com o que acontece ainda na China, no mausoléu de Mao, outro ditador embalsamado. O país que ainda se diz comunista reverencia o Grande Timoneiro, a ponto de eu ter visto uma cena inusitada anos atrás: um grupo de rapazes, claramente do interior, fazia brincadeiras na fila, antes de entrar no mausoléu. Simplesmente foram retirados e colocados "de castigo" pelo guarda de plantão.

Na Rússia, quase não há nativos nas filas dominadas por turistas. As flores são de pano, e o governo volta e meia anuncia o custo da manutenção, como a insinuar que os milhões de rublos anuais poderiam ser gastos de outra forma.

Desde o final da União Soviética há discussão sobre se o corpo deve ou não ser enterrado. Embora a maioria seja a favor, ela não é tão evidente a ponto de evitar polêmica, o que fez Boris Yeltsin desistir de acabar com o monumento, e faz Putin mantê-lo para não criar problemas com a minoria que é a favor da permanência, não exatamente por ser comunista.

Pesquisas mostram que, ao contrário de Stalin — que também está enterrado no Kremlin, mas do lado de fora —, Lênin é visto com simpatia por boa parte dos russos. Críticos dizem que o corpo embalsamado mais parece um boneco de cera, e é verdade, mas a técnica de conservação é uma das grandes demonstrações de avanço técnico do país, que já foi exportada para preservar os corpos de outros ditadores, como Ho Chi Min, do Vietnã do Norte, Kim Il-sung e Kim Jong-il, da Coreia do Norte, que copiaram a exibição dos soviéticos e receberam apoio técnico dos russos.

A vida de Lênin continua rendendo livros, o mais recente, de 2017, publicado neste mês no Brasil, é *Lênin, um relato íntimo*, de Victor Sebesteyen, que revela detalhes do líder revolucionário que definia que "a política é pessoal".

Dela, emergem as razões que fizeram com que o jovem Vladymir Ilyich Ulyanov se transformasse no revolucionário. Ao lado do fervor pela causa, um desejo de vingança.

Foi em Kazan, onde o Brasil jogará se passar pelo México, que Lênin estudou Direito e se tornou um radical depois de um episódio que marcaria sua vida: o irmão Aleksandr, a quem idolatrava, envolveu-se em conspirações contra o czar e acabou executado. Lênin, que até então não se envolvera em política, aderiu a um grupo revolucionário na universidade até comandar a revolução que acabaria não apenas com o czarismo, mas com o czar Nicolau II e toda sua família, executados por sua ordem direta, fazendo o que o irmão não conseguira.

O homem e o mito estão expostos na Praça Vermelha, enquanto, ao redor, ares capitalistas cultivam outro Vladimir, o Putin, estampado em camisetas e outras lembranças. No mausoléu, as flores são de pano, e o governo costuma anunciar os custos anuais.

| 01.07.2018 |

A GLOBALIZAÇÃO DA EMOÇÃO

Sobraram poucas estrelas na Copa a esta altura, e Neymar parece estar reencontrando seu jogo. Pode reafirmar sua condição de especial, e comandar a renovação dos líderes do futebol, ao lado de Mbappé. Aliás, o ataque do PSG marcou cinco gols até agora nas oitavas, dois de Mbappé, dois de Cavani e um de Neymar, o que mostra que está a caminho de tornar-se um dos grandes clubes do futebol globalizado.

Seria injusto dizer que nesta Copa todo mundo "é japonês", como se costumava, no tempo em que o politicamente correto não cerceava o pensamento, para igualar situações ou personagens, colocando-os no mesmo nível. Significava dizer que todos pareciam iguais, o que incomoda hoje os asiáticos de maneira geral, e os japoneses em particular. Além do mais, o Japão disputou uma partida espetacular contra a Bélgica, que, por sua vez, justificou a fama.

Formada por um grupo milionário de craques, como Lukaku (Manchester United), Hazard (Chelsea) e De Bruyne (Manchester City), os belgas viraram o jogo que perdiam por 2 a 0 sem precisar de prorrogação, enquanto o Japão mostrou que o futebol globalizado está chegando a um nível de competição que iguala as seleções, quando juntam os seus melhores espalhados pelo mundo.

A própria seleção do Japão tem jogadores espalhados, embora nenhum em times de ponta, e só seis deles atuam no Japão. A partida de sexta-feira entre Brasil e Bélgica tem tudo para ser das melhores desta Copa, que está revelando competitividade há muito não vista, especialmente porque os grandes times europeus, com dinheiro para comprar jogadores onde quer que apareçam, e cada vez mais cedo, ficaram muito além de seus rivais locais.

Por isso, Real Madrid e Barcelona dominam o Espanhol, o PSG, o Francês, e assim por diante. A convivência entre jogadores e a transmissão dos mais importantes campeonatos do mundo fazem circular as informações sobre esquemas de jogo, preparação física e até psicológica, o que iguala por cima as competições internacionais.

Outra característica do futebol internacional é a tatuagem. Mas não apenas dos jogadores de futebol, mas de basquete e outros esportes coletivos. E também os cortes de cabelo, uma especificidade do futebol. Não foi Neymar quem inventou esses cabelos diferentes, até mesmo Ronaldo Fenômeno se destacou na Copa de 2002 com um corte a la Cascão, o personagem de Mauricio de Souza. E nesta Copa, Messi e Cristiano Ronaldo apareceram com cortes de cabelo mudado de um jogo para outro.

Há uma explicação psicológica para esse tipo de procura de destaque, especialmente nos esportes coletivos. Os jogadores querem se destacar não apenas por suas qualidades técnicas, mas pelas características pessoais. Este é um fenômeno recente, que combina com a era da tecnologia que levou para o mundo comportamentos e manias que se transformam em símbolos, como modos de se vestir, ambientes frequentados, amizades entre ídolos de diversos segmentos da indústria do entretenimento, namoros entre estrelas desse mundo, como no Brasil o casal Brumar (Bruna Marquezine e Neymar). Ou o casamento do jogador da seleção espanhola e do Barcelona, Piqué, com a cantora Shakira.

Com a saída de seleções famosas e já campeãs do mundo, como a Argentina e a Alemanha, e de ídolos como Messi e Cristiano Ronaldo, que parecem estar encerrando um ciclo de dominação do mundo da bola que fez com que dividissem nos últimos dez anos o título de melhores, o futebol globalizado parece estar entrando em uma nova fase, com o surgimento de novos ídolos mesmo enquanto os antigos continuam em atuação.

Fala-se na saída de Cristiano Ronaldo e da chegada de Neymar no Real Madrid. Mbappé surge como uma promessa que pode até tirar a vez de Neymar como melhor do mundo – o que não vai ser fácil, pois Neymar está recuperando o tempo de bola, o que é essencial para sua maneira de jogar.

E a Copa do Mundo está cada vez mais com um sabor político inesperado, com a surpreendente seleção russa, que recupera a autoestima a cada jogo, e colabora para o uso ufanista da organização do governo Putin. Se levarmos em conta o passado da Fifa, cujo presente ainda nada desmente, e o histórico do governo Putin, não é desprezível a possibilidade de que a seleção da Rússia chegue mais longe. E, quanto mais longe for, pode pegar a do Brasil.

| 03.07.2018 |

A TENSÃO DO PÊNALTI

"O pênalti é tão importante que deveria ser batido pelo presidente do clube". A frase famosa, atribuída ao treinador de futebol de praia no Rio e filósofo do futebol Neném Prancha, ganha dimensão nesta Copa da Rússia, que passou a ser a que mais teve pênaltis de todas já realizadas. Foram marcados 24 pênaltis nos 48 jogos disputados na primeira fase, a de grupos. Nos Mundiais comparáveis, com 32 seleções, a partir de 1998, o número máximo de pênaltis foi de 18 nos 48 jogos realizados, como em 1998 e 2002.

Dessas 24 "penalidades máximas" marcadas, cerca de 30%, ou sete, foram definidas pelo VAR, o chamado juiz de vídeo, que estreou oficialmente para o futebol aqui na Rússia. "Penalidade máxima", por sinal, é o título de um belo poema de Armando Freitas Filho que trata do assassinato de Eliza Samudio pelo então goleiro do Flamengo Bruno.

Já houve quem comparasse a cobrança do pênalti a um fuzilamento, um ato de covardia, como fez Pelé, que teria dito certa vez que o pênalti é uma maneira covarde de fazer o gol. Logo ele, que fez seu milésimo gol de pênalti.

O poeta e escritor português Joel Neto, ao contrário, acha que o pênalti "é coragem, mais até do que habilidade – e é nos pênaltis que o futebol se aproxima em definitivo da vida". A eterna discussão sobre se foi ou não pênalti, que persiste mesmo com a existência do VAR, já foi musicada por Jorge Ben Jor (e regravada pelo Skank), que pergunta: "Cadê o pênalti pra gente no primeiro tempo?".

O livro *O medo do goleiro diante do pênalti*, de Peter Handke, usa o sentimento de desamparo do goleiro nessa ocasião para análises filosóficas sobre as incertezas da vida, pois, para ele, o futebol é "como tudo que é redondo, um símbolo do incerto". O grande goleiro Sepp Maier, do Bayern de Munique e da seleção alemã, acha que "o medo do jogador que vai chutar o pênalti, isso, sim, seria digno de um romance".

Com a chegada da fase do mata-mata na Copa do Mundo, mais uma vez a decisão das partidas pode ir para os pênaltis, e a pressão psicológica em jogadores e torcedores chega ao limite. Na fase das oitavas de final, nada menos que 37,5% das classificações foram decididas nos pênaltis: a Rússia desclassificou a Espanha; a Inglaterra tirou a Colômbia.

A importância e a busca do chamado "pênalti perfeito" já foi objeto de vários estudos científicos, aqui e no exterior. "O sucesso nos pênaltis é algo em que as equipes podem melhorar", diz o pesquisador Ken Bray, da Universidade de Bath, coordenador de um grupo de pesquisadores que estudou cobranças de pênalti e fez uma abordagem científica do tema.

De acordo com o estudo, há três pontos que devem ser considerados para um "pênalti perfeito", como escolher na ordem inversa, deixando para o final os batedores mais experientes. O estudo constatou que os goleiros têm uma limitação de alcance da bola em cobranças próximas como os pênaltis, além do que há uma "zona indefensável" que pode ser identificada pelas análises técnicas dos times e das seleções. A preparação mental dos jogadores é tão importante quanto as duas primeiras.

Pesquisa realizada pelo Instituto de Ciências Biomédicas (ICB) da USP mostrou que, em ocasiões como cobrança de pênaltis, o estresse afeta necessariamente a resposta motora. Nelson Toshyuki Miyamoto, em sua tese de doutorado defendida no ICB, simulou em computador aspectos das cobranças de pênalti. O resultado de aproveitamento caiu para 80% no máximo quando os assistentes da pesquisa simulavam as situações sob pressão de uma torcida.

As partidas do mata-mata têm ainda um componente dramático nada desprezível: a partir de certo momento, nenhum dos times pode levar um gol, embora nesta Copa os gols nos acréscimos tenham sido uma tônica. Isso explica a opção pelos pênaltis, uma última chance para que a glória sorria. Como sabem Brasil e Itália. Uma coincidência a mais para dar valor aos pênaltis: a Itália, que perdeu a Copa nos pênaltis para o Brasil em 1994, ganhou nos pênaltis da França em 2006.

| 05.07.2018 |

ACABOU A BRINCADEIRA

No bom sentido, é claro, pois todo mundo sabe que futebol é coisa séria. E nada mais exemplar do que o jogo de ontem. Todos os ingredientes de uma decisão dramática estavam lá, desde o herói improvável que se transformou em vilão – o brasileiro Mário Fernandes, que abriu mão de jogar na seleção de seu país para se naturalizar russo, em agradecimento à recuperação do alcoolismo, logo na terra em que o índice de alcoolismo é um grave problema social.

Mário fez o gol de empate da Rússia na prorrogação, e perdeu um dos pênaltis. Pois essa Copa, mais que as anteriores, está revelando a fragilidade e a grandeza dos ídolos do futebol. Neymar, por exemplo, é vítima do que se poderia chamar de "síndrome de Pedro e o Lobo".

Composta por Serguey Prokofiev em 1936, a música, transformada em peça de teatro, conta a história de um pastor que, entediado com o passar do tempo a cuidar de ovelhas, resolveu se divertir e gritou por socorro. Foi ajudado uma, duas vezes, por outros pastores, mas não havia lobo algum. Na vez em que um lobo verdadeiro apareceu, ninguém foi ajudá-lo.

Mesmo quando Neymar é agredido brutalmente, quase sempre o juiz acha que foi encenação, dado o histórico de quedas sensacionais que já viraram memes na internet. Mas Neymar, se não é o único extraclasse em atuação no mundo hoje – pelo menos Messi e Cristiano Ronaldo estão na frente dele, embora em fim de carreira –, com certeza é o mais criativo, mais original. Mas vai ter que se reinventar.

Se nem Messi nem Cristiano Ronaldo serão campeões do mundo, ele também já passou duas Copas em branco. Teve falta de sorte nas duas. Em 2014, foi gravemente prejudicado por uma agressão que o tirou da Copa antes do 7 a 1 contra a Alemanha. Hoje diz que se estivesse em campo o resultado seria diferente, mas provavelmente está se referindo ao placar, não à possibilidade de vencer aquele jogo, o que, em perspectiva, parece altamente improvável.

Na Rússia, jogou claramente fora de forma devido à contusão que sofreu, que exigiu uma cirurgia no pé direito. Voltou sem tempo de bola, na partida contra a Bélgica sentiu dores, teve que colocar gelo no pé operado. Mas, de qualquer maneira, por enquanto precisa de mais para se comparar aos melhores jogadores brasileiros, que dirá do mundo.

Todos os melhores do mundo a seu tempo — Romário, Ronaldo Fenômeno, Ronaldinho Gaúcho, Kaká, Rivaldo, — foram campeões do mundo. Sem falar em Pelé, que é de outro planeta. Grandes jogadores também não o foram, e o melhor exemplo é Zico. Também a seleção de 1982 é exemplar de time que venceu perdendo, até hoje considerada uma das grandes seleções de todos os tempos. A equipe desclassificada na sexta não se compara à de 82, mas está muitos pontos acima da de 2014, que ficou em quarto.

Foi bom ter passado esses dias acompanhando os dramas e alegrias provocados pelo maior evento esportivo do mundo. E conhecer bem essa Rússia, ocidentalizada nas grandes cidades, que guarda tradições seculares e venera seus artistas e escritores de maneira ímpar.

Cada vez, porém, fica mais verdadeira a ideia de que a Rússia da era Putin homenageia seus mortos, mas dificulta a vida de seus artistas vivos, que lutam para superar as amarras de um Estado autoritário que, como denunciou o Departamento de Estado dos EUA, não permite a liberdade de expressão. Uma denúncia dessas, às vésperas da cúpula que reunirá Trump e Putin, é um recado nada sutil dos EUA, criticados por terem aceitado um acordo com a Coreia do Norte sem tocar na questão dos direitos humanos.

| 08.07.2018 |

OS DILEMAS DA DEMOCRACIA

Tanto a democracia quanto o capitalismo estão postos, não de hoje, em discussão em diversos livros e estudos acadêmicos. Com o surgimento do "capitalismo de Estado", capitaneado pela China, a relação direta entre democracia e capitalismo já não é mais uma variável tão absoluta quanto parecia nos anos 80 e 90 do século passado.

O caso brasileiro, quando chegamos às vésperas da eleição geral em nível de radicalização política exacerbado e uma perspectiva de o não voto superar o primeiro colocado nas pesquisas, já vinha dando sinais há tempos, e foi objeto de análise do centro de estudos (think tank) independente, baseado em Washington, New America Foundation, em reportagem sobre o declínio da confiança nas instituições políticas no mundo.

Eles focaram a tendência crescente de soluções autoritárias no Brasil. Estudos mostram que os cidadãos, e não apenas aqui, estão cada vez mais abertos a soluções autoritárias. Uma situação considerada perigosa, pois os cidadãos em democracias supostamente estabilizadas mostram-se cada vez mais críticos aos líderes políticos e mais cínicos quanto ao valor da democracia como sistema político.

Há pesquisas que mostram que a democracia era um valor muito mais respeitado entre as gerações mais velhas, ao passo que na geração dos millennials, os que chegaram à fase adulta na virada do século XX para o XXI, apenas 30% nos Estados Unidos consideram que a democracia é um valor absoluto. O mesmo fenômeno é constatado na Europa, em números mais moderados.

A democracia está posta em xeque também pela desigualdade econômica exacerbada em países como o nosso. O economista e acadêmico Edmar Bacha levou a debate na Academia Brasileira de Letras o futuro do capitalismo e da democracia, em função da concentração de renda no topo da pirâmide social e dos avanços do autoritarismo e do populismo mundo afora.

Citou o professor Richard Freeman, do Departamento de Economia de Harvard, que propõe, diante do futuro do emprego e da distribuição de renda face à automação e à inteligência artificial, lidar com a desigualdade de renda gerada pela tecnologia moderna através da participação direta dos trabalhadores no capital das empresas.

Outro livro publicado pela Princeton University Press, denominado *Mercados radicais: desenraizando o capitalismo e a democracia para uma sociedade justa*, do economista da Microsoft e da Universidade de Yale Glen Weyl e do jurista da Universidade de Chicago Eric Posner, trata da desigualdade de maneira mais radical.

Foi motivado pelo contraste que constataram visualmente entre a riqueza do Leblon e a pobreza da Rocinha. Bacha adverte que eles temem que os países industriais também estejam caminhando nesse sentido, numa espécie de Belíndia mundial, numa alusão ao país imaginário que criou nos anos 1980 para ressaltar a desigualdade brasileira, que tem traços de Bélgica com a pobreza da Índia, pedaço este que cresce mais intensamente do que a prosperidade da parte belga de nosso país.

Os economistas propõem no livro superar a propriedade privada tal como a conhecemos, que identificam com o monopólio. Mas eles não propõem o Estado substituir os capitalistas, advertiu Edmar Bacha. "Buscam, sim, dissociar a propriedade privada do mercado, e aí está a grande novidade do livro". Sua proposta consiste em que os proprietários de bens de capital (terras, máquinas, estruturas) tenham que declarar em registro público os preços desses bens.

Sobre os valores declarados, pagariam um imposto semelhante ao IPTU, a uma taxa média de 7% ao ano. Esse imposto sobre o capital geraria uma arrecadação de cerca de 20% do PIB, suficiente para garantir uma renda básica digna a todos os cidadãos.

Mais importante, destaca Bacha: ao preço declarado, qualquer pessoa poderá deles comprar os bens de capital, uma maneira de obrigar os proprietários a declarar o preço honesto dos bens, em vez de desvalorizá-los para pagar menos imposto.

Edmar Bacha indica que esse livro, no objetivo de repensarmos o capitalismo, rivaliza com o best-seller de Thomas Piketty, *O capital no século XXI*. (Amanhã, o individualismo do cidadão) Estudos mostram que os cidadãos, e não apenas aqui, estão cada vez mais abertos a soluções autoritárias.

| 18.08.2018 |

O INDIVIDUALISMO DO VOTO

O debate sobre democracia e capitalismo ocorrido na mais recente reunião plenária da Academia Brasileira de Letras teve origem em palestra anterior do acadêmico Arno Wehling, presidente do Instituto Histórico e Geográfico Brasileiro, abordando a obra de Joaquim Nabuco – um dos fundadores da ABL – sobre a propriedade.

Líder abolicionista, Nabuco não separava a emancipação dos escravos da democratização do solo. O acadêmico Edmar Bacha, que preside a Casa das Garças no Rio, um dos principais think tank brasileiros, ampliou a discussão, trazendo uma tese polêmica de economistas dos Estados Unidos que propõem separar a propriedade privada do mercado, democratizando-a para reduzir a desigualdade de rendas, tese detalhada na coluna de ontem.

O cientista político e acadêmico Candido Mendes trouxe sua contribuição numa palestra sobre a atual situação eleitoral brasileira, ressaltando que tudo indica que o Congresso não será renovado, o que reforça o desânimo do cidadão com a representação política.

Candido Mendes lamentou que as questões sociais tenham perdido a prioridade, e destacou o fenômeno que chamou de "individualização das candidaturas", com os partidos, devido à proliferação das legendas, perdendo o sentimento coletivo do voto e se transformando em reflexo do pensamento individual. Ele ressaltou o impacto sobre a mocidade, sobretudo entre os de 16 a 23 anos.

As atuais pesquisas mostram que a grande maioria votará em branco ou anulará seu voto, fenômeno que, para Candido Mendes, caracteriza a demissão pela mocidade de intervir na vida política. Desprestigiar a ação política significa uma individualização das candidaturas, disse ele.

A escritora e acadêmica Rosiska Darci de Oliveira avaliou que a individualização tem a ver com as novas tecnologias, que induzem a relações cada vez mais individualistas. Outro fator, segundo Rosiska, seria o enfraquecimento das instituições de mediação. Os partidos políticos não refletem mais correntes ideológicas nítidas, e os sindicatos, por sua vez, sofreram mudanças na capacidade de coletivizar, em função também do novo mundo do trabalho.

O acadêmico Cícero Sandroni, escritor e jornalista, fez questão de destacar que a nossa democracia é muito falha, seria o que chamou de "democracapitalismo", onde só ganham eleições aqueles que têm muito dinheiro ou serão corrompidos depois. E sugeriu o voto distrital como uma das reformas necessárias para dar representatividade ao Congresso.

O acadêmico José Murilo de Carvalho considerou que as duas palestras mostram "a incapacidade de pensar, não digo a longo prazo, mas a médio prazo. Costumo dizer que o Brasil padece de um Alzheimer coletivo em relação ao passado, o futuro a Deus pertence, e ao presente, carpe diem (aproveite o momento)".

O historiador lamentou que não saibamos incorporar à sociedade a massa marginal dos milhões de desempregados, e também dos milhões de não empregáveis, por questões de baixa escolaridade, com o processo da automatização que tirará perto de 20% dos empregos. "Temo que não teremos um futuro, podemos estar perdendo o bonde da História".

O acadêmico Celso Lafer ponderou que há momentos "em que há motivação, outros em que as pessoas se recolhem. É o que está acontecendo hoje, as pessoas estão mais interessadas nas suas vidas privadas". Como a democracia não garante a felicidade, "temos que lidar com a paixão do possível", advertiu o jurista.

Lembrei então minha recente experiência de mais de um mês na Rússia cobrindo a Copa do Mundo. O sentimento generalizado é de satisfação com o governo Putin, à frente de uma democracia de fachada que limita a liberdade de expressão e reprime questões ligadas à sexualidade dos indivíduos. Mas o sistema de transporte funciona, os hospitais são eficientes e bem equipados, a educação é de alto nível a ponto de pouquíssimos russos buscarem formação em universidades estrangeiras. São os sinais de que uma "democratura", como definiu José Murilo de Carvalho, pode ser suficiente para os cidadãos, que já não encontram na democracia representativa um instrumento de seus anseios. Líder abolicionista, Nabuco não separava a emancipação dos escravos da democratização do solo.

| 19.08.2018 |

VISÃO DE UM INTELECTUAL PÚBLICO

Com a fina ironia que lhe é peculiar, o ex-ministro da Fazenda Pedro Malan cunhou a frase: "No Brasil, até o passado é incerto" – uma decorrência do que um de seus autores preferidos, Millôr Fernandes, disse de nosso país: "A cada 15 a 20 anos o Brasil esquece o que aconteceu nos últimos 15 a 20 anos". A frase é também atribuída ao jornalista Ivan Lessa, assim como a de Malan o é a outros. É assim com frases marcantes.

Talvez por isso tenha reunido artigos dos últimos 15 anos, para que não seja esquecidos. E para que o passado seja menos incerto. Intelectual público exemplar, e reconhecido internacionalmente, Malan está lançando pela editora Intrínseca uma coletânea de artigos escritos entre 2003 e 2018, publicados em *O Estado de S.Paulo*.

Sua intenção sempre foi analisar a economia em suas relações com a política, e lendo-se o conjunto de artigos, tem-se uma visão completa do que pensa e como age. Com uma cultura multifacetada, encontra no sociólogo alemão Max Weber uma referência para os que, como ele, querem ser servidores públicos conjugando a "ética da convicção", dos princípios morais aceitos em cada sociedade, e a "ética da responsabilidade", que prevalece na atividade política.

Ele, ao longo desses anos, abordou não apenas as questões econômicas, mas elas dentro de um cenário "de uma sociedade ainda injusta, com carências e mazelas sociais que são ética e politicamente incompatíveis com o grau de civilização que acreditamos termos alcançado".

Desde o primeiro governo Lula, de cuja transição exemplarmente democrática se orgulha de ter participado, vinha advertindo sobre o perigo de que o período comandado por Antonio Palocci fosse apenas uma transição para a implantação do verdadeiro programa econômico do PT, o que se mostrou verdadeiro a partir de meados de 2006, com a saída de Palocci e a chegada de Guido Mantega e sua "nova matriz econômica".

Malan durante anos alertou sobre a excessiva complacência com que as autoridades lidavam com o equilíbrio fiscal, do qual foi um guardião nos governos de Fernando Henrique Cardoso, em busca de resultados eleitorais imediatos e guiados pela certeza ingênua de que "gasto é vida", como dizia Dilma.

Foram constantes advertências de que a crise financeira mundial de 2009 não era uma "simples marolinha", como a definiu o então presidente Lula. No décimo aniversário da Lei de Responsabilidade Fiscal, já antevendo o que viria pela frente, Malan alertava que era necessário resistir às pressões para que ela fosse revogada informalmente, o que acabou acontecendo, com os resultados que conhecemos.

Em artigos anteriores, o ex-ministro relembrara a posição do PT contra a lei, baseado na tese de que o equilíbrio social deveria ter prevalência, uma visão equivocada de que os gastos do governo são o motor do desenvolvimento.

Em diversos momentos de seus artigos Malan lamenta a retórica petista, alimentada pelo próprio presidente Lula, um Luís XV ao contrário, de que, antes dele, fora o dilúvio. A tal herança maldita, usada como mote de campanha política permanente, dividiu o país e impediu a continuidade e aperfeiçoamento de políticas que deveriam ser de Estado, e não de partidos.

A visão republicana de Pedro Malan da necessidade de termos "uma certa ideia de Brasil", como definiu De Gaulle sobre si e a França, pode ser comprovada nos elogios que faz a certas posições atuais do ex-ministro da ditadura militar Delfim Netto, de quem foi ferrenho opositor mesmo antes de iniciar sua vida pública. E da admissão de que os governos petistas avançaram no campo social. Na apresentação do livro, Malan lista os pontos que gostaria de ver no Brasil de nossos filhos e netos: uma sociedade que compatibilize, o mais possível, as liberdades individuais; igualdade perante a lei e menor desigualdade na distribuição da renda; setor público mais eficiente e avanços tecnológicos que propiciem o que Schumpeter considerava o elemento essencial do capitalismo, a "destruição criativa", que, segundo Pedro Malan, "mostrou-se imbatível na produção de riqueza e na disseminação de acesso a produtos de consumo de massas". Malan durante anos alertou sobre a excessiva complacência com que as autoridades lidavam com o equilíbrio fiscal.

| 26.08.2018 |

MANUAL DA PEQUENA POLÍTICA

Comparar as campanhas eleitorais na Antiga Roma com a atuação política atual serve de escusa para os que fazem a "pequena política", que alegam que esse toma lá dá cá existe desde sempre, mas também de ensinamento histórico para que prevaleça a "grande política" que predominava, principalmente, em Roma no século I d.C.

No início deste ano eleitoral, escrevi sobre o livro *A campanha eleitoral na Roma Antiga*, do historiador alemão Karl-Wilhelm Weeber. Nele havia referência a um pequeno manual da campanha eleitoral, atribuído a Quinto Túlio Cícero, para orientar seu irmão mais velho, o grande orador Marco Túlio, que foi eleito cônsul em 63 a.C.

Em boa hora a editora Bazar do Tempo está lançando a tradução em português do manual, com o título *Como ganhar uma eleição: Um manual da Antiguidade Clássica para os dias de hoje*. Nesse texto, Quinto Cícero enumera uma série de estratégias para uma campanha bem-sucedida. Algumas dessas, destacadas na apresentação por Philip Freeman, PhD por Harvard em Antiguidade Clássica, subsistem até hoje: Prometa tudo a todos. Exceto nos casos mais extremos, os candidatos devem dizer o que um determinado grupo quer ouvir. Diga aos conservadores que você tem repetidamente apoiado valores tradicionais. Diga aos progressistas que você sempre esteve do lado deles. Depois da eleição, você pode explicar a todo mundo que adoraria ajudá-los, mas, infelizmente, circunstâncias fora do seu controle o impediram.

Cobre todos os favores. É hora de delicadamente (ou não tão delicadamente) lembrar a quem ajudou que eles são seus devedores. Se alguém não dever nenhuma obrigação a você, deixe que saibam que o apoio deles agora porá você em débito para com eles no futuro. E depois de eleito você estará em condições de ajudá-los quando eles precisarem.

Não saia da cidade. Na época de Marco Cícero, isto significava permanecer perto de Roma. Para os políticos modernos, isto significa estar no lugar certo, fazendo campanha corpo a corpo com os eleitores-chave. Não existe dia livre para um candidato sério. Você pode tirar férias depois que vencer.

Puxe o saco dos eleitores abertamente. Marco Cícero era sempre educado, mas podia ser formal e distante. Quinto alerta que ele precisa ser mais receptivo com os eleitores. Olhe nos olhos deles, bata nas costas deles, e diga que eles são importantes.

Faça os eleitores acreditarem que você se importa realmente com eles.

Dê esperança às pessoas. Até os eleitores mais cínicos querem acreditar em alguém.

Dê às pessoas a sensação de que você pode tornar o mundo delas melhor, e elas se tornarão seus seguidores mais devotados — pelo menos até depois da eleição, quando você irá inevitavelmente desapontá-las. Mas nessa altura isso não fará mais diferença porque você já terá vencido.

O filósofo da política Newton Bignotto, especialista em Maquiavel, destaca em seu posfácio para o livro que esse contexto daquela Roma é mais próximo de nós do que pensamos: "Existia naquele tempo uma figura comum na cidade, que lembra nossos 'operadores políticos', os chamados repartidores (divisores). A função deles era dividir no interior das 'tribos' o dinheiro legal ou, muitas vezes, ilegal que lhes era destinado por meio de 'doações'. Alguém se lembrou do caixa 2 das campanhas, ou das 'contribuições não contabilizadas?'" O problema era tão grave que várias leis foram aprovadas para tentar frear a influência do dinheiro nas eleições, como a Lex Flavia, que regulava o funcionamento dos banquetes e festas. Quinto sabia que seu irmão precisava escapar dessas armadilhas, usando de todo seu poder de convencimento: um pretendente ao consulado que ignorasse essa realidade e se portasse de forma ingênua seria irremediavelmente derrotado. Indispensável, embora discutível do ponto de vista ético, diz Quinto Cícero, era a fusão, em um só indivíduo, do homem bom (bonus vir) e o hábil contentor (*bonus petitor*). Ele definia assim, com brutal franqueza: "A primeira é a característica de um homem honesto; a segunda, de um bom candidato". Candidatos devem dizer o que um determinado grupo quer ouvir, ensina o manual 'Como ganhar uma eleição'.

| 16.09.2018 |

VOTO, MODOS DE USAR

Com uma eleição polarizada como nunca se aproximando, este é um bom momento para se discutir as maneiras de votar, ainda mais que o voto útil transformou-se em instrumento de cidadania para evitar "o mal maior".

Estão em discussão nos Estados Unidos maneiras de melhorar a eficácia do voto representativo, e algumas delas já estão sendo utilizadas. Paradoxalmente, também na China discute-se o que seria a democracia guiada pela meritocracia.

Essas buscas concentram-se no questionamento de um dos pilares da democracia representativa, a ideia de "uma pessoa, um voto". Em livro da Princeton University Press denominado *Mercados radicais: desenraizando o capitalismo e a democracia para uma sociedade justa*, o economista da Microsoft e da Universidade de Yale Glen Weyl e o jurista da Universidade de Chicago Eric Posner tratam da desigualdade, que seria um calcanhar de aquiles do capitalismo, influenciando o funcionamento da própria democracia.

Os autores consideram que o sistema de "uma pessoa, um voto" leva a decisões deficientes e à tirania da maioria. A China, por sua vez, tem apresentado em diversos fóruns internacionais, através de acadêmicos chineses e estrangeiros, uma visão crítica da democracia ocidental e ideias bastante criticáveis sobre o que seria a democracia ao estilo chinês.

Daniel A. Bell, um canadense professor de Teoria Política da Universidade Tsinghua, defende em fóruns internacionais – já comentei na coluna sua apresentação em uma reunião em Davos – que a China caminhará para a meritocracia, não para democracia, pois a ideia de "um homem, um voto" não leva a escolhas mais corretas e está muito sujeita a pressões financeiras. Bell considera que a China, ao buscar essa força moral de sua liderança, pode caminhar para a implantação de um sistema político que não será a democracia como nós a conhecemos no Ocidente, mas uma meritocracia que fará com que os escolhidos para o Parlamento possam representar realmente a vontade do povo, e não apenas os que têm influência para atrair votos.

Até mesmo as promessas de campanha, que nunca são cumpridas, ou gestos claramente populistas como anunciar aumento de impostos dos mais ricos para compensar os sofrimentos dos mais pobres na crise econômica, como se viu na França ou nos Estados Unidos, e também no Brasil, seriam formas de luta política que desvirtuam o voto final.

Um Parlamento composto por pessoas escolhidas pelo mérito representaria melhor o conjunto da população do que um formado pelos que se elegeram pela força do dinheiro, ou por um dom natural de oratória, ou por ser famoso em seu ofício.

Há quem, na China, defenda que essa meritocracia já vem sendo adotada pelo sistema de "seleção natural" de dirigentes dentro do Partido Comunista. O afunilamento na escolha levaria os melhores a galgarem degraus na hierarquia.

Semelhante ao que sugeriu o vice de Bolsonaro, general Mourão, organizar uma comissão de notáveis para fazer uma Constituição, que depois seria referendada pelo povo. A questão, tanto lá como aqui, é saber quem escolheria esses homens providenciais, e através de que critérios.

Nos Estados Unidos, dois tipos de votação estão em discussão, uma delas já em prática, para dar mais peso ao desejo de cada eleitor, o sistema de ranqueamento do voto (*Ranking Choice Voting*), em que o eleitor dá uma classificação para cada uma de suas escolhas, e o balanço final determina quais os escolhidos para o Congresso, para prefeito, como ocorreu recentemente no Maine, ou, quem sabe, para a Presidência da República.

Substitui com vantagens o voto útil como o conhecemos, pois permite que eleitor vote em vários candidatos, dando um peso específico a cada um deles, e o melhor ranqueado leva, em vez de o vencedor levar tudo, como fazemos no voto majoritário.

Um bom exemplo é a eleição para senador este ano. São duas vagas, e cada eleitor tem que votar duas vezes. Uma maneira ilógica, e que confunde o eleitor, de escolher os dois mais votados. Com o ranqueamento, os mais votados são escolhidos naturalmente, num sistema de eliminação gradual. Os autores do livro referido no início da coluna, Posner e Weil, propõem o que chamam de "votação quadrática", uma ideia boa com um nome ruim, que precisará ser alterado. Eles bolaram um sistema que é calculado na base da raiz quadrada, claramente difícil de explicar em qualquer democracia do mundo. Mas a tese é boa, o sistema avalia a intensidade da preferência de cada eleitor, e os desejados mais fortemente pela maioria saem vitoriosos, sejam políticos ou propostas.

| 22.09.2018 |

A FAVOR DA DEMOCRACIA

Na **eleição mais radicalizada** dos anos recentes, pontuada por declarações de ambos os líderes das pesquisas que remetem a ameaças à democracia, esse regime político, que, na frase famosa de Churchill, é o pior deles com exceção de todos os outros, aparece fortalecida pelos brasileiros em pesquisa Datafolha. Em votação recorde, a maior desde 1989 quando se disputava a primeira eleição direta depois do regime militar, a democracia recebeu nada menos que 69% de aprovação, índice crescente na preferência dos eleitores, ao mesmo tempo em que os partidos políticos, canais da sociedade com o poder político, perderam momentaneamente a influência pelo descrédito de suas atitudes.

Segundo Max Weber, citado no *Dicionário de Política* de Norberto Bobbio e outros, o partido político é "uma associação que visa a um fim deliberado, seja ele objetivo, como a realização de um plano com intuitos materiais ou ideais, seja pessoal, destinado a obter benefícios, poder e, consequentemente, glória para os chefes e sequazes, ou então voltado para todos esses objetivos conjuntamente".

No Brasil de 35 partidos, a maioria se enquadra na associação que "objetiva obter benefícios, poder e, consequentemente, glória para os chefes e sequazes", mas alguns trabalham sobre "ideais". A eleição de hoje é uma boa oportunidade para que se recomece a atividade política conspurcada pela corrupção generalizada, e o papel do vencedor será fundamental para essa retomada desejada pelos eleitores, que prezam a democracia e a consideram o melhor caminho para resolver seus problemas.

Ao contrário do que muitos apregoavam, apenas 12% consideraram que a ditadura é um regime melhor, e outros 13% mostraram-se indiferentes. É, pois, sob o signo da democracia que os eleitores vão às urnas hoje, e é preciso que os candidatos tenham isso em mente quando assumirem seus cargos, pois hoje ainda podemos ter a definição da escolha de vários governadores no primeiro turno e, quem sabe, até mesmo o do presidente da República.

Na última eleição presidencial que tivemos, a vencedora, Dilma Rousseff, não se referiu a seu adversário derrotado no discurso da vitória. Nesta eleição, mais do que atitudes protocolares, normais em sociedades civilizadas, exige-se dos candidatos compromissos com a democracia e o reconhecimento da derrota dentro da legalidade do estado de direito. Se, como é mais provável, a eleição para presidente não terminar hoje, os dois candidatos que restaram terão 20 dias para fazer uma campanha eleitoral de confrontação de ideias e propostas, tempo suficiente para recuperarem-se de eventuais arroubos retóricos e posicionarem-se como democratas, esquecendo projetos extemporâneos como a convocação de uma nova Constituinte ou a não aceitação de princípios democráticos implícitos em comentários que trivializam a possibilidade de um golpe.

Ao eleitor cabe pesar nas urnas a consequência de seu voto para o seu futuro e o do país, sem colocar interesses pessoais acima daqueles. A democracia é o regime em que o povo está representado pelos eleitos pelo voto direto, e a escolha dos membros do Congresso, por exemplo, é fundamental para que o futuro presidente possa governar. Ao presidente eleito caberá necessariamente negociar com o Congresso e com os governos estaduais e municipais, principalmente num período em que reformas fundamentais precisam de apoio da população e dos políticos para serem aprovadas a tempo de permitir a recuperação econômica e social do país.

| 07.10.2018 |

VIRANDO A PÁGINA

O **primeiro a sacar** que o ano de 1968 terminou no Brasil no seu cinquentenário foi Elio Gaspari. "(...) Nesta, (eleição) derrubou peças de dominó. (...) Talvez o ano de 1968 tenha terminado no Brasil durante seu cinquentenário. (A bandeira "Seja marginal, seja herói", de Hélio Oiticica, é de 68.)".

Na sequência, o economista Carlos Ivan Simonsen Leal, presidente da Fundação Getulio Vargas, em palestra na Brazilian-American Chamber of Commerce, em Nova York, disse que o novo governo eleito representa uma ruptura com a mentalidade que direita e esquerda sustentavam até então, com origens em 1968.

"Há uma esquerda e uma direita que pensam que nós estamos em 1968, que o melhor negócio do mundo é uma siderúrgica. E não é a siderúrgica. O lucro anual da Google compra uma siderúrgica", diz. "Por que não somos capazes de fazer um Google? Inovação, mercado de capitais e insuficiência de crédito".

Zuenir Ventura, autor do icônico livro *1968, o ano que não terminou*, lembra que os estudantes de 1968 queriam fazer uma revolução política, para mudar o mundo, e conseguiram, sem querer, fazer uma fundamental revolução dos costumes. Saíram daí movimentos sociais como o feminismo, o orgulho gay, o poder dos negros.

Mas a disputa direita-esquerda continuou a existir e, no Brasil, depois da ditadura militar, passou a ser feita pelo voto popular, um tanto anacronicamente, como ressalta Simonsen, cuidando do social de maneira superficial, descuidando do crescimento econômico que possibilitaria superar as enormes desigualdades sociais.

Do meio da disputa entre PT e PSDB, que dominou os últimos 25 anos da política brasileira, participava o PMDB, que, mesmo sem disputar uma eleição presidencial, é o partido mais assíduo no governo federal desde a redemocratização do país. Teve ministérios em todas as gestões, entre os mandatos de José Sarney e Dilma. Mas até isso acabou com o tsunami que devastou os velhos caciques da política brasileira.

Um dos mais emblemáticos, Romero Jucá, que foi aliado de todos os governos desde a redemocratização, hoje, presidindo o partido, mas sem mandato a partir do ano que vem, admite que acabou o modelo do MDB, classificado por ele eufemisticamente de "partido da governabilidade".

Completando essa sucessão de fatos relacionados direta ou indiretamente a 1968, o presidente eleito Bolsonaro disse recentemente que gostaria de um Brasil como era há 50 anos. Não ficou claro se ele estava com saudades do AI-5, decretado no final daquele ano, ou se revelava apenas a nostalgia de uma época que lhe parece de prosperidade.

A revolução tecnológica que manda no mundo hoje passa longe do Brasil como protagonista, e Carlos Ivan Simonsen tem razão ao ressaltar que o país tem que ganhar produtividade com os avanços tecnológicos, que precisam ser estimulados pelo novo governo.

De fato, o salto que é possível dar ao entrar na nova revolução tecnológica é enorme, fazendo os países queimarem etapas. Em 2002, quando visitei a China pela primeira vez, os comerciantes ainda nem sabiam usar as máquinas de cartão de crédito. Hoje, o dinheiro em papel está praticamente abolido, só se fazem pagamentos por meios eletrônicos.

Em 1998, os gigantes tecnológicos como Amazon e Apple nem faziam parte das maiores empresas dos Estados Unidos. Desde 1955, quando o ranking das maiores foi publicado pela primeira vez pela revista *Fortune*, apenas três empresas se mantêm entre as maiores: a General Motors, a ExxonMobil e o Walmart. Mas a Apple e a Amazon têm valor de mercado maior.

Em 2008, quando Obama foi eleito presidente nos Estados Unidos muito devido às ações da internet, mal havia o Twitter e nem se sabia que o WhatsApp existiria.

Hoje, esses e outros novos meios de comunicação dominam as campanhas eleitorais, e permitem que um candidato do baixo clero político, sem estrutura partidária e sem dinheiro, ganhe a eleição.

É claro que não são os meios de comunicação que derrubam ou consagram um candidato. Geraldo Alckmin teve o maior tempo de televisão da propaganda eleitoral e terminou a campanha com míseros 5%. O PT, que tinha também muito tempo de propaganda eleitoral gratuita, usou bem a televisão e seu candidato foi ao segundo turno. O país tem que ganhar produtividade com os avanços tecnológicos, que precisam ser estimulados pelo novo governo.

| 08.11.2018 |

#ELANÃO

O empoderamento feminino não anda fazendo bem aos machos-alfa dessa parte de baixo do Equador, onde não existe pecado, segundo relato do holandês Barlaeus, no século XVII. Nos últimos dias, tivemos exemplos, uns menos, outros mais degradantes, desse comportamento machista, vindo de personalidades que supostamente fazem parte de nossa elite.

Desde o famoso apresentador de televisão que assediou a cantora ao vivo e a cores, passando pelo ex-presidente da República que sugeriu que a juíza que o interrogava, por ser mulher, deveria entender mais de cozinha do que ele. Sem contar com o presidente eleito do maior país da América do Sul, que não cansa de parecer homofóbico e misógino.

Estamos falando do Brasil dos tempos atuais, em que a campanha #Mexeu com ela mexeu comigo, decorrência da americana #meToo, que alcançou centenas de celebridades e subcelebridades hollywoodianas por assédio sexual ou moral, conseguiu tirar de cena um famoso ator global, mas não impedir a repetição de cenas de machismo explícito.

A semana foi marcada pela cena constrangedora de Silvio Santos se declarando "excitado" com a roupa de cantora Claudia Leitte, na frente de milhões de pessoas e da própria mulher e filhas na plateia de seu programa de auditório. Assédio duplo – sexual e moral –, já que ele é o dono do programa e da televisão.

As reações vieram, até mesmo da cantora que, se no dia o máximo que conseguiu dizer é que seu namorado não ia gostar, no seguinte tomou coragem para postar um protesto no Facebook. O comportamento machista ou homofóbico continuou durante os dias seguintes com líderes políticos de peso, o ex-presidente Lula e o presidente eleito Jair Bolsonaro.

Ao ser interrogado pela juíza Gabriela Hardt, que ficou no lugar de Sergio Moro, sobre as obras do sítio de Atibaia e a instalação de uma cozinha moderna, exatamente igual à do apartamento triplex pelo qual já foi condenado, feitas por empreiteiras para, segundo a acusação, pagar favores recebidos do ex-presidente, Lula tentou constranger a juíza insinuando que, como homem, não entendia nada de cozinha, assim como o suposto marido da juíza. Gabriela Hardt foi seca: "Sou divorciada e não falo de cozinha".

Lugar de mulher é na cozinha, parecia querer dizer Lula, em mais uma das muitas vezes em que demonstrou ser um machista da velha estirpe. Como quando convocou "as mulheres de grelo duro" do PT para um protesto. Ou quando disse que sua assessora Clara Ant, "dormindo sozinha", ao ver vários homens chegarem em sua casa de madrugada, "pensou que era um presente de Deus". Eram policiais.

O presidente eleito Bolsonaro também voltou a repetir piadas homofóbicas, quando disse que o escolhido para o Ministério das Relações Exteriores poderia ser homem ou mulher, mas também um gay. E perguntou para o repórter que fizera a pergunta: "Você aceitaria?".

Lula também já foi flagrado, na gravação de programa de propaganda eleitoral, comentando com um candidato de Pelotas que a região era "polo exportador de viados". São piadas de mau gosto, comuns em ambientes masculinos como mesas de bar ou na caserna, próprias do espírito machista que predomina, não apenas por aqui.

Bolsonaro já disse que a deputada Maria do Rosário não merecia ser estuprada por seu "feia". E seu espelho, o presidente Donald Trump, é especialista em tentar desqualificar as mulheres que o incomodam, desde a atriz pornô que diz ter tido um caso com ele, até a assessora que pediu demissão.

Ele as chamou de "cara de cachorra", de "chorona, vagabunda e louca", e disse a uma repórter na Casa Branca que ela "não sabia pensar". É surpreendente que seja esse o homem que vai, segundo o futuro chanceler brasileiro, salvar o Ocidente da decadência moral, resgatando os valores cristãos. Nos Estados Unidos, o presidente Trump abusa dessas grosserias, mas é constantemente confrontado por movimentos feministas. O mesmo se dá com Jair Bolsonaro, que provocou até passeatas organizada por feministas com o mote #elenão. O ex-presidente Lula, no entanto, continua passando incólume por essas e outras grosserias. É por isso que, depois de ter tentado sem sucesso constranger a juíza Gabriela Hardt, surgiu na internet o hashtag atribuído a petistas temerosos: #Elanão. O empoderamento feminino não anda fazendo bem aos machos-alfa dessa parte de baixo do Equador.

| 18.11.2018 |

COMPLEXO DE VIRA-LATA

Para mostrar que a continência de Bolsonaro ao assessor americano John Bolton não passou de um gesto de gentileza, e não subserviência, como apregoa a oposição, tratei na coluna de ontem do complexo de vira-lata, que faz com que distorçamos o sentido de um gesto, mas também leva Eduardo Bolsonaro, deputado federal, filho do presidente eleito, a usar um boné com os dizeres "Trump 2020" numa visita oficial aos Estados Unidos. E nossa política externa a macaquear a de Trump, visto pelo futuro chanceler Ernesto Araújo como um deus político que vai salvar o Ocidente.

Logo nós, latinos, que nem mesmo somos considerados ocidentais pela cultura anglo-saxã. Pois bem, encerramos esta semana na Academia Brasileira de Letras um ciclo de palestras justamente sobre como nos vemos como povo.

Fizemos um balanço do legado do movimento barroco, o que o escritor Jorge Maranhão chamou de "barroquismo brasileiro", que se mantém enraizado na nossa cultura. Abordamos as distorções entre a teoria e a prática, o pensar e o agir, o código moral e a conduta social (o caso do cidadão que combate a corrupção, mas dá uma propina para ao guarda da esquina), a observância da lei, num país em que há leis que simplesmente não pegam.

Uma transposição cultural desastrosa do barroco, segundo a visão classicista de Jorge Maranhão. Mas pudemos entender também a criatividade da nossa cultura, compreender mais profundamente as influências musicais, as festas como o carnaval, o cinema de Glauber Rocha, o mais recente filme do acadêmico eleito Cacá Diegues, *O grande circo místico*, obras por excelência barrocas.

Para o professor Mario Guerreiro, outro palestrante, o homem brasileiro herda alguns dos traços do estilo barroco: a extravagância, a profusão de curvas, a irregularidade, a incoerência. Um país de mentalidade barroca. É a velha disputa entre o *homo faber* e o *homo ludens*.

Nelson Rodrigues, nosso grande escritor marcado pela exuberância dos sentimentos, dizia que não há no mundo figura humana tão complexa, tão rica, tão potencializada como o brasileiro. O historiador Alberto da Costa e Silva, da Academia Brasileira de Letras, o maior especialista brasileiro em África, tem uma visão positiva das heranças ibéricas e africanas: "Uma troca permanente de culturas, costumes, de modos de viver, de valores, de gostos de um lado para o outro".

O antropólogo Roberto Da Matta resume o Brasil como múltiplo e rico, o país do carnaval e do feijão com arroz, da mistura e da fantasia. Mas também do jeitinho que dribla a lei, da hierarquia velada pela cordialidade, dos valores democráticos que lutam para se instalar.

A professora Denise Maurano fez uma bela palestra sobre a influência do barroco na cultura brasileira, no que ela tem de melhor e de pior. Se a carnavalização atrasa nosso desenvolvimento como sociedade, o carnaval é uma característica cultural importante no significado além da festa.

A antropóloga Maria Laura Viveiros de Castro analisa o carnaval como "festa pública e urbana por excelência, (que) conclama os cidadãos a reivindicarem territórios para a folia". Ela nos lembra que o carnaval é também trabalho e arte e destaca que a influência ibérica da noção de tempo permitiu o surgimento de novas modalidades culturais, um tempo que não era simples adequação ao trabalho contínuo, mas de alternância entre trabalho e lazer, dança e labor.

O ex-presidente do Supremo Tribunal Federal Nelson Jobim abordou o juridiquês, esse idioma parecido com o português, salteado com termos em latim, que nos acostumamos a ouvir durante a transmissão dos julgamentos pela televisão.

Rebuscamento da linguagem para dar mais solenidade ao que se fala.

Como tudo comporta visões diversas, o ex-presidente do STF criticou o televisionamento dos julgamentos, demonstrando que os votos ficaram mais longos.

Mas ressaltou a vantagem da transparência do processo decisório do Supremo.

A propósito, o economista-filósofo Eduardo Giannetti vira do avesso o "complexo de vira-lata", defendendo em recente livro que não ter pedigree é um caminho civilizatório tão válido quanto os de sociedades exemplos de desenvolvimento.

Afinal, pergunta Giannetti, que mal há em ser vira-lata?

O ex-presidente dos Estados Unidos Barack Obama tornou realidade essa metáfora de Giannetti quando se declarou mutt, isto é, mestiço, ou vira-lata na acepção do nosso dia a dia. Nosso complexo de vira-lata nos faz enxergar subserviência onde há gentileza, mas também leva nossa política externa a macaquear a de Trump.

| 02.12.2018 |

50 ANOS DEPOIS

Entrei na redação do *Globo* pela primeira vez em 1968 e, no dia 13 de dezembro, era um estagiário indignado com a decretação do AI-5, e assustado com o futuro do país. Tinha 19 anos, era o mais novo da redação, que ouviu em silêncio aquele ato que ficaria conhecido como "o golpe dentro do golpe".

Em 13 de outubro de 1978, quando foi promulgada a emenda constitucional nº 11, cujo artigo 3º revogava todos os atos institucionais e complementares que fossem contrários à Constituição Federal, "ressalvados os efeitos dos atos praticados com bases neles, os quais estão excluídos de apreciação judicial", eu chefiava a sucursal de Brasília.

A emenda constitucional entrou em vigor no dia 1º de janeiro de 1979, restabelecendo o habeas corpus e dando fim ao Ato Institucional nº 5 (AI-5).

Acompanhei, portanto, nossa história recente, às vezes de muito perto, como quando era repórter credenciado no Palácio do Planalto acompanhando o governo Geisel.

Concordo com o Ascânio quando diz que a data a ser comemorada é a do fim do AI-5, mas nunca é demais lembrar o que aconteceu, para não repetir os mesmos erros. Outro fato a ficar marcado, na história do país e na do *Globo*, foi a decretação da anistia, em 1979.

Quando comemorou 90 anos, em 2015, *O Globo* publicou relatos sobre os bastidores de suas grandes reportagens, entre elas a publicação antecipada da Lei de Anistia. Os dias que antecederam sua decretação foram agitados em Brasília, que já vivia um clima cada vez maior de abertura política iniciada no governo Geisel.

O então ministro da Justiça, Petrônio Portela, um dos principais articuladores no campo civil da anistia, reunia em seu gabinete diversos líderes políticos, de todas as tendências, para negociar, e depois exibir, vitorioso, o texto final. O ambiente naqueles dias era de festa, e não havia rigidez no controle da circulação de jornalistas pelo gabinete ministerial.

Foi assim que, na véspera da divulgação oficial, dois repórteres da sucursal de Brasília que eu chefiava (Etevaldo Dias e Orlando Brito), aproveitando-se de uma distração de Petrônio, que se levantara para se despedir de alguém deixando o documento em cima do sofá, roubaram o texto original. Quando Petrônio deu por falta, mandou fechar a porta do gabinete e revistar os jornalistas.

Como havia muitos políticos na sala, e outras autoridades, os jornalistas exigiram: ou todos seriam revistados, ou ninguém. Estávamos, afinal, numa abertura política rumo à redemocratização, e os jornalistas já podiam exigir algumas coisas. Dado o impasse, todos foram liberados, e a Polícia Federal pôs-se no encalço dos ladrões.

No primeiro contato telefônico com Etevaldo, infindáveis minutos depois da notícia, tive a certeza de que ele estava com o texto. Como a Polícia Federal já montara um esquema especial, e os telefones das redações estavam grampeados, montamos nosso esquema para burlar a vigilância.

Alugamos um apartamento no Hotel Nacional, e transmitimos para a sede no Rio o texto original. Não havia celular, nem computador, nem Facebook, e Brito improvisou: fotografou página por página e as transmitiu pela máquina de telefoto, que também não existe mais.

Por orientação expressa de Roberto Marinho, que acompanhou toda a operação informado por Evandro Carlos de Andrade, o diretor de redação, telefonei de madrugada para Petrônio para lhe dizer que o jornal recebera um envelope com o texto do decreto e o estava publicando na primeira página daquele dia.

Embora irritadíssimo com a desculpa esfarrapada, o ministro da Justiça teve que engoli-la, e *O Globo* circulou naquele dia com um de seus grandes furos jornalísticos tomando toda a primeira página.

O leitor estará se perguntando se é ético um jornalista roubar documentos de ministros. Mas é preciso lembrar o ambiente em que vivíamos: uma ditadura nos seus estertores, mas ainda poderosa, com presos políticos em suas cadeias, e uma discussão que angustiava o país e muito mais de perto as famílias daqueles presos. Nessas circunstâncias, antecipar o texto, tornando-o praticamente um fato consumado, pondo-o talvez a salvo de retrocessos de última hora, foi um serviço à democracia. Tinha 19 anos, era o mais novo da redação, que ouviu em silêncio aquele ato que ficaria conhecido como 'o golpe dentro do golpe'.

| 14.12.2018 |

BRASIL, TERRA DOS PRESIDENTES IMPROVÁVEIS

Se pegarmos os sete presidentes brasileiros que exerceram a função desde a redemocratização em 1985, eleitos diretamente pelo voto ou colocados na cadeira presidencial por fatores externos – como doença ou morte – ou políticos, como impeachment, veremos que todos eles, de uma maneira ou de outra, são presidentes improváveis.

Esse fenômeno pode ter ocorrido devido à quebra da estrutura partidária vigente antes da ditadura militar, período em que os acordos políticos obedeciam a parâmetros destruídos durante os 21 anos do período militar.

As oligarquias regionais que não foram para o exílio permaneceram praticamente intocadas, acomodaram-se nos partidos criados pelo regime militar – Arena, depois PDS, e MDB, depois PMDB. Mas o período da redemocratização foi dominado por PT e PSDB, que protagonizaram a disputa político-partidária por 23 dos 33 anos.

Os líderes tradicionais da política antes da ditadura, Brizola, Ulysses Guimarães, Tancredo Neves, Covas, Arraes, ficaram pelo caminho na pós-democratização, reavendo o poder regional, muitos de volta do exílio, mas sem atingirem o poder central, pela renovação partidária ou pela confirmação de que presidência da República é destino.

Foi esse destino que levou ao Palácio do Planalto sete presidentes acidentais, embora o único que tenha admitido publicamente essa condição, para explicitar que não era um político profissional, tenha sido Fernando Henrique Cardoso, que se classificou assim no título de um livro de memórias na versão em inglês.

O primeiro presidente da República improvável foi José Sarney, presidente nacional do PDS, antiga Arena, partido de sustentação dos governos militares, que rompeu com o governo Figueiredo por não concordar com a candidatura de Paulo Maluf à presidência, e foi apoiar a candidatura oposicionista de Tancredo Neves no Colégio Eleitoral.

Ao ser escolhido candidato a vice pela Frente Liberal, Sarney revelou a amigos que pretendia dedicar seu tempo como vice aos romances e à pintura. Ao saber disso, Tancredo comentou, sarcástico: "Ele vai ter muito tempo livre". Não teve.

Na véspera de assumir a presidência, Tancredo Neves foi submetido a uma operação de emergência e acabou falecendo meses depois, numa agonia acompanhada pelo país em choque.

Tancredo seria o menos improvável dos presidentes pós-redemocratização, por seu protagonismo na vida política do país. Mas chegou à presidência pela via indireta do Colégio Eleitoral, o mais improvável dos seus caminhos, e morreu eleito, mas sem assumir a presidência.

Sarney garantiu a transição democrática, o que lhe dá um lugar na História, e esteve perto, com o Plano Cruzado, de antecipar o Plano Real e dar fim à hiperinflação. Mas sucumbiu às velhas práticas eleitorais, não fez os reajustes necessários. Atingiu seu objetivo: o MDB elegeu na eleição de 1986 todos os governadores, com exceção de um. Mas terminou o governo tragado pela impopularidade com o fracasso do Plano Cruzado.

Fernando Collor de Mello, primeiro presidente eleito pelo voto direto depois da ditadura militar, foi também um presidente improvável. Embora político de carreira, e de uma família de políticos, seu raio de ação sempre se circunscreveu a Alagoas.

Até que, numa ação política ousada, captou o espírito da época e lançou-se a uma campanha de marketing bem sucedida encarnando o caçador de marajás. Derrotou as principais lideranças políticas – Brizola, Ulysses, Covas, Aureliano, e por aí vai – e enfrentou outra novidade política, o líder sindical Lula, suplantando-o num segundo turno aguerrido.

Impedido por acusações de corrupção, deu lugar a seu vice, Itamar Franco, que dificilmente se elegeria para algum posto além de senador que era. Escolhido por simbolizar o político honesto, acabou presidente da República, entrando para a história com o Plano Real elaborado por seu quarto e improvável ministro da Fazenda, Fernando Henrique Cardoso.

Foi depois governador de Minas e embaixador em Portugal, Itália e OEA. O Plano Real levou Fernando Henrique à presidência num momento em que pensava se candidatar a deputado federal, pois a chance de se reeleger senador era mínima.

Foi também presidente por um detalhe político: Antonio Brito, do PMDB, naquele momento ministro da Previdência, preferido por Itamar para sucessor, não aceitou a incumbência.

O Plano Real mostrou-se um cabo eleitoral imbatível, e o ministro da Fazenda que o coordenara, um candidato perfeito para o momento, embora improvável. Eleito senador pelo voto de opinião, não parecia capaz de galvanizar a maioria da população, embora tenha andado de jegue e comido buchada de bode fingindo ser "tripes à la mode de Caen". Mas o Real valendo mais que o dólar deu o toque popular de sua campanha.

Depois de oito anos de mandato, eleito duas vezes no primeiro turno derrotando Lula, Fernando Henrique foi substituído pelo líder sindical, um presidente da República improvável, como ele mesmo assumia, com orgulho: nunca na história do país um operário de pouca instrução chegara ao cargo mais alto.

Mas Lula é o menos improvável dessa lista de improváveis presidentes, pois criou um partido político de influência permanente desde a fundação em 1980, foi candidato a governador de São Paulo, deputado constituinte em 1988. Já havia sido derrotado três vezes em eleições presidenciais, por Fernando Collor, e duas por Fernando Henrique. Lutava contra a improbabilidade de chegar ao Palácio do Planalto, subvertendo uma política elitista que reservava a presidência aos seus. A tal ponto que, em 2002, houve um movimento dentro do PT para o partido indicar outro nome.

É verdade que os rebeldes – Cristovam Buarque e Eduardo Suplicy – não tinham maioria no partido, dominado pelo grupo de Lula, e foram massacrados nas prévias internas que exigiram. Na terceira eleição presidencial que disputou, Lula teve que se reinventar para ampliar o eleitorado petista. Surgia aí o personagem Lulinha Paz e Amor, criado pelo marqueteiro Duda Mendonça, e o resto é história. Tornou-se um dois maiores líderes populares do país, mas também o primeiro presidente preso por corrupção.

História que levou Lula a inventar novo personagem, a gerentona Dilma Rousseff, outro presidente improvável. Sem nunca ter disputado uma eleição majoritária, assim como seu criador, mas sem os dons políticos dele, Dilma chegou à presidência da República para esquentar a cadeira para a volta de Lula.

Mas usou o poder imperial que a Constituição dá ao presidente para disputar a reeleição, sendo impedida no meio de seu segundo mandato por incapacidade política e desvios fiscais que caracterizaram improbidade administrativa.

Michel Temer, vice-presidente por dois mandatos do PT, assumiu a presidência depois de ter disputado sua última eleição popular com dificuldades para se eleger deputado federal. Ficou pouco mais de dois anos no poder e deu lugar a Jair Bolsonaro.

Um parlamentar de sete mandatos que sempre pertenceu ao baixo clero, nunca teve qualquer destaque na atuação na Câmara, a não ser as polêmicas declarações a favor da ditadura militar e da tortura. Ou os sinais exteriores de homofobia ou misoginia. Hoje, é um capitão que chefia generais, alguns seus antigos comandantes.

De todos presidentes improváveis, o único que se manteve grande líder eleitoral foi Lula, com uma liderança carismática que já foi majoritária, e comanda a oposição mesmo de dentro da prisão. Fernando Henrique assumiu o papel de grande mentor do PSDB, mas sem participar pessoalmente das disputas eleitorais.

Sarney, Collor e Itamar continuaram como parlamentares, mas sem possibilidades de vôos mais altos. Itamar até tentou voltar a ser presidente em 2006, mas foi humilhado na convenção do PMDB que decidiu não ter candidato. As veleidades eleitorais de Dilma foram levadas de roldão pelo tsunami Bolsonaro, que agora dá sinais de que pretende substituir Lula como líder populista com sinal trocado.

Tem a seu favor o tempo, que pode vir a ser também seu maior adversário se revelar mais seus defeitos que eventuais qualidades.

| 07.01.2019 |

O PAPEL DA IMPRENSA

É interessante notar que a importância da imprensa para a democracia vem sendo destacada nos primeiros dias do novo governo Bolsonaro por ministros e autoridades militares, que demonstram publicamente compreender melhor o papel dos meios de comunicação do que o candidato vencedor durante sua campanha vitoriosa.

O próprio agora presidente Bolsonaro vem reajustando seu discurso, e ontem admitiu que a imprensa livre é fundamental para a democracia. Mas continua misturando verba publicitária com isenção jornalística. Em seu discurso de posse, o novo ministro da Defesa, Fernando Azevedo e Silva, foi objetivo: "A presença da mídia nos importa e nos conforta. Mais do que reproduzir notícia, ela nos avisa, nos cobra quando é necessário e sempre ajuda a dar transparência a nossas atividades." O ministro Santos Cruz, da Secretaria de Governo, também defendeu o papel da imprensa no combate à corrupção: "A maneira mais eficaz de se combater a corrupção, além das medidas de gestão, além do uso da tecnologia no controle dos gastos públicos, é a divulgação, é a publicidade. Tem que divulgar tudo o máximo que puder. Tem que estar aberto para a imprensa, tem que fornecer todos os dados possíveis." O ministro disse ainda que o governo está exposto a todo tipo de avaliação e informações que deveriam ser divulgadas. "Nós vamos estar completamente expostos. Eu não tenho medo dessa exposição, todo mundo aqui vai estar exposto a todas as avaliações e informações que devem ser divulgadas", concluiu.

Também o tenente-brigadeiro do ar Antonio Carlos Moretti Bermudez, o novo comandante da Força Aérea Brasileira (FAB), foi assertivo em seu discurso de posse: "Quanto maior for o zelo com a higidez e a intelectualidade de nosso efetivo, maior será o retorno para a sociedade que por ele é protegida", começou Bermudez, destacando a importância da inteligência na atuação da Força.

"Haveremos de continuar incentivando a perfeita relação com a mídia, que tanto contribuiu para a construção da reputação de nossa Força nesses 78 anos de existência, criando conteúdos relevantes, pois relevante é nossa missão, assim como é determinante o papel da imprensa", que ele definiu como o canal de conexão com a sociedade.

É justamente essa a atribuição da imprensa, fazer com que o Estado conheça os desejos e intenções da Nação, e com que esta saiba os projetos e desígnios do Estado, como ressaltei no meu discurso de posse na Academia Brasileira de Letras. "Um bom jornal é uma nação conversando consigo mesma", na definição do teatrólogo americano Arthur Miller.

Para Rui Barbosa, a imprensa é a vista da nação. "Através dela, acompanha o que se passa ao perto e ao longe, enxerga o que lhe malfazem, devassa o que lhe ocultam e tramam, colhe o que lhe sonegam ou roubam, percebe onde lhe alvejam ou nodoam, mede o que lhe cerceiam ou destroem, vela pelo que lhe interessa e se acautela do que ameaça".

O presidente americano Thomas Jefferson entendeu que a imprensa, tal como um cão de guarda, deve ter liberdade para criticar e condenar, desmascarar e antagonizar. "Se me coubesse decidir se deveríamos ter um governo sem jornais ou jornais sem um governo, não hesitaria um momento em preferir a última solução", escreveu ele.

No sistema democrático, a representação é fundamental, e a legitimidade da representação depende muito da informação. Os jornais nasceram no começo do século XIX, com a Revolução Industrial e a democracia representativa. Formam parte das instituições da democracia moderna.

A "opinião pública" surgiu através principalmente da difusão da imprensa, como maneira de a sociedade civil nascente se contrapor à força do Estado absolutista e legitimar suas reivindicações no campo político. Não é à toa, portanto, que o surgimento da "opinião pública" está ligado ao surgimento do Estado moderno. Com o advento das novas mídias sociais, os jornais perderam a exclusividade da formação da opinião pública, mas continuam sendo um "contrapoder", importantes para a institucionalização democrática dos países. É o jornalismo, seja em que plataforma se apresente, que continua sendo o espaço público para a formação de um consenso em torno do projeto democrático. No sistema democrático, a representação é fundamental, e a legitimidade da representação depende muito da informação.

| 08.01.2019 |

IDENTIDADE NACIONAL

No momento em que a construção de um muro na fronteira do México tornou-se responsável por uma crise institucional que se agrava nos Estados Unidos de Trump, a retirada do Brasil do Pacto Global para a Migração, da Organização das Nações Unidas (ONU), é mais um passo simbólico do governo Bolsonaro no reforço da ideia de nação, em contraponto ao globalismo que critica, seguindo os passos de seu colega dos Estados Unidos.

As leis sobre migração e refugiados continuam valendo, pelo menos por enquanto, e são consideradas das mais avançadas existentes. Os refugiados venezuelanos que o digam. A ideia de que "não é qualquer um que entra em nossa casa" parece razoável, mas a insistência em romper os compromissos com organismos internacionais pode nos levar a um isolamento que não afeta os Estados Unidos por ser a maior potência global, econômica e militarmente.

Não é estapafúrdia a definição de que "quem porventura vier para cá deverá estar sujeito às nossas leis, regras e costumes, bem como deverá cantar nosso hino e respeitar nossa cultura", como disse o presidente Bolsonaro no Twitter.

Mas reflete uma visão anacrônica do mundo que não as ideologias, mas a tecnologia, levou a não ter fronteiras, tudo está "nas nuvens", sem passar pelas fronteiras físicas, que se transformaram em proteções do território, não da identidade nacional, culturas e hábitos inevitavelmente influenciados por movimentos globais.

Essa discussão sobre identidade nacional traz de volta as teses do cientista político Samuel Huntington, falecido há dez anos, para quem a identidade da América angloprotestante estava sendo ameaçada pela onda de imigrantes hispânicos, que, ao invés de assimilar a cultura americana, estariam criando uma sociedade bilíngue, multicultural, erodindo e colocando em perigo, segundo ele, a identidade nacional.

Para o cientista político, a imigração mexicana está baseada na "reconquista demográfica" das áreas que a América tomou à força do México entre 1830 e 1840. Ele via o multiculturalismo como ameaça à identidade americana, e definia com uma frase cruel o que entendia por identidade americana: "You can't dream the american dream in spanish". ("Não é possível sonhar o sonho americano em espanhol", em tradução livre).

Samuel Huntington considerava que as corporações globais são responsáveis por esta falta de identidade nacional, já que seus responsáveis têm que se adaptar a conceitos e modelos globalizados para progredirem na carreira. O chanceler brasileiro Ernesto Araújo assume esse pensamento, que Donald Trump recuperou na política externa dos Estados Unidos.

Em pronunciamentos e escritos no Facebook, ele se coloca ao lado de uma visão de Ocidente "baseada na recuperação do passado simbólico, da história e da cultura das nações ocidentais". Seu desejo confesso é "ajudar o Brasil e o mundo a se libertarem da ideologia globalista", que vê como um instrumento do "marxismo cultural" que promove ao mesmo tempo "a diluição do gênero e a diluição do sentimento nacional: querem um mundo de pessoas 'de gênero fluido' e cosmopolitas sem pátria, negando o fato biológico do nascimento de cada pessoa em determinado gênero e em determinada comunidade histórica".

Araújo também acha que hoje "é muito mais fácil encontrar um ocidentalista convicto no Kansas ou em Idaho do que em Paris ou Berlim". A questão da imigração é tratada pelo novo chanceler como uma causa infiltrada pela esquerda, destruindo, com a defesa da imigração ilimitada, as sociedades europeias e norte-americanas.

O presidente Bolsonaro comprou essa tese, e afirma em seu Twitter que o Brasil não se sujeitará a "pactos feitos por terceiros", numa referência à ONU e, por extensão, aos organismos internacionais.

Seria mais produtivo se a política externa desse mais atenção ao nosso soft power, com o apoio à divulgação de nossos ativos culturais, do que à confrontação militar ou econômica, seguindo os Estados Unidos numa tarefa impossível para nós. A mudança da embaixada brasileira para Jerusalém e uma base militar dos Estados Unidos em nosso território, projetos aparentemente descartados ou adiados, trariam para o país disputas geopolíticas que não nos dizem respeito diretamente, seja no Oriente Médio, ou no confronto dos Estados Unidos com a Rússia na América do Sul. Governo reflete uma visão anacrônica do mundo que não as ideologias, mas a tecnologia levou a não ter fronteiras.

| 10.01.2019 |

O BARDO E NOSSA REALIDADE

O **economista Gustavo Franco**, figura de relevo na execução do Plano Real, ex-presidente do Banco Central, é, e não apenas nas horas vagas, um shakespeariano reconhecido por seus trabalhos que ligam o bardo à economia, e gosta de fazer paralelos das situações que retrata com os tempos atuais, e dos seus personagens com os nossos da política.

Escreveu diversos textos nessa linha e, engajado no projeto do Partido Novo, liderado pelo também economista João Amoêdo, Franco fez, na recente campanha presidencial, palestras para os novos candidatos do partido intuindo conexões entre a política brasileira, seus protagonistas, situações e personagens encontradas nas peças de Shakespeare.

Quase sempre irônico, pela certeza de que a "progênie da humanidade", como Samuel Johnson se referiu aos 987 personagens que habitam as 38 peças do cânone, está presente nelas, "nenhum tipo humano relevante, ou sentimento, ausente desta extraordinária população". Muito menos de nossa historia política, sobretudo a recente, marcada tanto pela tragédia quanto pela comédia.

Para Gustavo Franco, a obra de Shakespeare, chamado de "o bardo de Avon", repleta de intrigas, maquinações e também virtudes dos homens públicos, nos dá a sensação de que os enredos políticos do nosso noticiário não passam de variações empobrecidas sobre um vernáculo catalogado há cerca de 400 anos".

Preocupado com "associações que possam levar intelectos perversos a enxergar calúnia ou injúria", Franco adverte em um de seus textos que "o derramamento de sangue tem natureza apenas metafórica, e os assassinatos e outros crimes de personagens de ficção não devem ser tomados como homicídios literais, mas apenas simbólicos, exageros próprios do instinto, ou do subconsciente".

Compara Fernando Henrique Cardoso a Hamlet, cuja "dúvida insolúvel" (ser ou não ser, eis a questão) considera "uma bela alegoria para os que precisam decidir", imersos em hesitações caracteristicamente humanas, ou tucanas, ou petistas, diante das escolhas difíceis que se nos oferecem".

O senador José Serra, "um homem reconhecido pela sua ambição e pelos atropelamentos", é comparado ao rei Ricardo III, lembrando que muitos acreditam que Shakespeare não faz justiça ao verdadeiro monarca. "Se ficássemos apenas com as olheiras e a calva, mantendo a vontade férrea, o intelecto penetrante, o olhar sereno e (nem sempre) condescendente, e também a extraordinária ambição que chamou a atenção de Tancredo Neves em 1989, teríamos José Serra como o Duque de Gloster (Gloucester), futuro Ricardo III".

Gustavo Franco relembra a primeira aparição na terceira parte de Henrique VI (que, à distância, lembra a ele José Sarney ou Itamar Franco, homens em torno dos quais todos queriam governar), "ainda jovem e imaturo, quem sabe presidente da UNE, ou já deputado constituinte". Presença já marcante, ele pergunta: "Mas como hei de chegar até a coroa?/ Há muitas vidas entre o alvo e eu".

Gloster era o sétimo na linha de sucessão, e Serra passou a carreira lutando pela primazia de disputar o trono, o que conseguiu por duas vezes. O hoje deputado Aécio Neves, sem dúvida, é do ramo, ratifica Franco, " não se discute sua nobre linhagem, mas não está pronto como Ricardo III", analisa. Para Gustavo Franco, Aécio se parece com o Príncipe Hal, herdeiro indiscutível, destinado a se tornar o heroico Henrique V, vencer os franceses em Agincourt.

Aqui, um parênteses. Gustavo Franco não esconde sua admiração por João Amoêdo, o criador do Partido Novo, que disputou a eleição presidencial em 2018, teve uma votação surpreendente e conseguiu fazer com que seu partido atingisse a cláusula de desempenho que permite que funcione plenamente no Congresso. Dá-lhe um tom heroico, comparando-o a Henrique V ao fazer a conclamação a seus seguidores na Batalha de Agincourt. Voltando a Aécio, ou Príncipe Hal, Gustavo Franco lembra que, aborrecido com a demora, com os imperativos do tempo, e com a obrigação de atingir uma maioridade ainda distante", Hal, à espera de um destino glorioso, descreve Franco, passa seu tempo em farras intermináveis, pois é jovem, simpático e bem-sucedido com o sexo oposto. (Amanhã, Lula, Bolsonaro e outros menos votados) Para Gustavo Franco, Shakespeare dá a sensação de que enredos políticos do noticiário são variações empobrecidas.

| 06.04.2019 |

LULA E BOLSONARO EM SHAKESPEARE

Gustavo Franco, um especialista em Shakespeare, considera John Falstaff, personagem de várias peças de Shakespeare, um dos mais populares e interessantes personagens do teatro elisabetano. "Simpático cachaceiro, oportunista pândego e covarde espirituoso, Falstaff é o tipo mais macunaímico de toda a galeria shakespeariana; nenhum personagem foi mais carismático, cometeu gafes e pronunciou tantos ditos espirituosos próprios de um humor de taverna, que se tornou sua marca".

Franco destaca como "clássicas" suas observações sobre a desnecessidade de lutar em nome da honra, e sob qualquer pretexto, bem como as justificativas à meia-boca para crimes flagrantes, assaltos à mão armada inclusive. Falstaff tornou-se um personagem gigantesco, destaca Gustavo Franco, contrariamente a todos os prognósticos.

"Sempre retratado como gordo e barbudo, de um humor bonachão e etílico, não é preciso especular um segundo sobre onde Falstaff reencarnou no Brasil contemporâneo", ironiza Franco. A própria Elisabeth I mandou o bardo misturar Falstaff com as comadres de Windsor, para idiotizá-lo através de uma paixão.

"Esperta Elisabeth", exclama Franco, para explicar: "Incomodada com esta entidade meio carnavalesca avacalhando a rotina dos reis com quem conviveu, ela percebeu que Falstaff é o verdadeiro herói de "Henrique IV" aos olhos do público, pois é quem mais se parece com ele, e que se as coisas fossem se decidir por eleições gerais – um homem (ou mulher), um voto– Falstaff ganharia todas".

Lula, como disse a falecida Barbara Heliodora, talvez a mais notável especialista em Shakespeare no Brasil, "é um tipo de personalidade que

Shakespeare não concebia chegando ao poder na época". Gustavo Franco compara Fernando Haddad a Henrique VI, coroado rei da Inglaterra aos 8 anos devido à morte do pai, e também rei de França, mas nunca aceito pela nobreza francesa, não sendo reconhecido oficialmente como tal.

Para Gustavo Franco, Lula não é Lear, como afirmou Marina Silva em um texto.

Mas ele acha que Marina escreveu sobre Lear apenas para se vestir de Cordélia, a terceira filha, a não bajuladora, e, por isso mesmo, banida em benefício das duas outras, bem mais ambiciosas, Goneril e Regan, que seriam Dilma e Marta Suplicy.

Quando Lear rejeita Cordélia, e decreta seu banimento – ou a demite do Ministério do Meio Ambiente –, segundo Marina, "não por acaso desmorona seu mundo. O que antes era tão bem definido passa a ser ambivalente. Ele só existe no mundo daqueles que o aceitam e o amam tal como é". Tornou-se merecedor da reprimenda feita por meio das palavras do bobo: "Tu não deverias ter ficado velho antes de ter ficado sábio".

Lear é um belo retrato da decadência de um rei que se ilude com a sensação de que anda sobre as águas, comenta Gustavo Franco. Ambos personagens de Hamlet, o tagarela Polônio lembra a Franco, com sua sabedoria caseira, o ex-ministro Guido Mantega, e Laertes, " se torna uma espécie de Ciro Gomes, movido unicamente pelo ódio imerecido a Hamlet".

Ciro tem muito também de Coriolano, o brilhante general que se voltou contra Roma, depois de preterido. Gustavo Franco compara José Dirceu a "uma espécie de Macbeth interrompido e sem remorsos". Em *Ricardo II*, o que o bardo exibe, segundo Franco, é a dessacralização da Presidência, "digo, da Coroa".

Ricardo II vê-se reduzido à condição de cidadão comum, fenômeno extraordinário para a época, um risco institucional sem tamanho: um rei legítimo pode ser removido se for suficientemente corrupto ou incompetente, lembrando Collor e Dilma.

Temer pode ser comparado, segundo Gustavo Franco, a Bolingbroke, o usurpador em *Ricardo II*. Angelo, um puritano hipócrita em *Medida por medida*, assediando a freira Isabela para não executar seu irmão, lembra Bolsonaro.

Petruchio em "A megera domada", tentando controlar Catarina, "brusca, irritada e voluntariosa" e, finalmente, domando-a com brutalidade, refere-se ao machismo atribuído a Bolsonaro. A peça finaliza com uma admissão de inferioridade da megera domada: "[...] O mesmo dever que prende o servo ao soberano prende, ao marido, a mulher. E quando ela é teimosa, impertinente, azeda, desabrida, não obedecendo às suas ordens justas, que é então senão rebelde, infame, uma traidora que não merece as graças de seu amo e amante?" Temer pode ser comparado, segundo Gustavo Franco, a Bolingbroke, o usurpador em *Ricardo II*, de Shakespeare.

| 07.04.2019 |

INIMIGOS CORDIAIS

As posições ideológicas estão tão extremadas em nossos dias que o que era considerado "o debate do século", entre o filósofo e cientista social esloveno Slavoj Zizek, ícone da esquerda mundial, e o psicólogo canadense Jordan Peterson, representante da direita radical, cujos programas na internet atraem milhares de seguidores pelo mundo digital, foi considerado frustrante.

O evento, denominado "Felicidade: marxismo vs capitalismo", foi realizado sextafeira em Toronto, no Canadá, no Sony Centre, o maior teatro do país, o que fez o mediador festejar que um debate intelectual juntasse tanta gente.

Os ingressos foram vendidos até no câmbio negro, a preços mais caros do que os de um jogo de hóquei que acontecia na mesma noite. Mesmo traçando rotas distintas, os dois terminaram o debate fazendo apelos à compreensão entre os adversários de ideias.

Chegaram até a concordar, embora por caminhos diferentes. Zizek acha que os movimentos que defendem as minorias são superficiais, políticas moralistas que não mudam estruturalmente as sociedades. Ele está mais interessado na grande política.

Já Peterson também critica esses movimentos, mas por considerá-los a repetição da luta de classes marxista. Os dois defenderam seus pontos de vista sem radicalizações ou acusações pessoais, Zizek apontando os defeitos e limitações do capitalismo, Peterson afirmando que, mesmo com defeitos, é o melhor sistema para criar riqueza, mesmo para os mais pobres.

Peterson demorou alguns segundos para responder o que espera-va que o debate entre ele e Zizek poderia trazer de proveitoso, e sua indecisão provocou gargalhadas na plateia. Mas, quando falou, disse, com solenidade, provocando aplausos maiores que as gargalhadas, que gostaria que entendessem que é possível pessoas com posições opostas se comunicarem.

Segundo ele, há uma ideia crescente de que não existe liberdade de expressão porque as pessoas são apenas avatares de seu grupo identitário. E que não há pontos de contato entre pessoas que pensam diferente. Isso é terrivelmente perigoso e pernicioso, alertou.

Zizek, que evitou defender o "Manifesto Comunista", e é crítico do que chama de esquerda liberal, disse que esperava que as pessoas não tivessem medo de pensar.

Se você é de esquerda, não se sinta obrigado a seguir o politicamente correto, aconselhou.

Se alguém pensa diferente de você, imediatamente essa pessoa é rotulada como fascista. As coisas não são tão simples assim, advertiu Zizek, para dar um exemplo polêmico, mas que mostra a amplitude de seu pensamento: Trump é uma catástrofe a longo prazo, mas não é um fascista.

Nada parecido com outro "debate do século", acontecido em 1968, nos Estados Unidos, num momento conturbado depois dos assassinatos de Martin Luther King, líder dos direitos civis dos negros, e do candidato democrata à presidência Bob Kennedy, e manifestações contra a Guerra do Vietnã em todo o país. A eleição daquele ano acabou vencida por Richard Nixon, que derrotou o democrata Hubert Humphrey.

A rede de televisão ABC resolveu inovar a cobertura das eleições e convidou dois grandes intelectuais para debaterem por uma semana, durante quinze minutos, um pela direita republicana, William F. Buckley, considerado o intelectual pública mais importante do movimento conservador americano e editor da revista *National Review*.

Crítico do *establishment* universitário, enfrentou pelos democratas o escritor Gore Vidal (1925-2012), amigo dos Kennedys, ativista político e homossexual. O debate rendeu um documentário chamado *The best of enemies* (*O melhor dos inimigos*), filme de Morgan Neville e Robert Gordon, que demonstra que esses debates são o ponto inicial de uma disputa cultural entre liberais e conservadores nos Estados Unidos.

Para se ter uma ideia da agressividade dos dois, que tinham a língua afiada, a certa altura Gore Vidal manda Buckley calar a boca, e o chama de "criptonazista". A resposta foi violenta. Irado, Buckley chama Vidal de "bicha" e ameaça "socar essa sua maldita cara". O debate de Zizek com Peterson pode ser visto no YouTube. O documentário *Best of enemies* está na Apple TV e na Netflix. Mesmo traçando rotas distintas, Zizek e Peterson terminaram o debate fazendo apelos à compreensão entre adversários de ideias.

| 23.04.2019 |

A ATUALIDADE DOS CLÁSSICOS

A atualidade dos pensadores, brasileiros e estrangeiros, diante de nossa realidade política e social demonstra que os problemas que enfrentamos no momento são questões há muito debatidas. E que retrocedemos nesses debates, que pareciam estar superados pelos avanços de nossa sociedade.

O presidente da Academia Brasileira de Ciências, professor Luiz Davidovich, enviou uma carta ao presidente Jair Bolsonaro e ao ministro da Educação, Abraham Weintraub, protestando contra a decisão anunciada de reduzir as verbas públicas para o ensino de Humanas, tendo sido citadas especialmente a Sociologia e a Filosofia.

Davidovich começa lembrando, em contraposição à afirmação do ministro de que o Estado só deve financiar profissões que gerem retorno de fato, como veterinária, engenharia, medicina, que é preciso "formar profissionais preparados para os desafios de um mundo em que as profissões tradicionais têm dado lugar a outras inexistentes no século passado".

Esse rápido desenvolvimento exigiria "conhecimento amplo não só de seus campos estritamente profissionais, mas também do país e da sociedade onde atuarão". Davidovich lembrou então que Benjamin Constant, um dos fundadores da República brasileira, já no século XIX tinha a percepção da importância das humanidades e das ciências sociais na formação profissional: incluiu a sociologia no curso da Escola Militar.

Muito além de um retorno imediato, elas ensinam a pensar, condição necessária para a construção de uma sociedade ilustrada, democrática e produtiva, ressalta o presidente da Academia Brasileira de Ciências na carta ao presidente.

Recentemente, em palestra na Academia Brasileira de Letras, da qual é membro, sobre a presença fundamental de Rui Barbosa na vida brasileira, o ex-ministro Celso Lafer lembrou que ele exprimiu na trajetória da sua vida e obra a trama dos problemas políticos da sociedade brasileira, "não só do seu tempo, mas as dos nossos dias, com destaque para os desafios da consolidação e vigência das instituições democráticas".

Lafer citou alguns exemplos bem atuais. Sobre as relações do Brasil com os EUA, Rui Barbosa, na conferência "A Imprensa e o dever da verdade", escreveu: "Não quero, nem quererá nenhum de vós, que o Brasil viesse a ser o símio, o servo ou a sombra dos Estados Unidos. Não acho que devemos nos entregar de olhos fechados à sua política internacional, se bem haja entre ela e a nossa, interesses comuns bastante graves e legítimos, para nos ligarem na mais inalterável amizade, e nos juntarem intimamente em uma colaboração leal na política do mundo. Tal é o meu sentir de ontem, e amanhã." Celso Lafer destacou também que Rui Barbosa promoveu, desde o governo provisório (Decreto nº 119-A, de 7/01 de 1890) a separação da Igreja e do Estado, e a laicidade do Estado, consagrada na Constituição de 1891 e nas constituições subsequentes.

Implantou-se deste modo, ressaltou Lafer, uma nítida distinção entre, de um lado, instituições, motivações e autoridades religiosas e, de outro, instituições estatais e autoridades políticas, "de tal forma que não haja predomínio de religião sobre a política".

A laicidade significa que "o Estado se dessolidariza e se afasta de toda e qualquer religião, em função de um muro de separação entre Estado e Igreja, na linha da primeira emenda da Constituição norte-americana".

Em um Estado laico como Rui Barbosa institucionalizou no Brasil, esclareceu Lafer, "as normas religiosas das diversas confissões são conselhos e orientações dirigidas aos fiéis, e não comandos para toda a sociedade". Esta contribuição de Rui para a consolidação e vigência do espaço público e das instituições democráticas em nosso país é da maior atualidade, lembrou Celso Lafer, pois "contém o muito presente risco do indevido transbordamento da religião para o espaço público".

O filósofo britânico Bertrand Russell, na *História da Filosofia Ocidental*, trata de um tema muito atual no Brasil: a influência dos filósofos, relativizando-a: "Quando veem algum partido político dizer-se inspirado pelos ensinamentos de Fulano de Tal, pensam que as ações desse partido são atribuíveis a esse Fulano de tal, enquanto não raro o filósofo só é aclamado porque recomenda o que o partido teria feito de qualquer modo".

Dou um descanso aos leitores e retomo a coluna no dia 14. Luiz Davidovich sustenta que as Ciências Humanas ensinam a pensar, condição para a construção de uma sociedade ilustrada, democrática e produtiva.

| 03.05.2019 |

O PAPEL DO ADVOGADO

A OAB (Ordem dos Advogados do Brasil) está lançando *Advocacia Hoje*, uma revista digital a ser distribuída trimestralmente por e-mail e WhatsApp, que, segundo o presidente-editorial da OAB Editora, José Roberto Castro Neves, pretende abrir espaço para uma forma mais direta de comunicação com seus filiados, um universo de aproximadamente 1,3 milhão de advogados e 1 milhão de estudantes de Direito.

A revista homenageará sempre um advogado, a começar por Rui Barbosa, com a imagem modernizada para ressaltar a atualidade de seus pensamentos. Entre os textos estão "Advocacia Hoje", do presidente da OAB, Felipe Santa Cruz, sobre os desafios e conquistas da advocacia; "Direito Constitucional", Marcus Vinicius Furtado Coelho; "Direito Tributário", Luiz Gustavo Bichara; "Direito Comercial/ Societário", Marcelo Trindade; "Direito, Literatura e Filosofia", Tércio Sampaio Ferraz Júnior e "Nós, os advogados, por eles, os juízes", Luís Roberto Barroso.

Fui convidado para inaugurar uma seção que terá sempre um profissional de fora da área jurídica falando sobre "o papel do advogado". Segue a transcrição: "Assim como a imprensa nasceu para dar voz à sociedade civil para se contrapor à força do Estado absolutista, e legitimar suas reivindicações no campo político, o ordenamento jurídico surgiu da necessidade de organizar as sociedades em torno de decisões pactuadas, e defender os direitos individuais, impondo limites à força dos poderosos."

A semelhança dos desígnios das duas instituições, imprensa e Direito, é refletida em comentários de duas figuras históricas, o americano

Thomas Jefferson e o brasileiro Rui Barbosa, fundamentais para seus países. Para Jefferson, a liberdade legítima é limitada por igual direito dos outros. Para Rui Barbosa, é fundamental 'não antepor os poderosos aos desvalidos, nem recusar patrocínios a estes contra aqueles'. Sobre a imprensa, os dois também têm visões semelhantes.

Para Rui Barbosa, a imprensa é a vista da nação. 'Através dela, acompanha o que se passa ao perto e ao longe, enxerga o que lhe malfazem, devassa o que lhe ocultam e tramam, colhe o que lhe sonegam ou roubam, percebe onde lhe alvejam ou nodoam, mede o que lhe cerceiam ou destroem, vela pelo que lhe interessa e se acautela do que ameaça'.

O presidente americano Thomas Jefferson entendeu que a imprensa, tal como um cão de guarda, deve ter liberdade para criticar e condenar, desmascarar e antagonizar. 'Se me coubesse decidir se deveríamos ter um governo sem jornais ou jornais sem um governo, não hesitaria um momento em preferir a última solução'.

No sistema democrático, a representação é fundamental, e a legitimidade da representação depende muito da informação. O papel dos advogados numa democracia é, portanto, relevante como suporte de uma sociedade equânime.

Pesquisas promovidas pela Associação de Magistrados do Brasil (AMB), em 1995 e ano passado, revelam a evolução das prioridades da corporação, mais focada nos direitos individuais e liberdade de expressão na década posterior à redemocratização do país, mais empenhada hoje em combater os desvios do poder e a atender aos anseios de Justiça da coletividade.

A contemporaneidade das aspirações dos magistrados reflete a relevância do papel do advogado, que é historicamente o de proteger o cidadão da força e da injustiça.

Por isso, a independência do jurista na relação com o poder é fundamental para Rui Barbosa, segundo quem uma 'justiça militante' se baseia em 'não transfugir da legalidade para a violência'; não 'quebrar da verdade ante o poder'; não colaborar em 'perseguições ou atentados, nem pleitear pela iniquidade ou imoralidade'.

Em 'O dever do advogado', Rui Barbosa define a ordem legal em duas facetas: acusação e defesa, e parece estar falando dos dias de hoje, quando o radicalismo político confunde o exercício da profissão com aval a esta ou àquela posição. Esta, a defesa, 'não é menos especial à satisfação da moralidade pública do que a primeira', diz.

Para ele, cabe ao advogado ser 'voz do Direito' em meio à paixão pública: 'Tem a missão sagrada, nesses casos, de não consentir que a indignação degenere em ferocidade e a expiação jurídica em extermínio cruel.' A atualidade das palavras de Rui Barbosa torna sua presença na História brasileira cada vez mais influente, a ponto de ter sido um dos mais citados na pesquisa da AMB como referência dos atuais magistrados. Sua estátua, mandada erigir pelo Centro Acadêmico XI de Agosto da faculdade de Direito do Largo de São Francisco, em São Paulo, continua simbólica de uma visão de Direito que dá aos advogados papel fundamental na vida pública de uma democracia." Para Rui Barbosa, é fundamental "não antepor os poderosos aos desvalidos, nem recusar patrocínios a estes contra aqueles".

| 09.06.2019 |

JÁ VISTO

O que está acontecendo hoje no Brasil, com a campanha contra a Operação Lava-Jato e o ex-juiz Sergio Moro, ocorreu na Itália contra a Operação Mãos Limpas (*Mani Pulite*), que combateu um sistema político corrupto e acabou, ao final, perdendo a parada.

O livro *Corrupção: Lava Jato e Mãos Limpas*, coordenado pela economista Maria Cristina Pinotti, uma estudiosa da correlação entre as duas operações, mostra bem o que houve na Itália e o que está acontecendo entre nós.

Logo na apresentação, a economista ressalta que "só a pressão da sociedade poderia impedir que os políticos no Brasil tivessem sucesso em por fim à Lava Jato".

Ela cita que já houve várias tentativas de cercear a Lava-Jato, entre elas, o projeto de abuso de autoridade, que acabou sendo aprovado recentemente pelo Senado, depois do livro publicado.

O texto final do projeto pode ser compreendido como uma vitória da pressão da sociedade, pois foi bastante amenizado. Mesmo assim, ainda representa ameaça às investigações, segundo os procuradores de Curitiba.

Os senadores deixaram mais claro que as condutas abusivas serão consideradas crime apenas quando praticadas para "prejudicar" ou "beneficiar" a outros ou a si mesmo, ou quando os juízes e membros do Ministério Público agirem comprovadamente "por mero capricho ou satisfação pessoal".

Mas, juntamente a este projeto, foi aprovado outro, com as medidas contra a corrupção, apresentado pela Associação Nacional dos Procurados da República, uma iniciativa popular com mais de 1,7 milhão de assinaturas de cidadãos.

Deformado pela Câmara, o projeto original teve sua essência mantida pelo Senado: estabelece como crime o caixa dois e aumenta a pena de crimes de corrupção, tornando-os hediondos em vários casos.

O crime de hermenêutica, ou seja, de interpretação da legislação, foi retirado do texto aprovado pelo Senado, que também excluiu dispositivos como as penas escalonadas propostas na Câmara, com a dosimetria de acordo com o montante roubado.

A unificação nas regras de prescrição num prazo de dez anos também foi retirada do texto. E vários pontos que constavam da proposta original e haviam sido removidas na Câmara voltaram ao texto final. Agora, a Câmara voltará a analisá-lo.

O ministro do Supremo Tribunal Federal (STF) Luís Roberto Barroso, no prefácio do livro, pontua que "se há uma novidade, no Brasil, é uma sociedade civil que deixou de aceitar o inaceitável. A reação da cidadania impulsionou mudanças importantes de atitude que alcançaram as instituições, a legislação e a jurisprudência".

Para ele, os textos dos ex-magistrados Piercamillo Davigo e Gherardo Colombo, incluídos no livro, ajudam a estabelecer uma comparação com o que se passou na Itália. Lá, a reação oligárquica da corrupção contra a Operação Mãos Limpas (levada a efeito na década de 90, entre 1992 e 1996) teve sucesso, adverte Barroso. A classe política, para preservar a si e aos corruptos, enumera Barroso: (i) mudou a legislação a fim de proteger os acusados de corrupção, inclusive para impedir a prisão preventiva; (ii) reduziu os prazos de prescrição; (iii) aliciou uma imprensa pouco independente e (iv) procurou demonizar o Judiciário. E tudo acabou na ascensão de Silvio Berlusconi, adverte.

"Não foi o combate à corrupção, mas o não saneamento verdadeiro das instituições que impediu que a Itália se livrasse do problema". Não por acaso, diz Barroso, por não ter aprimorado suas instituições, a Itália é o país que apresenta o pior desempenho econômico e os mais elevados índices de corrupção entre os países desenvolvidos. "Tenho fé que isso não acontecerá no Brasil, por pelo menos três razões: (i) sociedade mais consciente e mobilizada; (ii) imprensa livre e plural; e (iii) Judiciário independente (apesar de ainda ser extremamente lento e ineficiente) e, sobretudo nas instâncias ordinárias, sem quaisquer laços políticos". O livro *Corrupção: Lava Jato e Mãos Limpas*, de Maria Cristina Pinotti, faz uma correlação entre as duas operações e mostra as várias tentativas de cercear a Lava-Jato que já houve, como o projeto de abuso de autoridade.

| 30.06.2019 |

O NEGRO NA ABL

A **propósito da entrega**, pela Faculdade Zumbi dos Palmares, da foto de Machado de Assis negro, "o Machado real", ao presidente da Academia Brasileira de Letras (ABL), Marco Lucchesi, que foi tema de reportagem do *The New York Times* e de diversos jornais na América Latina, travou-se, em reunião plenária recente, uma bela discussão sobre a presença do negro na ABL.

Lucchesi ressaltou o "gesto simbólico" de que estava revestido aquele acontecimento, lembrando a distribuição de livros pela ABL nos quilombos, nos presídios, e do trabalho que faz junto aos movimentos negros, pela necessidade de ter um observatório dos negros nas prisões, "porque 70% são jovens, negros e de periferia".

Uma ação social "que não é de política, não é de partido, mas de compreensão profunda de cidadania brasileira". A escritora Nélida Piñon destacou que ter Machado de Assis ao lado em termos raciais e étnicos "dá, certamente, um ânimo e um alento a uma juventude negra abandonada, desprovida da educação".

O historiador José Murilo de Carvalho, falando como diretor do Arquivo Múcio Leão, disse que essa questão em algum momento deve chegar ao Arquivo, que detém muitas fotos de Machado de Assis. A foto entregue à ABL do que seria "o Machado real" será incorporada ao acervo, mas disse que não se pode alterar as fotos que estão no Arquivo, "pois seria falsificar um documento". O ex-presidente da ABL Domício Proença Filho lembrou que, ao ser eleito, respondeu a um repórter que na ABL ele não é "um negro escritor e sim um escritor negro". Para uma repórter mais incisiva, que questionava se ele seria a voz da etnia na Academia, respondeu que não, "por não ser representante e sim representativo".

E desejou que se amplie essa representatividade com alguma urgência.

O historiador Alberto da Costa e Silva, Prêmio Camões de Literatura, citou alguns grandes negros do alto mundo da cultura brasileira membros da Academia Brasileira de Letras, como Evaristo de Moraes Filho, Octavio Mangabeira e José do Patrocínio, entre outros. Para Alberto da Costa e Silva, a história subterrânea do mestiço no Brasil precisa ser escrita com seriedade, sem viés político.

O poeta e crítico literário Antonio Carlos Secchin comentou também que não foi em função da cor da pele que o poeta Cruz e Sousa não entrou na ABL, mas pelo jogo do poder político em que o predomínio, na Capital Federal, era o Parnasianismo, enquanto o Simbolismo era apenas um movimento de província, com grandes dificuldades de penetração e de inserção na mídia carioca.

Não foi apenas Cruz e Sousa quem deixou de ser convidado, mas todos os grandes poetas simbolistas da primeira geração, em especial o quase contemporâneo Alphonsus de Guimaraens. Apenas a chamada segunda leva simbolista é que entrou na Casa depois, com Álvaro Moreyra, Félix Pacheco, Rodrigo Octavio Filho e Antônio Austregésilo.

O jornalista e escritor Cícero Sandroni citou o exemplo do seu sogro, o também jornalista e grande presidente da ABL Austregésilo de Athayde, descendente direto de índio. Lembrou que Assis Chateaubriand só o tratava de caboclo, e Darcy Ribeiro o chamava de cacique. Lembrou ainda que entre os fundadores da ABL estava o jornalista José do Patrocínio, e que, em 1919, assumiu outro negro, Dom Silvério Gomes Pimenta, o primeiro religioso a tornar-se acadêmico.

A escritora Ana Maria Machado relatou um episódio ocorrido durante a Feira do Livro de Frankfurt, na Alemanha, quando um repórter estranhou que não tivéssemos representantes negros entre os brasileiros que lá estavam. Naquele exato momento, passavam Paulo Lins e João Ubaldo Ribeiro, este membro da ABL. Ana Maria perguntou ao repórter: "E eles, o que são? E eu, o que sou?".

Lembrei que a Academia se preocupa com a representatividade, não apenas dos negros, mas das mulheres e das regiões do país. Nélida Piñon sintetizou o debate lembrando que, antes mesmo de se discutir a quantidade de negros que poderão vir a estar na ABL, é preciso indagar quantos negros convivem em sua casa como convidados, "pois esta é a grande pergunta que se faz necessária". A Academia se preocupa com a representatividade, não apenas dos negros, mas também das mulheres e das regiões do país.

| 07.07.2019 |

EM DEFESA DA CULTURA

A entrega esta semana pela Academia Brasileira de Letras (ABL) do Prêmio Senador José Ermírio de Moraes de 2019 ao professor e escritor Roberto Acízelo de Souza, autor do livro *E a literatura brasileira, hoje?*, reunião de estudos de crítica, história e teoria literárias, transformou-se em palco para a defesa da cultura, tão desprezada pelas políticas governamentais, como base para o desenvolvimento de um país, e do ensino do português como fator de avanço da sociedade.

O prêmio é destinado "a autor brasileiro por obra de qualquer gênero que traga efetiva contribuição à cultura brasileira que tenha sido editada em português, por editora nacional, no ano anterior ao da concessão". A comissão que concedeu o prêmio, presidida por Marcos Vilaça e composta por Celso Lafer, Alberto Venancio e Evanildo Bechara, teve como relator Domício Proença Filho, que, em nome da ABL, destacou sua importância "no momento em que os rumos da cultura brasileira são marcados por questionamentos e por políticas pautadas em avaliações impressionistas". Classificou a obra de Roberto Acízelo de Souza de "um bastião de resistência e de tomada de posição em defesa da arte literária".

O premiado demonstrou angústia "em face das práticas políticas tão cruéis e primitivas que nesse momento tanto degradam a vida nacional", e revelou que se sente a cada dia mais comprometido em resgatar valores, "tendo em vista a pobreza material e cultural que oprime a maioria do nosso povo, como se vê Brasil afora, e de modo particularmente doloroso no nosso triste Rio de Janeiro, ora submetido a desgovernos nos três níveis da administração pública, tão degradada pela mistura perversa de estupidez, crueldade, cinismo, fundamentalismo e autoritarismo".

O representante do Grupo Votorantim, José Pastore, destacou o papel da ABL "na defesa e na difusão da boa língua", e especificamente a literatura "como instrumento da formação humanística da juventude". A defesa da língua portuguesa "é crucial para o sucesso das pessoas e o avanço das sociedades modernas: todos dependem de bem pensar e, portanto, de bem utilizar a linguagem".

Pastore lembrou que na sua atuação de pesquisador do mercado de trabalho, constata quanto a língua é crucial para a conquista e a manutenção de um emprego. "Para o empregador dos dias atuais, não há dúvida: quem escreve bem e entende o que lê, pensa bem. Quem escreve mal e não entende o que lê, pensa mal".

Por isso, lamentou que o ensino da língua no Brasil tem se deteriorado na maioria das escolas. "O resultado está aí. Nossos jovens tiram as piores notas no exame do Pisa. Pior ainda: 90% dos candidatos ao exame da Ordem dos Advogados do Brasil são reprovados anualmente por deficiências em português. E assim ocorre com várias outras profissões".

José Pastore lembrou que, apesar desse desastre, o Ministério da Educação cogitou retirar do currículo escolar o ensino da literatura de Portugal. Autores como Camões, Gil Vicente, Fernando Pessoa, Eça de Queiroz, Camilo Castelo Branco e outros deixariam de ser lidos por nossos estudantes. "É um desprezo absurdo. Como é absurdo também o desprezo do governo atual pelo Prêmio Camões atribuído a um brasileiro de reconhecimento mundial, Chico Buarque de Holanda".

Para confirmar essa visão ideológica, o ministro da Educação, Abraham Weintraub, deu declarações nesta mesma semana chamando as universidades de "madrassas", escolas de doutrinação radical, e afirmando, sem provas, que há universidades federais com "plantações extensivas de maconha", e laboratórios de química que estão "desenvolvendo droga sintética, de metanfetaminas".

O presidente da Academia Brasileira de Ciências, Luiz Davidovich, depois de defender o papel da universidade pública para "o avanço da ciência e da inovação, e a formulação de políticas públicas que levem a um país moderno e menos desigual", lamentou em nota que o titular do Ministério da Educação "vilipendie e calunie esse grande patrimônio nacional, propagando denúncias não fundamentadas, que atingem brasileiros empenhados na construção do futuro do Brasil".

De fato, é espantoso que um ministro da Educação venha a público fazer denúncias tão graves sem provas. Se houver desvios nas universidades, do ponto de vista ideológico ou criminal, devem ser combatidos, mas sem generalizações nem tentativa de impor o próprio radicalismo ideológico do governo.

| 24.11.2019 |

O GUARDA DA ESQUINA

O caso é conhecido e já entrou para a história política brasileira. Em 13 de dezembro de 1968, o governo Costa e Silva decretou o Ato Institucional 5, e na reunião ministerial, o único voto contrário foi do vice-presidente Pedro Aleixo, que alegou, premonitoriamente: "o problema de uma lei assim não é o senhor, nem os que com o senhor governam o país. O problema é o guarda da esquina".

A censura a livros em Rondônia é o típico caso de o guarda da esquina sentir-se autorizado a cometer abusos de autoridade, não mais pelo AI-5, revogado ainda na ditadura militar com Geisel, mas pelo exemplo do ministro da Educação e do próprio presidente Jair Bolsonaro.

Não se pode dizer que há uma ordem direta deles para que atitudes desse tipo sejam tomadas, mas palavras do líder são levadas a sério pelos liderados mais afoitos ou com menos bom senso.

A mesma coisa aconteceu com o meio-ambiente. O ex-presidente do Instituto Nacional de Pesquisas (INPE) Ricardo Galvão, em pleno debate sobre o aumento do desmatamento na Amazônia, disse que não tinha dúvidas de que foi a leniência do governo Bolsonaro com o desmatamento que fez com que ele crescesse no primeiro ano de governo. As críticas de Bolsonaro às ONGs que defendem a Amazônia também teriam dado respaldo aos grileiros que atuam na região.

O "guarda" no momento na Prefeitura do Rio, bispo Crivella, já censurou histórias em quadrinhos com beijo gay, alegadamente para proteger nossas crianças. Quando ainda era próximo politicamente do governo Bolsonaro, o "guarda" governador de São Paulo João Dória mandou recolher uma cartilha com material escolar de ciências para alunos do 8º ano do Ensino Fundamental da rede estadual.

A cartilha tratava de conceitos de sexo biológico, identidade de gênero e orientação sexual. Também trazia orientações sobre gravidez e doenças sexualmente transmissíveis. As duas decisões foram revogadas pela Justiça.

O "guarda" no governo de Rondônia, Coronel Marcos Rocha (PSL), ex-chefe do Centro de Inteligência da PM do Estado e ex-secretário de Educação de Porto Velho, mandou recolher dezenas de livros das bibliotecas das escolas públicas, entre eles clássicos da literatura brasileira como *Memórias Póstumas de Brás Cubas*, de Machado de Assis, *Os Sertões* de Euclydes da Cunha, e *Macunaíma*, de Mario de Andrade.

Também estava querendo proteger nossas crianças e adolescentes de "conteúdos inadequados". Alegadamente, a decisão foi tomada por um técnico sem a autorização do secretário de Educação, Suamy Lacerda de Abreu. O memorando incluía 43 livros de autores brasileiros e estrangeiros, que deveriam ser devolvidos pelas escolas ao Núcleo do Livro Didático da secretaria estadual da Educação.

A medida, como não poderia deixar de ser, provocou protestos de instituições regionais, como a OAB de Rondônia, e nacionais, como a Academia Brasileira de Letras (ABL), que tem como missão a defesa da cultura nacional. Eis a nota: "A Academia Brasileira de Letras vem manifestar publicamente seu repúdio à censura que atinge, uma vez mais, a literatura e as artes. Trata-se de gesto deplorável, que desrespeita a Constituição de 1988, ignora a autonomia da obra de arte e a liberdade de expressão."

A ABL não admite o ódio à cultura, o preconceito, o autoritarismo e a autossuficiência que embasam a censura. É um despautério imaginar, em pleno século XXI, a retomada de um índice de livros proibidos. Esse descenso cultural traduz não apenas um anacronismo primário, mas um sintoma de não pequena gravidade, diante da qual não faltará a ação consciente da cidadania e das autoridades constituídas.

São tantas as críticas do governo, e do próprio Bolsonaro, à cultura, são tantas as referências ao que denominam esquerdização na literatura, no cinema, no teatro, tantas denúncias de supostas imoralidades, que os guardas da esquina estão se sentindo empoderados pelos novos tempos.

| 08.02.2020 |

COPROLALIA

O grande escritor brasileiro Rubem Fonseca, notável por sua capacidade de relatar cruamente a violência física ou verbal de seus personagens que espelham uma sociedade corrompida moralmente, escreveu um livro de contos cujo título, " Excreções, secreções e outros desatinos", trata de temas escatológicos em diversas dimensões.

Até mesmo chegou a criar uma palavra, "copromancia", que dá nome a um dos contos, para definir a capacidade de fazer previsões analisando as próprias fezes. Lembrei-me dele vendo o vídeo da reunião ministerial de Bolsonaro, ao ouvir uma frase que, a princípio, não fez o menor sentido.

Referindo-se aos inimigos que estariam prontos a avançar sobre a democracia brasileira, Bolsonaro disse a certa altura: "O que eles querem é nossa hemorroida, a nossa liberdade". A boca suja do presidente Jair Bolsonaro não chamou a atenção apenas dos brasileiros, ganhou dimensões internacionais. Os principais jornais do mundo noticiaram a dimensão politica do vídeo, que estava em jogo, mas deram destaque ao linguajar presidencial.

Bolsonaro falou cerca de 30 palavrões diferentes, e outras palavras chulas ou com sentido dúbio, como no caso da "hemorroida" colocada em uma frase aparentemente por ato falho, ou como uma metáfora que precisa ser explicada por uma mente pervertida.

Um amigo mais benevolente acha que o presidente quis dizer "hemorragia", no sentido de os inimigos quererem vê-lo sangrar, mas confundiu-se. Mesmo nesse caso, a confusão seria uma revelação de preocupações mais profundas de uma pessoa que sempre se revela disposto a brandir sua masculinidade em tom de brincadeira, salientando que seu abraço é hétero, que sua amizade por outro homem é hétero.

A compulsão por obscenidades, seja através de gestos ou de palavrões, mesmo em situações sociais impróprias, é uma característica de um tipo raro da síndrome de Tourette que se chama "coprolalia". Assim como "cropomancia" inventada por Rubem Fonseca, a "coprolalia" usa o prefixo grego "cropo", que se refere a fezes, para definir essa incontinência verbal.

O presidente Bolsonaro, na verdade, tem uma fixação com figuras escatológicas, especialmente quando está pressionado. O mais deprimente é ver-se como ministros procuram aproximar-se do presidente através de um linguajar vulgar, como Paulo Guedes, da Economia, que em meio a uma exibição patética de lustro intelectual, falava palavrões desnecessários, ou o presidente da Caixa Econômica Federal, Pedro Guimarães, sentado em frente ao presidente, concordava balançando a cabeça acintosamente e, na sua hora de falar, misturou bravatas com expletivos de baixo calão.

Na sexta-feira à noite, ao chegar ao Palácio Alvorada, o presidente parou para falar com seguidores, e fez um longo relato sobre a crise com o ex-ministro Sérgio Moro. Exaltado, continuou falando palavrões, mesmo sabendo que a entrevista poderia estar sendo transmitida ao vivo.

Falou "no rabo de maus brasileiros", vangloriou-se de que o vídeo fora, na sua visão, "um traque", e saiu-se com essa: "A montanha pariu um oxiúro". Referia-se a um verme de cerca de 15 milímetros, que cresce no intestino dos mamíferos, incluindo os humanos. O principal sinal do oxiúro no corpo é uma coceira anal intensa.

Freud dividiu a sexualidade infantil em várias fases, sendo uma delas a anal, quando as crianças aprendem a controlar os esfíncteres da bexiga e do intestino. A não superação desse estagio pode gerar personalidades distorcidas.

Já houve tentativas de explicar o comportamento anormal de Bolsonaro de diversas maneiras. Eu mesmo já escrevi sobre a possibilidade de ele sofrer de uma síndrome pós-traumática depois da facada que recebeu durante a campanha. Assim como o presidente americano Donald Trump já foi considerado louco, também Bolsonaro é visto assim.

Mas psicanalistas o definem como sociopata. E a mania de falar palavrão pode significar apenas que é uma pessoa mal educada.

| 24.05.2020 |

ÍNDICE ONOMÁSTICO

A

Abranches, Sergio – 259, 291, 294, 295, 296
Abreu, Leitão de – 30
Abreu, Suamy Lacerda de – 435
Acioli, Patrícia – 337
Ackermann, Joseph – 192
Adams, Henry Brook – 40
Akinfeev – 347
Al-Assad, Bashar – 344, 348, 349
Albó, Xavier – 101
Alckmin, Geraldo – 113, 390
Aleixo, Pedro – 434
Aleksandr – 363
Alencar, Chico – 41, 71
Aliber, Robert – 157
Allende, Salvador – 31, 34, 138, 311, 312
Alqueres, José Luis – 333
Alvarez, Michael E. – 117
Alves, José Eustáquio Diniz – 98, 99
Alves, Rosental Calmon – 25, 27, 142-144, 224, 225, 228, 229, 231, 232

Amoêdo, João – 410
Amorim Neto, Octavio – 88-90, 116, 260, 261, 262, 322, 324
Amorim, Celso – 58, 62, 207
Anchieta Junior – 183
Anderson, Jack – 80, 81, 125, 161
Andrada, Lafayette de – 280
Andrade, Almir de – 22
Andrade, Evandro Carlos de – 398
Andrade, Mario de – 435
Andrade, Martins de – 280
Ant, Clara – 161, 392
Araújo, Ernesto – 394, 408
Arenas, Reinaldo – 156
Arendt, Hannah – 201
Arkoun, Mohammed – 130
Aron, Raymond – 14, 15
Arraes, Miguel – 311, 400
Assange, Julian Paul – 223, 225, 229, 230, 235
Assis, Machado de – 428, 435
Atatürk, Kemal – 258
Athayde, Austregésilo de – 429
Atlee, Clement – 30

Atwater, Lee – 313, 314
Austregésilo, Antônio – 429
Azambuja, Marcos – 67
Aznar, José María – 114, 140
Azoulay, André – 130, 131

B

Babá – 40
Bacha, Edmar – 325-327, 372, 373, 374
Barbosa, Rui – 405, 420, 422, 423, 424
Barbosa, Virgínia – 282
Barlaeus, Gaspar – 391
Barreto, Luiz Carlos (Barretão) – 359, 361
Barros, Ricardo Paes de – 319, 320
Barroso, Durão – 114
Barroso, Luís Roberto – 333, 422, 426
Bastos, Marcio Thomaz – 77, 209, 279
Batista, Fulgêncio – 154
Batista, Joesley – 329
Batista, Nilo – 279
Baudelaire, Charles – 215
Baudrillard, Jean – 64, 65, 66, 85-87
Bebeto – 360
Bechara, Evanildo – 431
Bell, Daniel A. – 383, 384
Beltrame, José Mariano – 218, 222
Ben Jor, Jorge – 367
Bennani, Aziza – 131
Berardinelli, Cleonice – 297, 298
Berlusconi, Silvio – 426
Bermudez Moretti, Antonio Carlos – 404, 405

Bernstein, Carl – 76, 235
Bhagwati, Jagdish – 61
Bichara, Luiz Gustavo – 422
Bignotto, Newton – 381
Bin Laden, Osama – 145, 147
Birman, Joel – 46
Blair, Jayson – 234
Blatter, Joseph – 360
Bobbio, Norberto – 55, 57, 386
Bocaranda, Nelson – 289
Bolsonaro, Eduardo – 394
Bolsonaro, Jair – 384, 389, 392-394, 403, 404, 407, 408, 412, 414, 415, 434, 436
Bolton, John – 394
Bornhausen, Jorge – 79, 80
Botticelli, Sandro – 240, 241, 242
Bradley, Tom – 150
Braga, Cincinato – 28
Bray, Ken – 368
Brennan, William J. – 126
Brigagão, Clóvis – 59
Brinks – 117
Brito, Orlando – 38, 398
Britto, Carlos Ayres – 124, 142, 181-183
Brizola, Leonel – 39, 311, 312, 326, 400, 401
Brown, Gordon – 82
Bruno – 367
Buarque, Cristovam – 402
Buckley, Wiliam F. – 417, 418
Buck-Morss, Susan – 55-57, 118-120
Bulhões, Octávio Gouvea de – 245
Burgos, Marcelo – 128
Busato, Roberto – 77

Bush, George (pai) – 314
Bush, George W. – 26, 48, 66, 115, 118, 132, 145, 149, 152, 161, 173, 174, 177, 202, 203, 234, 313, 314, 355

C

Cabral, Sérgio – 97, 98
Calderón, Felipe – 178
Calheiros, Renan – 325
Cameron, David – 82
Camões, Luís de – 432
Campos, Eduardo – 309
Campos, Roberto – 113, 243-245
Cardoso, Fernando Henrique – 22-24, 29, 40, 91, 94, 95, 106, 109, 110, 112, 113, 178, 206, 208, 237, 259, 300, 326, 327, 329, 360, 378, 400-403, 411
Carlos, Juan (rei) – 114
Carr, David – 235
Carter, Jimmy – 90, 148, 171, 176
Carvalho, José Murilo de – 17, 260, 291-294, 376, 428
Carvalho, Maria Alice Rezende – 128
Carville, James – 158
Castello Branco, Carlos – 14, 107, 239, 244, 280, 281
Castells, Manuel – 139, 140, 153, 223, 224, 225, 227, 228, 230, 231, 232, 299, 300, 308
Castelo Branco, Camilo – 432
Castro Neves, José Roberto – 333, 422
Castro, Fidel – 103, 154, 156
Castro, Marcus Faro de – 128
Castro, Paulo Rabello de – 243, 244
Castro, Raúl – 154, 156
Cavallo, Domingo – 51
Cavani, Edinson – 364
Cavenaghi, Suzana – 98, 99
Ceausescu, Nicolae – 99
Changshen, Chen – 270, 271, 272
Chateaubriand, Assis – 19, 429
Chaves, Aureliano – 238, 326, 401
Chávez, Hugo – 82, 83, 84, 100, 103, 104, 114-116, 138, 288, 289, 302
Che Guevara, Ernesto – 133, 136, 138, 154, 155
Cheibub, José Antonio – 117
Cheney, Dick – 146, 172, 173
Cherchesov, Stanislav – 347
Chinaglia, Arlindo – 84
Chuanshu, Xuan – 267, 268
Churchill, Winston – 19, 30, 356, 386
Cícero, Marco Túlio – 336, 380
Cicerone, Quinto Tullio – 336, 337, 380, 381
Clarke, Richard – 161
Clifford, George – 80
Clinton, Bill – 53, 88, 119, 158, 176
Clinton, Hilary – 120, 175, 228
Cocco, Giuseppe – 301
Coelho, Furtado – 422
Cohen, Adam – 167, 168
Collor de Mello, Fernando – 75, 77, 78, 106, 107, 109, 208, 259, 326, 357, 401, 402
Colombo, Gherardo – 426
Colton, Timothy – 116
Comparato, Fabio Konder – 82
Confúcio – 70

Constant, Benjamin – 419
Conti, Mario Sergio – 160
Cony, Carlos Heitor – 17
Cooper, Chester – 89
Correa, Rafael – 103, 264
Correia, Mauricio Renault de Barros – 222
Costa e Silva, Alberto da – 297, 395, 429
Costa e Silva, Arthur da – 281, 434
Costa, Cecília – 45
Costa, Hipólito da – 230
Covas, Mário – 326, 400, 401
Crivella, Marcelo – 434
Cruz e Sousa – 429
Cruz, Priscila – 304
Cunha, Euclydes da – 435
Cunha, João Paulo – 41
D'Araujo, Maria Celina – 330, 331

D

Dallin, Alexander – 345
DaMatta, Roberto – 21, 395
Dantas, Jair – 312
Dario – 360
David, Maurício Dias – 41
Davidovich, Luiz – 419, 421, 432
Davigo, Piercamillo – 426
Dazhao, Li – 278
De Bruyne – 364
De Gaulle, Charles – 133, 378
De Souza, Maurício – 365
Debray, Régis – 131-137, 155
Dehesa, Guillermo de la – 49, 50
Delfim Netto, Antonio – 243, 378
"Deep Throa" – 76
Diamond, Jared – 186

Dias, Etevaldo – 38, 398
Diegues, Cacá – 22, 394
Dines, Alberto – 13
Dirceu, José –33, 35, 78, 90, 414
Direito, Carlos Alberto – 183
Dole, Bob – 314
Dom Pedro II – 62
Dória, João – 434
Dostoiévski, Fiodor – 351
Downes, Richard – 78
Dukakis, Michael – 314
Dutra, Eurico Gaspar – 331

E

Eça de Queiroz, José Maria – 432
Einstein, Albert – 46, 47
Eisenhower, Dwight – 89
Elisabeth I – 413
Elizabeth II – 19
Erdogan, Recep – 254

F

Fadul, Wilson – 238
Falcão, Joaquim – 224, 334
Feijó, Diogo Antônio – 260
Felipão – 360
Félix, Pacheco – 429
Fenômeno, Ronaldo – 348, 365, 370
Ferguson, Niall – 121, 123, 145, 146
Fernandes, Hélio – 39
Fernandes, Mário – 369
Fernandes, Millôr – 377
Fernandes, Rodolfo – 39
Ferrão, Ilona Maria Lustosa Becskehazy – 305-307

Ferraz Junior, Tercio Sampaio – 333, 422
Figueiredo, Argelina – 291, 293, 294, 295
Figueiredo, João Batista – 30, 38, 401
Fihri, Taibi Fassi – 131
Filgueiras, Luiz – 106, 107, 111, 112
Fonseca, Antônio Manuel da – 62
Fonseca, Hermes da – 28
Francis, Paulo – 39
Franco, Francisco – 254
Franco, Gustavo – 282, 283, 328, 410, 412-415
Franco, Itamar – 20, 21, 208, 326, 403
Franco, Marielle – 337, 339
Franco, Moreira – 326, 337
Frederico II – 23
Freeman, Philip – 380
Freeman, Richard – 372
Freitas Filho, Armando – 367
Freitas, Chagas – 237
Freud, Sigmund – 46-48
Fuentes, Carlos – 52, 53, 54

G

Galbraith, John Kenneth – 157
Galvão, Ricardo – 434
Galvêas, Ernane – 243
Garotinho, Anthony – 41
Gaspari, Elio – 388
Gates, Bill – 69
Gaúcho, Ronaldinho – 370
Geisel, Ernesto – 360, 397, 434
Genoino, José – 41, 67, 70

Genro, Tarso – 82
Giannetii da Fonseca, Eduardo – 396
Gilmore, John – 142
Giovenale – 337
Glaser, Milton – 39
Gomes, Aderson – 339
Gomes, Ciro – 41, 42, 414
Gomes, Dias – 243
Gomes, Eduardo – 332
Gomes, Mércio Pereira – 41
Gonçalves, Reinaldo – 106-112
González, Felipe – 51, 250, 251
Gorbachev, Mikhail – 345, 356
Gordon, Robert – 417
Gore, Al – 148, 149
Goulart, João (Jango) – 238, 239, 311, 312
Graça, Milton Coelho da – 238
Gramsci, Antonio – 23
Greenstein, Fred I. – 88, 89, 90
Grondona, Mariano – 158, 159
Guarnieri, Gianfrancesco – 19
Guerreiro, Mario – 395
Guimaraens, Alphonsus de – 429
Guimarães, Samuel Pinheiro – 60, 101
Guimarães, Ulysses – 400, 401, 326
Gushiken, Luis – 33

H

Habermas, Jürgen – 232, 233, 278
Haddad, Fernando – 414
Hadley, Steve – 161
Hamdan, Salin – 145
Handke, Peter – 367
Hardt, Gabriel – 392, 393

Hardt, Michael – 46
Hatoyama, Yukio – 207
Hayek, Friedrich von – 245, 282
Hazard – 364
Hélé, Béji – 247, 248, 249
Helena, Heloísa – 40
Heliodora, Barbara – 413
Heller, Max – 314
Henrique VI – 414
Hitchens, Christopher – 225
Hobsbawm, Eric – 345
Holanda, Chico Buarque de – 432
Horton, Willie – 314
Huckabee, Mike – 120
Humphrey, Hubert – 417
Huntington, Samuel – 61, 121, 131, 208, 407
Hussein, Saddam – 234
Hutchins, Robert – 25

I

Il-sung, Kim – 363
Ilyich, Vladymir Ulyanov (Lênin) – 73-75, 348, 352, 362, 363
Infantino, Gianni – 360

J

Jabor, Arnaldo – 43
Jaguaribe, Hélio – 54
Jefferson, Roberto – 67, 69, 71
Jefferson, Thomas – 81, 125, 162, 405, 423
Jobim, Nelson – 71, 77, 395
Joel Neto – 367

Johnson, Hiram – 309
Johnson, Lyndon – 89, 153
Johnson, Samuel – 410
Jong-un, Kim – 344, 363
Jucá, Romero – 388
Julien, François – 200, 202, 203, 206
Júlio César – 333
Jutahy Junior – 44

K

Kaká – 370
Keller, Bill – 236
Kennedy, Bob – 417
Kennedy, John – 88, 163, 164
Kerry, John – 149
Keynes, John Maynard – 158, 282
Kindleberger, Charles – 157
King, Martin Luther – 126, 417
Kirchner, Cristina – 104, 140, 264
Kirchner, Nestor – 264
Kissinger, Henry – 80
Koerner, Andrei – 129
Korda, Alberto – 154
Kotscho, Ricardo – 160
Kovach, Bill – 26, 27, 231, 236
Krugman, Paul – 26, 164
Kubitscheck, Juscelino – 39, 239, 244
Kübler-Ross, Elisabeth – 290
Kubrick, Stanley – 172
Kurosawa, Kisho – 352

L

L'Yvonnet, François – 315, 316
Lacerda, Paulo – 80

Lafer, Celso – 59, 375, 420, 431
Lagarde, Christine – 191
Lagos, Ricardo – 58
Lamounier, Bolívar – 83, 193, 195, 196, 198
Lara, Erislandy – 156
Larreta, Enrique Rodriguez – 56, 57, 101-103, 199, 200, 201, 205-207
Leal, Carlos Ivan Simonsen – 388, 389
Leal, Victor Nunes – 280, 281
Leão, Múcio – 428
Leitte, Claudia – 391
Lessa, Ivan – 377
Levin, Dan – 147
Levitt, Steven – 97
Lewinsky, Monica – 119
Lima, Alceu Amoroso – 15
Lima, Hermes – 280
Limongi, Fernando – 117
Liñán, Pérez – 117
Lincoln, Abraham – 163
Lins e Silva, Evandro – 280
Lins e Silva, Rodrigo – 128
Lins, Paulo – 429
Linz, Juan – 208
Lira Neto – 332
Longxi, Zang – 274, 275
Lopes, Carlos – 286, 287
Lopes, Chico – 328
Lourenço, Eduardo – 298
Lucchesi, Marco – 428
Luce, Henry – 26
Luís, Edson – 337
Luiz, Washington – 331
Lukaku – 364

Lula – 19, 21, 24, 29, 31, 32, 34, 35, 40-43, 52, 72, 74, 77, 83, 84, 88-90, 106-110, 113, 118, 127, 138, 160-162, 191, 193, 205, 207, 210, 264, 265, 279, 288, 298, 300, 326, 330, 331, 334, 360, 377, 392, 393, 401-403, 412-414
Lula da Silva, Marisa Letícia – 32, 330
Lustosa, Isabel – 20
Lynch, Jessica – 25

M

Machado, Ana Maria – 321, 429
Machado, Wilson – 237
Maciel, Débora A. – 129
Maciel, Marco – 84
Maia, Cesar – 34
Maia, Tim – 68
Maier, Sepp – 368
Mainwaring, Scott – 117
Malan, Pedro – 328, 377, 378, 379
Malta, Dácio – 39
Malta, Octávio – 39
Maluf, Paulo – 72, 401
Mangabeira, Octavio – 429
Mantega, Guido – 378, 414
Manzon, Jean – 20
Maquiavel – 381
Maranhão, Jorge – 221, 394
Maria do Rosário – 392
Marinho, João Roberto – 328
Marinho, Maurício – 67
Marinho, Roberto – 37, 38, 398
Marquês de Paraná (Honório Hermeto Carneiro Leão) – 323

Márquez, Gabriel García – 43, 70
Marquezine, Bruna – 365
Martins, Franklin – 44, 161
Marun, Carlos – 337
Marx, Karl – 23, 31, 347
Matus, Carlos – 31-36
Maurano, Denise – 395
Maxwell, Kenneth – 115
Mayer, Jane – 146, 147
Mayor, Federico – 131, 132
Mbappé, Kylian – 364, 365
McCain, John – 148, 149, 150, 152, 153, 175
Médici, Emílio Garrastazu – 360
Mello, Fernando Collor de – 77
Mencius – 278
Mencken, J. L. – 42
Mendes, Candido – 65, 86, 85, 100, 104, 118, 130, 132, 135, 201, 202, 247, 248, 249, 257, 285, 374
Mendes, Gilmar – 209
Mendonça, Duda – 19, 72, 402
Meneguelli, Jair – 74
Mentor, José – 82
Mercadante, Aloizio – 304
Merkel, Angela – 355
Merquior, José Guilherme – 244
Messi, Lionel – 349, 365, 369
Meyer, Frederico Duque Estrada – 253
Meyer, Phil – 26
Michelangelo – 256
Mignolo, Walter – 101, 118-120, 203
Miller, Arthur – 405
Miller, Judith – 234
Min, Ho Chi – 363

Miranda, Pontes de – 260
Mitchell, John – 76
Moore, Michael – 207
Moraes Filho, Evaristo de – 429
Moraes, José Ermínio – 431
Morales, Evo – 103, 104, 137, 155, 156, 162, 199
Moreira, Delfim – 20
Moreno, Jorge Bastos – 328, 329
Moreyra, Álvaro – 429
Morin, Edgar – 285, 286
Moro, Sérgio – 334, 392, 425
Moura, Wagner – 217, 220, 221
Mourão, Hamilton – 384
Murdoch, Rupert – 26
Müssnich, Francisco – 333

N

Nabuco, Joaquim – 374, 376
Nair, Samir – 251, 252
Negri, Antonio – 46, 301, 302
Neri, Marcelo – 194
Neves, Aécio – 28, 239, 309
Neves, Tancredo – 28, 29, 237-239, 323, 325, 326, 400, 401, 411
Neville, Morgan – 417
Neymar – 349, 364, 365, 369
Nicolau II – 363
Nimah, Hasan Abu – 130
Ning, Wang – 211, 212, 214
Niskier, Arnaldo – 304
Nixon, Richard – 76, 80, 81, 235, 417
Nogueira, Armando – 17
Norman, David – 44
Nostradamus – 43, 44, 45
Nye Junior, Joseph S. – 175-177, 341

O

O'Neill, Jim – 207, 341
Obama, Barack – 118-120, 132, 148, 149, 150-153, 155, 156, 159, 163, 167-172, 174-176, 192, 204, 207, 229, 251, 313, 388, 396
Octavio Filho, Rodrigo – 429
Odebrecht, Marcelo – 318
Oiticica, Hélio – 388
Okamoto, Paulo – 74
Oliveira, Farlei Martins Riccio de – 128
Oliveira, Francisco de – 23, 74
Oliveira, Gonçalves de – 280
Oliveira, Rosiska Darci de – 375
Otávio, Rodrigo – 20
Ouardi, Hela – 254, 255

P

Pachá, Andréa – 333
Padilha, José – 217, 220, 221
Palacio, Emilio – 264
Palacios, Manuel – 128
Palma, Ricardo – 101
Palocci, Antonio – 33, 114, 378
Parks, Tim – 240, 241
Pastore, José – 319, 432
Patrocínio, José do – 429
Pedro II – 260
Peixoto, Floriano – 107
Pelé – 348, 360, 367, 370
Pereira, José Mario – 18
Pereira, Luiz Carlos Bresser – 244
Pereira, Sílvio – 73, 75
Pessoa, Epitácio – 20
Pessoa, Fernando – 432
Pessoa, Samuel – 319

Peterson, Jordan – 416, 418
Phelps, Edmund – 184, 185, 186
Piketty, Thomas – 373
Pilatti, Adriano – 301
Pimenta, Silvério Gomes – 429
Piñon, Nélida – 53, 54, 428, 429
Pinotti, Maria Cristina – 425, 427
Pinto, Amaro Guedes – 62
Pinto, Barreto – 20
Piqué, Gerard – 365
Pires, Walter – 239
Platão – 309
Plekhanov, G. V. – 41
Pop-Eleches, Cristian – 99
Portella, Petrônio – 38, 398
Posner, Eric – 372, 383, 385
Powell, Colin – 26
Power, Timothy J. – 208, 210
Powers, Steve – 145
Prado, Renato Maurício – 308
Prancha, Neném – 367
Proença Filho, Domício – 428
Prokofiev, Serguey – 369
Przeworski, Adam – 117, 145, 146
Putin, Vladimir – 115, 122, 342, 344, 346-348, 351-353, 355, 357-359, 362, 363, 366, 370, 375

Q

Qi, Feng – 212
Quadros, Jânio – 259
Quartiero, Paulo César – 182

R

Ramos, Saulo – 28
Reagan, Ronald – 41, 88, 89, 148, 313, 314

Reale Júnior, Miguel – 333
Rebelo, Aldo – 58, 63
Reis, Fábio Wanderley – 128
Resende, André Lara – 282-284
Reymerswaele, Marinus van – 241
Ribeiro, Darcy – 429
Ribeiro, João Ubaldo – 429
Ribeiro, Renato Janine – 200, 201
Ricardo III – 333, 411
Rice, Condoleezza – 161
Rios, Cesar Rojas – 104
Rivaldo – 370
Rocha, Glauber – 394
Rocha, Marcos – 435
Rodrigues, Nelson – 21, 310, 347, 395
Rolland, Denis – 22
Romário – 360, 370
Ronaldo, Cristiano – 365, 369
Roosevelt, Franklin – 88, 163-166, 168, 172
Rosário, Guilherme Pereira do – 237
Rosenn, Keith S. – 78
Rosenstiel, Tom – 26, 27, 231, 236
Rossi, Andrew – 234
Rossi, José Arnaldo – 129
Rouanet, Sérgio Paulo – 57
Rousseau, Jean-Jacques – 285
Rousseff, Dilma – 209, 210, 259, 264, 269, 296-298, 300, 308, 309, 328, 333, 334, 335, 359, 360, 378, 387, 388, 403, 414
Rumsfeld, Donald – 173
Russell, Bertrand – 276, 420

S

Sachs, Ignacy – 286
Sader, Emir – 79
Salazar, Antonio de Oliveira – 254
Saldanha, João – 360
Sales, Campos – 261
Sampaio, Jorge – 130, 201, 203
Samudio, Eliza – 367
Sandroni, Cícero – 375
Santa Cruz, Felipe – 422
Santana, João – 308
Santoro, Rodrigo – 154
Santos, Carlos Alberto dos – 404
Santos, Silvio – 391
Santos, Wanderley Guilherme dos – 128
Sarkozy, Nicolas – 114, 200
Sarney, José – 21, 28, 106, 109, 239, 323, 325, 326, 388, 400, 401
Sarney, Roseana – 67
Sartre, Jean Paul – 133
Savonarola, Girolamo – 242
Schlesinger, Arthur – 77
Schmitt, Carl – 129
Schumpeter, Joseph – 282, 283, 379
Schwartzman, Simon – 91-94, 96, 305, 306
Schwarzenegger, Arnold – 66
Scliar, Moacyr – 17
Sebesteyen, Victor – 363
Sebregondi, Ludovica – 240, 241
Secchin, Antonio Carlos – 429
Segrillo, Ângelo – 345, 352
Selene, Ascânio – 397
Sellers, Peter – 172
Sérgio, Antonio – 297, 298
Serra, José – 311, 312
Shakespeare, William – 333, 410-415
Shakira – 365

Shi, Su – 275
Shijun, Tong – 211-214, 276-278
Shirky, Clay – 299
Shlaes, Amity – 165, 166, 167
Shuming, Liang – 276
Siena, Bernardino de – 242
Silva, Fernando Azevedo e – 404
Silva, João Batista Ramos da – 70
Silva, Marina – 187, 221, 300, 309, 414
Singh, Manmoha – 207
Skach, Cindy – 116
Slim, Carlos – 50
Soares, Delúbio – 75
Soares, Mario – 20, 132
Sócrates, José – 63
Soderbergh, Steven – 154
Sodré, Abreu – 29
Somaggio, Karina – 68
Songhua, Fong – 268, 269
Souza, Amaury de – 77, 78, 193, 195, 196, 198
Souza, Roberto Acízelo de – 431
Sprouse, Don – 314
Stalin, Josef – 355, 363
Stepan, Alfred – 208
Stez, Lucien – 202
Strauss-Kahn, Dominique – 191
Sullivan, L. B. – 126
Summers, Larry – 191
Summers, Lawrence H. – 168
Suplicy, Eduardo – 402
Suplicy, Marta – 414

T

Tale, C. N. – 129
Teixeira, Ariosto – 128
Teixeira, Miro – 124, 126
Temer, Michel – 309, 325, 326, 329, 333, 339, 359, 363, 403
Tendler, Silvio – 237
Theóphile, Gautier – 215
Tocqueville, Alexis de – 141
Tomás de Aquino (santo) – 242
Toshyuki, Nelson Miyamoto – 368
Touraine, Alain – 55, 56, 101, 103-105, 132, 200, 203, 205, 207, 214-216, 257, 258
Trenin, Dimitri – 354, 355
Trindade, Gustavo – 422
Trump, Donald – 324, 344, 370, 392, 394, 396, 407, 408, 417
Twain, Mark – 236

U

Unger, Roberto Mangabeira – 187-189

V

Vahid, Aliagha – 85
Valadares, Benedito – 28
Valente, Rodrigo Cesar Muller – 79
Valério, Marcos – 68, 75
Vallinder, T. – 129
Vargas, Getúlio – 20, 22, 78, 239, 259, 261, 330, 331, 332
Vattimo, Gianni – 101
Veloso, Fernando – 305
Venâncio Filho, Alberto – 280, 431
Ventura, Zuenir – 43, 68, 388
Verissimo, Luis Fernando – 43
Vianna, Luiz Werneck – 128
Vianna, Oliveira – 322

Vicente, Gil – 432
Vidal, Gore – 417, 418
Vilaça, Marcos Vinicius – 431
Villa, Marco Antonio – 260, 261
Villalobos, Joaquim – 95
Vinicius, Marcus – 422
Volcker, Paulo – 167
Voltaire – 40

W

Wainer, Samuca – 39
Wainer, Samuel – 39
Weber, Max – 377, 386
Weeber, Karl-Wilhelm – 336, 337, 380
Wehling, Arno – 374
Weingast, Barry – 123
Weintraub, Abraham – 419, 432
Wely, Glen – 372, 383, 384
Williams, Rowan D. – 192
Wolf, Martin – 158, 159
Woodward, Bob – 76, 224, 235, 236

X

Xiangqin, Chen – 267
Xilai, Bo – 276
Xing, Li – 276, 277

Y

Yanayev, Guennadi – 345
Yeltsin, Boris – 116, 345, 346, 348, 352, 353, 363
Yoo, John – 147

Z

Zapatero, José Luis – 140
Zavascki, Teori – 334
Zedong, Mao – 276, 277
Zico – 370
Zito, José Camilo – 41
Zito, Narriman – 41
Zizek, Slavoj – 416-418
Zuckerberger, Mark – 223